교육과 사회

교육의 사회학적 이해

교육과 사회

교육의 사회학적 이해

신재흡 저

EDUCATION
AND
SOCIETY

동 문 사

머리말

교육사회학은 교육적 현상과 문제에 대하여 사회적 시각과 관점에서 이해, 연구함으로써 교육활동이 보다 적절하고 효과적으로 이루어질 수 있도록 하는 데 기여하기 위한 학문이다. 다시 말하면, 교육사회학의 관심사는 개인이 사회현상 속에서 어떻게 교육되어야 하는가? 또한 교육에 의하여 사회는 어떻게 존속, 발전, 개조되어야 할 것인가?라는 상호연관 속에서 여러 가지 경향이나 법칙을 추출하여 교육에 이바지 하려는 하나의 사회과학인 것이다.

이에 오늘날 교육사회학자들은 가정, 학교 및 사회에서 이루어지는 교육의 제 문제들의 분석과 그들 사이에서 상호작용하는 변인들을 조사·분석함에 있어서 사회학적인 방법을 도입해야 할 필요성을 한층 더 인식하게 되었고, 교육과 사회와의 관계를 밝히기 위해 사회학적인 학문의 바탕 위에 체계적인 이론을 세우려고 노력하였다.

본서는 교사가 될 예비교사들이나 현직교사들, 그리고 보다 나은 교육을 열망하는 사람들에게 다양한 사회과학적 시각에서 교육을 이해할 수 있는 안목을 열어주기 위해 만들어졌다. 이를 위해 단편적인 정보를 나열하는 식이 되지 않도록 유의하였다. 즉 교육에 관한 사회과학적인 관점을 이해하고, 한국교육 현실의 분석에 창조적으로 적용할 수 있는 기틀을 형성하는데 도움이 되도록 하였다.

따라서 본서는 제1장 교육사회학의 이해(교육사회학의 개념, 교육사회학의 발달과정, 교육사회학의 필요성, 교육사회학의 연구영역), 제2장 교육사회학 거시적 접근 이론(기능 이론, 갈등 이론), 제3장 교육사회학 미시적 접근 이론(미시적 접근이론의 발생, 미시적 패러다임, 미시적 연구와 이론, 미시적 이론에 대한 비판, 신교육사회학), 제4장 사회화와 교육(사회화의 의미, 사회화의 내용과 유형, 사회화 이론, 사회화와 교육), 제5장 학교사회와 교육(학교의 발생 및 특성, 학교조직의 속성, 학교의 구조와 조직구성원, 학교의 사회적 기능, 학교교육에 대한 옹호론과 비판론), 제6장 사회계층·사회이동과 교육(사회계층의 개념과 본질, 사회계층의 부분문화와 교육, 사회계층의 결정요인과 구조, 교육과 사회계층, 사회이동의 의미와 유형, 사회이동에 관련된 제 요인, 학교교육과 사회이동), 제7장 교육격차와 학업성취 격차 요인(교육격차의 인과론, 학업성취도와 접근모형, 학업성취 격차 요인), 제8장 교육팽창이론(학력상승의 원인, 한국의 학교팽창), 제9장 교사-학생 상호작용(교사와 학생 간의 상호작용, 학생의 적응 양식, 교사의 생존 전략과 방어적 수업, 교사의 지도 유형, 낙인과 상호작용, 학교 집단의 역동, 교사의 기대효과), 제10장 교육선발과 시험기능(교육선발의 의미와 관점, 교육선발 이론, 교육선발을 통한 불평등, 한국 입시선발제도의 변천, 시험의 교육적·사회적 기능, 교육경쟁, 한국사회에서 시험의 사회적 의미), 제11장 평등과 불평등(평등의 개념, 교육평등관의 발전, 교육평등의 원리, 사회평등과 교육, 교육과 사회적 불평등, 엘리트주의 교육과 평등주의 교육, 교육평등화의 과제), 제12장 현대사회교육의 다양화(다문화 교육, 대안교육, 홈스쿨링, 평생교육) 등을 소개하였다.

상기에서 살펴본 바와 같이, 본서는 현실교육에 대한 인식의 폭을 넓혀주면서 스스로 문제의식을 가지고 탐구할 수 있는 지적 자극제로서의 역할을 할 수 있도록 노력하였다. 그리고 교육사회학에 대한 다양한 내용을 전달하기 위하여 <학습목표>, <Keyword>, <연습 및 탐구문제> 등을 포함시킴으로써 교육현장의 활용도를 높이고자 하였다. 아울러 이 책은 학부 교직과정, 사범대학, 교육대학, 교육대학원 등의 예비교사, 현직교사들에게 교육사회학적 지식과 정보를 제공하고자 한다. 그리고 본 서를 통해 교육사회학에 대한 올바른 태도를 형성하는 데 작은 밑거름이 되기를 희망해 본다.

마지막으로 출간을 맡아주신 동문사 유재영 상무님과 좋은 책을 만들려고 애써주신 편집부 여러분께 감사를 드립니다. 또한 이 책의 내용 측면에서 꼼꼼하게 교정을 도 맡아준 큰 딸 신샛별에게도 고마움을 전합니다. 지금까지 학문적 탐구 여행을 할 수 있도록 곁에서 묵묵히 참아준 내자 김화영에게 늘 감사한 마음을 전합니다.

2020년 5월
한성대학교 연구관에서
저자 신재흡 識

차례

머리말 • 5

제1장 • 교육사회학의 이해

제1절 교육사회학의 개념 ······ 11
제2절 교육사회학의 발달과정 ······ 13
제3절 교육사회학 연구의 필요성 ······ 19
제4절 교육사회학의 연구 영역 ······ 20
참고문헌 ······ 24

제2장 • 교육사회학의 거시적 접근 이론

제1절 기능 이론 ······ 26
제2절 갈등 이론 ······ 43
참고문헌 ······ 63

제3장 • 교육사회학의 미시적 접근 이론

제1절 미시적 접근 이론의 발생 ······ 67
제2절 미시적 패러다임 ······ 69
제3절 미시적 연구와 이론 ······ 70
제4절 미시적 이론에 대한 비판 ······ 80
제5절 신교육사회학 ······ 80
참고문헌 ······ 103

제4장 • 사회화와 교육

제1절 사회화의 의미 ······ 105
제2절 사회화의 내용과 유형 ······ 122
제3절 사회화 이론 ······ 125
제4절 사회화와 교육 ······ 131
참고문헌 ······ 145

제5장 • 학교사회와 교육

제1절 학교의 발생 및 특성 ········· 147
제2절 학교조직의 속성 ········· 150
제3절 학교의 구조와 조직구성원 ········· 158
제4절 학교의 사회적 기능 ········· 165
제5절 학교교육에 대한 옹호론과 비판론 ········· 168
참고문헌 ········· 175

제6장 • 사회계층·사회이동과 교육

제1절 사회계층의 개념과 본질 ········· 178
제2절 사회계층의 부분문화와 교육 ········· 183
제3절 사회계층의 결정요인과 구조 ········· 185
제4절 교육과 사회계층 ········· 191
제5절 사회이동의 의미와 유형 ········· 200
제6절 사회이동에 관련된 제 요인 ········· 206
제7절 학교교육과 사회이동 ········· 210
참고문헌 ········· 215

제7장 • 교육격차와 학업성취 격차 요인

제1절 교육격차의 인과론 ········· 220
제2절 학업 성취도와 접근모형 ········· 223
제3절 학업성취 격차요인 ········· 227
참고문헌 ········· 245

제8장 • 학력상승 이론

제1절 학력상승의 원인 ········· 250
제2절 한국의 학교팽창 ········· 259
참고문헌 ········· 263

제9장 • 교사와 학생의 상호작용

제1절 교사와 학생 간의 상호작용 ········· 266
제2절 학생의 적응 양식 ········· 270

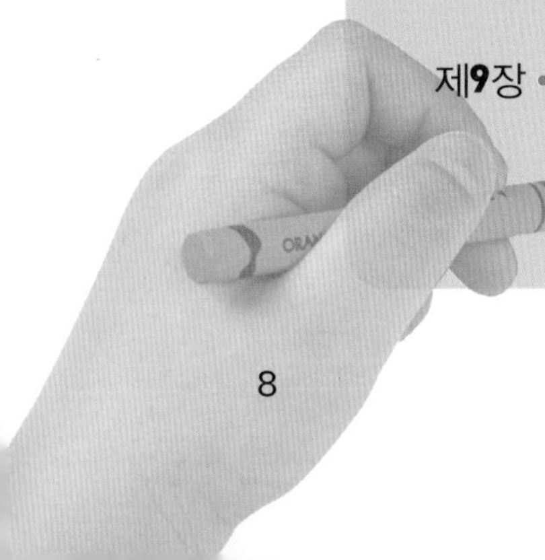

차례

제3절 교사의 생존 전략과 방어적 수업 ···· 274
제4절 교사의 지도 유형 ···· 277
제5절 낙인과 상호작용 ···· 278
제6절 학교 집단의 역동 ···· 280
제7절 교사의 기대효과 ···· 282
참고문헌 ···· 285

제10장 • 교육선발과 교육경쟁

제1절 교육선발의 의미와 관점 ···· 287
제2절 교육선발 이론 ···· 293
제3절 교육선발을 통한 불평등 ···· 297
제4절 한국 입시선발제도의 변천 ···· 299
제5절 시험의 교육적 · 사회적 기능 ···· 304
제6절 교육경쟁 ···· 307
제7절 한국사회에서 시험의 사회적 의미 ···· 312
참고문헌 ···· 314

제11장 • 교육평등

제1절 평등의 개념 ···· 319
제2절 교육평등관의 발전 ···· 321
제3절 교육평등의 원리 ···· 325
제4절 사회평등과 교육 ···· 328
제5절 교육과 사회적 불평등 ···· 332
제6절 엘리트주의 교육과 평등주의 교육 ···· 338
제7절 교육평등화의 과제 ···· 343
참고문헌 ···· 348

제12장 • 현대사회교육의 다양화

제1절 다문화 교육 ···· 351
제2절 대안 교육 ···· 364
제3절 홈스쿨링 ···· 381
제4절 평생교육 ···· 388
참고문헌 ···· 412

CHAPTER 1

교육사회학의 이해

학습목표

1. 교육사회학의 개념 정의를 내릴 수 있다.
2. 교육사회학의 발달과정을 설명할 수 있다.
3. 교육사회학의 필요성을 설명할 수 있다.
4. 교육사회학의 연구영역을 제시할 수 있다.

Keyword

교육사회학, 교육적 사회학, 교육의 사회학, 사회정학, 사회동학, Durkheim, Suzzalo, Coleman, 신교육사회학, 교육사회학의 필요성, 교육사회학의 연구영역

1장에서는 교육사회학의 개념, 교육사회학의 발달과정, 교육사회학의 필요성, 교육사회학의 연구 영역 등을 고찰하고자 한다.

제1절 교육사회학의 개념

수많은 교육학자, 사회학자 그리고 이들의 상호 관계를 연구하는 교육사회학자들이 교육사회학의 성격과 개념을 정의하려고 시도해왔다. 하지만 모두가 만족할 만한 성과를 내지 못하고 있는 실정이다. 그 이유는 교육사회학이 교육학과 사회학의 주변적인 성격을 지니고 있다는 것과 그 연구가 일천하기 때문이다. 즉, 교육사회학적인 내용의 연구에 있어서 확고한 과학적 연구방법이나 교과의 내용을 조직화하는 데 크게 성공하고 있지 못하고 있는 것은 기정사실이다.

이와 같이 교육사회학은 학문의 성격상 교육학과 사회학의 양면성을 지

니고 있어 두 학문에서의 입장에 따라 상이한 정의가 내려지고 있다. 아울러 교육사상이 가지고 있는 여러 복합적인 성격 때문에 간학문적 시각으로 접근함으로써 그 개념 정의도 복잡하고 다양한 의미를 지니게 된다. 교육사회학의 개념에 대한 다양한 학자들의 견해를 제시하면 다음과 같다.

첫째, 교육사회학은 학문의 성격상 교육학과 사회학의 주변적인 특성을 지니고 있기 때문에 어느 측면에 더 강조점을 두느냐에 따라 교육사회학의 개념이 달라진다. ①「교육적 사회학: 실천 지향적 입장」(education sociology)은 교육사회학 발달 초창기에 Peters(1925)와 Smith(1917)와 같은 도덕 및 철학적 이론을 중시하는 교육학자들 중심으로 강조되었으며, 교육현상에 대해 사회학의 원리를 적용해서 연구문제를 교육학에서 찾고 있다. 즉, 실제적 교육문제와 관련을 갖거나 논리적 연결을 갖고 있는 사회학적 지식을 교육 실천에 응용하려는 조류로 볼 수 있다. ②「교육의 사회학: 순수 과학적 입장」(sociology of education)은 경험 과학적으로 이론을 전개해 온 Brookover(1955)와 같은 사회학자들을 중심으로 강조되었으며, 교육 체제의 사회학적 과정에 대해 분석·적용을 시도했으며, 또한 연구문제를 사회학에서 찾고 있다. 즉, 「교육의 사회학」은 교육적 현상과 교육 체제의 사회학적 국면을 조사분석연구하는 영역이며, 학교를 중심으로 한 교육현상을 사회학적으로 연구하여 이론을 구축한 조류로 보고 있다.

둘째, Brown(1954: 39)은 "교육사회학이란 사회학적 제 원리를 교재와 활동, 방법, 학급 조직 그리고 측정 등을 포함한 전체 교육과정에 응용하는 하나의 새로운 학문"이라고 개념 정의를 내렸다.

셋째, Parelius 및 Parelius(1978: 1~2) 등은 "교육사회학은 사회학의 과학적 연구방법에 의해 교육현상을 연구하는 것"이라고 정의하고 있다.

넷째, 한준상(1985)은 "교육사회학은 교육학적 소양과 기반을 가진 사람들이 교육 구조 내외에서 일어나고 있는 형식·비형식·무형식적 학습현상 및 교육현상에 관련된 다양한 탐구 주제와 사회학적 통찰력을 이론화·결단하기 위하여 관련 자료를 과학적으로 수집, 논의, 분석, 해석, 보고하여 교육현장에 대한 이론화와 실천화를 도모하는 학문"으로 정의를 내렸다.

다섯째, 이종각(2015)은 "교육과 사회와의 관계와 교육 체제 내부의 사회학적 성격 분석을 통하여 교육의 인간화·평등화·능률화에 대한 관심을 만족시키려는 것"으로 피력했다.

여섯째, 석태종(1996)은 "교육과 사회와의 관계 및 학교 사회를 사회학적 이론과 원리를 통하여 연구하는 사회과학의 하나"라고 제시했다.

일곱째, 차경수 외(2010)는 "교육에 대한 사회학적 연구로서 교육 체제와 교육의 과정에서 발생하는 집단의 관계를 사회학적 연구에서 성취된 지식, 기술, 방법 등을 연구하는 학문"으로 보았다.

여덟째, 송병순 외(2002)는 "교육사회학은 모든 사람들의 삶의 질을 높일 수 있는 바람직한 사회 건설을 전제로 하며, 사회·정치·경제적으로 교육이 통제되고 파당적으로 이용되는 교육현상에 대해 의문을 제기하는 동시에 이를 과학적 방법으로 체계적으로 조사·분석하고 비판적인 탐구활동을 전개하여 건설적인 대안을 모색하는 학문"으로 보았다.

아홉째, 조성일 외(2004: 15)는 교육적 사회학은 교육학자들이 중심으로 연구한 영역으로 도덕적·철학적·실천 지향적인 것으로 보며, 교육적 문제를 강조했으며, 교육의 사회학은 사회학의 영역이며, 사회적 유형 및 학문 지향적이며, 사회학적 문제를 강조하고 있다. 하지만 우리나라에서는 두 종류에 대해서 구분하지 않는 실정이다.

상기에서 교육사회학의 대한 제 학자들의 견해를 정리하면, 교육사회학이란 교육과 사회와의 관계와 교육 체제 내부의 사회학적 성격 분석을 통하여 나타난 다양한 지식, 기술, 방법 등을 연구하는 학문으로 볼 수 있다.

제2절 교육사회학의 발달과정

2절에서는 교육사회학의 변천과정을 살펴보고자 한다. 먼저 교육에 있어서 교육사회학 분야가 처음으로 나타난 것은 19세기였다. 이 시기의 변천과정은 사회학자 및 교육학자에 의한 교육사회학의 발달을 통해 살펴보고, 20세기의 유럽과 미국을 중심으로 교육사회학의 발달과정을 고찰하며, 마지막으로 우리나라의 교육사회학 발달과정을 살펴보고자 한다(강창동, 2015).

19세기에는 교육을 사회적 견지에서 보려는 시도가 2개의 학문에서 시작되었다. ① 사회학자에 의한 교육사회학의 발달을 살펴보면, Comte(1798~1857)는 실증주의적 입장에서 사회현상을 과학적으로 다루어 사회학을 사회정학(社會靜學)과 사회동학(社會動學)으로 구분하여 체계적으로 조직했으며, Spencer(1820~1903)는 사회 유기체설을 주장하였으며, "교육이란 유기체의 구조를 완성하고 그 유기체를 인생이나 사회생활의 임무에 적합시키는 과정"이라고 하였다. 그리고 Ward(1841~1913)는 "교육을 사회진보의 요인으로 보고 교육에 의한 사회진보의 통제"에 연구의 중심을 두었으며, 결국 교육의 사회화를 주장하여 교육사회학의 발달에 공헌을 했다. Durkheim(1858~1917)은 그의 저서 「교육과 사회학」에서 '교육을 사회적 사실 또는 사회적인 것'으로 보고, 교육이란 '성숙한 세대에 의하여 아직 사회생활에 익숙지 못한 세대에 대해서 주어지는 영향이라 하여 교육을 아동의 사회화'라 하였다. 그리고 교육이란 '사회의 제약 밑에 있으며, 사회가 원하는 방향대로 되어간다'라고 강조했다. Durkheim의 학문적 업적은 교육사회학이 사회학으로부터 독립된 학문으로 정립될 수 있도록 기여했을 뿐만 아니라 교육학 연구에서 과학적 방법론이 활용되어야 한다는 측면에서 관심을 갖도록 하였다는 점이다. 또한 그는 프랑스에서의 사회적 불통합 과정에 관심을 가지고 학교의 사회적 통합기능을 중요시하였는데, 이러한 통합은 아동의 사회화를 통해 가능하다는 주장을 하였다. 이러한 그의 견해는 기능주의 이론으로 정립되어, 합치와 균형을 주 관심으로 수용하는 교육사회학 이론의 정립에 공헌을 했다. ② 교육학자에 의한 교육사회학의 발달을 살펴보면 다음과 같다. Natorp(1854~1924)는 개인과 사회를 일원적으로 보고 "사회적 교육학"을 수립했으며, "인간은 다만 사회를 통해서 인간이 되는 것이다. 사회 없이는 전혀 인간이라고 볼 수 없다"라고 한 말에서 교육을 사회적인 것으로 보고 있음을 알 수 있다. 하지만 Natorp는 현실적 교육 기능을 과학적으로 분석하지 못한 것이 비판의 대상이 되고 있다(김영우 외, 2001: 27 재인용). Barth(1858~1922)는 "교육을 사회의 번식(繁殖)"으로 보며, Bergeman(1862~?)은 생물학적 사회학을 기초로 한 그의 저서 「사회적 교육학」에서 "인간은 사회적 개인이고 사회를 떠나서 개인은 존재하지 않으며, 개인은 사회의 소산"으로 보고 있다. Dewey(1859~1952)는 생물학적 입장에서 생활의 필요에 의한 교육을 강조하였다.

상기에서와 같이 19세기 교육사회학은 사회가 곧 교육이며, 사회는 교육의 본질이 된다는 것이다. 교육사회학이 시작되는 시기의 학자들의 견해는 교육의 사회성을 강조하였으나, 아직 교육사회학이란 명칭은 사용하지 않았다.

교육사회학이라는 명칭은 20세기 초 미국의 Suzzalo(1875~1933)에 의해 처음으로 사용되었다. Suzzalo는 교육의 과학적 연구에 필요한 과학을 교육사회학, 교육심리학, 학교 위생, 교육사 등 네 가지로 정하여 교육사회학을 사회철학, 교육철학을 대신하는 것으로 보았으며, 학교를 중심으로 하는 것이라고 하였다. Smith는 1917년에 미국 캔사스 사범대학 교수로 재직하면서 교육사회학을 사회학의 응용과학으로 보고 "교육연구에 사회학의 과학적 정신 방법 및 원리를 적용하는 것"이라고 하여 최초로 체계적인 「교육사회학입문(introduction to education sociology)」이란 책을 저술하였다. 이러한 사실들은 그 당시에 교사교육을 위한 교육사회학이 유행했음을 보여주고 있다.

교육사회학에 대한 연구는 ① 사회학적 지식을 교육실천에 응용하려는 연구 조류인 교육적 사회학 「educational sociology」와 ② 교육현상에 대한 탐구를 통하여 사회학의 지식과 이론을 넓혀가려는 연구 조류인 교육의 사회학 「sociology of education」 그리고 ③ 교육사회학의 독자적 영역을 추구하는 연구 조류인 신교육사회학 「new sociology of education」은 1970년대 영국에서 등장했다. 초기에는 「교육적 사회학」이 지배적인 조류였고, 다음에는 「교육의 사회학」이 강세를 보였으며, 1970년대에 영국을 중심으로 한 「신교육사회학」이 교육연구에 등장하여 교육사회학의 독자적인 영역 확보에 부심하고 있다.

20세기의 교육사회학 발달과정을 구미를 중심으로 고찰하면 다음과 같다 (권이종 외, 1999: 7~9).

첫째, 1920~1940년대는 실천적·규범적·응용적인 교육적 사회학이 지배했으며, 이는 교육의 실천에 응용할 사회·문화적 지식의 체제라는 공통점을 지니고 있다. 실천 지향적인 교육사회학의 관심은 1940년대에 와서 지역사회학교(community school) 운동 또는 사회중심교육(society-centered education) 운동의 영향 때문으로 보이며, 그 후 교육사회학에서는 지역사회의 구조와 성격을 분석하고 그 속에서 학교의 기능을 밝히는 일이 중심과제가 되었다.

둘째, 1950년대는 교육사회학 연구가 활기를 띤 시기로 볼 수 있다. 이 시기는 교육사회학을 교육제도와 교육현상에 대하여 사회학적으로 탐구하는 학문으로 생각하는 학자들이 점차 늘어난 시기로, Parsons는 체계화된 구조 기능주의로 교육사회학에 포괄적인 이론과 연구의 우선순위를 결정하는데 가치 있는 개념적 지침을 제공하고, 과학적 방법론과 결합하여 무한한 가능성을 지닌 연구방법을 도입하기에 이르렀다.

셋째, 1960년대 이후의 연구의 주된 관심은 교육의 생산성 효과(educational productivity)에 있었다. 특히 1966년 Coleman 등은 교육 기회의 평등에 관한 연구(equality of educational opportunity)를 실시했는데, 이 연구의 목적은 공공 교육기관에서 인종·피부색·종교 및 국가적 배경(national origin)에 따라 개인에게 균등한 교육 기회를 이용할 수 있는 가능성을 박탈하고 있지 않은가를 탐색하기 위함이었다. 이 연구의 결과는 가정 배경이 학생의 학업 성취도의 차이를 상당 부분 설명하며, 배경요인을 통제했을 때 시설 및 교육과정을 포함하여 학교 간 자원의 차이는 학업 성취에 단지 미소한 영향을 미치는 것으로 밝혀졌다.

넷째, 1960년대 말~1970년대 초는 구조 기능주의적 시각에 기초하고 있던 교육사회학을 비판하면서 신교육사회학(new sociology of education)이 등장하였다. 이는 참신한 문제의식 하에서 신선한 연구주제에 관하여, 독특한 연구방법의 절차를 제시하고 의욕적으로 연구 활동을 전개했기 때문에 종래의 교육사회학에 미친 영향은 지대했다. 그러나 구조 기능주의적 시각에 기초한 교육사회학의 연구 성과는 불평등의 실태를 피상적으로 기술할 수는 있었지만, 학교 조직의 내부에 잠재하고 있는 불평등의 실질적 상황을 파악하지는 못했다. 따라서 신교육사회학에서 구조 기능주의 교육사회학이 이룩한 연구 성과들은 연구 방법론적 차원을 비판하고 반성하는 것에서 출발했다고 볼 수 있다. 신교육사회학의 출현은 1970년에 영국 사회학회의 교육사회학회의에서 발표된 '대안적 시각(alternative perspective)'에 관한 제 논문을 Young이 편집한 책「지식과 통제: 교육사회학의 새로운 방향」이 계기가 되었다. 신교육사회학의 기본적 입장을 살펴보면, Young이 강조한 것과 같이 '문제를 부여된 것으로 받아들이는 것보다 문제를 새로 만들어내는 데 있고, 교육학자들에게 당연시되고 있는 여러 전제를 사회학자가 문제로서 제기하고 다시 질문하는 반성적 방법'을 취하는 데 있다는 것을 알 수 있다. 아울러 신교육사회학의 연구 패러다임은 인간 상호작용의 과정에서 구성된 현실로서의 사회적 세계를 행위자의 의미, 동기, 가치 등에 관련시켜 해석하고 이해하려는 신교육사회학의 시각과 연구방법의 절차를 중시하게 되었다. 즉, 종전의 구조 기능주의적 시각의 기초가 되었던 규범적 패러다임을 대신하여 해석적 패러다임으로 전환되는 계기를 마련하게 되었다.

마지막으로 한국의 교육사회학의 발달을 살펴보면 다음과 같다. 한국에서「교육사회학」강좌가 최초로 도입된 것은 1952년 9월 서울대학교 사범대학에서 진원중 교수에 의해서였다. 당시는 선택과목으로 제시되었다가 2년 후 필수과목이 되었다. 그 후 1955년 문교부령 제39호로서 공포된「교육공무원 자격검정 시행세칙」에 의하여 교육사회학이 교직과목이 되었으며, 각종 강습회의 필수과목이 되면서 제도상으로 뒷받침이 되었다(진원중, 1976: 45~52). 그리고 1958년에 서울시내 소재 6개 대학의 교육학과, 즉 서울대, 연세대, 성균관대, 중앙대, 이화여대, 숙명여대 등과 교직과정이 설치된 타 대학에서도 종래 교육심리 분야에 집중하던 측면을 다소 시정하기에 이르렀다. 서울대학교 사범대학의「지역사회학교」,「사회교육론」, 연세대학교의「향토학교의 이론과 실제」등의 강좌는 교육사회학의 기초를 더욱 견고하게 했으며, 1967년 교육사회학은 한국교육학회 분과회로서 '교육사회학 연구회'가 발족되면서 그 토대를 강화하는 계기를 마련했다. 그러나 교육사회학을 연구하거나 강의하는 학자들은 거의 전부가 교육학자들로서 사회학자들이 교육에 접근했던 유럽이나 미국에 있어서의 교육사회학의 발달과정과는 그 양상이 달랐다. 연구나 강좌도 교사양성을 위한 교직과정에 필요한 주제에 집중되어 그 내용에 있어서도 응용과학적 성격이 주류를 이루었다. 우리나라의 교육사회학이 교육에 대한 사회학자들의 학문에 관심을 보이지 않는 이유(강상철 외, 1999: 29)는 우리나라 근대화 과정에 따른 학문적 풍토에 기인함이 아닌가 생각한다.

우리나라의 교육제도는 해방 후 미군정기에 미국의 교육제도가 유입됨으로써 시작되었는데, 이러한 급작스러운 제도의 유입과 문화의 접변 과정에서 학교를 하나의 사회체제로 인식하여 과학적으로 접근하는 교육사회학적 관심을 가질 겨를이 없었기 때문일 것이다. 더욱이 6·25 전쟁 이후 교육에 국가 재건이라는 사회적 책임이 부여되어 이에 부합하는 구상과 교육실천이 요구된 이상 학교를 가치중립적으로 바라본다거나 학문의 독창성을 띨 겨를이 없었을 것이다.

실천적 의미에서의 유용성이 요구되는 이러한 시대적 상황에서 교육사회학이 응용과학적 성격을 띠게 된 것은 당연한 현상으로 볼 수 있을 것이다. 1970년대에 진입하면서 교육사회학은 큰 변화를 겪었다. 새마을 운동이 정부의 주요 시책으로 정해짐에 따라 1972년에 문교부령을 개정하여 「학교와 지역사회」 강좌도 학교가 지역사회 개발에 사회교육에 공헌할 수 있도록 교사의 참여가 필요하다는 인식 때문이었다.

따라서 학교는 지역사회 학교로서의 성격을 띠게 되었으며, 교육사회학으로서의 「학교와 지역사회」 강좌도 학교가 지역사회 개발에 기여하는 데 적용할 사회학적·교육학적 지식을 확대시킨 강좌로 변질되었다. 그리고 「학교와 지역사회」 강좌는 교직과정이 개편되면서 그 자리를 「교육사회학」이 차지하였는데, 교직과정으로서의 「교육사회학」의 학문적 성격이 어떻게 전개될지 자못 궁금하다. 초기부터 주류를 이루었던 응용과학적 교육사회학으로서의 성격이 1980년대에 이르러 신진학자들에 의해 주도되고 있는 사회학 지향적 교육사회학으로서의 성격과 잘 어우러져 한국의 교육사회학 발전에 기여하기를 기대해 본다.

제3절 교육사회학 연구의 필요성

교육사회학은 학교가 사회로부터 요구받는 역할을 잘 수행하기 위해서 필요한 학문이라고 생각하면 된다. 학교에서의 교육현상은 사회현상과 연동되어 나타나기 때문에 교육의 문제는 사회의 문제이기도 하고, 사회의 문제는 교육의 문제이기도 하다. 교육이 잘 이루어지기 위해서는 집단 간의 이해관계와 기능 또는 교사와 학생 간의 관계와 기능, 교육의 사회적 영향, 학생 개인과 집단의 사회적 상황과 같은 변인들의 특성이 잘 파악되어야 한다(이인원 외, 2017).

이러한 맥락에서 교사들이 교육사회학을 더 연구해야 할 필요성이 제기된다. 교육사회학 연구의 필요성을 좀 더 구체적으로 제시하면 다음과 같다(Prichard & Buxton, 1973). ① 오늘날 교사들은 그 어느 때보다도 개념의 도구와 사회적 기술을 갖추고 있어야 한다. 왜냐하면 교사는 다양한 사회계층과 각기 다른 환경을 가진 가정의 학생들을 대하고 가르쳐야 하기 때문이다. ② 학교나 지역사회 또는 학생을 이해하는 데 있어서는 교육심리학, 교육철학 또는 교육사 등의 단독 연구보다는 교육사회학적 이해를 함으로써 이들에 대한 보다 총괄적인 개념을 가져다주어야 한다. ③ 교육사회학은 과학적 지식과 연구의 방법 및 기술을 가지고 집단행동을 다루고 있는 주요 과목의 하나이다. ④ 교육사회학은 교육자의 교수행위와 태도에 있어서 편견을 피하도록 하는데 도움을 준다. 왜냐하면 교육사회학은 다양한 문화를 이해하는 데 초점을 두기 때문이다. ⑤ 정책수립에 관여하는 교육자들은 교육사회학 연구를 통해서 교육에 영향을 주고 있는 사회적 압력과 사회체제에 영향을 주는 방법에 대한 지식을 얻을 수 있다. 지역사회 내의 어떤 집단구성원들의 행위와 태도에 대한 지식은 학교체제를 통하여 사회에로 이행되는 사회변동의 과정을 원활히 이끄는 데 도움을 준다. ⑥ 모든 교육자들은 교육사회학 연구를 통해서 수행되고 있는 각각 다른 역할에 대하여 보다 나은 견해를 얻을 수 있다. ⑦ 교육사회학은 교육심리학 및 교육철학과 더불어 교육자에게 어떤 집단에는 적용이 가능하고 또 어떤 집단에는 적용이 가능하지 않다는 정책적 판단의 준거를 마련하여 준다. 정책수립에 있어서 교육사회학은 학교와 지역사회가 성취하려는 목적과 목표를 판단하는데 도움이 된다. 또한 이 분야는 학교프로그램의 결과로 생기는 사회적 행위를 결정하는 데 도움을 주지만, 교육사회학은 어떤 교육적 프로그램에 포함되는 집단행동의 목표를 결정하는 데 도움을 준다.

제4절 교육사회학의 연구 영역

일반적으로 교육사회학이 갖는 관심과 영역은 비교적 광범위하고 다양하다고 하겠다. 교육사회학의 영역은 시대나 사회적 특성 그리고 교육의 사회적 기능에 따라 약간의 변화는 있었으나, 교육사회학의 연구와 관심 영역은 교육과 사회와의 제 관계를 연구하는 학문답게 사회, 문화, 지역사회, 계급, 환경, 이데올로기 등을 포함하고 있다. 교육사회학의 연구 영역을 다음과 같이 소개하기로 한다(권이종 외, 1999; 김경근, 2004).

첫째, Brookover(1955: 31 ~ 33)의 교육사회학 영역은 ① 교육제도와 타 사회적 국면과의 관계에 관한 것으로, 문화와 관련된 교육의 기능, 학교 제도와 사회 통제의 과정 및 권력 체제와의 관련성, 사회 및 문화변화의 과정과 사회의 현상유지를 위한 교육제도의 기능, 사회계급 및 지위 체계와 교육과의 관계 등이다. ② 학교 내의 인간관계에 관한 것으로, 학교 밖의 문화와 학교 문화, 사회적 상호작용의 형식 혹은 학교 사회의 구조에 관한 것 등이다. ③ 교사와 학생의 행동과 인격에 미치는 학교 사회의 영향으로, 교사의 사회적 역할, 교사의 인격적 특성, 학생들의 행동에 미치는 교사의 인격의 영향, 아동들의 사회화에 있어서의 교사의 역할 등이다. ④ 지역사회에 존재하는 학교에 관한 것이다. 즉, 학교와 사회집단과의 상호작용을 분석하는 것으로, 학교 조직에 영향을 주는 것으로서의 지역사회에 관한 기술, 학교 외의 다른 집단에서 볼 수 있는 교육과정의 분석, 교육기능이라는 측면에서 본 학교와 지역사회의 관계, 학교 조직에 비추어 본 지역사회의 인구적·생태적 요인 등의 분석을 들 수 있다.

둘째, 1961년 Hoyme은 교육사회학을 가르치고 있는 사회학자와 교육학자에게 질문하여 가장 적절한 교육사회학 내용으로 현재 가르치고 있는 개념을 다음과 같이 제시하고 있다. 사회적 지위, 사회이동, 사회변동과 갈등, 사회계층 구조, 학교 및 학교의 사회적 시사점, 사회적 역할, 지역사회, 미국사회, 고전적 사회학 연구, 학교와 지역사회와의 관계 등이다(이석재, 1995: 39에서 재인용함).

셋째, 1968년 미국의 유네스코 보고서는 교육사회학 연구 영역을 다음과 같이 열 가지로 나누고 있다. 사회계층과 교육, 교육 기회와 관련된 사회이동, 학교 내에서의 인종 차별과 무차별 대우, 학교 내에서의 능력별 집단, 사회 역할, 교육의 사회적 목적, 사회적인 존재로서의 교사, 교사와 학생의 관계, 교사와 행정인의 관계, 지역사회 등이다(권이종 외, 1999).

넷째, 1968년 미국 교육사회학의 교육사회학분과위원장인 Snyder가 제시한 교육사회학의 일곱 개 영역으로, 사회계층과 교육, 교사의 사회적 역할과 직업의 유형, 제도로서의 교육, 사회체제로서의 학교, 문화적 상이성과 교육 기회를 얻지 못한 이를 위한 교육, 사회 구조와 조직, 교육에서의 교사와 학생의 역할 등이다.

다섯째, Prichard 및 Buxton(1973: 26)은 교육사회학 아홉 개의 연구 영역으로, 사회계급, 문화와 교육, 사회조직으로서의 학교, 교육과 사회변동, 교사의 역할과 기능, 사회통제와 교육, 연구방법, 지역사회와 학교, 사회화와 교육 등으로 영역을 설정하고 있다.

여섯째, Morrish(1978: 40)는 교육사회학의 영역을 사회, 문화, 지역사회,

계층, 환경, 사회화, 내면화, 적응, 동화, 문화지체, 하위문화, 지위, 역할, 국가에서 설립한 각종 학교에 미치는 경제의 영향, 교육 및 문화적 변화에 영향을 주는 사회적 세력 및 결정 요인, 가족, 학교, 교회, 전체적 사회체제와 학교라는 미시적 사회와 관계 있는 역할 구조와 역할 분석, 권위·선발·학습조직, 능력별 반편성 문제와 관련된 형식적 조직으로서의 학교, 교육과정 구성과 하위문화 발달의 문제, 사회계층 및 문화와 언어와의 관계, 교육과 직업과의 관계, 부르주아화, 민주화 및 엘리트주의의 제 문제 등이다.

일곱째, 일반적으로 한국 교육사회학의 연구 영역에 대하여 제 학자의 견해를 종합하면, 지역사회와 교육, 문화와 교육, 가정, 청소년 교육, 사회계층, 사회변동, 집단역학, 학교 조직, 교육의 사회적 성격, 교육사회학의 성격, 사회화와 교육, 교육문제, 평생교육, 사회교육, 학급의 사회적 성격, 청소년 교육, 학교의 사회적 과정, 교사론, 정치와 교육, 경제와 교육, 대중매체, 사회통제, 교육과정과 사회, 기능 및 갈등 이론 등으로 분류하고 있다(손준종, 2001).

상기에서 외국 및 우리나라의 교육사회학의 연구 영역을 살펴보았으나, 이는 각 연구자가 교육현상의 가치 평가 기준을 어디에 중점을 두느냐에 따라 영역이 다소 달라질 수 있다는 것을 알 수 있다. 본서에서는 교육사회학의 이해, 교육사회학의 거시적 접근 이론, 교육사회학의 미시적 접근 이론, 사회화와 교육, 학교사회와 교육, 사회계층·사회이동과 교육, 교육격차와 학업성취 격차 요인, 교육팽창 이론, 교사-학생 상호작용, 교육선발과 시험기능, 평등과 불평등, 현대사회교육의 다양화 등으로 교육사회학의 영역을 설정하고자 한다.

연습 및 탐구문제

1. 교육사회학의 발달과정과 연구 영역에 대해 설명하시오.

2. 교육과 사회의 관계에 대하여 생각해 보시오.

3. 우리나라에서의 교육사회학 발달과정과 연구동향에 관하여 설명하시오.

4. 교육적 사회학과 교육의 사회학의 차이점에 대해 설명하시오.

Reference 참고문헌

강상철 외(1999). **교육사회**. 서울: 동문사.

강창동(2015). **교육사회학의 이해**. 서울: 학지사.

권이종 외(1999). **신교육사회학의 탐구**. 파주시, 경기도: 교육과학사.

김경근(2004). 한국의 사회변동과 교육. 서울: 문음사.

김영우 외(2001). **교육사회**. 서울: 동문사

석태종(1996). **새 교육사회**. 파주시, 경기도: 교육과학사.

손준종(2001). **교육사회학**. 서울: 문음사.

송병순 외(2002). **교육사회학**. 서울: 문음사.

이석재(1995). **교육사회학**. 서울: 정민사.

이인원·권성민·장세리·한진주(2017). **교육사회학**. 파주시, 경기도: 양성원.

조성일 외(2004). **교육사회학**. 서울: 학이당.

차경수·최충옥·이미나·옹정근·남기석(2010). **교육사회학의 이해**. 파주시, 경기도: 양서원.

한준상(1985). **교육사회학 이론과 연구방법론**. 서울: 문음사.

Brookover, W. B.(1955). *A Sociology of Education*. New York: American Book Co.

Brown, F. J.(1954). *Educational Sociology*. New York: Prentice-Hall, Inc.

Durkheim, E.(1956). *Education Sociology*. translated by Sherwood Fox, Illinois: The Free Press.

Morrish, Ivor(1978). *The Sociology of Education: An Introduction*(2nd ed.). London: George Allen & Unwin.

Parelius, A. P., & Parelius, R. J.(1978). *The Sociology of Education*. Englewood Cliffs. New Jersey: Prentice-Hall, Inc.

Peters, Charles C.(1925). *Foundations of Educational Sociology*. New York: The Macmillan.

Prichard, K. W., & Buxton, T. H.(1973). *Concepts and Theories in Sociology of Education*. Lincoln, Nebraska: Professional Educators Publications, Inc.

Smith, W. R.(1917). *Introduction to Educational Sociology*. New York: Houghton Mufflin.

Spradley, J. P.(1989). *The Ethnographic Interview*. Holt, Rinehart & Winston.

CHAPTER 2

교육사회학의 거시적 접근 이론

학습목표

1. 기능 이론의 사회관, 교육관을 제시할 수 있다.
2. Schultz의 인간자본론을 설명할 수 있다.
3. 갈등 이론의 사회관, 교육관을 제시할 수 있다.
4. Bowles와 Gintis의 경제적 재생산 이론을 설명할 수 있다.
5. Bourdieu의 문화적 재생산 이론을 설명할 수 있다.
6. 기능 이론과 갈등 이론의 차이점을 설명할 수 있다.

Keyword

교육사회학의 거시적 접근 이론, 기능 이론, 갈등 이론, 기능 이론의 사회관, 기능 이론의 교육관, 보편적 사회화, 특수사회화, 학교사회화 이론, 학교규범론, 인간자본론, 기술기능 이론, 근대화 이론, 갈등 이론의 사회관, 갈등 이론의 교육관, 경제적 재생산 이론, 대응 이론, 문화적 재생산 이론, 문화자본, 상징적 폭력, 사회언어학적 재생산 이론, 저항 이론, 지위경쟁 이론

교육사회학은 교육현상을 사회학적 방법으로 기술·분석·설명하는 과학이라는 점에서 사회학의 주요 이론적 전망에 의거 교육현상을 분석·설명한다. 그리고 논자 및 대상을 포착하는 방법이나 분석의 방법에 따라 달라진다. 실제로 교육 사실을 사회학적 방법으로 연구하는 데는 다양한 시각이 필요하다. 즉, 교육현상에 대한 사회학적 접근은 일반적으로 두 가지 입장에서 이루어지고 있다. 하나는 거시적 접근(macro approach)으로 교육이 일반 사회·정치·경제적 영향권에 예속되어 있다고 보는 광의의 연구방법이며, 다른 하나는 미시적 접근(micro approach)으로 교육 스스로를 외부와 독립된 실체로 보는 협의의 연구방법이다.

본 장에서는 교육사회학에서 교육과 사회의 관계를 거시적 맥락에서 보는 이론적 관점으로 사회 구조의 질서를 중심과제로 연구하는 거시적 접근 이론(기능 이론, 갈등 이론) 등에 대해서 고찰하기로 한다(김병성, 2018; 강유정 외, 2018; 이인원 외, 2018; 정석환, 2017; 김경식 외, 2017; 성낙돈 외, 2017; 이병환, 2016; 이종각, 2015; 강창동, 2015; 김천기, 2008; 김경근, 2004; 조성일 외, 2004; 손병

순 외, 2001; 이건만, 1999 b).

제1절 기능 이론

기능 이론은 1940년대 사회학적 분석의 방법으로 등장하여 1950년대 절정을 이루었다. 이 시기 동안에는 대부분의 사회학자들의 표준적인 이론으로 발돋음하였다. 1절에서는 기능 이론의 배경 및 발전과정, 기능 이론의 사회관, 기능 이론의 교육관, 대표학자와 이론, 기능주의 이론에 대한 비판 등에 대해서 고찰하기로 한다.

1. 기능 이론의 배경 및 발전과정

기능주의를 구조기능주의, 합의 이론, 질서모형, 균형 이론, 조화 이론 등으로 지칭된다. 그리고 기능주의자들은 먼저 사회는 정치, 종교, 경제, 교육 등 서로 의존관계에 있는 여러 부분들이 각기 자기가 맡은 역할을 수행하면서 전체가 조화 있게 발전하는데 공헌하고 있다고 가정하고 있다(신재흡, 2011).

교육사회학에서 기능 이론의 발전은 18세기 서구사회에서 도시화에 따른 사회변동이 심하게 일어났다. 프랑스 시민혁명(1789~1799년) 이후 개인의 자유를 중시하는 사회로 변하였는데 농장은 공장으로, 농로는 시민계급으로, 집단 속의 개인은 개인으로서의 '나'로 전환되던 시기이다. 이 시기 사상가들은 사회질서에 관심을 가지게 되었다. 혼란스러운 사회 분위기 속에서도 사회가 무너지지 않고 지속적으로 유지됨에 따라 사회 이면에 사회가 유지되게 하는 기능을 생각하고 그 기능을 공고히 하려고 하였다(이인원 외, 2017).

기능 이론은 Comte(1798~1857), 영국의 Spencer에 의해 기초가 형성되고, Durkheim에 의해 발전되었으며, Parsons에 의해 체계적으로 사회학적 이론으로 발전하였다(신재흡, 2011; 이인원 외, 2017).

첫째, Comte는 실증주의를 창시하였고, 사회도 물리적 현상을 논리적으로 증명하는 것처럼 과학화를 주장하였고, 사회학이란 용어를 만들어 냈다. 그는 19세기는 자연과학의 축적된 경험적 지식이 이 세상을 이해하고 더 좋은 사회를 창조하는데 쓰일 수 있는 실증적 방법을 생각하고 이를 사회학이라고 하였다.

둘째, Spencer는 Comte의 영향을 받아 기능 이론의 기초를 수립하였다. 그는 생물학적 원리와 사회학적 원리의 유사성을 강조하였다. 인체의 각 기관이 그에 맞는 기능을 담당함으로써 생명이 유지되는 것처럼 사회에도 그 사회를 이루는 각 요소들이 있고, 그 요소들이 맡은 기능을 잘 담당하면 사회도 잘 유지될 것이라고 주장하였다. 반면 사회를 이루는 구성요소들이 망가지면 거대한 사회 전체에 영향을 주어 사회가 병들 수 있다고 한다.

셋째, Durkheim은 공동체 의식을 강조했고, 그 당시 심리학적 방향에 치우쳤던 교육학 연구를 사회학적 토대 위에서 할 수 있도록 근거를 제공했다. 그는 최초로 교육학 연구에서 사회학적 접근을 시도했다. 그는 교육이 제 기능을 한다면 사회가 잘 돌아갈 것이라고 생각했다. Durkheim은 교육사회학 연구 이후 교육의 목적은 자아실현과 같은 개인의 인격 완성에서 사회에 필요한 기능을 하는 인재양성으로 확대되었다.

넷째, Parsons는 미국의 사회학자 가운데 가장 독창적 체계와 이론을 수립한 학자이며, Harvard 대학교 경제·사회학부 교수인 Parsons에 의해 기능주의는 더욱 발전하게 된다. 그의 이론은 기능주의(functionalism) 안에 포함되면서 사회체제 이론(social system theory)으로 보았다. 그는 학교를 포함한 모든 사회체제는 다음과 같은 세 가지 속성으로(이해성, 1998), ① 한 체제를 구성하고 있는 요소들은 기능적으로 상호 의존적이다. ② 한 체제의 구성 요소들은 그 체제의 계속적 작용에 공헌한다. ③ 한 체제는 다른 체제에 영향을 주며 이 체제들은 보다 높은 체제의 일부분으로 보고 있다. 따라서 사회체제란 사회적 상황을 전체로 보려는 개념이며, 사회를 이루고 있는 모든 부분들을 규명해 내며 그 같은 부분들이 다른 부분들과 어떻게 관련되어

작용하고 있는가를 알아내는 데 매우 유용한 개념이다. 또한 학교를 사회체제의 하나로 본 Parsons(1959)는 논문 "사회체제로서의 학교 및 학급"에서 교실 상황이란 중요한 규범들을 반영해주는 것으로, ① 장차 성인으로서 필요한 능력과 책임감을 학생들에게 내면화하는 데 학급이 과연 어떤 기능을 하고 있는가를 밝히고, ② 아동이 장차 사회의 다양한 역할 구조 내에서 갖게 될 지위를 배분하는데, 학급이 수행하게 되는 기능을 분석했다. 그는 학교의 규범은 목적 측면에서 볼 때 기본적으로 사회화의 기능을 하며, 그것을 네 가지의 차원으로, "① 학급마다 연령과 가정 배경에 따라 학생들을 균등하게 만든다. ② 일찍부터 경쟁에 대한 가치를 주입시키며 학급은 모든 학생들에게 똑같은 공부를 시킨다. ③ 학급마다 역할모형이 될 교사 한 사람이 있게 마련이다. ④ 언제나 평가 과정이 뒤따르면 장차 그 학생이 사회에서 갖게 될 지위를 배분하는 대행체의 기능을 하고 있다"고 설명했다.

2. 기능 이론의 사회관

기능 이론의 사회에 대한 관점은 모든 개인들에게 공정한 기회를 제공하며, 개인의 노력과 능력에 따라 보상이 결정되는 자유경쟁사회로 본다. 사회구성원들은 이러한 사회구조에 대하여 합의하고 긍정적으로 수용하고 있다고 본다. 사회는 직업적으로 훈련된 인력과 전문가를 필요로 하는 사회이고 교육받은 사람이 사회 전체의 경제발전에 기여한다고 보며, 계급불평등은 사회적·기능적으로 긍정적이라고 보았다(강유정 외, 2018).

이와 같은 기능주의 특징을 제시하면 다음과 같다(Parelius & Parelius, 1978). ① 구조(structure)와 기능(function)이다. 사회는 여러 구성요소로 되어 있고, 각 요소들은 각기 담당하는 기능을 가지고 있다. 각 요소가 담당하는 기능이 잘 돌아갈 때 사회 전체도 잘 돌아간다고 본다. 각 요소의 기능이 사회 전체의 성격을 결정한다. ② 통합(integration)이다. 이는 사회를 구성하는 각 요소들은 각자 흩어져 존재하는 것이 아니라 서로 영향을 주고받으며, 하나로 묶여 있다. ③ 합의(consensus)이다. 기능주의자들은 중요한 지각,

감정, 가치 및 신념에 대한 합의를 강조한다. 사회적 합의를 이루어가기 위해서는 모든 구성원들의 지지가 우선적으로 필요하며, 이러한 합의는 사회화를 통해서 이루어진다고 본다. 현대사회에 있어서 사회화의 기능은 주로 가정과 학교에 의해서 수행된다. ④ 안정(stability)이다. 사회는 급진적 변화보다는 사회의 한 부분의 변화가 사회의 존속에 위협이 되지 않도록 다른 부분을 보상함으로써 균형을 통해 안정을 취한다.

사회에 대한 기능론적 방식 가운데 몇 가지만 정리하면 다음과 같다(이종각, 2004: 111~112).

첫째, 질서 유지의 관점 측면에서 보면, 사회는 질서 유지적 측면을 강조하고, 질서는 구성원의 합의된 가치와 관점에 의해 유지된다고 본다. 사회의 존속과 유지를 위해 교육은 그 사회에 맞는 사회화 기능을 수행해야 한다.

둘째, 체제 적응적 관점 측면에서 보면, 기능론에서는 전체 사회에 대한 교육사회의 기능을 체제 적응적으로 파악한다. 따라서 교육사회는 사회의 변화에 따라 적응하는 기능을 제대로 수행해야 한다. 사회가 분화될수록 교육도 분화되어 적응한다. 또한 사회문제의 발생이 증가하면 교육은 그 문제들에 대하여 적응할 수 있는 교육을 해야 한다.

셋째, 기회균등과 업적주의 사회관 측면에서 보면, 현대사회는 세습적 지위나 권위보다도 개인의 능력과 업적 및 노력의 정도가 가장 중요하게 취급되는 업적주의 사회라고 전제된다. 사회적 신분은 개인의 노력에 의해 성취되어야 한다. 따라서 계층 차, 지역 차, 인종 차에 구분 없이 누구나 동등한 사회적 성취 기회를 가져야 한다는 기회균등의 원리를 주장한다. 즉, 이 두 개의 원리에서 기회는 균등하게, 분배는 능력에 따르는 사회 형태를 추구하는 것이다.

넷째, 개인주의 측면은 교육에 관한 선택 및 성공과 실패, 교육 기회의 문제도 사회 구조적 설명보다는 개인주의적 설명을 강조한다. 즉, 개인의 능력 때문에 성공하고 실패한다는 견해가 지배적이다.

다섯째, 점진적 개량주의 측면은 기능론에서도 각종 사회악이나 불평등

요소가 있다는 점을 인정하지만, 일시적이고 부분적인 체제의 부조화로 파악하는 경향이 높다. 따라서 그에 대한 대책도 부분적이고 점진적인 개선책으로 가능하다고 생각한다.

기능주의(functionalism) 관점에서 사회의 특징을 다음과 같이 제시할 수 있다(권이종 외, 1999: 27~28). ① 능력주의 사회이다. 이는 빈곤한 가정의 자녀들도 능력만 있으면 특권층의 자녀와 마찬가지로 높은 지위를 획득할 수 있는 동등한 기회를 가질 수 있다. 동등한 기회를 제공하기 위하여 고등교육을 확대해 왔으며, 임용에 있어서도 족벌주의를 막기 위해 보편적 규칙을 적용하고 종교나 성별에 따른 차별을 엄격히 법으로 규제하고 있다. ② 전문가 사회이다. 이는 사회가 점차 복잡해지면서 생산의 효율성과 합리성을 강조하지 않는 한 성장과 발전을 기할 수 없게 되었다. 합리적 지식 없이 경제성장은 불가능한 것이기에 보다 훌륭하게 교육받은 사람들이 대다수의 높은 직업적 지위를 차지할 수 있어야 한다. 학교교육의 확대는 개인들에게 전문적 지식뿐만 아니라 인지적 능력을 높여줌으로써 보다 전문화된 지식을 획득할 수 있는 기반을 마련해줄 수 있다. ③ 민주적 사회이다. 기능주의란 현대사회를 사회 정의, 보다 풍부한 삶, 다양성의 수용과 같은 목표의 달성을 향해 점차 발전해 나가는 것을 민주적 사회로 본다. 교육은 편견을 감소시키며 관용적 태도를 지니도록 하고 정의와 자유에 공헌하는 민주사회의 창조에 기여한다. 이런 방향으로 나아간다면 보다 교육된 사회는 마침내 보다 나은 사회가 될 수 있는 것이다.

기능 이론은 특히 미국사회에서 오랫동안 확고한 자리를 차지하고 있었지만, 1960년대 이후 한계가 드러나면서 그 위상이 약화되기 시작되었다.

3. 기능 이론의 교육관

기능 이론에서는 교육과 사회관계를 긍정적 관계로 파악하고 사회에서 교육은 순기능을 한다고 본다. 기능주의에서 교육은 사회를 유지하고 존속시키기 위해 독자적인 기능을 수행한다고 본다(김병성, 2018). 기능 이론에서 교육의 사회적 기능은 문화유산 전달 기능, 사회화 기능, 사회이동 및 선발 기능, 사회 충원 기능이 있는데, 이 중에서도 가장 강조되는 기능은 사회화 기능과 사회이동 및 선발의 기능이다(이인원 외, 2017).

기능주의(functionalism)에 대한 학교의 시각은 다음과 같다(강창동, 2015; 이해성, 1998).

① 학교는 사회를 유지 및 존속시키는 다양한 제도들 중 하나이며, 자라나는 세대를 사회화하고, 사회의 다양한 역할 구조 내에서 개인이 담당할 특정한 역할을 위해 능력 있는 사람들을 가려내는 이른바 사회적 선발의 기능을 한다는 것이다. 따라서 구성원들에게 사회화함으로써 사회의 안정, 통합을 가져올 수 있고, 복잡한 현대사회에서의 분업에 의해서 각 직업의 위치가 구분되는데 개인들이 특정한 직업을 갖는 것은 공정한 경쟁을 통해서 능력에 따라 분류 및 배치된다는 것이다. 이와 같은 직업의 복잡성에서 나타나는 분업은 사람들을 계층화시키기보다는 오히려 자기가 할 수 없는 과업을 남이 해주고 또 남들이 할 수 없는 과업을 자기가 대신해 줌으로써 사람들은 상호 의존적이 되고, 그 결과 사회의 안정을 도모할 수 있다는 것이다. ② 산업사회에 있어서 직업에 따르는 위계는 사람들의 능력과 그 직업에 주어진 과업의 복잡성 때문에 생긴 것이며, 학교에서의 경쟁은 사회유지 및 원활한 운용을 위하여 가장 능력 있는 사람들의 객관적 선발을 보장해준다는 것이다. ③ 학교는 지식과 전문적 소양을 중시하고 있는 현대 전문가 사회에서 제반 역할 수행에 필요한 각종 지식·기술·가치 규범을 함양하여 전문가 사회에 적응해야 한다. ④ 학교는 능력 있는 사람을 분류·선발하는 합리적인 방안으로써 가장 능력 있는 사람들이 높은 사회적 지위를 획득할 수 있도록 해준다. ⑤ 능력별 분류에 의한 서로 다른 교육적 성취는 장래 성인사회의 직업적 분화에 도움을 준다. ⑥ 교육개혁에서 점진적 개량주의의 입장을 취하며, 변화하는 사회에의 적응과 기회균등 확보를 기본 원리로 삼는다(이종각, 2004).

기능주의 관점에서의 학교교육의 특징을 소개하면 다음과 같다(송병순 외, 2002). ① 교육의 목적을 공민성 계발에 둔다. ② 학교에서의 학생 선발은 재능 있는 사람을 분류, 선발하는 합리적 방법이다. ③ 교육내용 구성의 과학성과 객관성 및 조직성을 강조하며 교육내용, 교육평가, 교육목표의 보편성 및 학업성취도의 측정을 강조한다. ④ 학업성취 정도에 따른 직업분배(능력주의 원칙) 강조 및 학교 졸업장이 노동시장의 신용장이라는 입장이다. ⑤ 학교사회에 대하여 중앙집권적 교육체제는 의무교육의 연장과 교육기회의 확대에 기여하며, 현행 학교는 민주사회의 가치에 적합하다. 또한 학교의 관료주의 체계는 교사의 평가, 선발, 승진의 보편적 기준을 제시하며, 학교의 관료주의적 조직이 중시하는 권위는 학생들로 하여금 객관적이고 합리적인 권위관계를 학습하게 한다. 그리고 학교교육과정의 보편성에 대한 강조는 교육기회 균등화의 이념을 교육과정에 반영시키려는 노력이라고 볼 수 있다.

사회가 점차 복잡하고 전문화되어 감에 따라 능력 있고 전문적인 지식과 기술을 지닌 사람들을 필요로 하게 되는바 그 같은 필요는 학교가 능력 있는 사람들을 선발해내고 보다 많은 사람들에게 인지능력을 높임으로써 충족될 수 있다는 것이다. 학교를 통한 인재의 선발이야말로 능력사회를 창조하는 유일한 방법이라 하겠으며, 이러한 기능주의적 관점은 널리 수용되고 있다(신재흡, 2011). 결국 기능주의 교육관에서 학교는 사회의 안정과 질서에 기여하는 제도로 볼 수 있고, 학교는 사회가 질서를 갖고 안정적으로 유지할 수 있도록 사회의 규범과 가치관, 태도 등을 습득하도록 사회화시키며 사회가 요구하는 기술, 지식 등을 전수한다고 볼 수 있다(허은주 외, 2015).

4. 대표 학자와 이론

기능 이론의 대표 학자와 이론을 Durkheim의 사회화 유형(보편적 사회화, 특수 사회화)과 도덕사회화 이론, Parsons의 학교사회화 이론, Dreeben의 학교규범론, Schultz의 인간자본론, Clark의 기술기능 이론, Inkeles의 근대화이론 등을 고찰하기로 한다.

1) Durkheim의 사회화 유형(보편적 사회화, 특수 사회화)과 도덕사회화 이론

기능 이론의 대표자로서 Durkheim은 도덕 사회학자 및 질서 사회학자로 명명되었다. 그는 사회가 해체되지 않고 지속 및 통합되는 원인은 사회질서에 있다고 보고, 사회질서의 문제를 도덕 및 규범과 관련지어 설명했다. 도덕교육은 사회의 중심 가치와 신념을 내면화시키는 작용이며, 내면화를 통하여 사회통합이 가능하다고 보았다. Durkheim은 "교육이란 비사회적인 존재를 만들어 가는 과정"이라고 규정하면서 "교육은 천성이 비사회적인 개인을 사회적인 존재로 만드는 데 목적이 있다"고 주장했다. 그리고 그는 교육은 사회화의 기능을 수행한다고 보았다. 교육을 사회화와 동일시하여 사람은 비사회적 존재로 태어나므로 이를 사회적 존재로 길러야 하는데, 교육이 이 기능을 수행한다고 보았다. 학교교육은 사회적 기능을 수행하기 때문에 국가가 관여해야 한다고 주장하였다(이종각, 2015).

첫째, Durkheim의 사회화 유형을 보편적 사회화와 특수 사회화로 구분하면서(강유정 외, 2018), 전자는 한 사회가 지니고 있는 특성을 유지하면서 사회구성원들의 동질성을 확보하기 위한 사회화이다. 즉, 한 사회의 집합의식, 사회의 공통적 감성과 신념을 새로운 세대에 내면화시키는 사회화를 말한다. 결국 전체로서의 사회가 요구하는 신체적·도덕적·지적 특성의 함양을 위한 사회화이다. 그리고 후자는 개인이 속하게 되는 특수한 환경이나 장치 자신이 속하게 될 직업집단에서 요구하는 특수성의 함양을 위한 사회화를 의미한다. 개인이 속하여 살아가게 될 직업집단의 규범과 전문지식의 함양을 위한 사회화이다.

둘째, Durkheim은 혼란한 사회에서 사회질서와 사회화를 강조하였으며, 산업화와 도시화의 분화와 이질성에도 사회가 해체되지 않는 사회의 원리를 유기적 연대(organic solidarity)에서 찾았다. 사회는 기계적 연대에서 유기적 연대로 변화되었다고 보았다. 유기적 연대에 의해서 개인과 사회는 내적 의존성, 사회통합, 집합의식 등이 강화되었기 때문에 사회는 해체되지 않고 유지되어 갈 수 있다는 것이다(김병희 외, 2014). Durkheim은 교육이란 개인을 사회적 존재로 생존 가능하게 만드는 사회적 과정으로 보았으며, 교육 없이는 사회가 유지될 수 없다고 보았다. 사회화 중에서 도덕사회화를 교육의 핵심으로 보았다. 도덕사회화는 아이들을 사회 일반이 보편적으로 받아들일 수 있는 존재로 만드는 것이며, 이로 인해 사회적 통합이 이루어질 수 있다고 주장했다.

2) Parsons의 학교사회화 이론

기능 이론을 체계화하는 데 가장 큰 공헌을 한 Parsons는 기능주의적 사회체제 이론(social system theory)을 형성하였다. 그에 의하면 사회체제는 ① 한 체제를 구성하고 있는 요소들은 기능상으로 상호 의존적이다. ② 한 체제의 구성요소들은 그 체제가 계속 작용할 수 있도록 적극적으로 공헌한다. ③ 한 체제는 다른 체제에 영향을 주며, 이 체제들은 한층 높은 수준의 체제, 즉 상위체제의 하위체제이기도 하다. 즉, 사회체제란 사회를 구성하는 각 요소가 일정한 형태의 질서를 유지하고 있는 상태를 뜻한다. 각 요소들이 상호간 작용 및 반작용을 하면서 일정한 균형 상태를 유지하고 있는 동적인 상호의존 상태를 가리킨다. 사회체제의 구성요소들은 거시적으로 볼 때는 물론 가변적이지만, 그중에서 비교적 항상성이 높은 것들을 '구조'(구체적으로는 사회규범이나 제도)로 그리고 가변적인 변인을 인간행동의 '동기'로 보고, 양자의 상호연관성을 '기능'이라고 Parsons는 규정하고 있다(이종각, 2015).

Parsons는 Durkheim과 마찬가지로 학교교육의 사회화 기능을 강조하였는데, 동시에 산업사회에 인력배치 기능을 강조했다. 그는 사회화와 사회적 선발을 사회체제로서의 학교의 기능을 파악하였다(이인원 외, 2017). 그리고 사회체제가 유지되기 위해서는 네 가지 기능이 원활하게 수행되어야 한다고 보았다. 적응(A: adaptation)의 기능, 목표 달성(G: goal-attainment)의 기능, 통합(I: integration)의 기능, 잠재성(L: latency)의 기능이라는 네 가지 기능이 원활하게 수행되어야 사회체제가 유지될 수 있다고 보았다. 학교 사회 또는 조직도 이러한 네 가지 기능을 가지고 있으면, 전체 사회에 대한 하나의 하위체제로서 이 기능들을 모두 제대로 수행하여야 한다. 특히 학교체제는 잠재성 유형유지의 기능, 즉 사회화의 기능을 주로 담당하고 있다고 할 수 있다(강유정 외, 2018).

3) Dreeben의 학교규범론

기능론자인 Dreeben은 학교가 무엇보다도 해야 할 일은 학생을 사회인으로 만드는 것으로 보고 규범학습을 강조하고 있다. 학교는 학생을 사회인으로 육성하기 위하여 네 가지 규범을 내면화시켜야 한다고 보고 있다.

Dreeben은 학교란 가정과 구별되는 구조적 특징을 가지고 있어서 사회적 규범을 습득시키는 데 효과적이라고 다음과 같이 제시하고 있다(김신일, 1999). ① 학교와 학급의 통제는 학생들과 혈연관계가 없는 성인의 손에 달려 있다. ② 학생들은 아침에 학교에 등교하여 저녁에 귀가한다. ③ 초등학교와 중등학교에 따라 구조적으로 다른 특성을 지니고 있다. ④ 단계화된 한 학년씩 진급한다. ⑤ 동일 연령집단으로 구성되어 생활한다. ⑥ 성인과 청소년들로 구성되어 있기는 하나, 청소년 구성원들이 훨씬 많다는 점이다. 이러한 구조적 특징 안에서 학생들은 사회규범과 행동원칙 및 그것들을 행하는 방식을 배우게 된다.

따라서 Dreeben이 학교에서 가르쳐야 할 규범으로 독립성 규범, 성취성 규범, 보편성 규범, 특정성 규범으로 분류하여 제시하고 있다(이종각, 2015).

첫째, 독립성 규범이다. 이는 학문적 학습활동에 적용되는 규범이다. 학교에서 과제를 스스로 처리하게 하고 자신의 행동에 책임을 지게 함으로써 습득된다. 특히 교육과 직업의 관계에서 살펴보면, 학교가 학생에게 제공해주는 경험을 크게 보면 직업을 위한 준비라 할 수 있다. 직업세계를 위한 준비에 있어서 독립심을 길러주는 일은 학생들이 독립적으로 무엇을 해내려는 심리적 성향을 개발하는 것이라 할 수 있다.

둘째, 성취성 규범이다. 이는 학생들이 할 수 있는 최선을 다해 그들의 과제를 수행해야 한다는 전제하에 행동하는 것을 말한다. 이 규범은 교수-학습-평가라는 체제 속에서 형성된다. 결국 성취성 규범은 학생들이 자신의 능력과 실력을 충분히 발휘하여 생산성을 향상시키는 것으로, 사람이란 자기의 노력이나 의향에 의해서보다는 성과에 따라 대우받는다는 것을 배우게 된다.

셋째, 보편성 규범이다. 이는 개인이 특별히 예외적으로 대우받지 않고 누구에게나 공통적으로 적용되고 따라야 하는 사회적 규범의 적용을 받는다는 것이다. 보편성 규범은 동일 연령의 학생들이 같은 학습내용과 과제를 공유함으로써 형성된다.

넷째, 특정성 규범이다. 평등에 있어서 정당한 이유가 있으면 예외적으로 대우받을 수 있다는 규범을 의미한다. 이는 더 나아가 각 개인은 학년이나 학교의 수준이 높아지면서 흥미와 적성에 맞는 분야의 교육을 집중적으로 수행함으로써 특정성 규범을 학습하게 된다.

4) Schultz의 인간자본론

인간자본론(human capital theory)의 개념 정의를 살펴보면 다음과 같다. ① Schultz는 교육을 "증가된 배당금(increased dividend)"의 형태로 미래에 되돌려 받을 인간자본에의 투자로 보면서 인간이 교육을 통해 지식과 기술을 구비할 때, 인간의 경제적 가치는 증가하게 된다고 주장한다. 이와 같은 관점에서 학력에 따른 수입의 차이는 교육에 의한 지식과 기술의 차이, 즉 생산성의 차이 때문이라고 설명된다. ② Uster는 사회가 다른 것을 위하여 쓸 수 있는 돈과 같은 자원을 교육에 투자하는 것이 생산성을 증대시킨다고 설명하였다. 즉, 현재 직업 세계에 들어가 얼마의 돈을 버는 것보다 학교에 다님으로써 장차 더 많은 수입을 갖게 된다는 것이다. ③ Rosenbaum 등은 인간자본론이란 사람들이 자유롭게 경쟁하여 더 능력 있는 사람은 더 많은 소득을 얻을 수 있다고 가정한다. 즉, 이 이론은 경쟁적 노동시장 모형을 상정한다. 경쟁적 노동시장에서의 성공 또는 실패는 타고난 능력과 교육 및 훈련의 차이에서 오는 것이며, 학교에서 일의 세계로의 전환과정(transition from school to the world of work)에서의 문제는 개인의 결점 때문이라고 단정한다. 즉, 노동시장에서의 성공과 실패는 개인 능력의 문제로 본다.

인간자본론은 개인적 측면뿐만 아니라 국가발전에 있어서도 교육에 대한 투자와 국가의 경제적 발전 사이에 높은 상관관계가 있다고 보며, 개인의 성공과 실패에 관한 논의에도 응용되었다. 인간자본에의 투자는 개인적 생산성을 증대시키고, 급속한 경제성장을 위해 요구되는 노동력의 기초를 형성하며, 폭넓은 장기간의 학업을 장려하는 데 필요한 유인으로서 교육받은 사람에게 보다 많은 보상이 주어지는 것을 정당화하고 있다. 인간자본론은 우리나라를 포함하여 여러 나라에 적용되어 「교육과 국가발전」이라는 이름으로 커다란 영향을 미쳤다.

또한 인간자본론자들은 학교교육에도 관심을 가진다. 그 이유는 학교란 노동시장에서의 보상을 위한 인간자본을 형성시킬 수 있는 중요한 투자의 장이기 때문이다. 학교교육의 양적, 질적 성취의 결과는 노동시장에서의 수입과 관련된다. 더 오랜 교육과 더 좋은 학업 성취는 인간자본을 높이기 위한 개인의 노력의 결과이며, 개인의 교육 연수(years of schooling)와 학업 성취도의 결과는 노동시장에서의 보상을 결정하는 중요한 요인이 된다. 그것들은 고용주에게 개인의 지식, 능력 또는 노력에 관한 정보, 즉 인간자본에 대한 문제를 밝힘으로써 개인의 사회이동 과정을 설명하는데 기여하였다고 볼 수 있다(장원섭, 1997: 50).

인간자본론(human capital theory)에 대한 현실적 문제점은 다음과 같다(Blaug, 1976; Spence, 1974; Collins, 1979; Jencks, et al., 1972; Doeringer & Piore, 1971; Edwards, Reich & Gordon, 1975; 이종각, 2004: 128; 장원섭, 1997: 51~52). ① 인간자본론(human capital theory)은 능력과 가정 배경이 통제된 상황에서 교육과 미래의 수입 사이의 관계는 학교에서 배운 것이 직업 수행에 미치는 영향 때문인 것으로 상정하고 있으나 반드시 그렇지는 않다는 것이다. ② 학력과 직업은 당연하게 일치되어야 하는 것으로 보지만 이 또한 현실과는 괴리가 있다는 것이다. 인간자본론은 학교교육에 대한 정보가 노동시장에서 어떻게 해석되는지에 대해 무관심하다. 이것은 고용주가 지원자들의 인간자본의 모든 측면들을 평가하는 것이 아니라 쉽게 인지할 수 있는 나이, 성별, 학교의 명성, 교육 자격증 같은 정보들을 그들의 과거 경험에 비추어서 해석하고 선발 과정에 활용한다. 즉, 실제 고용과정에서는 인간자본 그 자체보다는 자격증이나 졸업장 같은 '신호(signal)'의 효과가 더욱 크게 나타난다. 예를 들면, 대학 중퇴자에 비해서 대학 졸업장을 가진 자는 노동시장에서 훨씬 높은 교육투자 회수율을 나타낸다. ③ 투자가 사람들의 인지적 능력을 높인다고 볼 수 있으나 이것은 인지적 능력이 교육과 직업 또는 교육과 수입 사이의 관계를 설명할 수 있는가는 그렇게 분명하지 않다는 것이다. ④ 인간자본론은 노동시장이 단일시장이라는 가정에 근거한다. 그곳에서 임금은 자유로운 경쟁에 의해서 결정된다고 본다. 그러나 노동시장은 자유경쟁이 보장되는 단일한 장소라기보다는 어떤 조건들에 의해 여러 개의 층으로 나누어진 곳이다. 즉, 인종, 성별, 학력 같은 개인의 배경 조건들에 따라 노동시장은 분단되어 있으며, 그 분단된 노동시장들은 각각 상이한 노동 조건, 임금 그리고 교육 투자 회수율을 나타낸다. 성공의 기회가 노동시장의 위치에 따라서 차별적으로 주어지기 때문에 인간자본에 대한 투자의 효과 역시 상이하게 나타난다. ⑤ 1960년대 미국의 사회정책인 '빈곤과 투쟁'의 실패, 제3세계의 경제성장 증진의 실패 등으로 인간자본론에 대한 신뢰가 떨어졌다.

5) Clark의 기술기능 이론

기술기능 이론(technical-functional theory)의 개념은 사회가 점차 근대화·산업화 사회로 접어들면서 기술 수준이 점점 높아짐에 따라 기술중심 사회가 출현하게 되었다. 이와 같은 생산체계의 기술적 변화가 교육변화의 추진력을 제공하게 되었다. 기술시대는 숙련된 기술자와 직업적 전문가들을 요구하며, 교육 체계는 이런 사람들을 배출하는 데 공헌해야 한다는 것이 기술기능 이론이다. 이 이론은 학교 제도와 직업 세계가 상호간에 긴밀한 관계를 유지하고 있음을 강조한다. 학교는 산업 사회를 지탱하는 핵심장치이며 직종 수준에 알맞게 학교 제도가 발달했다는 것이다. 직업 세계가 다수의 하급 노동직에서부터 소수의 상급 전문직에 이르기까지 피라미드형으로 이루어져 있듯이 학교도 초등학교에서 대학원에 이르기까지 같은 모습으로 발전하였다. 한 직종의 수준이 높아지면 그에 상응하는 교육 수준도 높아질 수밖에 없다. 예를 들면, 대장간 수준에서는 학교교육을 받지 않아도 도제 훈련으로 충분하였으나 오늘날의 선반공은 공업고등학교를 졸업해야 한다. 그만치 학력 수준이 높아지는 것은 당연한 결과이다(김신일, 1999: 180~181).

기술기능 이론은 1950년대에 Clark와 Kerr가 제창했으며, 특히 Clark는 그의 저서 「전문가 사회의 교육(educating the expert society, 1962)」에서 우리 시대는 유능한 기술자와 전문가를 계속하여 요구하고 있는 바, 이러한 인재를 양성하는 과업에 교육 제도는 더욱 충실해야 한다고 주장하였다. 또한 Collins(1971)의 기술기능 이론에 대한 논리를 다음과 같이 정리하고 있다. 첫째, 산업사회에 있어서 직업의 기술 요건이 과학기술의 변화에 따라 끊임없이 높아진다. 이것은 두 가지 과정을 거치는데 ① 낮은 수준의 기술을 필요로 하는 직업의 비율이 줄어드는 반면에 높은 수준의 기술을 필요로 하는 직업의 비율이 늘어나고, ② 동일 직업 내에서도 요구되는 기술 수준이 높아진다. 둘째, 학교교육은 기술 수준이 점점 높아지는 직업에 필요한 전문 기술과 일반 능력을 훈련시킨다. 셋째, 취업을 위한 교육의 요구 수준이 계속해서 높아지고, 점점 더 많은 인구가 더 오랜 기간 동안 학교교육을 받게 된다. 결국 과학기술이 변화하는 한 학교교육기간은 계속 장기화되고, 학력 또한 상승하게 되어 있다는 것이다.

상기에서 Clark와 Collins의 기술기능 이론에 대한 견해를 종합하면, 산업사회에 있어서 기술의 필요는 다양화에 발맞추어 더욱 높아간다. 즉, 낮은 수준의 기술을 필요로 하는 직업의 비율은 감소되고, 높은 수준의 기술을 필요로 하는 직업의 비율이 점차 증가되며, 동일한 직업 내에서도 필요로 하는 기술의 수준이 점차 높아져 간다. 학교교육은 보다 높은 기술을 요하는 직업에 맞도록 특수한 기술이나 일반 능력을 위한 훈련을 제공해준다.

직업에 필요한 교육 수준은 날로 높아만 가며, 보다 많은 사람들이 오랫동안 학교에 머물러 있어야 한다. 기술기능 이론은 복잡한 현대사회에서 점차 기술의 수준이 높아감에 따라 개개인이 사회의 한 구성원으로서의 역할을 다할 수 있도록 학교는 인지적 능력, 전문적 기술과 지식을 교수해야 한다.

이러한 기술기능 이론은 기술 사회를 향한 발전 과정에서의 갈등과 불화에 대한 측면은 외면했으며, 학교교육의 팽창은 대중이 교육 기회의 확대를 요구했기 때문이기도 하지만, 지배계층의 특권을 유지시킬 수 있는 수단이기도 했다는 비판을 받고 있다(Hurn, 1978: 71).

6) Inkeles의 근대화 이론

근대화 이론은 사회는 내·외적 요인들이 함께 작용하여 통합 및 분화, 재통합을 통하여 진화 및 발전하고 있다고 본다. 근대화 이론(modernization theory)은 우리나라에서 1960~1970년대에 학계와 정부정책이 풍미했다. 1950년대부터 미국을 중심으로 발달한 근대화 이론은 제1, 2차 세계대전 후의 세계 질서인 냉전체제에 대한 전략으로 볼 수 있으며, 신생 후진국의 장래에 대한 낙관적인 발전 전망을 제시했다. 근대화 이론에 입각한 많은 연구들은 교육과 공장에서의 고용이 근대적 가치 습득과 직접적으로 관련되어 있다는 것을 강조하고 있다. 근대화 이론은 근대화 기관, 근대적 가치, 근대적 행위, 근대 사회, 경제발전 등 다섯 가지 변인 간에 직접적인 인과관계가 있다는 가정에 기초를 두고 있다. 근대화 과정은 그림 2-1과 같다.

Inkeles와 동료들은 근대화하는 것은 발전하는 것이며, 한 사회는 그 사회

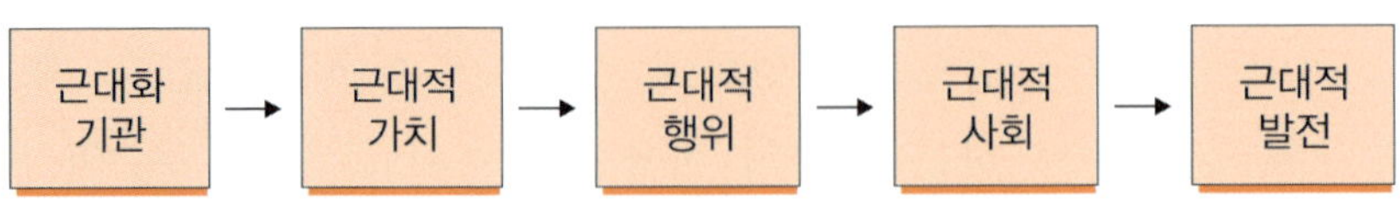

그림 2-1 근대화의 과정

자료: Inkeles, A., & Smith, D. H.(1974). Becoming: Individual Change in Six Developing Countries. Cambridge, MA: Harvard University Press.

대부분의 사람들이 근대적 가치를 갖게 될 때까지는 발전을 기대할 수 없다고 주장한다. 이들 이론가들은 근대적 가치의 출현에 있어 특수한 사회기관이 매우 중요하다고 주장한다.

근대성(modernity)에 관한 초기의 대표적인 연구로 McClelland의 『성취사회』(The Achieving Society, 1961)가 있다. McClelland에 의하면, 문명의 발생과 쇠퇴는 그 사회 내에 있는 대다수의 사람들이 소유하고 있는 개인적 가치관에 기인된 것이다. 그는 한 사회가 경제적·기술적 발전을 가능케 하는 성취동기라고 하는 성격적 특성이 있는데, 이것은 사회화를 통하여 획득된다고 주장하고 있다. 성취동기의 개념은 '근대성 척도'라는 태도검사를 개발한 미국의 사회학자 Alex Inkeles에 의하여 더욱 발전되었다. 근대성 척도는 한 사회의 구성원들이 무엇을 근대적 가치라고 보느냐를 측정하기 위하여 1960년대부터 널리 사용되어 왔다.

근대 사회는 산업혁명의 영향으로 산업과 민주주의, 과학주의가 발전해 가는 사회이다. 즉, 경제적 자립과 지속적 성장, 구성원의 선택과 참여가 가능한 민주주의. 합리적 규범과 효율적 기능을 강조하는 근대성이 특징이다. 지금의 학교체계는 이러한 근대의 가치를 기르기 위해 형성된 근대화 기관이다. 이러한 근대적 가치관은 서구의 역사에서 형성되어 비서구에 전파되거나 이식되었다. 따라서 근대화를 측정하기 위하여 사용되는 준거에서 알 수 있듯이 사회가 근대화된다는 것은 그 사회가 곧 서구화되어야 한다는 것을 뜻한다고 볼 수 있다(이종각, 2015). 서구화가 정당화되는 과정에 서구식 학교 체계가 기여했다고 할 수 있다(김병희 외, 2014).

5. 기능주의 이론에 대한 비판

교육뿐만 아니라 사회과학 전반에 걸쳐 위력을 떨치고 있는 기능주의는 사회의 이해에 많은 공헌을 한 반면에 이에 대한 비판도 거세게 받고 있다. 기능주의에 대한 비판은 다음과 같다(김신일, 1999: 56~58; 차경수 외, 2010: 36~38; 김준기, 1998: 42).

첫째, 구조 기능주의 이론은 통합성과 합의성을 지나치게 강조함으로써 사회 내의 개인과 집단 간의 대립과 갈등을 경시하고 변화와 개혁보다는 현상 유지를 지지하며, 이로 인하여 학교교육의 규격화·공식화를 초래하게 되었고, 교육을 둘러싼 사회가 경쟁적인 이데올로기의 각축장이라는 점을 고려하지 못했다는 점이 구조 기능주의적 교육관이 갖는 커다란 오류로 볼 수 있음을 지적하고 있다.

둘째, 교육 선발이 능력 본위로 이루어진다는 기본 전제 때문에 선발 과정의 귀속적 측면에 대한 관심을 소홀히 다루었다는 지적이다. 전반적으로 볼 때 현재의 교육 선발의 방법, 제도 등은 편파적으로 고소득층에 유리하게 되도록 되어 있다는 것이다. 구조 기능주의적 관점에서는 이러한 제반 교육문제들이 일시적 병리현상 정도로만 이해되기 때문에 부분적 개선책의 개발에만 집중해 왔다는 비판을 면하기 어려운 것이다. 갈등주의적 접근과 마찬가지로 구조 기능주의 이론은 교육을 정치 및 경제적 구조로 종속변인으로만 인식함으로써 교육의 본질을 밝히는데 미흡하다는 것이다.

셋째, 구조 기능주의적 접근은 사회의 다양한 이해관계, 이념의 차이, 갈등관계에 있는 이익집단의 존재를 적절하게 고려하지 못한다고 지적하고 있다. 이질적인 집단이 모여 살고 있는 사회에서는 각 하위집단마다 학교에 대해서 갖는 기대와 역할이 있을 것이며, 각 집단은 학교에서 이러한 목표를 달성하려고 할 것이지만, 이러한 사정이 잘 고려되지 않는다는 것이다. 보수적이고 지배 이데올로기 중심이라고 하는 것은 이러한 데서 나오는 비판이다.

넷째, 교사와 학생, 학생과 학생 사이 등 개인적인 또는 소집단 사이의 역동적인 인간관계의 분석이 어렵다는 것이다. 학생들은 하나의 체제나 구조 속에서 단순히 주어진 역할을 수행할 뿐만 아니라 그것을 창조하고 수정해 간다는 것을 생각할 때 이러한 비판은 중요한 의미를 갖는다. 즉, 교육활동은 교실이라는 공간 속에서 교사와 학생 또는 학생 상호간에 일어나는 복잡한 관계를 포함하고 있는 것이다. 해석학적 이론에서 인간관계의 의미를 중요시하거나 신교육사회학에서 교육과정의 내용을 문제 삼고 있는 것은 이러한 기능주의 이론에 대한 반발이라고 볼 수 있다.

다섯째, 구조 기능주의적 접근은 목적론적이며, 결정론적이라는 비판과 함께 변화와 갈등으로 가득 찬 실제의 사회에 잘 맞지 않는다는 지적을 받고 있다. 기능주의자들은 사회는 하나의 큰 유기체와 같아서 균형이 파괴된다고 해도 균형을 회복할 수 있는 자생력을 가지고 있다고 본다. 이것은 곧 사회의 안정적인 발전을 이상적인 것으로 보고 사회가 그러한 방향으로 항상 발전해 간다고 가정하는 것이다. 이 점에서 기능주의적 접근은 목적론적이라는 비판을 받고 있다. 또 교육에 미치는 정치, 경제, 사회 등의 교육 외적인 요인의 영향력을 너무 강조함으로써 교육이 마치 이러한 요인에 의해서 결정되는 것처럼 주장한 것은 결정론적인 오류인 것이다. 또 사회는 항상 안정과 균형을 회복한다고 했지만, 오히려 실제로는 균형보다 갈등에 있는 경우가 많기 때문에 균형론은 실제 사회에 맞지 않는다고 보는 비판이 있다.

이외에도 인간을 수동적 존재, 사회에 종속된 존재로 간주하였고, 기존의 양식과 전통을 지키고 이를 다음 세대에게 전수하는 데만 관심을 두는 등 지나치게 보수주의적 입장을 취한다. 그리고 사회개혁보다는 기존의 질서 범위 내의 안정에만 안주할 수 있고, 학생들의 개별성보다는 공통성 내지 유사성을 중요시함으로써 교육에 있어 엄격한 지도와 훈련을 강조한다. 마지막으로 학생들의 인지적 측면을 강조한 나머지 학력경쟁을 가열화시켜 고학력화를 부채질하고 인간성을 메마르게 함으로써 전인교육에 소홀하게 된다. 그리고 학교교육의 귀족화 현상을 촉진할 수 있다.

제2절 갈등 이론

1960년대 들어 사회현상을 기능주의로 충분히 설명을 할 수 없게 되자 기능주의는 심각한 도전을 받게 되었다. 이 무렵 복잡해진 사회현상을 설명하기 위해서 갈등 이론이 등장하였다. 1970년대에 접어들면서 기능 이론과 갈등 이론 간 학문적 논쟁이 심화되어 지금까지 계속되고 있다. 2절에서는 갈등 이론의 배경 및 발전과정, 갈등 이론의 사회관, 갈등 이론의 교육관, 갈등 이론의 대표 학자와 이론 등에 대해서 고찰하기로 한다.

1. 갈등 이론의 배경 및 발전과정

갈등주의의 역사적 발달과정은 Marx에 의해 출발하였다. 그에 의하면 "갈등 없이는 진보란 있을 수 없으며, 이것은 인간의 문명이 금일까지 준수한 법칙"이라고 주장하였다. Marx는 사회 자체 내에서 인간적인 발전을 저해하는 요인, 즉 모순이 잠재해 있다고 생각하였다. 이러한 모순은 계급 간의 긴장과 갈등을 심화시켜, 결국 무산 노동자 계급이 주도하는 혁명을 통해 사회의 질적 변화를 촉진하게 되는 것이다.

제2차 세계대전이 끝난 후 미국과 소련의 이념적 경쟁이 심화되었다. 미국을 중심으로 한 서구와 소련을 중심으로 한 동구의 갈등은 표면적으로 대두되었으며, 서구는 체제의 우월성을 위해 사회 안정과 발전을 강조하게 되었고, 이를 지지하는 기능주의 사회학이 주류를 형성하였다. 이 시기 학교교육도 기능적 효율성을 중시하였고, 교육의 사회적 기능은 사회 안정과 통합, 질서유지에 초점을 두었다(이종각, 2015). 이에 반해 갈등주의 등장배경은 미국과 프랑스에서 강하게 나타났다. 특히 미국에서 1960년대 이후 경제적 불황과 후퇴, 베트남 전쟁의 개입에 대한 젊은이들과 지성인들의 비판, 인권 운동, 빈부격차의 심화, 제3세계의 결속 등이 미국의 교육을 갈등론적 시각에서 논하는 학자들의 세력을 강화시킨 시대적 계기가 되었다.

갈등 이론은 Marx, Weber 등의 이론과 사상에 근거를 두고 있다. Marx는 역사의 발전과정은 무산계급과 유산계급의 경제적 이해관계를 둘러싼 갈등관계로 설명하였다. 유산계급은 생산력과 생산관계를 통해 무산계급의 이익을 착취한다고 보았다. 유산계급은 무산계급을 이러한 불평등한 사회질서에 순응하게 하여 불평등한 사회구조를 정당화한다. Weber는 경제가 사회에 중요한 영향을 미친다고 인정을 하면서도 경제적 요인만이 사회구조를 결정하는 중요한 변인은 아니라고 보았다. Weber는 사회구조가 경제라는 단일 변인에 의해서 영향을 받는 것이 아니라 지위, 권력과 같은 사회적 변인에 의해 영향을 받는다고 보았다(이종각, 2015).

기능 이론에 대한 비판은 Marx의 관점을 이어받은 Weber, Simmel, Dahrendorf, Mills, Coser 등에 의하여 체계화되었다.

2. 갈등 이론의 사회관

갈등 이론은 '인간의 욕구는 무한한데 이를 충족시켜줄 수 있는 재화는 유한한데서 비롯된 인간 사이의 경쟁과 갈등은 불가피하다는 것이다. 갈등 이론에서는 사회의 본질을 갈등, 변동, 강압의 과정으로 이해하고, 사회를 사회구성원 간의 세력다툼, 이해의 상충, 지배자의 압제와 피지배자의 저항, 끊임없는 불안정과 변동의 과정으로 이해하고 있다.

Marx 이론에 기초한 Turner의 갈등론적 기본적인 전제는 다음과 같다(권이종, 1999: 33~34에서 재인용). 일정한 사회체제에서 부족한 자원의 분배가 불평등할수록 지배집단과 종속집단 간의 이해를 둘러싼 갈등은 심화될 것이다. 피지배집단이 그들의 참된 집단적 이해를 의식할수록 부족한 자원의 불평등한 분배의 정당성을 의심하게 될 것이다. 피지배집단이 그들의 집단적 이해를 의식하고 부족한 자원의 불평등한 분배의 정당성을 의심할수록, 그들은 조직을 만들고 지배집단에 대한 공개적인 대항을 개시할 것이다. 지배집단과 피지배집단이 분극화할수록 갈등은 폭력적으로 나타날 것이다. 피지배집단이 공통된 신념으로 통일되고 정치적 지도체계를 발전시킬수록 지배집단과 피지배집단은 분극화될 것이다. 갈등이 폭력화되면, 사회의 구조적 변화와 부족한 자원의 재분배의 실현도는 높아질 것이다.

갈등론적 사회관을 살펴보면 다음과 같다(이인원 외, 2017).

첫째, 사회는 갈등의 장소이다. 개인과 집단은 다른 사람들과 희소가치를 두고 서로 경쟁한다. 지배자와 피지배자는 이해관계가 대립하기 때문에 유리한 지위를 갖기 위해 투쟁한다. 이로 인해 갈등이 있을 수밖에 없다. 사회는 이해관계의 당사자들이 경쟁과 갈등을 하는 곳이다.

둘째, 사회는 변화한다. 지배집단은 모든 사회가치의 중심체 역할을 하며 현 상태가 계속 유지되기를 바란다. 지배집단은 피지배집단을 체제 안정의 위협 요소로 본다. 따라서 지배집단은 설득·교화·선전 등의 방법으로, 피지배집단에게 자신들의 입장을 정당화시키려 한다. 이러한 지배집단과 피지배집단의 대립적 관계는 새로운 사회 형태를 창출하려는 사회변동의 원인이 된다. 지배집단은 피지배집단을 강압적으로 억압하고, 동시에 정신적 교화를 통해 지배체제를 효과적으로 통제한다.

셋째, 지배집단이 피지배집단을 강압하고 피지배집단은 지배집단에 저항한다. 지배집단은 자신의 위치가 위협받지 않기 위하여 계속적으로 새로운 사회질서를 창출하며, 피지배집단은 자신들의 불리한 위치를 극복하기 위해 지배집단에 대항할 수 있는 물리적·이념적 수단을 동원하여 그들에게 유리한 사회편성을 하도록 노력한다. 결국 지배집단과 피지배집단은 계속되는 긴장과 갈등상태에 직면하게 된다.

이러한 갈등 이론의 사회관을 요약하면 다음과 같다(이종각, 2004: 142~143). ① 사회의 모든 요소는 긴장·경쟁·갈등을 일으키는 원인이다. ② 갈등의 원인은 사회계급 간의 권력의 차이에서 비롯된다. ③ 지배집단은 피지배집단과 언제나 불일치와 갈등을 보이며, 이것은 사회분열과 사회변동을 초래하기도 한다. ④ 사회질서 유지는 지배집단의 강제에 바탕을 두고 있다.

갈등 이론의 학문적 한계성을 지적하면 다음과 같다(이현청, 1994: 69~70). ① 기능주의가 그러하듯 사회가 균형을 추구하는 자연스런 조직으로 보고 있다는 점이다. ② 사회의 변화는 지배계급에 의해 통제될 수 있으며, 적어도 환경의 변화 속에서도 통제가 유지될 수 있다고 보고 있는 점이다. ③ 기능주의는 변화를 환경 조건에의 자연스런 적응으로 보고 있으나 갈등 이론은 자본주의의 변동과정에서 지배집단이 합의된 가치와 사회의 목표를 결정한다고 보고 있는 점이다. ④ 갈등 이론에서는 사회 내에 존재하는 불평등, 부정의 등은 오직 체제의 변화 없이는 불가능하다 보고 있으며, 이러한 변동은 혁명적 변동을 의미함으로써 급격한 사회변동만이 문제 해결의 대안이라고 보고 있는 점이다. ⑤ 갈등 이론에서 핵심적인 가정으로 받아들이고 있는 '지배계급'의 개념과 관련된 것으로서 누가 지배계급인가 하는 문제이다. 그리고 지배계급이 상대적으로 권력과 위세를 누리고 있다면 어떻게 지배계급이 될 수 있는가라는 질문에 대한 해답을 제시하지 못하고 있다는 점이다. ⑥ 갈등론의 취약점으로는 학교 제도에 관해 보다 폭넓은 개념을 수용할 필요가 있다는 점이다. 합의된 가치가 동일하며 모든 학교의 특성이 동일하다는 주장은 문제가 된다는 것이다.

상기에서 갈등주의의 역사적 발달과정, 등장 배경, 갈등론의 기본 전제, 갈등론의 사회관, 갈등 이론의 학문적 한계성 등에 대해서 살펴본 바와 같이 갈등 이론은 구조 기능주의적 접근에 대한 비판적 관점을 제시하여 통합보다는 갈등, 안정보다는 변화, 합의보다는 강압을 앞세워 강조하고 있다. 그리고 교육의 불평등, 인간소외 문제, 교육의 계층화 등을 문제시하고 있다. 아울러 학교 제도가 사회 불평등을 재생산하는 데 공헌하고 있다고 비난하고 있다. 그러나 갈등 이론은 자칫 잘못하면 사회해체를 유발할 수 있으며, 변동에 대한 대안도 없이 비판적으로 그것을 정당화시키려는 외침으로 전락될 수도 있다고 본다.

3. 갈등 이론의 교육관

기능 이론과 갈등 이론은 교육 및 교육문제를 설명하는 것이 매우 대조적이다. 기능 이론에 의하면 교육은 현존 사회의 문화 가치를 유지, 전달하기 위하여 사회구성원의 사회화에 공헌하고, 또 구성원의 사회적 역할을 원활하게 수행할 수 있게 개개인을 적재적소에 배치하는 선발의 기능을 한다. 반면에 갈등 이론의 관점은 교육이 지배집단의 권익을 정당화하고 주입하여 기존 사회의 계층구조를 재생산하는데 주력하고 있다고 본다. 즉, 갈등론자들은 교육은 사회에 존재하는 모든 계급이 평등하게 주어지기보다는 사회 저변에 널리 깔려 있는 불평등과 불공정성을 강화 및 유지함으로써 평등사회 실현은 하나의 이상에 불과하다고 현행 학교교육을 신랄하게 비판하였다(김병성, 2018; 강유정 외, 2018; 이인원 외, 2017).

갈등 이론의 교육관은 다음과 같이 제시할 수 있다(이종각, 2015). ① 교육과 사회를 거시적 관점으로 파악한다. ② 학교란 특정 집단의 문화의 권익을 옹호하고 정당화시켜 주는 과정이다. ③ 학교는 기존의 위계질서를 공고히 하며, 지배계급의 이익에 종사하는 도구이다. ④ 학교는 중립적인 기관이 아니며, 지배집단의 이익을 대변하여 불평등한 사회구조를 재생산한다. ⑤ 학교는 인간을 강요하고 억압함으로써 타율적이고 수동적인 존재로 전락시키고 있다. ⑥ 학교는 지배집단의 이데올로기를 전수하여 피지배집단을 통제하는 수단으로 사용한다. ⑦ 학교는 인간성의 완성과 자아실현에 목적을 두기보다는 지배집단이 선호하는 가치와 태도, 규범을 주입하는 데 치중한다. ⑧ 학교는 업적주의 이념으로 공정성을 위장하고 있으며, 개인의 실패 원인을 사회구조적인 측면보다는 개인의 능력과 노력 부족으로 돌린다. ⑨ 사회계층의 결정 요인으로 경제적 사회계급, 정치적 권력, 사회적 지위를 중요시한다.

갈등 이론에서 본 사회는 이해관계에 바탕을 둔 개인 간, 집단 간의 갈등 장소이며, 학교에서 행하는 능력주의 이데올로기는 외형상 공정하게 보이나, 피지배계층의 이동을 효과적으로 탈락시키고, 지배질서의 정당성을 강조하기 위한 위장된 이념에 불과하다고 주장했다. 또한 학교교육은 누구나 기회의 평등을 가질 수 있지만 미리 정해진 사회적 역할과 질서에 따라 상류계층 가족이 유리한 위치에 있음을 지적하고 있다.

4. 대표 학자와 이론

갈등 이론의 대표 학자와 이론인 Bowles 및 Gintis의 경제적 재생산 이론, Bourdieu의 문화적 재생산 이론, Giroux의 저항 이론, Bernstein의 사회언어학적 재생산 이론, Collins의 지위경쟁 이론 등에 대해 고찰하기로 한다.

1) Bowles 및 Gintis 경제적 재생산이론

미국의 Bowles와 Gintis(1976)는 저서 『자본주의 미국의 학교교육(Schooling in the Capitalist America)』에서 미국의 학교교육을 비판했다. 미국의 학교교육은 일부 자본가 계급에서 이로운 태도와 가치관을 가르치고 기존의 불평등한 계급구조를 고착시켜 당연한 것처럼 만들고 불평등한 계급구조를 재생산한다고 비판하였다. 갈등 이론은 사회의 불평등 구조를 개선하는 데 중점이 있는데, 경제적 재생산 이론(economic reproduction theory)에서는 불평등의 근원이 경제제도의 구조적 불합리에 있음을 지적하였다. 그는 교육내용을 자본주의 사회의 경제적 요인에 따라 분석하면서, 경제적 재생산론적 입장에서 학교교육은 자본주의 사회의 구조적 모순과 거기서 파생된 경제적 불평등을 반영하여 자본주의 사회의 계층 위계화를 은밀하게 공고히 하는 기능을 담당하고 있는 것으로 파악하고 있다. 자본주의 사회의 학교는 낮은 지위 및 중간 지위의 직업을 수행하는데 요구되는 자질과 인성특성, 즉 복종, 시간 엄수, 상사에 대한 존경심, 일을 제대로 해내는 습관, 시키는 대로 잘 따르는 능력 등을 매우 귀중한 규범과 가치로 교수한다. 자본주의 사회의 교육제도는 불평등의 정도를 완화시키지 못할 뿐만 아니라 억압적인 개인적 발달을 촉진시킨다고 말한다. 이것은 학교교육이란 불평등한 사회 구조를 정당화·합법화하여 재생산하는 기능을 도모하게 된다.

Bowles와 Gintis(1976)는 대응 이론(correspondence theory)으로 경제적 재생산 이론을 설명하고 있는데, 이는 경제적 재생산론의 핵심 이론을 설명하는 것이다. 즉, 학교교육은 자본주의 사회에서 요구하는 가치·규범·퍼스낼리티를 학생들에게 은연중에 내면화시킴으로써 자본주의의 구조적 모순과 심화된 불평등을 정당화하여 체제 유지에 기여한다는 것이다. 대응원리는 교육이 노동구조의 사회관계와 똑같은 사회관계로 운영되고 있다는 점에 주목하고 있다. 자본주의의 사회적 위계관계를 학교교육의 수준별 위계구조에 서로 대응시킴으로써 거기에 필요한 가치체계를 가르친다는 것이다. 예를 들면, 초등학교는 하위직에 적합한 복종·순응·시간 엄수를, 중등학교는 중간직에 적합한 지식·가치·규범을, 고등학교는 최고 경영자에 적합한 인성 체계인 독립심·창조력·리더십 등을 은밀히 전수한다는 것이다.

대응 이론에서 주장하는 교육의 사회적 관계와 노동의 사회적 관계의 대응적인 면은 크게 네 가지로 살펴볼 수 있다. ① 학생은 노동자처럼 권한이 없다는 점, ② 교육은 목적으로서가 아니라 수단으로 가능하다는 점, ③ 분업을 통하여 노동자의 임무가 제한되고 단결이 저해되는 것처럼 지식의 전문화, 단편화 및 과도한 경쟁을 통하여 학생의 임무가 제한되고 단결이 저하된다는 점, ④ 교육 수준은 직업구조에서의 수준에 그대로 대응한다는 점 등이다.

상기에서 Bowles와 Gintis의 견해를 종합해서 정리하면, 자본주의 사회에서 학교가 공정한 사회적 기관이라기보다는 오히려 사회적 위계관계, 즉 불평등 구조를 정당화·합법화·강화하는 재생산적 도구라는 새로운 해석을 해주었다. 학교교육은 자본가 계급이 선호하는 노동의 위계 의식을 아동들에게 조건화시킴으로써 자본주의 질서에 자연스럽게 편입하도록 한다. 자본가 계급은 학교교육을 통해 자신들의 지배적 위치를 영속적으로 유지할 수 있으며, 노동자 계급은 불리한 사회적 지위, 즉 불평등한 위계관계에 머무를 수밖에 없다는 것이다.

그럼에도 불구하고 경제적 재생산의 한계점을 제시하면 다음과 같다(이종각, 2004). ① 경제적 재생산론은 학교교육의 역할을 경제구조에 국한시킴으로써 다른 사회적 변인, 즉 문화구조의 역할을 간과했으며, ② 경제구조의 성격이 학교에 중요한 영향을 미치기 때문에 결국 학생들은 자본가 계급이 요구하는 인간 형성, 즉 수동적인 존재로 이해되고 있다는 점이다. ③ 학교의 외부구조인 경제구조가 학교 내부구조인 모습을 결정함으로써 교수-학습장면에서 일어나는 복잡한 관계를 단순화시키거나 간과하는 경향이 있다. ④ Bowles와 Gintis는 학교가 의도하는 규범과 인성특성을 실제로 가르치고 있는 것으로 상정하지만, 학생들이 그런 것들을 배운다는 증거가 없다고 할 수 있다.

따라서 경제적 재생산 이론은 정치 및 경제학적 분석을 통하여 교육현상을 구조적으로 인식할 수 있는 기본 시각을 제시하였으며, 학교교육의 개혁의 가능성과 한계, 즉 교육의 평등화가 사회의 평등화로 이어지지 못한 이유에 대한 설명을 제시한다는 점에서 의의를 갖는다. 하지만 학교를 경제적 기능을 수행하는 기관으로 국한시킴으로써 교육의 다른 측면들은 무시하였고, 행위자를 수동적인 존재로 보았으며, 대응원리의 경우 교수-학습과정을 '검은 상자'로 취급함으로써 교육이 일어나고 있는 교육적 과정을 무시하고 교육의 결과와 사회적 위치와의 관계만을 주목했다는 점에서 비판을 받을 수 있다(김병성, 2018).

2) Bourdieu의 문화적 재생산 이론

이 이론은 문화적 제도를 통하여 지배적 사회관계가 유지되고 재생산된다고 본다. 문화적 재생산론자들의 주장에 따르면, 학교교육은 지배계층의 문화를 선호하며 그것을 학생들에게 내면화시킴으로써 자본주의 사회의 구조적 모순과 불평등한 현상을 정당화·합법화·재생산하는 데 기여한다고 한다. 즉, 학교교육의 기능을 문화구조에 제한시켜서 사회 구조의 불평등 현상을 설명하고 있다.

문화적 재생산론(cultural reproduction theory)의 설명은 다음과 같다(강창동, 2015; 조성일 외, 2004). Bourdieu(1966)에 의하면, 자본은 사회적·문화적·경제적인 여러 가지 유형을 취하고 있으며, 문화는 특정 계급과 관련되어 있고, 계급적 이해관계를 반영하고 있다는 입장을 취하고 있다. 그는 상징적 폭력(symbolic violence)이라는 개념을 도입하여 자신의 논리를 전개하고 있다. 즉, 지배계층은 언어, 신분, 지위, 위신, 관습 등과 같은 상징체계로서 그들의 사고방식, 지배 유형, 문화양식이 자연스러운 질서를 가진 것처럼 보이게 한다. 이와 같은 상징체계는 생산, 분배, 소비되는 경제적 원리와 비슷하게 문화시장을 형성하면서 이들이 소유한 문화 형태에 따라 화폐적 가치를 지니는 것을 문화자본(cultural capital)이라 한다.

문화자본은 ① 어렸을 때부터 계급적 배경에서 자연스럽게 체득된 지속적인 성향인 아비투스(habitus)적 문화자본이 있으며, ② 객관화된 상태로서의 문화자본(책, 예술작품), ③ 제도화된 상태로서의 문화자본(졸업장, 자격증) 등 크게 세 가지로 분류한다. Bourdieu는 아비투스(habitus)적인 문화자본을 가장 중요하게 다루고 있다. 이는 내면화된 문화자본으로서 계급적 행동 유형과 가치체계를 반영하고 있다. 학교는 지배계급의 문화를 강조하고, 계급적 배경이 다른 문화자본을 가진 아동들은 학업 성취 측면에서 열등할 수밖에 없으며, 더 나아가 장차 차지할 직업적 지위에도 영향을 준다는 것이다. 또한 Bourdieu는 교육과정을 사회질서와 개인 간의 의사전달 체계로 보았으며, 교육체계는 지배계급의 세계관을 반영하는 지식, 즉 문화자본을 전수함으로써 사회질서를 재생산하고 합법화한다고 했다. 따라서 학교교육은 지배계층의 문화자본을 채택하여 교육과정에 반영하기 때문에 노동계층의 아동에게 불리하게 작용한다는 것이다.

이와 같이 문화적 재생산론에 대한 Bourdieu의 견해를 정리하면 다음과 같다. ① 문화자본은 학업 성취를 촉진시키는 문화적 능력, 언어적 능력을 가리키며, 이미 학생들이 가지고 있는 문화자본은 학교교육을 통해 더욱 강화된다는 것이다. 교육이 계층들 사이의 문화적·사회적 차이를 강화함으로써 사회계급 구조를 재생산하는 데 공헌한다고 보고 있다. ② 지배계급은 그들만의 언어, 지위, 관습, 상징 등을 갖고 있는데 이를 통해서 그들의 사고방식이나 지배유형 또는 문화양식이 자연스러운 질서를 가진 것처럼 보이게 한다. ③ 이러한 상징적 폭력을 통해 학교교육이 사회적으로 정당화된다. 그는 교육이란 외부적인 요소로부터 독립된 것이 아니며, 또 경제적 재생산론자들의 주장과 같이 단순히 경제적 필요에 의하여 이용되는 것도 아니라고 했다. 따라서 교육은 오히려 불평등을 조장하고 있는 이러한 역할을 중단하고 진정으로 노동자들의 이익을 위하여 기능해야 한다고 주장했다(강유정 외, 2018).

하지만 Bourdieu 연구는 학교교육에서 문화의 역할을 강조함으로써 학교교육에 대한 학문적 이해의 폭을 확대시킨 측면은 높은 평가를 받을 수 있지만, 몇 가지 문제점을 발견할 수 있다(손직수 역, 1992: 63~66). ① Bourdieu

는 사회 내부에서 비판 의식이 어떻게 출현하는가를 설명하지 못하고 있다. 그는 문화구조가 학교교육의 모습에 영향을 주며, 이런 문화 형태에 따라 학생들이 일방적으로 영향을 받는 피동적인 존재로 분석하고 있다(이종각, 2004). ② Davies(1976)가 지적한 역사적 관점의 결여이다. Bourdieu 연구는 어떻게 해서 그와 같이 되었는지를 보여줄 수 있는 역사적 차원의 설명이 결여되어 있다. ③ 학교교육에서 문화의 역할을 강조함으로써 다른 사회적 변인, 즉 경제적 정도를 간과하는 경향이 있다는 점과 학교 내부 현상을 문화구조의 논리에 따라 그 성격을 규정함으로써 실제적인 복잡한 역동적인 관계에 대한 관심이 부족하다는 점을 부수적으로 지적할 수 있다(이종각, 2004).

3) Bernstein의 사회언어학적 재생산이론

Bernstein(1982)은 Bourdieu와 같이 문화적 재생산론자로 분류되지만, 학교교육과 문화와의 관계에 대해서 다른 해석을 적용하고 있다. 학교교육을 통해 자본주의 사회의 불평등이 지속되는 이유를 사회언어학적 분석을 통해 코드로써 체계화하여 설명하고 있다. 사회언어학(socio-linguistic study)은 노동계급 학생의 학업실패의 원인을 '능력'이 아니라 언어적 측면에서 설명해준다. Bernstein은 사회계층과 어법(code)에 관한 연구를 통하여 계급재생산의 구조와 과정에 대한 통합적 분석을 통해 사회계급의 구성요소들은 유전의 규칙보다는 사회계급 자체가 증식시키는 의사전달 규칙에 의해 더 잘 전달될 수 있음을 밝혔다. 그에 의하면, 사회구조는 기본적으로 계급불평등의 체제이며, 불평등은 언어적으로 전달되는데, 이때 전달되는 중요한 메커니즘은 가족이라고 보았다. 가족의 계급적 지위는 어법의 기본적인 결정요인이 되는데, 노동계급은 제한된 코드를 활용하고, 중간계급은 정교화된 코드를 가정에서 발전시킨다.

Bernstein의 사회언어학적 분석에 의한 코드는 정교화된 코드(elaborated linguistic codes)와 제한된 코드(restricted linguistic codes)로 구분한다. ① 정교화

된 코드는 주로 중산층의 언어코드로써 문장 구성이 복잡하고, 정확한 문법 체계를 강조하며, 수준 높은 상징체제를 많이 사용한다. ② 제한된 코드는 하위계층이 소유한 언어코드로써 문장 구성이 단순하며 문법과 문장 규칙이 부정확하다. Bernstein은 학교교육이란 중산계층이 소유한 정교화된 언어코드를 선호함으로써 학업 성취 측면에서 중산계층 아동은 하위계층 아동보다 월등할 수밖에 없다는 것이다. 즉, 계층 간의 위계화와 불평등이 학교교육에 그대로 반영되어 기존의 사회 구조가 유지된다는 것이다.

학교교육에서 유리한 문화자본을 갖지 못한 아동들이 학교교육에서 탈락하거나 중도 포기함으로써 정교한 코드를 구사하는 아동들은 상대적으로 더 유리한 문화자본을 획득하게 된다. 그리고 이것은 높은 사회적 지위의 성취에 연결됨으로써 학교교육은 계급재생산에 기여하고 있는 것이다. Bernstein의 사회언어학적 연구는 거시적 접근의 문화적 재생산 이론과는 달리 교육사회학의 현상을 학급 내에서의 언어적 상호작용의 특성에 관해 미시적으로 접근하였다고 볼 수 있다(강유정 외, 2018).

4) Giroux의 저항 이론

학교교육이 자본주의 체제의 질서를 확인해주는 도구적 장치라는 재생산 이론은 학교교육의 특성을 구조적 측면에서 해석함으로써 학교교육의 역할을 축소시키는 경향을 보였다. 학교교육은 지배체제에 의하여 그 역할과 성격이 규정되며, 학교 내부현장은 사회 구조의 반영물에 지나지 않는다. 결국 학생들은 사회 구조의 영향력에 따라 그 모습이 형성되는 수동적인 존재에 불과하다. 학교가 사회계급 구조의 반영물이라면, 학교교육을 통해 사회 모순을 개혁한다는 것은 논리적으로 설득력을 잃게 되며, 교육의 근본적 성격을 재고하여야 한다는 문제점이 발생된다. 저항 이론(resistance theory)은 이러한 문제점에 반응하고 있다(이종각, 2004). 저항 이론은 학교교육이 사회계급 구조의 불평등을 그대로 보존하거나, 이행하는 단순한 반영물이 아니며, 오히려 사회 모순과 불평등에 도전할 수 있다는 점에 주목하고 있다.

저항 이론에서의 인간은 사회 구조가 요구하는 대로 그 성격이 규정되는 수동적인 존재가 아니라, 사회의 불평등한 구조에 저항·도전·비판하는 능동적 존재이다. 인간은 주체적 의지를 지닌 능동적 존재로서 사회 모순에 투쟁·비판·거부하는 존재라는 것이다. 인간은 불평등한 사회 구조를 인식할 수 있으며, 이 구조를 개혁할 수 있는 의지를 지니고 있는 것이다. 이러한 능동적 의지의 강조는 학교교육을 통해 사회 모순을 극복할 수 있다는 낙관적인 전망을 가능하게 해준다.

저항 이론(resistance theory)의 제 학자로는 Giroux, Wills, Freire 등의 견해를 고찰하기로 한다.

첫째, Giroux(1983)는 일련의 논문을 통하여 저항 행동의 주요 요소인 간파(penetration)를 비판적으로 재구성할 수 있는 가능성을 찾으려 했다. "저항은 폭로의 기능을 가져야 하며, 지배에 대한 비판을 하고 자기 반성과 투쟁을 위한 기회를 제공한다. 사회적 해방과 자기 해방에 관심을 갖고 모든 심화된 현실의 모순을 인식함으로써 새로운 사회의 가능성을 모색하는 기능을 해야 한다"고 하였다. 학교의 억압적 구조에 도전하는 학생들의 역할과 정치적 지배와 그 지배에 예속시키고자 하는 논리에 반대하는 학생들의 역동적 참여에 관심을 두고 연구했으며, "교육자와 교육학자들이 무엇이 저항이며 무엇은 저항이 아닌지에 대한 철저하고도 명확한 구분을 시도해야 한다"고 주장하였다. 또한 "저항이라는 용어에 대한 철저한 정련작업이 되어야 한다"고 주장하였다.

둘째, Willis(1977)는 학교연구에 관한 저서 「노동을 위한 학습(learning to labour)」에서 12명의 노동계급 자녀가 어떻게 영국 중등학교의 반항적 문화를 지지하고 행동하는가를 연구했다. 이 연구에서 노동계층의 자녀들이 어떻게 노동직을 선택하는가를 심층 분석했다. ① 노동계층 자녀의 남학생들은 학교 내에서 비공식 조직을 형성하여 학교의 권위에 저항하고 학습활동을 거부한다. 그들은 자신들의 집단을 '사나이'라고 칭하며 교사에게 반항한다. 학교에 순응하는 학생들의 집단에게는 '범생이'로 칭하며 이들과 어울리지 않고 자신들이 우월하다고 생각한다. ② 그들은 학교의 시간표를 무시하며 자신들 나름의 시간표를 만들어 일과를 보낸다. 또한 학교에 순응하고 복종하여 얻을 수 있는 대가가 공평하지 못하고, 학교에서 말하는 것과는 달리 정신노동과 육체노동의 가치는 같으며 학교에 순응해도 개인들 모두 성공을 보장할 수 없다고 생각한다. 이러한 연구결과를 토대로 저항 이론은 학습자가 교육내용을 그대로 받아들이는 수동적인 존재가 아니라 삶의 경험 속에서 체득한 세계관으로 지배이데올로기를 거부하고 자신들만의 세계를 개척하는 능동적이고 주체적인 능력이 있다고 보았다(이인원 외, 2017). 즉, 노동계급 자녀들은 학교 문화에 저항하면서 낮은 학업 성취 수준을 나타낸다고 결론짓고 있다. 이들 노동계급 자녀들은 정신노동을 경멸하고 체제와 지배적 학교 문화를 거부하기 때문에 저항문화를 형성한다고 주장한다.

셋째, Freire(1973)는 저항 이론이라는 용어보다 의식화 이론이라는 용어로 대체시키는 편이 타당하다고 주장했다. Freire의 교육사상은 「피억압자의 교육학(Pedagogy of the Oppressed)」을 통하여 학교교육이 제3세계의 민중을 의식화시키는데 중추적인 역할을 하였으며, 전통적 교육을 '은행에 저축하듯이 무의미한 지식을 축적하는 행위'라고 비판하고, 문제 제기식 해방 교육을 주장하여 은행 저축식 교육에 대한 대안을 내어 놓았다. ① 은행 저축식 교육(banking education)의 특징으로는 교육은 반복할 것을 강조함으로써 학생들을 순종적으로 길들인다. 그리고 은행 저축식 교육과정은 사상과 가치들을 강요하는 폭력의 한 형태이고, 사회현실을 주어진 것으로 받아들이고, 학생들은 의식적 행동을 하지 않고, 소외된 의식을 생산해 낸다. 이러한 상태에서는 인간은 의식이 없는 존재이며, 마음이 텅 빈 존재로서 외부로부터의 현실을 단지 수동적으로 받아들이는 존재이다. 이러한 방식의 교육은 인간을 주체로 만드는 것이 아니라 주어진 현실에 단지 적응하는 객체적 존재로 만든다. 즉, 비인간화를 위한 교육인 것이다. 이에 반해 ② 문제 제기식 교육(problem posing education)은 교사와 학생은 수직적 관계가 아니라 공동탐구자가 된다. 교사는 학생들이 제기한 문제들의 주제를 연결하고, 그것을 부분적으로가 아니라 역사적·문화적 맥락에서 그 의미를 파악하도록 학생들을 돕는다. 이런 과정에서 교사와 학생은 공동의 성찰을 통하여 실제(reality)의 베일을 벗기고 지식의 재창조 작업에 참여하는 공동의 탐구자가 된다. 그리하여 교사와 학생은 지식의 재창조자로서의 자신을 발견하게 된다는 것이다.

Freire의 사상은 '교육이란 의식화이다'로 요약할 수 있다. 그는 의식화란 민중들이 자기들에게 밀어닥친 사회적·정치적·경제적 모순들을 인식하고 해당 현실적 압제요인들에 대처·항거하기 위한 행동을 취하기 위해 전개하는 학습을 의미한다고 했으며, 의식화 교육 이론을 기초로 한 민중교육은 저항 이론가들이 주장하는 교육문제를 해결해 줄 수 있는 교육통합의 원리가 될 수 있다고 보았다.

상기에서 살펴본 바와 같이, 저항 이론가들은 저항의 세 가지 속성으로 ① 공동체 문화형성과는 무관해지려는 지배 세력에 대한 철저한 의심과 비판, ② 자성적 사고와 자성적 사고를 가능하게 하는 이론적 준거의 탐색, ③ 자기 자신과 사회적 해방을 위한 도전·항거의 요소가 내재되어 있을 때, 저항은 비로소 교육사회학의 발전을 위한 분석적 개념으로 활용할 수 있다. 저항은 근본적이고 원리적인 의식화와 집단적 현실 참여가 실체화될 때 비로소 교육사회학적 개념의 의미를 갖게 된다는 것이다(Giroux, 1983).

저항 이론(resistance theory)의 비판점은 다음과 같다(강창동, 2015; 권이종 외, 1999). ① 피지배 집단의 저항과 투쟁 요인의 역사적 발달과정에 대한 분석이 결핍되어 있다. ② 저항 이론은 학생들의 표면적인 저항행위에만 초점을 두고, 드러나지 않는 이면적인 행위에 대해서는 간과하는 경향이 있다. ③ 저항행위의 실체를 설득력 있게 제시할 수 있는 객관적이고 실증적인 연구가 부족하다. ④ 저항 이론(resistance theory)이 재생산 이론이 갖는 한계성을 극복하는 데 일익을 담당하고 있다고 볼 수 있으나, 이 이론 또한 지나치게 저항을 종속집단의 권리로 인식함으로써 일탈행위나 열등을 합리화시키고 있는 점이다(이현청, 1994).

5) Collins의 지위경쟁 이론

Weber의 전통에 따라 학교교육의 팽창과정을 지위, 권력 및 명예를 위한 집단 간 경쟁의 결과로 교육을 설명하는데 중요한 역할을 한 사람은 Collins(1977)와 Hurn(1978)이다. 오늘날에는 말할 것도 없고 과거에도 학력과 사회적 지위는 불평등하게 배분되었다. 교육은 보다 높은 지위와 연결되어 있고 모든 집단들이 교육을 통해 그들의 자녀들이 높은 지위를 얻도록 노력했다. Collins의 저서 「자격증 사회」(1976)에 의하면 학교의 주된 활동은 교실 안이나 밖에서 모두 특정 지위문화를 가르치는 것이다. 학교는 기술적 지식을 전달하는 것이 중요한 것이 아니라 어휘, 억양, 의상, 심미적 취향, 가치와 예술 등의 지위문화를 중요시한다는 것이다. 이는 학교가 특정 지위문화를 중요하게 다루는 것은 지배적인 지위집단이 다른 지위집단을 배제하기 위하여 특권적 지위와 문화를 강화한다는 것이다(강유정 외, 2018). 또한 Collins는 교육 체제를 형성하는 것은 '체제의 요구'보다는 갈등하는 이해관계인 것으로 본다. 즉, 우월한 집단이 그들의 특권적 지위를 강화하기 위해 교육적 요구를 한층 더 상승시킴에 따라 보다 낮은 사회적 지위집단은 보다 많은 교육 기회를 요구하게 된다는 것이다. 학력은 높은 지위를 획득하는 수단이며, 지금까지 학력이 부족하여 낮은 계층에 남아 있었던 집단은 보다 높은 학력을 획득하며 높은 지위를 얻으려 할 것이다. 그렇게 되면 기존의 높은 지위를 점유하고 있던 집단은 위협을 느끼고 자신들의 학력을 더욱 높일 것이다. 이것은 다시 낮은 지위집단에게는 보다 높은 학력을 요구하는 환경으로 작용하여 학력 상승과 교육팽창을 부채질하게 된다는 설명이다.

상기의 설명에서 Collins는 '지위문화'라는 개념을 고안해냈다. 그는 역사를 통해 학교는 특정한 지위문화가 전달되는 곳이라는 점을 사립학교를 예를 들면서 밝히고 있다. 사립학교들은 일반적으로 종교적 신념, 설립자 정신을 보급시킬 목적으로 설립되었다. 이런 입장에서 보면 학교는 권력 있는 지위집단이 그들의 자녀들에게 특정한 문화적 가치를 전수시키기 위해 설립된 것이라고 할 수 있다(이병환, 2016).

이와 같은 맥락에서 기업들이 대학 졸업자들을 선호하는 이유는 그들이 월등한 기술을 지니고 있다고 판단해서가 아니라 대학교육이 기업주들이 갖고 있는 것과 흡사한 동기와 사회적 경험을 제공한다고 판단되기 때문이라 한다(Collins, 1971: 128). 따라서 학교는 지배문화를 전수하게 되었으며, 하류계층의 학생들도 지배문화를 소유하기 위해 학교교육을 중시할 수밖에 없고, 그 결과 학교교육은 나날이 팽창할 수밖에 없다는 것이다. 이러한 것은 대기업이나 좋은 회사는 기업의 상대적 존경과 위신을 위해 학력 조건을 높였다는 점에서도 알 수 있다. 이제 학교교육은 직업 획득을 위한 합법적 기준이 된 것이다. 이와 같이 어떤 조직체 내에서 지위를 통한 경쟁은 궁극적으로 학교교육에 대한 수요의 증가로 이어지고 있다. 그 결과 학교교육은 팽창되고, 비대화되고 있다. 이것이 바로 지위경쟁 이론이 학교교육을 보는 시각이다. 이 같은 시각에서 보면 학력은 보다 더욱더 높아질 것으로 전망할 수 있는 것이다(Hurn, 1978: 74).

이상과 같은 지위집단 이론은 시사점을 제공하지만 다음과 같은 측면에서 문제점을 지닐 수 있다(강창동, 2015). ① 학력의 문화적 자격증 기능을 부인할 수 없지만, 현대사회의 교육은 특정 생산적 능력을 중요시하는 경향이 있다. ② 고등교육 확대의 원인은 개인적 요구보다는 국가와 시회구조적 요구와도 많은 관계가 있다. ③ 학력 인플레이션의 원인은 교육적 요인보다는 산업사회의 구조적 요인과도 많은 관련이 있다.

5. 갈등주의 이론에 대한 비판

갈등론적 교육 이론이 등장하자 학교교육의 모순적 현실에 대한 비판이 날카롭게 지적되었다. 이 관점은 학교교육이 인간을 풍요롭게 해주고, 사회문제를 효과적으로 개혁하도록 도모하고 있는가에 대한 회의적인 반응으로부터 출발했다. 학교에서 수행되는 일련의 교육활동은 인간을 억압하며, 문화 및 경제적 측면에서 사회의 불평등을 더욱 심화시키고 있다고 한다. 갈등주의적 접근은 현실적으로 나타나고 있는 학교교육의 역기능에 대한 사회학적 제 해석을 수행함으로써 교육현장에 대한 새로운 인식을 할 수 있는 전기를 마련했다는 점에서 그 의의를 찾아볼 수 있다.

이러한 갈등론적 교육이론의 공헌점은 다음과 같다.

첫째, 학교교육에 대한 사회적 불평등의 재생산, 특정 문화와 이념의 표준화 등에 대한 비판은 우리에게 훌륭한 비판적 시각을 제공하여 주었다. 다시 말하면, 기존 학교 제도의 근본적인 문제를 들추어냈다. 둘째, 학교 제도의 문제점을 학교 제도 내에서만 찾기보다 사회 구조적 문제와 연결시켜 근본적인 의문을 제기하고 그 허구성을 지적한 측면이다. 셋째, 학교교육의 사회적 성격을 해석하는 데 있어서 다양한 해석 틀을 제공해준 점 등을 갈등주의적 접근의 공헌점으로 볼 수 있다.

상기와 같은 공헌에도 불구하고 갈등론적 교육 이론은 다음과 같은 비판을 받고 있다(이종각, 2004; 김경근, 2004). ① 구조결정론에 빠져서 교육이 경제 구조 및 문화구조에 의해 일방적으로 그 성격이 결정된다고 한다. 따라서 교육행위의 설명에 있어서 인간의 의지가 무시되고 사회 제 조건을 지나치게 강조하고 있다. ② 사회 구조를 이분법에 따라 해석하고 있다. 지배자와 피지배자, 가진 자와 못 가진 자 등으로 사회 구성원을 양분하고 교육이 지배자와 가진 자에게만 봉사하는 것으로 규정하고 있다. 이것은 교육의 본질적인 모습을 왜곡하거나 과장하고 있다는 것이다. ③ 학교교육의 공헌을 전혀 무시하고 있다. 학교교육이 전통사회의 구속적인 신분세습 제도를 약화시키고 업적주의적 사회이동을 가능하게 해준 공헌을 전적으로 부정하고 있다. Hickox(1982)는 노동계층에 대한 교육이 그들의 계층 위치를 고착화시킨다는 주장을 입증할 자료가 거의 없다고 비판하고 있다. ④ 갈등과 세력 경쟁을 지나치게 강조한 나머지 교육이 사회적 결속력을 높이고 국가 공동체적 의식을 높이는 데 기여한 측면을 과소평가하고 있다. ⑤ 교육선발의 불평등 요소를 너무 강조함으로써 교육을 통한 능력과 재능의 선별을 인정하지 않으며, 사회적 상승이동에 기여한 학교교육의 공헌을 도외시하는 경향이 있다. ⑥ 교육체계의 내용을 분석하지 않음으로써 교육정치학 이론의 출현과 필요를 별로 느끼지 않았으며, 만족할 만한 교육변동 이론이 발전될 수 없게 하였다(강순원 역, 1971: 78~80). ⑦ 학업 성취와 사회계급 간의 상관에 대한 문화결손 이론의 설명을 거부함으로써 학교가 무엇에 책임이 있는지를 명백히 하지 못하는 상태에서 학교의 문제를 보는 입장을 취했다(강순원 역, 1971: 79~80). ⑧ 갈등 이론에서는 사회 내에 존재하는 불평등, 부정의 등은 오직 체제의 변화 없이는 불가능하다 보고 있으며, 이러한 변동은 혁명적 변동을 의미함으로써 급격한 사회변동만이 문제 해결의 대안이라고 보는 것은 위험한 발상이 될 수 있다. ⑨ 학교 제도에 대해서 보다 폭넓은 개념을 수용할 필요가 있다는 점이며, 합의된 가치가 동일하며 모든 학교의 특성이 동일하다는 주장은 비판을 받아야 한다고 지적하고 있다. ⑩ 사회구성원의 기존 문화와 사회구조에 대한 비판적 학습능력과 그에 기초한 사회변혁을 무시하고 있다. ⑪ 기존 교육에 대한 강력한 비판에 비해 그에 대한 대안의 제시가 없다. ⑫ 자본주의 사회교육에 대한 비판은 있으나 사회주의 교육에 대한 비판은 없다.

연습 및 탐구문제

1. 교육에 대한 기능주의자들의 주장을 요약하고, 이들을 비판하시오.

2. 교육에 대한 갈등론자들의 주장을 요약하고, 이들을 비판하시오.

3. 교육에 대한 기능 이론과 갈등 이론의 관점의 차이를 비교 설명하시오.

Reference 참고문헌

강순원 역(1983). **교육과 사회 구조**. 서울: 한울.

강유정·김영훈·최성열(2018). **교육사회학**. 서울: 동문사.

강창동(2015). **교육사회학의 이해**. 서울: 학지사.

권이종 외(1999). **신교육사회학탐구 -학교교육과 사회교육의 새로운 이해-**. 파주시, 경기도: 교육과학사.

김경근(2004). **한국의 사회변동과 교육**. 서울: 문음사.

김경식·박형진·서봉언·이병환·이현철(2017), **교육사회학 4판**. 파주시, 경기도: 교육과학사.

김병성(2018). **교육사회학 3판 -학교사회-문화분석**. 서울: 학지사.

김병희·김경식·김형구·박형진·윤주국·이현철(2014). **교육사회학**. 고양시, 경기도: 공동체.

김신일(1999). **교육사회학**. 파주시, 경기도: 교육과학사.

김준기(1998). **교육사회학**. 서울: 재동문화사.

김천기(2008). **교육의 사회학적 이해**. 서울: 학지사.

성낙돈·안병환·가영희·노재화(2017). **교육사회학**. 서울: 동문사.

손직수 역(1992). **교육사회학의 전망**. 파주시, 경기도: 양서원.

송병순 외(2001). **현대사회와 교육**. 서울: 문음사.

송병순 외(2002). **교육사회학**. 서울: 문음사.

신재흡(2011). **교육사회학**. 서울: 동문사.

이건만(1999 a). **교육과 사회사상**. 서울: 학지사.

이건만(1999 b). **교육사회학의 이론과 실제**. 서울: 문음사.

이병환(2016). **새로운 교육사회학**. 서울: 태영출판사.

이인원·권성민·장세리·한진주(2017). **교육사회학**. 파주시, 경기도: 양성원.

이종각(2004). **교육사회학총론**. 서울: 동문사.

이종각(2015). **개정증보판 새로운 교육사회학총론**. 서울: 동문사.

이해성(1998). **역사적 교육사회학의 쟁점과 방법**. 서울: 문음사.

이현청(1994). **교육사회학**. 파주시, 경기도: 양서원.

장원섭(1997). **교육과 일의 사회학**. 서울: 학지사.

정석환(2017). **쉽게 풀어쓴 교육사회학**. 고양시, 경기도: 어가.

조성일 외(2004). **교육사회학**. 서울: 학이당.

허은주·유형정·이수진·안영화·배석영(2015). **현대 교육사회학**. 파주시, 경기도: 양서원.

Bernstein, B.(1982). *Codes, Modalities and the Process of Cultural Reproduction: A Model, Cultural and Economic Reproduction in Education: Essays on Class. Ideology and the State. ed Apple*, M. W. London and Boston: Routledge & Kegan Paul.

Blaug, M.(1976). The Empirical Status of Human Capital Theory: A Slightly Jaundiced Survey. *Journal of Economic Literature 14*, 827~855.

Bourdieu, P.(1966). The School as a Conservation Force: Scholastic and Cultural Inequalities. reprinted in J. Eggleston(ed.), *Contemporary Research in the Sociology of Education*, Methuen, London.

Bowles, S., & Gintis, H.(1976). *Schooling In Capitalist America*. New York: Basic Books.

Clark, B. R.(1962). *Educating the Expert Society*. San Francisco: Chandler.

Collins, R.(1971). Functional and Conflict Theories of Educational Stratification. *America Sociological Review*, Vol, 36, December, 1002~1019.

Collins, R.(1979). *The Credential Society*. New York: Academic Press.

Cooley, C. H.(1909). *Social Organization*. New York: Scribners Sons.

Davies, B.(1976). *Social Control and Education*. Methuen, London.

Doeringer, P., & Piore, M.(1971). *Internal Labor Markets and Manpower Analysis*. Lexington: Lexington.

Dreeben, R.(1977). The Contribution of Schooling to the Learning of Norms. in Karabel and Halsey, *Power and Ideology in Education*, 4(2), 56~58.

Durkheim, E.(1956). *Education and Sociology*. Glencoe, IL: Free Press.

Edward, R. C., Reich, M., & Gordon, D. M.(1975). *Labour Market Segregation*. Lexington: D. C. Health and Co.

Freire, P.(1973). *Education for Critical Consciousness*. New York: The Seabury Press.

Giroux, H. A.(1983). *Theory and Resistance in Education*. South Hadley, M. A.: Bergin & Garvey.

Hickox, M. S. H.(1982). The Marxist Sociology of Education: A Critique. *The British Journal of Sociology*, 33(4), December, 563~678.

Hurn, C. J.(1978). *The Limits and Possibilities of Schooling: An Introduction to the Sociology of Education*. Boston: Allyn and Bacon, Inc.

Inkeles, A., & Smith, D. H.(1974). *Becoming: Individual Change in Six Developing Countries*. Cambridge, MA: Harvard University Press.

Jencks, C. et al.(1972). *Inequality: A Reassessment of the Effect of Family and Schooling in America*. New York: Basic Books.

Parelius, A. P., & Parelius, R. J.(1978). *The Sociology of Education. Englewood*. New

Jersey: Prentice-Hall.

Parsons T.(1959). *The School Class as a Social System*. New York: The Free Press.

Rosenbaum, J. E. et al.(1990). Market and Network Theories of the Transition from High School to Work. *Annual Review of Sociology*, 16, 263~299.

Schultz, Theodore W.(1977). Investment in Human Capital, Karabel and Halsey(eds.), *Power and Ideology in Education*. New York: Oxford University Press, 313~324.

Spence, A. M.(1974). *Market Signaling: Informational Transfer in Hiring and Related Screening Processes*. Cambridge: Harvard University Press.

Willis, P.(1977). *Learning to Labour*. England: Saxon House.

CHAPTER 3

교육사회학의 미시적 접근 이론

학습목표

1. 교육사회학의 미시적 접근 이론의 발생에 대해서 설명할 수 있다.
2. 해석적 접근의 네 가지 연구방법론(해석학, 현상학, 상징적 상호작용 이론, 민속방법론)을 비교할 수 있다.
3. 신교육사회학의 성립배경과 기본 관점에 대하여 설명할 수 있다.
4. 교육과정사회학의 하위 이론(일곱 가지)을 각각 열거하고, 그에 대하여 설명할 수 있다.

Keyword

교육사회학의 미시적 접근 이론, 미시적 패러다임, 해석학, 현상학, 상징적 상호작용 이론, 민속방법론, 거울자아, 낙인 이론, 자기충족예언, 신교육사회학, 교육과정사회학, 상대적 자율성 이론, 집합형 교육과정, 통합형 교육과정, 문화적 헤게모니 이론, 사회특성 이론, 문화제국주의 이론, 지식사회학

3장에서는 미시적 접근 이론의 발생, 미시적 패러다임, 미시적 연구와 이론, 미시적 이론에 대한 비판, 신교육사회학 등에 대해서 고찰하기로 한다.

제1절 미시적 접근 이론의 발생

교육에 대한 미시적 접근은 종래의 기능 이론과 갈등 이론 연구의 토대가 된 과학주의, 실증주의에 대한 반론으로 제기되었다. 인간이 구성하고 있는 사회는 자연세계와는 다르다. 자연과학적 방법으로는 설명할 수 없다. 자연은 만들어진 것이고 스스로의 의지에 따라 변화하지 못하나, 사회는 인간이 만든 것이므로 사회와 개인 간에는 상호작용이 이루어진다는 것이다.

이러한 맥락에서 미시적 접근의 발생 배경을 제시하면, ① 거시적 접근은

인간 존재를 사회화의 산물로 파악했다는 점이다. 따라서 인간의 창의성은 무시되고 인간에게 자유는 없는 것으로 분석된다. ② 거시적 접근은 인간생활의 미묘함과 복합성에 대해서는 관심을 두지 않고, 학교생활의 실체를 이해하지 못하며 교사와 학생의 관계요인을 파악하는 데 실패했다는 점이다. 거시적 접근은 교육에 대한 일반적 구조를 제공해주고는 있으나, 매일 교실에서의 만남의 생생한 사실을 알려주지는 못한다. 즉, 거시적 접근은 숲은 보되 나무와 풀은 보지 못하고 있다는 것이다. 기능 이론과 갈등 이론의 거시적 접근이 가진 이러한 결함들이 미시적(해석적) 접근 이론으로 발생하게 되었다.

미시적 접근은 거대 사회에 대한 분석 없이 내용 중심과 인간관계 중심으로 탐구한다. 이러한 미시적 패러다임의 유형은 현상학, 상징적 상호작용론, 민속방법론 등이 속한다. 그 속에는 미국적 전통이 강한 상징적 상호작용론, 유럽철학의 색채가 강한 현상학, 실증성을 중시하면서 상호작용의 방법(또는 형식적 구조)을 다루는 민속방법론 등 관심을 달리 하는 몇 가지 계보가 포함되어 상호간에 영향을 미치고 있다.

Hammersley의 거시적 접근과 미시적 접근의 차이점을 제시하면 다음과 같다(최종웅 편역, 1993: 236). ① 사회학적 연구에서 결정론을 거시적 접근이라고 하면, 자유의지론(자유론)은 미시적 접근이다. ② 사회학의 도출 목적을 위해 사회현상 중심으로 하면 거시적 접근이고, 사회화 과정이나 사회적 복합성 중심이면 미시적 접근으로 본다. ③ 반경험적 자료에 의해 검증되는 이론은 거시적이고, 모든 자료가 이론에 기초한 내적 일관성에 의해 판단하면 미시적 접근이 된다. ④ 사회학자가 과학적 이론을 발전시키기 위해 참여자의 관점이 이데올로기적이면 거시적이고, 참여자의 해석이 감각적 기초에 의존하면 미시적 접근이라고 할 수 있다. ⑤ 사회적 사실을 국가나 사회의 구조의 산물로 해석하면 거시적이고, 소집단이나 조직의 특성이나 개인적 특성에 의거하여 합리적 해석을 하면 미시적 접근이라고 할 수 있다.

제2절 미시적 패러다임

Wilson은 사회학을 '법칙적 패러다임'과 '해석적 패러다임'으로 구분하고 있다. 그에 의하면 법칙적 패러다임은 전통적 사회학인 기능주의 이론으로 대표되며, 미시적(해석학적) 패러다임은 인간의 사회적 행위는 일정하게 공유된 법칙에 따라서 일관되게 이루어지는 것이 아니라, 행위자가 서로의 행동을 의미 있는 것으로 받아들이고, 그것을 해석 또는 상황 정의하면서 상호작용 행위를 한다. 법칙적인 과정이라기보다는 본질적으로 해석적인 과정이라고 파악한다(이종각, 2015). 해석학(hermeneutics)이라는 말은 그리스어의 '해석하다'의 뜻을 상당하는 말에서 온 것이며, 이 말은 제우스의 의지를 지상의 인간들에게 해석해 주기 위하여 올림푸스산에서 내려온 사자인 'Hermes'에서 유래한 것이다. 그 후 기독교 신학자들이 성경을 해석할 때 이 기법을 계승 및 발전시켰다. 또한 사회과학에서 해석학은 19세기에 독일 철학자 Dilthey를 중심으로 해석학적 기법을 발전시켜 인간의 행위와 제도를 포함한 사물의 이해에 적용하여 새로운 해석학을 발전시킨 데 기인한다(이인원 외, 2018). 따라서 해석학이란 인간의 상호작용 속에서 이루어지는 해석과 의미부여에 관심을 두고 있으며, 상호작용을 하나의 해석적 과정으로 파악하고 있기 때문에 그 연구방법 또한 연역적 설명에 의한 것이 아니라, 상호작용이 실제로 일어나고 있는 일상생활 세계를 구체적으로 이해할 수 있는 해석적 기술을 강조한다(이병환, 2016).

해석적 접근의 공통된 특징은 다음과 같다(이종각, 2015; 신재흡, 2011). ① 내부자 관점(insider's point of view)을 강조한다. 해석적 접근에서는 연구자는 행위자(참여자)들과 같은 방식으로 관찰하고 해석하며, 그로부터 특정한 유형이나 규칙성을 찾으려 한다. ② 총체주의(holistic approach)이다. 관심 대상이 처한 복잡한 상황 중에서 몇몇 요소들을 발췌하여 분석적으로 탐구하기보다는 문제 상황을 전체적으로 인식하고 탐구한다. ③ 맥락화(contextualization)이다. 모든 자료는 그 자료가 수집된 환경의 맥락 속에서 고려되어야 한다. 맥락 의존성이야말로 '해석'의 본질이다.

제3절 미시적 연구와 이론

기능 이론이나 갈등 이론과 마찬가지로 해석적 패러다임도 하나의 계보로 이루어진 것은 아니다. 해석학 연구는 일상생활의 상호작용 과정에서 행위자들의 어느 정도의 자율성과 그들이 가진 의미와 규칙들에 관한 탐구를 강조하고 있다. 우리는 이러한 연구경향을 통칭하여 해석적 연구라고 부르고자 한다(이병환, 2016). 해석학 연구는 분류하는 방식에 다소간 차이가 있지만 해석학, 현상학, 상징적 상호작용 이론, 민속방법론 등이 해석적 사회과학 영역에 해당된다. 해석학, 현상학, 민속방법론은 모두 유럽의 지적 전통을 갖고 있는데 반하여 상징적 상호작용 이론은 미국에서 발달하였다. 해석적 접근의 네 가지 연구방법론 비교는 표 3-1과 같다.

표 3-1 해석적 접근의 네 가지 연구방법론 비교

구분	해석학	현상학	상징적 상호작용 이론	민속방법론
관련 학문	철학	사회학	사회학	인류학, 사회학
시작	중세(16세기)	1920년대	1930년대	1960년대
선구자 및 대표	Dilthey, Habermas, Gadamer	Husserl, Schutz, Spiegelberg	Blumer, Mead	Garfinkel, Greetz
주 관심	전(前) 이해	주관적 의식작용 (상호 주관성)	상호작용	맥락의 이해
주 목적	이해	이해	해석	기술 (description)
연구대상	언어	생활세계 (개방적 공동성)	상징체계	행동
이해의 핵심	의미	의미	의미	의미

구분	해석학	현상학	상징적 상호작용 이론	민속방법론
방법	이해, 해석	성찰, 관조	탐색, 검열, 자연적 연구 방법	참여관찰, 통찰
방법체계	없음	있음	있음	있음

자료: 장재천(2018). 쉬운 교육사회학. 서울: 동문사, p. 41.

표 3-1과 같이, 이들 이론들은 구체적인 측면에서 차이가 존재하지만 몇 가지 공통 요인을 갖고 있다. 그것은 해석적 과정으로서 상호작용을 중시하고, 해석적 기술의 방법을 채택하며, 질적 연구방법을 강조하고, 미시적 분석을 강조하고 있다는 점이다.

3절에서는 현상학, 상징적 상호작용 이론, 민속방법론 등에 대해서 고찰하기로 한다.

1. 현상학

현상학은 Husserl과 Schutz가 기초를 닦은 분야로서, 현실에 대해 의미를 부여하는 인간의 의식에 관심을 기울이고 있다. 현실에 존재하고 있는 여러 가지 대상은 의식이 그 대상의 의미를 의식 속에 구성함으로써 비로소 경험되는 것이다. 현상학에서는 과학적·실증주의적 세계관, 즉 독립적인 존재로서 객관적인 외부세계가 있으며, 이는 미리 만들어진 대상으로 법칙적 설명이 가능한 세계라는 가정에 문제를 제기하고 있다. 현상학에서는 현실이 주어진 세계로서가 아니라 주관적으로 구성된 세계라고 보는 입장에서 의미의 본질을 탐구하려 하며, 흔히 믿고 있는 상식의 세계를 흔들어 재음미해 보고자 한다.

현상학은 방법적인 면에서 기존의 양적 연구를 질적 연구로 전환시켰고, 질적 연구는 인간을 통제가 아닌 체험의 의미를 이끌어 내어 기술하고, 해석하고자 하는 방법이다. 여기에 속하는 대부분의 연구는 교육과정, 학습이론, 교사와 학생 간의 상호작용 등이 해당된다(허은주 외, 2010).

교육사회학에 대한 현상학적 접근의 특징은 다음과 같이 정리할 수 있다(오만록, 2015). ① 현상학적 접근은 미시적 사회분석의 근거를 마련해 준다. ② 교육의 내부과정으로 관심을 주목시키는 것은 기능 이론이나 갈등 이론이 취했던 사회제도에 대한 목적론적 설명을 피할 수 있는 가능성을 제공해 준다. ③ 교육과 관련된 문제들을 상호주의적 차원으로 분석해준다. ④ 교육사회학의 연구가 기술학(技術學)의 성격을 갖도록 해준다. ⑤ 교육장면에서 주체자로서의 학생의 인식 및 느낌에 관심을 가짐으로써 '교육의 제반 과정에 무엇이 필요한가'라는 측면보다는 '받아들이는 자(학생)'의 관점이나 역할을 부각시켰다.

따라서 현상학적 접근은 상황에 대한 행위자의 인식이 무엇인지를 찾아내는 데 관심을 집중시킨다. 특히 타인이 지각하고 있는 인식 범주에 집중한다. 타인을 알기 위해서 행위자는 상호적 행위를 이해할 수 있는 범주의 틀을 구성하게 된다. 교사는 학생의 행동을 지혜로운 행동 혹은 어리석은 행동으로 해석하는 일에 직면하게 된다. 교사는 학생에 대한 그 같은 사실 판단이나 가치 판단의 과정을 인식할 필요가 있다. 교수-학습의 과정에서 지혜로움이라든지, 어리석음과 같은 언어는 평가적 언어이다. 그러나 그 언어가 함의하고 있는 의미를 현상학적 시각에서 검토하고 논증해야 한다. 이렇게 하는 것이 행위자가 취할 수 있는 상황 정의의 방법이라고 할 수 있다(이종각, 2015).

현상학적 접근방법이 안고 있는 한계점은 다음과 같다(권이종 외, 1999). ① 교육의 거의 모든 국면을 이해하고자, 현상학적 접근처럼 교사와 학생들이 어떻게 그들의 의미 구조 안에서 교육적 대상들을 받아들이고 경험하는지의 차원에 분석을 한정시켰을 때, 행위자들이든가 혹은 학교를 에워싸고 있는 사회와 문화가 작용하여 그들로 하여금 교육세계를 독특한 방식으로 형성할 수 있게끔 하고 있다는 사실을 발견할 수 있으나, 동시에 구속하고 있는 방식은 보지 못하고 있는 것이다. 교육을 둘러싸고 있는 사회, 정치, 문화 또는 경제적 힘의 구조가 교육활동을 구체적으로 억제하고 간섭하며 유형화시키는 요소임을 간과하고 있다. 교실의 상호작용을 통해 사회 구조적 요소가 재생산되는 측면을 현상학적 접근방법에서는 찾기 힘들다. ② 우리가 현상학적인 접근을 통해 교육의 현상을 파악하고자 할 때, 우리는 유지되고 있는 현상에 직접적인 대면을 하지 않을 가능성이 있다는 것이다. 그 이유는 교육에 참여하고 있는 주체자들이 그들의 의식을 통해 지각하고 인식하는 형태로 교육을 파악하고 있기 때문이다.

2. 상징적 상호작용 이론

상징적 상호작용론은 인간의 집단생활과 인간행동을 연구하는 다소 독특한 접근방법을 일컫는 말로 사용되었다. 상징적 상호작용론을 주장하는 학자는 Mead, Dewey, Thomas, Park, James, Cooley, Zaniecki, Baldwin, Redfild, Wirth 등이 있다. 이들은 미국학자들이며, 인간의 집단생활을 파악하고 연구 측면에 상당히 유사점이 있음을 알 수 있다. 상징적 상호작용 이론가들이 기능 이론을 비판하는 이유는 기능 이론이 개인의 사고와 행동, 개인 간 상호작용에 미치는 문화 규범과 사회제도의 영향력을 지나치게 강조함으로써 인간을 완벽하게 사회화되는 수동적 존재로 보았기 때문이다. 상호작용 이론가들은 기능 이론가들과는 대조적으로 사회가 상호작용을 결정하는 원인이라기보다는 오히려 상호작용의 산물로 본다.

상징적 상호작용 이론의 전제는 인간은 사물들이 인간에 대하여 지니고 있는 의미를 바탕으로 하여 그 사물에 대해 행동한다는 것이다. 예를 들면, '사물'의 의미는 나무나 의자와 같은 물질적 대상, 학교나 정부 같은 제도들, 개인적 독립심이나 정직 같은 지도적 이념들, 명령이나 요구 같은 다른 사람들의 행동들, 개인이 일상생활에서 부딪치는 상황 같은 것들로서 인간이 자기 세계에서 감지할 수 있는 모든 것들을 포함한다. 이러한 사물들의 의미는 사람이 그의 동료들과 갖는 사회적 상호작용으로부터 연유되거나 또는 그것으로부터 나온다는 것이다. 그 전제로써 이러한 의미들은 사람이 맞부딪치는 사물들을 다루어 나가면서 쓰는 해석 과정에서 처리되고 변형된다는 것이다.

상징적 상호작용론의 내용을 고찰하면, 첫째, Cooley(1909)의 거울자아(looking glass self) 개념은 우리가 거울에 비친 자신의 영상을 통해서 스스로의 모습을 가다듬듯이, 우리의 자아개념도 다른 사람에게 비친 나의 모습을 스스로 상상해봄으로써 형성된다는 것이다. 거울자아의 단계는 타인에게 비친 나의 모습을 상상하는 단계→그 모습에 대한 타인의 판단을 상상해 보는 단계→그 결과에 대한 자부심이나 수치심을 느끼는 단계 등으로 구성되어 있다.

둘째, Mead(1962)는 자아의 형성과정을 역할 취득의 수준에 따라 3단계로 설명했다. 1단계는 아버지, 어머니 혹은 친구 같은 극히 제한된 중요한 타자의 입장에 서서 생각해 보는 놀이를 하는 단계이며, 이는 어머니 노릇을 하면서 노는 것은 어머니의 입장에 서서 생각해 보는 놀이를 하는 단계이다. 2단계는 게임단계로 운동경기를 할 때처럼 동시에 여러 사람의 역할 취득을 하는 단계이다. 게임단계에 이르면 놀이단계보다 자아개념은 더욱 안정화된다. 3단계는 일반화된 타자의 입장에 서서 생각할 수 있는 단계가 마지막 단계이다. 일반화된 타자의 역할을 취득할 수 있는 것이 곧 사회화라 할 수 있다.

Mead는 일반화된 타자의 입장에 서서 자신을 평가할 수 있는 능력, 일반화된 타자의 역할을 취할 수 있는 능력을 통해서 사회가 형성된다고 본다. 그가 제시한 자아 형성의 3단계는 Cooley의 거울자아의 3단계를 개념적으로 확장하여 상징적 상호작용의 과정에서 사회가 구성되는 원리를 밝힌 것이다. 그리고 Mead는 인간의 자아와 사회 구성의 가변성과 역동성을 설명하기 위하여 I와 Me라고 하는 유용한 개념을 사용한다. 우리의 자아는 주격 자아(I)와 목적격 자아(Me)라고 하는 두 가지 차원 간의 변증법적 과정으로 인식되어야 한다. 주격 자아(I)는 자유와 자율에 의해서 행동을 선택하고 자기를 형성하는 차원이고, 목적격 자아(Me)는 타자의 거울에 비친 자아, 즉 사회에 의해서 형성되는 차원이므로, I를 주체적 자아, Me를 사회적 자아라 할 수 있다. 주체적 자아는 인간의 능동성과 지향성을 뜻하며, 사회적 자아는 인간의 피결정성과 사회 구속성을 의미한다. Mead(1962)는 '사회라고 하는 것은 상징적 상호작용을 통하여 구성되고 끊임없이 재구성'되는 것으로 보고 있다.

셋째, Blumer(1965)는 인간 특성과 사회적 삶의 특성에 관한 기본 명제를 다음과 같이 제시하고 있다. 인간사회 혹은 인간의 집단적 삶은 최소한 2인 이상의 행위자들의 상호작용이며, 이른바 문화구조나 사회구조라는 것도 궁극적으로는 행위자들 간의 상호작용의 산물이다. 여기서 상호작용이라는 것은 행위자들이 서로의 행위를 해석하고 예견함으로써 자신의 행위를 타인과 서로 맞추어 가는 과정을 뜻한다. 우리는 어떤 대상을 지향할 때 우리가 그 대상에 부여하는 의미에 입각하여 행동하는 것이 상징적 상호작용의 핵심이다. 예를 들면, 자동차, 토마토, 달걀 같은 물질적 대상이든 친구관계나 정당관계 같은 사회적 대상이든 혹은 도덕성, 행형 제도, 종교적 교리 같은 추상적 대상이든 우리는 이와 같은 대상에 부여하는 의미에 근거하여 대상을 지향한다는 것이다. 토마토를 타인에게 던질 때는 분노의 의미를 부여하나, 토마토를 먹을 때는 영양 섭취의 의미를 부여하면서 토마토라고 하는 대상을 지향한다는 것이다. 이러한 의미는 대상 그 자체의 본질적 속성도 아니며, 행위자, 개인의 주관적이고 자의적인 의미부여의 산물도 아니다. 대상의 의미는 행위자 개인의 주관이나 대상 그 자체의 객관을 초월하는 영역으로, 행위자들 간의 상징적 상호작용 과정에서 형성되는 것이다. 예를 들면, 구름 한 점 없이 청명한 밤하늘의 북두칠성을 고대 시리아인들은 멧돼지, 힌두교도들은 7현인, 그리스인들은 큰 곰, 폴란드인들은 하늘의 마차로 각기 다르게 의미를 부여해왔기 때문에 사회현상을 이해하려고 할 때 우리는 행위자들의 입장에서 그들이 특정 행위에 어떤 의미를 부여하는가를 분석하여야 한다는 것이 상호작용론의 특징이다. 의미를 사회적 산물이라고 하나, 상호작용 이론은 이러한 의미가 고정된 것이 아니라 상호작용의 과정에서 변화될 수 있음을 강조한다.

상호작용 이론의 관점은 사회현상을 연구함에 있어서 상징을 교환하며 상호작용하는 구체적인 인간을 분석의 중심으로 삼으며, 인간의 상호작용을 사회구조나 문화구조의 기저로 보고, 인간을 사회제도나 규칙이 규정하는 역할을 수동적이고 무비판적으로 수용하는 기계적 존재가 아니라 사고하고 해석하며, 의미를 부여하는 성찰력 있는 존재로 간주하는 것이 상호작용 이론의 특징적인 관점이다.

상징적 상호작용 이론과 교육과의 관계를 살펴보면 다음과 같다(김병성, 1999). 상징적 상호작용 이론의 기본 전제로써 사람은 사물이 그 사람에게 주는 의미에 기초하여 사물이나 사람을 향해 행동한다는 것이다. 이것은 교사들이나 다른 학교 구성원이 학생들로부터 받는 각각의 의미에 따라 그들의 행동이 달라진다는 것이다. 아울러 학생들도 학교의 여러 구성원들로부터 받는 의미나 기대에 따라 행동한다고 볼 수 있다. 이러한 사실들을 통해서 상징적 상호작용론으로부터 교육적 시사점을 발견할 수 있다. 교실에서의 교사-학생 간 상호작용은 교사의 지도성 유형, 학생의 친구 유형, 교실 여건, 교사의 기대 수준, 학교 문화 등에 따라 달라지지 않을 수 없다. 특히 교사기대와 관련하여 중요시되는 낙인(labelling), 자기충족예언(self-fulfilling prophecy) 같은 이론들이 교육학에 도입되었다. 다시 말해 교사-학생 간의 상호작용 과정은 결국 현실 인식과 자아 형성의 과정으로 볼 수 있을 것이다. 학생은 교사의 기대에 따라 학습한다. 이것은 자기충족예언이라고 알려진 것으로 교사의 학생에 대한 기대가 학생의 학습태도나 학습결과에 영향을 미침을 중시한다. 즉, 하나의 예언이 형성되면 그 예언이 인간행동에 어떤 구속력을 가하여 바로 예언 자체의 실현을 위한 강력한 수단이 된다는 것이다. 자기충족예언에서 잘못된 학생의 평가와 그것이 발생하는 기제가 무의식적으로 이루어지고 있다. 따라서 교사들이 학생들에게 거는 기대를 무의식적으로 할 때 학생들의 평가를 학생의 올바른 능력보다는 외모나 가정 배경 등의 기준에 근거하여 잘못할 수도 있고, 사회기술 집단의 지배이념에 근거하여 무의식적으로 학생을 잘못 평가할 수도 있다. 이러한 학생과 교사 간의 의식적, 무의식적 상호작용을 연구하는 데 상징적 상호작용론은 많은 시사점을 제공해주고 있다.

낙인 이론은 학교교육에서 학생들이 이미 불량학생이라고 인정받는 학생들 스스로는 자기발전에 대한 의욕을 상실하며 점점 타락되어 간다는 것이며, 사회에 나아가서도 인정받지 못하고 급기야는 사회를 부정적으로 보게 되어 사회의 규범과 제도를 무시하는 일탈자로 나아간다는 것이다. 그리하여 교사는 학생에게 공평하게 대하여 학생들의 사기를 저해시키지 않도록 주의해야 한다는 관점에서 커다란 경각심을 일으킨 이론이다(김종두, 2013).

Hargreaves는 교사의 역할과 관련하여 교사의 유형을 사자길들이기형(liontamers), 연예인형(entertainer), 낭만주의형(romantics)의 세 가지로 구분했다. 사자길들이기형은 대표적인 권위주의형으로, 학생들의 훈육을 중시하고 교사가 전달해 주는 지식을 그대로 학생들이 신속하게 받아들이기를 원한다. 이에 반해 연예인형은 학생들이 원래 학습하기를 원하는 것은 아니지만 학습 자료를 재미있게 하고 학습방법을 잘 적용하면 학생들은 흥미 있게 학습할 수 있다고 믿는 교사들이다. 따라서 이들은 발견학습과 같이 학생들이 스스로 학습할 수 있는 방법을 교사들이 강구할 것을 강조한다. 낭만주의형은 학생들은 천성적으로 학습의욕을 가지고 있지만 교사들의 잘못된 학습방법과 자료 때문에 학습의욕을 잃게 되는 것이라고 주장한다. 따라서 교사들은 학생들의 학습의욕을 존중하고 조장해야 하며, 학생들이 원하는 것을 학습할 수 있도록 해야 한다고 주장하는데 이는 아동중심주의의 견해와 같다(차경수 외, 2010).

상징적 상호작용 이론은 학교의 실제와 관련하여 교사가 학생들을 어떻게 생각하고 의미를 부여하며, 학생은 이에 따라 교사에게 어떻게 반응하는지를 설명해 줌으로써 학교 사회구성원들 간의 관계, 학업성취, 행동양식에 대한 이해의 폭을 넓혀 주었다고 할 수 있다. 학교사회에서 관계는 교사와 학생, 학생과 학생, 교사와 학부모, 부모와 자녀들 간에 건강한 자아를 중시해야 할 이유가 여기에 있다(이병환, 2016).

결국 상징적 상호작용론은 사회의 문화 규범이 사고와 행동의 틀을 규정한다고 보는 기능주의적 관점과 사회의 지배규범은 중립적인 것이 아니라 우리에게 주입되는 이데올로기적 환상이라고 보는 갈등 이론의 관점을 보완할 수 있다는 데 의의가 있다.

3. 민속방법론

민속방법론(ethnomethodology)은 상징적 상호작용 이론에서 상호작용 과정과 현상학의 해석학적 방법을 실제 사회의 관찰에다 적용하여 새로운 이론을 구축하려는 연구방법이다. 민속방법론의 역사적 발전과정을 살펴보면 다음과 같다. 민속방법론이란 말은 Garfinkel에 의해 최초로 사용되었으며, 1960년대 말 Garfinkel은 영국을 중심으로 맥을 잇고 있는 상징적 상호작용과 현상학을 종합하여 민속방법론으로 발전시키고 있다. 민속방법론의 이론적 구조의 형성은 사회학에서 Husserl의 현상학을 인식론적 관심에서 사회학적 관심으로 옮겨 놓은 Schutz의 공로에 크게 힘을 입었다. 그리고 인류학의 Geertz에 의해 더욱 정교화되었다.

민속방법론은 일반 민중이 그들의 일상사를 통해 예시하는 상호작용 및 사회조직의 속성을 창출해 내고 이해하기 위해 사용하는 일반 민중의 방법에 대한 체계적 이해와 관점을 의미한다. 민속방법론은 이론이 될 수 있고 또한 방법론 및 해석의 방법이 될 수도 있다. 민속방법론자들은 개인들의 상호작용이 일어나는 상황, 상태, 행위 과정 및 경로에 대한 있는 그대로의 자기 예시적인 자명한 속성을 기술·분석한다.

민속방법론자들의 주장을 살펴보면 다음과 같다. 언어와 회화가 사회생활을 이해·해석하는 데 있어서 관건이 된다고 보고 있으며, 서로 접촉하는 사람들 간에 주고받는 말의 특색이 곧 상호작용을 특정지어 준다고 주장하고 있다. 민속방법론은 사회적 실제의 본질이 무엇인가 하는 것보다 오히려 사회적 실제에 관한 의미를 구성하는 방법을 관찰하고 기술하는 것을 중요시한다.

민속방법론이 양적인 통계 연구방법과 구분되는 민속방법의 특징을 제시하면 다음과 같다(김병성, 2018). ① 장기적 및 집중적 참여관찰방법이다. ② 총체적 접근방법이다. 추적 가능한 모든 변인 간의 관계나 의미를 있는 그대로 전체적으로 사회문화적 맥락에서 파악하려는 관점이다. ③ 탐색적·개방적 접근법이라고 할 수 있다. 처음부터 문제가 엄격하게 반드시 고정되어 있을 필요가 없다. 문제는 항상 탐색과정을 거쳐서 설정되고 계속 다듬어지고 수정될 수 있다. ④ 복합적 탐구방법이나 기술을 활용한다. 그러나 대표적인 연구방법은 참여관찰과 심층면접(in-depth interview)이다. ⑤ 비실험적 접근방법이다. ⑥ 문화주체자의 의미의 관점에서 사건을 이해하려는 노력이다. ⑦ 민속기술지라고 하는 기술된 형태로서의 연구결과를 취한다.

민속방법론의 관심점은 민속방법론은 경험적 연구에서처럼 사실의 발견에 관심이 있는 것이 아니라, 사회적 상황에 있는 사람들이 여러 사실들을 어떻게 지각하고, 설명하고 있는가를 이해하는 데 관심이 있다. 인간의 행동을 이해한다는 것은 단순한 대상이 아니라 의미의 구성체로서의 인간행동을 의미한다. 민속방법론은 사회적 상황의 참여자가 사회적 상황에 부여하는 해석과 의미 및 그 구조를 탐구하는 방법이라고 할 수 있다. 학교 교실 내에서 전개되는 학생, 교사, 집단 간 상호작용으로서의 교실활동의 분석에 관심을 기울였다.

한편 민속방법론의 연구방법은 ① 한 가지 형식으로 통일되어 있지 않으며, 다양한 방법을 활용한다. ② 초기의 민속방법론적 교육사회학자들은 언어분석이나 대화분석을 사용한다. 그 후 민속방법론적 교육사회학자들은 자기들의 사회학적 관점에 상응하는 다양한 방법을 단순 혹은 복합적으로 병용시키고 있다. 예를 들면, 의도적 실험, 상황분석, 참여관찰, 면담, 일차자료에 대한 이차적 내용분석 등을 시도했다(신재흡, 2011).

민속방법론의 문제점으로는(김병성, 2108), ① 지나치게 편협한 문제에 집착해 왔고, ② 일상적 생활세계에 편재하고 있는 갈등과 대립을 과소평가함과 동시에 합의와 질서만을 기술해 왔으며, ③ 사회적 행위를 제약하는 구조적 요인을 외면하고, ④ 사회 및 역사 발전의 뚜렷한 궁극 목표를 제시하지 못하고 현상의 기술에만 집중하는 취약성을 들 수 있다.

제4절 미시적 이론에 대한 비판

해석학적 이론에 대한 비판은 다음과 같다(류윤석 외, 2004).

갈등 이론에서는 교육의 능동적인 역할을 인정하지 않았다. 또한 기능론자들도 사회화와 교육에 대한 선택 및 지위 분배의 이론을 통하여 사람은 사회화의 꼭두각시와 같이 되는 것이라고 간주했다. 이러한 주장에 반해 해석학적 접근에서는 교육의 능동적인 역할을 인정하고, 경제 및 정치와 같은 객관적·외부적 요인에 대한 관심보다도 교사와 학생들의 행동에서 주관적인 의미를 찾으려는 데 관심을 집중했다. 이들은 교육의 주체성을 인정하고, 교실에서 일어나는 교사와 학생의 상호작용을 중요시하며 교육현장에 대한 이해의 폭을 높였다는 긍정적인 평가를 받고 있다. 하지만 교사와 학생들에 대한 해석학적 접근의 주장은 다음과 같은 비판이 따르고 있다. 교사와 학생들의 유형이 어떻게 형성되는지에 대해서 분명한 설명이 없으며, 학생들의 교육활동에 매우 중요한 위치를 차지하고 있는 교육의 제도적인 측면을 소홀히 여겼다는 비판을 받고 있다. 또 하나의 비판은 교육의 능동성을 강조한 나머지 교육활동에 제약을 주는 정치·경제 등 외부적인 요인을 너무 경시했기 때문에 이상에 치우친 나머지 교육을 현실적으로 이해하는 데 문제가 있었다는 점이다. 즉, 교육의 주체적인 성격을 너무 강조하다 보니 교육을 비현실적으로 보게 되었다는 점이다. 이는 교육이란 주체적 성격도 가지고 있지만 외부적인 요인의 영향도 무시할 수 없기 때문이다(차경수 외, 2010).

제5절 신교육사회학

신교육사회학은 미시적 및 해석학적 접근에 속한다. 신교육사회학은 1970

년대 지식사회학의 영향을 받으면서 기능주의적 접근의 반발로 대두되기 시작했다. 1970년대 이후 급속도로 학계의 관심을 불러온 신교육사회학은 독특한 부분이 있기 때문에 해석학적 접근과는 별도로 논의할 필요성이 있다(차경수 외, 2010).

5절에서는 신교육사회학의 성립배경 및 기본 관점, 교육과정사회학, 지식사회학, 신교육사회학에 대한 비판 등에 대해서 정리하고자 한다.

1. 신교육사회학의 성립배경 및 기본 관점

첫째, 신교육사회학의 성립배경을 살펴보면 다음과 같다. 제2차 세계대전이 끝난 후 1950년대와 1960년대는 사회발전이나 교육에 관한 부분에서는 근대화 이론의 황금기였다. 전쟁이 끝나고 과학의 발달에 의하여 인간이 가난과 억압, 착취, 질병으로부터 벗어날 수 있을 것이라는 장밋빛 희망이 인류에게 부풀어 올랐다. 하지만 1970년대에 진입하면서 이러한 균형론적·기능주의적·과학적 근대화 이론의 열기가 점차 식기 시작했다. 전 세계적으로 발전의 문제가 시들기 시작한데다가 전쟁의 공포, 제2차 세계대전 후 기대했던 빈부격차 해소 및 복지사회 실현에 대한 기대와 달리 실망과 좌절이 컸다. 더군다나 의회민주주의 및 공업화 등이 개발도상국에서 보여 준 역기능 등으로 사회발전과 인류의 행복, 교육의 문제를 새로운 시각으로 보지 않을 수 없게 되었다(차경수 외, 2010).

이러한 시대적 흐름에 즈음하여 영국에서는 1960년대 말부터 1970년대 초에 걸쳐 구조기능주의의 관점에 입각한 종래의 교육사회학을 비판하고 그것에 도전하는 새로운 연구의 움직임이 나타났다. 이 '새로운' 교육사회학은 참신한 문제의식과 신선한 연구주제 그리고 독특한 연구방법을 제시하면서 의욕적인 연구 활동을 전개하였기 때문에 그것이 교육사회학에 미친 영향은 결코 무시할 수 없다. 신교육사회학과 구교육사회학의 주요 이론을 제시하면 표 3-2와 같다.

표 3-2 구교육사회학와 신교육사회학의 주요 이론 비교

구분	구교육사회학	신교육사회학
사회관	*사회가 유지 및 존속되는 사회 구조의 법칙에 관심 *사회구성원인 행위자를 간과	*사회구성원들의 상호작용에서 표출되는 사회적 행위에 관심 *사회구성원의 행위 속에 내재한 원리와 의미에 관심
교육적 관심사	*전체 사회 속에서 학교교육의 기능과 역할에 관심 *학교는 무엇을 하는 곳인가?	*교육활동이 전개되는 실제 교육의 장에 관심 *교사와 학생의 상호작용과 교육행위에 관심 *학교교육은 어떻게 이루어지고 있는가?
연구방법론 (패러다임)	*규범적 패러다임 -교육과 사회관계에 대한 거시적 접근 -연역적 연구방법론 -양적 연구 -이론, 법칙, 가설의 인과적 법칙 설명에 관심	*해석학적 패러다임 -교육의 내적 과정에 대한 미시적 접근 -귀납적 연구방법론 -질적 연구 -사회적 사실의 의미에 대한 해석과 지식의 상대성에 관심

자료: 정석환(2017). 쉽게 풀어쓴 교육사회학. 서울: 어가, p. 108.

신교육사회학의 본격적인 대두는 1970년에 개최된 영국사회학회 교육사회학 분과 모임에서 발표된 '대안적 관점'에 관한 여러 보고서를 중심으로 Young(1971)이 편집한 「지식과 통제: 교육사회학의 새로운 방향」을 기점으로 하고 있다. 신교육사회학은 영국의 특수한 산물이라고 볼 수 있다. 이는 패러다임의 전환을 촉구하고 있다. 즉, 구조 기능주의를 지탱해 온 '규범적 패러다임' 대신 '해석적 패러다임'을 기저로 하는 상징적 상호작용 이론, 현상학적 사회학, 민속방법론 등의 사람들 간의 상호작용 과정에서 형성된 현실로서의 사회적 세계를 행위자에 의미부여, 동기, 가치 등에 준거하여 해석하고 이해하는 새로운 사회학적 관점과 방법이 중시되었다. 그 결과 지금까지 교육의 기능면에서 '검은 상자'로 취급되어 온 학교교육의 내적 과정을 '문화의 전달과 통제'라는 새로운 관점으로 정의하고, 학교 내부에서 발견되는 교육적 지식의 구성과 전달, 교수법과 평가의 범주 및 학급에서의 교사와 학생 간의 상호작용을 중심으로 하는 교육적 과정의 관찰과 설명이

신교육사회학의 중심적인 관심사가 되었다(김병성, 2018).

이처럼 신교육사회학은 '지식사회학'과 '교육과정사회학'에 논의의 초점을 두기 때문에 신교육사회학은 교육과정에 대한 지식사회학적 연구라고 할 수 있으며, 1970년대에는 미국에서 갈등 이론이 성행하였는데, 영국에서는 기능주의적 접근에 대한 반발로 신교육사회학이 대두되어 발전했다.

둘째, 신교육사회학의 기본 관점을 제시하면 다음과 같다. 신교육사회학은 1970년대에 주로 영국의 학자들에 의해 발전하였다. 1972년에 Gorbutt는 「신교육사회학(The New Sociology of Education)」이란 논문에서 이 용어를 처음 사용한 것으로 알려져 있다. 그러나 신교육사회학의 이론적 발전에 가장 중요한 공헌을 한 것은 Young이다. 그리고 1970년대와 1980년대에 걸쳐 비슷한 시각에 학교교육을 논의한 신교육사회학자로 Bernstein, Eggleston, Bernbaum, Musgrave, Apple 등을 들 수 있다. 이들의 주장은 제각기 다소 차이가 있을지라도 그들에게 공통적인 것은 지식을 '사회적 구성물'로 보는 것이다. 이러한 전제에서 신교육사회학에서 교육 이론의 특징은 다음과 같다(김병성, 2018). ① 신교육사회학자들은 교육에 있어서의 이념과 가치를 중요시한다. 이는 거시적 접근론자들은 환경을 중시하지만, 신교육사회학자들은 지식의 전제나 가정, 사회의 가치관, 인생과 교육의 목적 그 자체에 대한 분석과 검토 등을 강조한다. ② 지식, 진리, 진리의 타당성을 모두 사회적 구성물로 본다. 지식은 영구불변하는 것이 아니고 특정한 시대의 사회적·역사적 상황에서 구성된 것이라고 주장하는 상대주의적 입장을 취하고 있다. 특정한 사회계급이나 전문가 집단이 이러한 지식을 학교의 교육과정으로 만드는데 영향력을 행사하고 있다고 보고 있다. 신교육사회학자들은 이러한 사실들이 검토의 대상이 되어야 하고, 이러한 기준 이외에 새로운 대안으로서의 사상체계나 근거가 모색되어야 한다고 주장한다. ③ 신교육사회학자들은 교사가 판단하는 학생들의 능력, 지능, 이와 관련하여 평가되는 학교에서의 성공과 실패도 모두 사회적 산물이라고 주장한다. 학업과 유희, 학술적인 것과 비학술적인 것, 우등생과 열등생, 두뇌의 명석함과 둔함, 학부형과 학생의 역할 등은 모두 사회적 구성물이므로 이들에 대한 새로운 분석이 철저하게 시도되어야 한다고 보고 있다. 교사들은 근거 없는 가정으로 학생들의 능력과 지능을 평가하고, 그 결과에 따라서 학생들을 우수하다거나 열등하다고 판단한다. 이러한 것들은 '자기충족예언(self-fulfilling prophecy)의 원리'에 의해서 학생들은 우수하게도 되고 열등하게도 된다는 것이 이들의 주장이다. 교사들은 멀쩡한 학생들을 열등하다고 '낙인'을 찍어 그들을 정말 열등생으로 만들고 있다는 것이다. 따라서 새로운 기준은 '문화적 실조'보다도 '문화적 다양성'에 의해서 구성되어야 할 것이다. 그 이유로는 노동자 계급의 학생들은 열등하게 행동하는 것이 아니라 중류계급의 학생들과 다른 모습으로 행동하기 때문이다. ④ 교육에서 이념과 가치를 중요시하는 신교육사회학자들은 교육의 조직과 교육과정에 대해서도 관심을 가진다. 신교육사회학자들은 교육의 기회균등, 교육의 효율성, 일탈자에 대한 통제, 사회계층이나 가정환경을 학업성적 결정 요인으로 보는 것은 구교육사회학(old sociology of education)이라 하고, 신교육사회학은 학생의 선발, 지식의 조직, 교육이념, 가치의 분석, 교육과정 등에 보다 더 많은 관심을 가져야 한다고 주장한다. 특히 교육과정은 지식사회학에 기초한 신교육사회학자들의 교육이념과 함께 가장 중요시하는 영역이다. 학생들에게 어떤 지식을 어떤 방법으로 가르쳐야 할 것이냐의 문제는 그들의 중요한 관심사이며, 그것은 바로 교육과정의 문제이다. 학생들에게 가르치는 지식은 학생의 주체적인 존재를 떠나서 '외부적'으로 이미 존재하는 지식이 아니라, 그들에게 가장 의미있고, 적합한 것이야 한다고 주장하고 있다. 즉, 교육과정의 '적합성'을 강조하고 있다(차경수 외, 2010).

상기에서 고찰한 바와 같이, 신교육사회학자들은 교육의 사회성을 인정하고 교육이념과 가치 등을 강조하면서 교육에서 학습자의 주체적인 참여를 중요시하여 교육의 본질적인 기능을 우리에게 일깨워주고 있다. 이는 미국의 갈등론적인 교육 이론이나 남미의 급진적인 교육 이론과 맥을 같이 한다. 아울러 교육과정의 적합성 문제는 '주어진 틀에 인간을 맞추려고 하는 것'보다 '스스로 인간을 형성해 나가는 과정'을 중요시한다는 점에서 매우 적절한 지적이라고 생각된다. 하지만 구체적인 연구결과나 실천모형을 제시하지 못했고, 지식의 보편성을 부인했으며, 사회의 역사적 및 문화적 전통을 소홀했다는 비판을 받고 있다. 또 진리나 기준은 사회적 구성물이요, 상대적인 것이란 관점은 자가당착(self-referential objection)에 빠지게 됨으로써 결국 신교육사회학자들도 특정 집단의 이익을 대변한 결과가 되고 말았다(김병성, 2018).

2. 교육과정사회학

교육사회학자들은 오랫동안 교육기회의 분배와 선발과정에만 전념해 왔고, 교육과정의 내용은 도외시하였다. 설사 관심이 있었다고 해도 기능주의적 관점에서 교육과정의 내용을 사회적으로 합의된 보편적인 것이라고 간주하였다. 그리고 실증주의적 지식관에 입각하여 학교에서 전수되는 지식은 경험적으로 증명된 과학적 진리인 것처럼 생각하였다. 하지만 1970년대 이후에 많은 비판적 교육사회학자들은 학교에서 가르치는 지식의 보편성, 절대성에 대해 문제를 제기하기 시작하였다. 즉, 교육과정에 대한 사회학적 탐구는 교육기회의 분배와 선발에만 관심을 갖는 기존의 교육사회학과는 다른 새로운 학문이라 해서 '신교육사회학'이라 불리기도 하고, 교육과정을 탐구하는 학문이기 때문에 '교육과정사회학(sociology of curriculum)'이라고도 불린다(김천기, 2008).

교육과정사회학은 학교교육 현장에서 활용되는 교육과정 자체에 내재한 사회학적 요소들을 탐구하는 학문이다. 아울러 학교교육에서 활용되는 지식의 분배와 조직을 둘러싼 다양한 사회적 상황을 분석한 학문으로 지식의 상대성과 학교의 지식 구성 등에 관심을 가진다(정석환, 2017). 학교에서 가르치는 지식을 시간과 공간을 초월하는 보편타당한 절대적인 것으로 보기보다는 사회 제 세력 간의 갈등, 투쟁, 협상의 산물로 보고 있다. 따라서 학교 지식은 누구의 지식인가? 그것은 어떻게 조직되고 분배되며, 계층화되는가? 특정 지식이 학교 지식으로 선택되는 이유는 무엇이며, 그것은 집단 간의 경쟁, 갈등과는 어떻게 관련되어 있는가 등은 교육과정사회학 분야의 핵심적인 질문이다. 교육과정사회학의 기본 관점은 인간의 사유(지식)는 시대적·사회적 제약 조건에 의하여 제약받는다고 하는 지식사회학적 관점을 비롯하여 현상학, 상징적 상호작용 이론, 민속방법론, 신마르크스주의자들의 비판 이론에서 출발하고 있다(서울대학교교육연구소 편, 2015).

교육과정사회학에서 주요 연구의 관심은 교육과정에 대한 사회적 통제와 교육과정을 통한 문화적 재생산의 실제를 밝히는 데 있다. 신교육사회학은 문제의식의 근원을 지식사회에 있다고 본다. 학교에서 가르치고 있는 지식은 영원불변하고 보편타당한 진리라고 하는 전통적 교육과정에 대해 비판을 하며 결국 학교의 교육과정을 통해서 사회재생산이 이루어진다고 본다. 즉, 교육내용에 특정 지배집단의 이해관계가 반영되어 있으며, 이런 지식은 학습자, 교사, 학부모, 정책당국 간에 갈등을 유발하기도 한다는 것이다(성낙돈 외, 2017).

교육과정사회학 분야에 속하는 학자라고 하더라도 학교 지식을 보는 관점은 실로 다양하다. 이와 관련된 이론들을 소개하면 다음과 같다.

첫째, 재생산 이론이다(장재천, 2018; 성낙돈, 2017; 신재흡, 2011). 이미 2장에서 경제적 재생산 이론, 문화적 재생산 이론은 자세하게 다루어서 여기에서는 간단하게 정리하고자 한다. 사회재생산 이론은 구체적으로 다루기로 한다. ① 경제적 재생산 이론은 학교 체제와 자본주의 경제생산 체제가 서로 친화적으로 상응하기 때문에 대응 이론이라고도 한다. 교육을 경제적 맥락에서 이해하여 학교가 경제적 재생산의 사회화 기관으로 파악하고, 학교는 자분주의 경제체제를 유지 및 강화한다는 관점에서 그 이론을 구축하고 있다. 그리고 ② 문화적 재생산 이론은 학교에서 가르치는 문화는 지배계급의 문화이며, 계급 중립적이라고 인식되는 학교에서 가르치므로 별 저항 없이 학생들에게 전수된다고 모는 논리이다. 이는 상징적 폭력(symbolic violence)' 이라는 표현으로도 해석되는데, 계급관계의 문화는 은폐되고 편향적인 계급문화를 학생들에게 강제로 주입한다. 문화적 지배가 학교교육을 통해 사회의 불평등한 계급주의와 계급관계를 재생산한다는 것이다. ③ 사회재생산 이론은 경제결정론적 관점에서 학교가 수행하는 사회적 기능을 설명하는 이론이며, 사회재생산 이론가들은 학교교육은 경제적 모순을 은폐하고 지배계급의 위치를 정당화 및 합법화함으로써 불평등을 재생산한다는 것이다.

사회재생산 이론가로서 Miliband, Poulantzas, Althusser 등을 소개하면 다음과 같다. i) Miliband는 국가란 다수의 이해집단의 힘의 균형과 갈등 속에서 통제되고 존재하며, 어느 한 집단도 국가를 일방적으로 통제할 수 없다고 하는 기존의 논리에 반대하며, 국가란 어느 특정 한 계급의 지배권을 보호하고 유지시켜 주는 것을 주요 목적으로 한다고 했다. 비록 그 특정 집단이 직접적으로 국가를 통제하는 것은 아닐지라도, 자본주의 국가의 경우 국가 엘리트들은 국가체제의 근간인 자본가집단을 옹호하고 보호하는 쪽으로 정책을 집행해 간다는 것이다. 경제 영역을 보이지 않게 지배한다는 것이다. ii) Poulantzas는 경제적 영역과 정치적 또는 이데올로기적 영역 간에는 매우 분명하고 결정적인 관계가 존재하는 것은 틀림이 없으나, 정치적 영역이 경제적 영역의 단순한 반영은 아니므로 교육과 교육정책이 경제 분야의 단순한 부수현상으로 파악될 수는 없다고 주장함으로써 정치권력구조로서 국가의 중요성을 부각시켰다. iii) Althusser는 재생산 이론에서 국가의 중요성을 강하게 부각시켰다는 점에서 관심을 끌었다. 그는 전통적 마르크스 이론에서 상부구조의 한 부분 정도로 취급했던 국가를 '국가기구'라는 개념으로 확대시켰다. 그리고 국기기구의 유형으로는 '억압적 국가기구(RSA: repressive state apparatus)'와 '이념적 국가기구(ISA: ideologica state apparatus)로 분류되며, 억압적 국가기구는 Marx가 '국가'라고 할 때 주로 의미하던 것으로 사법제도, 군대, 경찰, 정부 등으로 구성된다. 이념적 국가기구는 종교, 교육, 가족, 법률, 정치, 노동조합, 매스커뮤니케이션(신문, 라디오, TV 등), 문화(문학, 예술, 스포츠 등)로 구성되는 광범위한 것으로 규범과 가치에 관련된 모든 것들이다. Althusser에 의하면 자본주의 사회가 존속 또는 재생산되기 위해서는 억압적 국가기구만이 아니라 이념적 국가기구가 작동하여야 한다고 주장하면서, 이념적 국가기구가 작동하여야 무리 없이 원만하게 재생산될 수 있고, 의무적 국민교육 제도야말로 가장 강력한 재생산 장치인 것이다. 이 장치를 통하여 지배 이데올로기가 국민들에게 전파되고 내면화된다.

둘째, 저항 이론이다(장재천, 2018; 신재흡, 2011; 김천기, 2008). 저항 이론가로는 Freire(1973), Willis(1977), Giroux(1983) 등이 있다. 이들에 대해서는 2장에서 상세히 기술했으며, 저항 이론가 중에서 대표학자 Willis에 대하여 간략하게 제시하기로 한다. Willis의 연구는 1970년대 후반 노동계급의 학생들이 기존의 학교문화에 저항하고 모순을 극복하려는 측면을 분석하는데 있었다. 재생산 이론으로는 노동계급 학생들이 왜 스스로 노동계급의 직업을 선택하는지를 설명할 수 있다고 보았다. 그는 고등학교에 다니는 노동계급 학생들이 어떻게 해서 아버지와 같은 노동계급의 직업을 선택하게 되는가를 그들이 집단적으로 형성한 하위문화의 특성에 비추어 기술하였다. 그 결과를 고찰하면, ① 노동자계급의 자녀는 학교교육이 노동자계급에게 불공정한 경쟁이라는 것을 '간파'한다. ② 학교문화에 순응하기보다는 철저히 저항한다. ③ 자신들을 '사나이'라 부르며, 학교 권위에 대항하는 반 학교문화를 만든다. ④ 이들은 '노동자 계급이 가지고 있는 육체 노동문화가 가장 멋진 것이라고 믿기 때문에 기꺼이 노동자의 길을 선택한다.

저항 이론은 피지배집단의 일상적인 삶의 경험 속에 지배 이데올로기를 거부하고 극복할 수 있는 잠재적인 힘이 있다고 보고 있다. 따라서 저항 이론은 사회변화를 위해 교육이 무엇인가를 할 수 있다는 가능성과 희망을 발견할 수 있으며, 반 학교문화는 학교에 대한 도전과 방항으로 그치는 것이 아니라 새로운 사회질서를 창출하는 싹이 될 수 있다고 본다.

셋째, 상대적 자율성 이론이다(장재천, 2018; 김신일, 1999). 학교 체제가 하고자 하였다. Bowles와 Gintis는 경제 생산의 도구로서의 학교를 그리고 Bourdieu는 문화적 자본의 재생산으로서의 학교를 각각 상정함으로써 학교가 가지고 있는 고유의 자율성을 간과하였다. 지금까지 연구의 흐름성, 학교체제가 사회 및 경제적 힘으로부터 어느 정도 자율성을 갖고 있음을 구조적이고 체계적으로 설명한 사람으로는 Bernstein(1982)을 꼽을 수 있다. Durkheim 이론의 계승자인 그가 원래 의도하였던 연구의 주안점은 교육이 어떻게 사회구조를 유지할 수 있는가의 문제에 초점을 맞추고 있다.

Bernstein은 사회언어분석(socio-linguistic analysis)에서 출발하여 교육과정의 조직 형성과 사회적 지배원리의 관계에 관한 연구를 거쳐, 한 사회의 지배가 전수되는 기제를 밝히려고 시도하였다. 우선 그는 교육과정의 조직형태는 사회계급적인 힘과 교육과의 갈등과 타협의 산물이라는 가정 아래 다음과 같은 잠정적인 결론을 도출하였다. Bernstein은 '분류(classification)'와 '구조(framing)'라는 개념을 사용하여 시대적으로 교육과정이 '집합형'에서 '통합형'으로 변화해가고 있음을 보여주었다.

우선 '분류'란 ① 과목 간, 학과 간, 전공 분야 간의 구분을 의미하며, ② 구분된 교육내용들 사이의 경계의 선명도를 의미하기도 한다. 이에 반해 '구조'는 ① 과목 또는 학과 내 조직의 문제로 가르칠 내용과 가르치지 않을 내용의 구분이 뚜렷한 정도를 의미한다. ② 계열성의 엄격성, 시간 배정의 엄격도 등을 포함한 개념이다. ③ 교육내용의 선정, 조직, 진도에 대하여 교사와 학생이 소유하고 있는 통제력의 정도이다. ④ 구조화가 철저하면 교사나 학생의 욕구를 반영하기 어렵고, 반대로 구조화가 느슨하면 욕구를 반영하기가 용이하다. 그리고 '분류'와 '구조'의 조합 측면에서 '집합형 교육과정'은 '강한 분류·강한 구조', '강한 분류·약한 구조'를 의미하며, '통합형 교육과정'은 '약한 분류·강한 구조', '약한 분류·약한 구조'를 뜻한다. '집합형 교육과정'과 '통합형 교육과정'의 특징을 제시하면 다음과 같다.

〈집합형 교육과정〉

① 엄격히 구분된 과목 및 전공분야 또는 학과들로 구성된다.

② 과목 간, 전공분야 간, 학과 간의 상호 관련이나 교류는 없다.

③ 횡적 관계가 무시되고 종적 관계가 중시된다.

④ 상급과정으로 올라감에 따라 점점 전문화되고 세분화되어 학습 영역이 좁아진다.
(사례: 심리학→교육심리학→학습 이론→Skinner의 이론으로 좁아짐)

⑤ 학생과 교사들이 어느 학과에 속하는지가 분명하며, 소속 학과에 대한 강한 충성심이 요구된다.

⑥ 인간 관계가 횡적 관계보다는 종적 관계가 중시되며, 상하 간의 위계 질서는 엄격하다.

⑦ 타 분야와의 교류는 제한되며, 교육과정의 계획과 운영에 학생들이 참여할 기회는 적다.

〈통합형 교육과정〉

① 과목 및 학과 간의 구분이 뚜렷하지 않아 횡적 교류가 많아진다.

② 여러 개의 과목들이 어떤 상위개념이나 원칙에 따라 통합된다. (사례: 통합과학, 통합사회)

③ 대학 간의 울타리가 낮아져서 강좌를 상호 개방하고 혼합학문이 생겨난다. (사례: 생화학, 역사사회학)

④ 극단적인 통합형에서는 학문 그 자체의 경계가 약해져서 상식적 지식과 비상식적 지식이 뒤섞이고 생활 문제가 교육과정에 직접 반영된다.

⑤ 인간 관계는 횡적 관계가 중시된다.

⑥ 교사와 학생의 재량권이 늘어나고, 교사와 교육행정가의 관계에서 교사의 권한이 증대된다.

한편 사회부분 간의 분류가 강한 시대의 교육(집합형 교육과정)은 ① 분류가 강한 시대에는 교육과 생산 간의 구분이 분명하기 때문에 교육내용 및 교수활동에 관한 결정이 많은 부분 교육담당자들의 영향력 아래 이루어져 교육의 자율성이 상당히 보장될 수 있다. ② 생산과 상징통제의 분업구조가 분명히 구분되어 교육에 관한 원칙, 상황, 가능성을 형성하는 일과 교육내용의 기본단위이며, 원칙인 교육의 코드를 형성하고 보급하는 일이 교육담당자들의 손에 놓이게 된다. 이에 반해 사회부분 간의 분류가 약한 시대의 교육(통합형 교육과정)은 ① 교육과 생산 관계가 밀착되어 교육은 자율성을 상실하게 된다. ② 교육내용의 사회적 적합성은 생산구조(생산의 코드)에 의해 결정되고, 교육은 사회 및 경제적인 하부구조에 예속하게 된다.

어떤 종류의 지식이 어떤 방식으로 선정되고 조직되는가를 결정하는 기본적인 주체는 국가, 생산 부분, 상징적 통제 부분이며, 이들 간의 상호작용을 통하여 지배원칙(dominant principle)이 결정되고 그에 따라 가르칠 지식이 선정되고 조직되며 교육현장으로 보내진다. 그리고 학문 영역에서 생산된 지식을 지배원칙에 맞추어 교육과정화하는 단계가 바로 교육과정의 공식적 재맥락화 단계(official recontextualizing field)이다. 이 단계를 거친 교육과정은 다시 실제 교육현장에 들어가서 현장의 틀에 맞도록 재구조화되며, 주어진 지식들을 현장에 맞도록 재조절하고 배열하는 작업이 이루어지는 단계가 교수를 위한 재맥락화 단계(pedagogic recontextualizing field)이다.

학습은 기계적 수용이라기보다는 비판적 인식과정이라는 사실에 주목할 필요가 있다. 흔히 지배문화의 전수자라고 비난받는 학교교육을 받은 사람들이 현 사회체제에 대한 저항세력으로 등장하는 예를 많이 볼 수 있다. 결국 학교교육은 구조주의적인 논리만으로는 충분히 설명되지 않는, 자체의 논리를 가진 역동적 현장이다. 그리고 무엇보다도 학습자들에게는 비판적 학습능력이라는 값진 무기가 주어져 있는 것이다. 이 비판적 학습능력을 키우고 다듬는 것이 교육의 역할이다.

넷째, 문화적 헤게모니 이론이다(장재천, 2018; 성낙돈 외, 2017; 김천기, 2008). 헤게모니(hegemony) 이론의 등장배경은 이탈리아 공산당 창설자인 Antonio Gramsci에 의해서 그 개념이 정립되었다. 주로 계급 간의 관계, 특히 부르주아계급이 노동자계급에게 행사하는 통제로서의 헤게모니를 설명하였다. 그가 말하는 헤게모니란 단지 힘의 위력만이 아니라 제도, 사회관계 등에서도 동의를 이끌어내면서 지배를 유지하는 수단이다. 성공적인 헤게모니란 지배계급의 이해를 표현할 뿐만 아니라 피지배계급으로 하여금 이것을 자연스럽게 수용하도록 할 수 있다는 것이다. 경제에만 국한된 것이 아니라 모든 사회의 문화생활 속에 존재하는 통합적 관계망이라고 할 수 있다. 그리고 Apple(1978)은 헤게모니 이론의 개요에 대해서 다음과 같이 제시하고 있다. “사회의 지배적인 이데올로기적 헤게모니와 교육내용의 선정과의 관계를 분석하려고 시도하고, 학교의 교육과정에는 헤게모니가 깊숙이 잠재되어 학교는 문화적 및 이념적 헤게모니의 매개자로서 사회를 통제하고 있다"고 제시했다.

문화적 헤게모니 이론의 특징으로 ① 학교뿐만 아니라 매스미디어, 예술, 대중문화 등 사회적 방식도 경제적 재생산이나 문화적 재생산에 연결되어 있다고 주장한다. ② 교육 체제는 경제적·문화적 재생산뿐만 아니라 경영자층의 이윤까지도 증대시키기 위해 자본 축적에 필요한 전문적·행정적 지식을 창출해낸다. ③ 학교를 자본 축적의 과정을 정당화하는 국가의 무기로 간주하였다. ④ 문화적 헤게모니 이론은 하부구조(경제적 생산 관계)가 상부구조(정치, 종교, 문화, 교육)를 결정한다는 입장을 배격하고, 두 구조 간의 상대적 자율성을 인정한다는 것이다. ⑤ 오늘날 사회를 지배하고 있는 세 가지의 이데올로기 요소가 교육과정을 통해서 재생산되고 있다. i) 사회의 발전이 과학과 산업에 의존한다는 견해, ii) 사회는 경쟁시장을 통해 개인이 자신의 능력을 최대한으로 실현시킬 수 있다는 신념, iii) 훌륭한 삶이란 한 개인으로서의 상품과 서비스를 생산하고 소비하는 것이라는 신념이다. 이런 이데올로기가 교육과정에서 어떻게 생산되는가에 대해 i) 요소와 ii) 요소는 내용이 어렵게 조직되고 학생의 능력에 따라 서로 다른 수준을 요구하는 구조화된 교과의 선호를 통해서 표현된다고 본다. 이데올로기의 iii) 요소는 교육 자료의 사용을 통해 드러난다. 결국 학업성취가 좋은 학생이란 기술적 이익을 위한 기능을 많이 갖고 있는 학생이다. 사회에서도 사람들의 가치는 물질적 상품이나 기술적 소유 여하에 따라 결정된다는 것이다.

문화적 헤게모니 이론가로서는 Apple이 있다. 그는 헤게모니 개념을 적용하여 교육과정에서 갈등을 어떻게 다루고 있는가를 다음과 밝히고 있다(Apple, 1986). 예를 들면, 사회교과와 역사교과는 사회적 갈등을 부정적으로 다루면서 사회적 갈등의 긍정적인 기능을 무시한다. 또한 과학교과에서는 과학적 활동과 논쟁의 본질을 간과한다.

사회교과의 관련 문헌들을 살펴보면, 그중 대부분이 사회를 기본적인 협동체제로 보고 있음을 알 수 있다. 이러한 경향은 갈등이 사회적 관계의 본질적 특징이 아니라고 하는 이데올로기적 가정에서 연유한 것이다. 인권 운동과 흑인 운동에 대한 탐구를 통해서 사회계급과 집단 간의 갈등의 역사와 그 의의를 현실적으로 조망하려는 노력이 있었다는 사실은 인식되어야 한다.

한편 우리나라 문화적 헤게모니 이론의 사례를 제시하면 윤구병 편(1988)은 1980년대 교과서를 분석한 결과, ① 봉건적 지배 이데올로기, ② 식민지 지배이데올로기, ③ 반공(반북) 이데올로기, ④ 군사주의 이데올로기, ⑤ 전체주의·국가주의 이데올로기 등과 같은 편향적 이데올로기들이 나타났다고 분석하였다. 그 외에도 성차별 이데올로기, 친미주의 이데올로기, 친자본주의 이데올로기, 친정부 이데올로기, 백인중심 이데올로기, 서양 중심 이데올로기, 선진국 중심 이데올로기, 강대국 중심 이데올로기, 도시 중심 이데올로기, 수도권 중심 이데올로기, 중상류층 이데올로기, 보수주의 이데올로기, 관념철학 이데올로기, 도구주의 이데올로기, 숭문주의 이데올로기, 과학기술 만능주의 이데올로기, 경제 제일주의 이데올로기 등이 있다(장재천, 2018).

한편 군사정권이 종식되고, 김대중, 노무현 대통령으로 이어지는 민주정부가 들어서면서 교과서 내용에 대해 예전과는 정반대의 비판이 제기되고 있다. 예전에는 군사정권의 통치를 정당화하는 교과서 내용에 대한 민주화 세력의 비판이 많았던 반면에, 민주정부 이후에는 보수집단들의 교과서 비판이 늘어나고 대안교과서까지 내놓고 있는 형편이다. 예를 들어, 보수진영과 전경련 등의 기업 쪽에선 "현재의 교과서가 대한민국의 정통성을 부인하거나 반시장적이고 반기업적인 내용을 포함하고 있다"고 반발한다. 교육부는 이러한 보수진영의 반발을 의식하여 전경련과 공동으로 경제교과서 모형을 펴내기도 하였는데, 노동계는 이 경제교과서가 친기업, 반노동 시각에 치우친 내용을 담고 있다고 비판하고, 이에 맞서 자신들의 '경제교과서'를 펴내고자 하고 있다. 교과서 내용에 대한 보수와 진보진영의 대립과 논쟁을 교육과정사회학에서는 어떻게 분석할 것인가? 앞으로 이에 대한 교육과정사회학적 연구가 많이 이루어질 필요가 있다(김천기, 2008).

다섯째, 사회특성 이론이다. Wallace에 의하면, 사회 이념적, 정치적 변화에 따라 교육과정의 강조점이 달라진다는 것을 주장하고 있다. 그의 주장에 의하면 사회는 혁명기(革命期)→보수기(保守記)→복고기(復古期)가 반복적으로 순환된다. 이러한 순환의 과정에서 혁명기에는 새로운 질서를 수립하기 위하여 교육과정에서 도덕성이 가장 강조되지만, 어느 정도의 질서가 잡히고 보수기에 이루면 도덕성보다는 실용성이 더욱 강조되고, 복고기에 이르면 다시 도덕성이 강조되는 일련의 사회적 이념의 변화에 따라 교육과정의 강조점도 변화를 가져온다는 것을 주장하고 있다.

사회 순환과정에 따른 교육과정 우선순위의 변화는 그림 3-1과 같다.

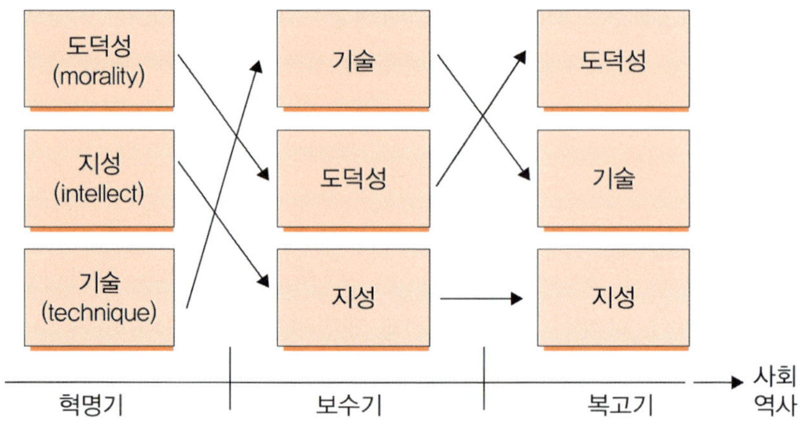

그림 3-1 사회 순환과정에 따른 교육과정 우선순위의 변화

자료: 김신일(1999). 교육사회학. 서울: 교육과학사, p. 365.

그림 3-1에서 보는 바와 같이 교육과정의 강조점이 사회 및 경제적 변화의 단계에 따라 달라진다. 혁명기에는 중공과 쿠바 그리고 프랑스혁명 이후의 여러 나라가 그러했듯이, 교육과정에서 도덕성이 강조된다. 왜냐하면 구체제의 사회적, 문화적 질서를 부정하고 새 질서를 수립하기 위해서는 낡은 이념을 철저히 극복하고 새로운 이데올로기, 새로운 가치관과 철학, 즉 혁명이념을 국민 모두에게 교육시켜야 하기 때문이다. 이 단계에서는 실용주의적 기술과 지식은 높이 존중받지 못한다. 하지만 혁명이 일단 완수되고

보수기에 접어들면 실용주의가 득세하여 규범문화와는 대조적인 실제적 기술과 지식이 가장 우선적으로 교육과정에 반영된다. 모택동 혁명 성공 후의 중공이 좋은 사례이다. 이 단계에서는 순전히 지적인 논의와 비판정신은 교육과정에서 약화된다. 보수기의 말기 또는 혁명의 실패 뒤에 따라오는 복고기에는 도덕성 교육이 다시 강조되어 종래의 정치이념과 가치관이 부활하여 학교교육과정에 반영되고 자유로운 지적 탐구활동에 관련된 내용은 억제된다. 교육과정의 우선순위를 역사적 안목에서 보면, 각 시대의 사회정치적 특성에 의하여 결정된다는 것이다. 그러나 Wallace의 모형은 역사의 흐름을 혁명의 과정으로만 인식함으로써 우리의 사고의 범위를 좁힐 우려가 있다(김신일, 1999).

여섯째, 문화제국주의론이다. 문화제국주의는 1960년대에 출현한 개념이며, 문화제국주의는 경제적으로 우위에 있는 미국·서유럽 국가 등과 같은 선진국들이 주로 제3세계 국가와 같은 다른 후진국들에게 문화·정치·경제적 통제를 강화하는 것이지만, 선진국의 문화가 후진국의 생활과 양식 및 가치관 등에 큰 영향을 미치는 것을 의미한다(장재천, 2018). 특히 Carnoy는 교육의 국제적 관계를 제국주의적 관점에서 파악하고 국가 간의 갈등현상이 교육에 어떻게 반영되고 있는가를 분석하였다. 그는 '문화적 제국주의로서의 교육'(Education as a Cultural Imperialism, 1974)에서 식민지의 교육이 식민지 국민의 의식을 어떻게 왜곡시켜 지배자들에게 복종하도록 만들었는지를 적고 있다. 식민통치자들은 학교교육을 통하여 지배의 바탕을 마련하고 이를 강화해 나가고 있다는 것이다(김신일, 1999). Carnoy(1980)는 제3세계 학교교육은 주변국의 노동자들에게 중심국 자본가의 필요를 충족시키기 위한 장치로 도입된 것이기 때문에 토착 민중을 제국주의적 식민지구조에 편입시키기 위한 노력의 일부라는 것이다. 따라서 제3세계의 학교는 현재 서구의 식민종주국가에 대한 수동적인 자세를 요구받게 된다. 주변부의 극소수 지도자들이 반외세주의적 독립 운동을 추진하나, 주변부의 중심부에 있는 사람들이 서구 지향적 자세 때문에 좌절하고 만다. 더군다나 전통적 제국주의와 식민주의가 겉으로는 사라졌으나 식민지 이후의 교육은 교육제도와 내용에 있어서 식민지시대의 유산을 지속하게 된다고 분석하였다(김신일, 1999). 예를 들면, 식민지와 미군정기에서 해방된지 60년 이상이 지난 지금도 우리나라의 일본과 미국에 대한 경제 종속과 학문적 종속, 나아가 우리 일상의 삶과 학교교육 내용에 남아 있는 일제와 미국의 잔재는 여전히 심각한 문제인 것이다. 문화제국주의 이론의 주장은 식민지 국가들이 정치적으로는 독립하였지만, 문화적으로는 여전히 제국주의 국가에 종속되어 있다고 한다. 이 문화적 종속은 정치, 경제적 종속처럼 분명히 드러나지도 않고, 종속되어 있다는 느낌조차 들게 하지 않으면서도, 내면의식까지 지배하게 된다. 특히 교육은 사물을 보는 시각, 생활방식, 사고방식, 문화적 취향, 지적 취향 등을 중심국의 문화에 친숙토록 함으로써 문화적 종속을 더욱 부채질한다고 보는 입장이다.

일곱째, 고급문화론이다(이병환, 2016; 김경식 외, 2017). 고급문화론은 학교가 가르치는 지식, 가치관, 예술 등은 그것이 어느 계급의 문화이거나 어느 나라의 문화인가에 관계없이 그 사회, 그 시대의 고급문화의 진수로 구성되어 있다는 주장이다. 즉, 학교에서 다루는 각종 교육내용은 상류계급의 문화이거나 강대국의 문화이기 때문에 교육과정 내용으로 선택된 것이 아니고, 그것들이 하류계급의 문화나 자국의 전통문화보다 우수한 것이 때문에 교육내용으로 선택된 것이다. 이들에게 있어 학교의 존재 의의는 고급문화의 보편화에 있다.

3. 지식사회학

지식사회학은 1920년 독일의 Max Scheller에 의해서 생겨났다. 지식사회학은 원래 '과학이 제기한 문제점'을 다루는 것이었다. 지식사회학의 근본명제는 Marx에 의해 형성되었다. 그에 의하면, "의식이 존재를 결정하는 것이 아니라 존재가 의식을 결정한다." 즉, 인간의 의식은 그의 사회적 존재조건에 의해 결정된다. Marx의 관심사는 인간의 사고는 노동(labor) 속에서 이루어지며, 노동에 의해 산출되는 사회적 관계 속에서 형성되는 것이다.

Karl Mannheim에 이르러서는 지식사회학이 이데올로기 문제에 초점을 맞추게 되었다. Berger(1967)에 이르러서는 지식사회학이란 인간 사회의 지식의 다양성을 다룰 뿐만 아니라 지식의 어떤 부분이 사회적 현실로 정립되는 과정도 다루어야 한다는 입장이다. Berger에 의하면 지식사회학은 사회에서 지식으로 여겨지는 모든 것들에 관심을 기울여야 한다. 지식사회학은 비(非) 이론적 혹은 전(前) 이론적인 일상생활 속에서 사람들이 현실로 알고 있는 것에 관심을 두어야 한다. 사상보다는 '상식적인 지식'이 지식사회학의 주제가 되어야 한다. 그러므로 지식사회학은 현실의 사회적 해석에 관심을 기울여야 한다(이종각, 2015: 414).

지식사회학에서의 지식에 대한 일반적 견해는 ① 지식의 상대성, ② 지식의 가변성을 받아들인다. 지식의 상대성 측면에서 볼 때 상대적 가치가 있는 지식을 어떤 집단에 일방적으로 강요한다거나, 다른 집단의 지식을 가치 없다고 무시하는 일은 정당하지 못한 것이다. 지식의 가변성 측면에서 보면 지식사회학에서 지식은 사회적 산물이고 역사적 산물이기 때문에 얼마든지 변할 수 있는 것이고, 영원히 불변하는 진리나 지식은 존재하지 않는다고 본다. 구성주의적 관점에서 볼 때 객관적 지식은 성립하지 않으며, 절대적인 지식도 존재하지 않는다. 모든 지식은 개인의 경험에 의하여 개인적으로 구성되는 것이다(이병환, 2016).

지식사회학은 교육현상을 분석하는 데 있어 다음과 같은 두 가지 관점에서 전환을 가져왔다(정석환, 2017: 113~114).

첫째, 기존 교육과정의 지식이 지배계층 중심으로 구성되어 있음을 지적하였다. 지식사회학은 교과서 내용의 선택과정에서 노동자 계층과 일반대중의 문화와 역사가 배제되어 왔다는 입장이다. 당연시되었던 지배계층 중심의 학교 지식은 노동자계층의 자녀들의 경험, 현실과는 괴리된 것이었다. 단지 '학업 성취'와 '졸업'을 위한 지식이었다. 다양한 사회적·문화적 배경을 가진 계층의 사람들이 존재하는 사회에서 특정한 계층의 문화와 행동양식을 공식적인 학교교육과정을 통해 전달하고 강조하는 사회적 상황은 문제가 될 수밖에 없다는 인식을 환기시켰다.

둘째, 문화전달 과정에서 학교교육에 대한 논의를 가정과 같은 귀속적 및 개인적 요인에서 벗어나 정치적 문제로 확장시켰다. 신교육사회학자들은 학교 지식의 선택과 전달과정을 서로 다른 문화를 가진 사회구성원들의 대결과정으로 파악하여 정치쟁점화를 시도하였다. 특정 계급의 문화가 다른 문화를 평가하는 척도가 되고 문화적 우월성을 공식적으로 인정받고자 하는 것은 정치적인 행위인 것이다. 이러한 관점에서 볼 때 노동자계층 자녀들의 낮은 학업성취는 '문화 체험의 결핍'이 아니라 그들의 문화가 학교의 공식적인 지식과 문화로 선택되지 못한 데에서 연유한다.

지식사회학은 지식의 교육적 한계를 드러내어 지식에 대한 협소한 해석을 배제하였고 진리의 오용을 막는 기반을 제공하였다. 지식사회학은 신교육사회학자들에게 지식이 학교에서 다루어지는 방식과 학교 조직에 상호작용하는 요소들 간의 구조적 관계, 수업상황의 이해와 수업상황의 의미가 결정되는 방법 간의 관계를 밝히려는 시도를 하였다는 점에서 큰 교육적 의미를 가진다(이건만, 2015: 245~247).

4. 신교육사회학에 대한 평가와 비판

교육과정사회학은 교육과정에 대한 사회학적 분석을 축으로 학교지식의 객관성, 중립성, 보편성에 의문을 제기하였고, 교육사회학의 학문의 정체성과 실천성을 새롭게 설정하는데 중요한 계기를 제공하였다. 아울러 지식이란 무엇이며, 왜 존재하는가에 대한 새로운 문제의식을 갖게 되었으며, 학교교육에 대한 새로운 이해방식을 제공하였다는 측면에서 교육적 의의는 다음과 같다(이병환, 2016).

첫째, 지식사회학적 관점을 강조한다. 지식의 사회성, 의식의 존재구속성을 지적하면서 지식은 그 지식이 생산된 사회구조를 반영함을 강조한다. 종래의 객관적, 보편적, 절대적 지식관을 배격하고, '역사적·사회적 생성물'로서의 지식임을 강조하였다. 이러한 시각에서 교육과정과 학교 내의 상호작용 과정에 대한 연구에 사회학적 시각을 새롭게 부여하였다고 볼 수 있다.

둘째, 지식·문화·이데올로기·규범 등의 지적인 과정을 통한 지배와 억압의 구조를 파헤침으로써 교육과 사회 불평등에 대한 이해의 폭을 넓혔다고 볼 수 있다.

셋째, 기존의 교육연구에서 교육내용과 과정, 학교 내부 현상에 관심을 두는 미시적 접근과 연구방법론적 측면에서 질적인 연구의 필요성과 중요성을 강조하고 있다.

넷째, 교육과 사회 불평등에 관한 연구에서 종래의 제도적 분석에서 역사적이고 구조적인 분석에 주안점을 두고 인간의식과 지식적, 문화적 관점의 분석을 시도하였다.

다섯째, 학업성취와 교육과정에 대해 객관주의적이고 심리적 분석을 포기하고, '합법화된' 학교지식으로 대상화시켜 분석하는 사회정치학적 분석을 중요시하였다.

여섯째, 학교와 교실에 대한 통제와 조직에 대해 경영적·효율적·기술적으로만 접근하는 방법을 비판하고, 그것에 대해 사회적으로 상호작용적이고 문화적인 측면을 강조하는 비판적 견해를 중요시하였다(이종각, 2015).

일곱째, 교육의 주체성과 적합성의 강조이다. 신교육사회학자들은 교육의 사회성을 인정하고 교육이념과 가치 등을 강조하면서, 교육에서 학습자의 주체적인 참여를 중요시함으로써 교육의 본질적인 기능을 일깨워주었다. 주어진 지식을 무비판적으로 암기하는 것은 참다운 교육이라고 할 수 없다. 이것은 미국의 갈등론적 교육 이론이나 남미의 급진론적인 교육 이론과 맥을 같이 한다. 또 교육과정의 적합성 문제를 중요시한 것 역시 학습자의 주체적 참여를 위해서 빼놓을 수 없는 교육의 원리이다. '주어진 틀에 인간을 맞추려고 하는 것'보다 '스스로 인간을 형성해 나가는 과정'을 중요시하고 있다(차경수 외, 2010).

한편 신교육사회학에 대한 비판은 다음과 같다.

첫째, 사회과학에서 이데올로기 문제를 취급할 때 제기되는 한계성을 극복하지 못하고 있다는 점이다. 신교육사회학에서는 교육과정이 곧 이데올로기라는 관점을 받아들이고 있는데 이때 제기되는 문제는 누구의 이데올로기를 학교교육에서 반영하고 있느냐 하는 점이다. 또 다른 비판은 신교육사회학에서 다루고 있는 불평등의 문제이다. 불평등의 문제를 다룸에 있어서 학교교육이 어떻게 불평등과 관계되어 있으며 불평등에 기인된다면 어떻게 기인되고 어떤 차이점을 다루느냐와 관련된 쟁점으로 볼 수 있다. 신교육사회학에서는 사회적 요인을 단지 정치적이고 자유주의적이며 급진적으로 이해하고 있기 때문에 불평등의 문제도 그러한 시각에서만 보고 있다는 것이다(Miller, 1980: 67~81).

둘째, 관찰법 등을 비롯한 방법론에 대한 비판으로서 비교적 긴 시간과 오랜 시간을 필요로 하는 방법 때문에 학급장면에서의 연구가 상황의 변화를 통제할 수 없다는 점을 지적할 수 있다. 신교육사회학에서 가치문제를 다룸에 있어서 가치중립, 가치 배제, 가치 개입 등의 선택은 집단적 실천 혹은 관행의 문제나 공개적 이데올로기(open-ideology) 현상과 깊이 관련되어 있다. 그러나 가치문제를 다루는 일은 인간의 행위 선택의 문제까지를 다루어야 하기 때문에 결코 단순할 수가 없다. 다시 말해 신교육사회학에서 합의된 가치를 거부하는 데는 한계성이 있다는 것이다.

셋째, 역사적 문화유산의 무시이다. 신교육사회학은 이념적으로 보수적인 교육 이론을 공격하는 데는 상당한 설득력을 가지고 있으나, 현실적으로 이들의 주장을 교육실천에 옮기는 데는 난점이 많다. 구체적인 연구결과나 실적을 별로 쌓지 못하고 또한 실천모형을 제시하지 못하고 있다. 오늘날 어느 나라에서나 교사들은 주어진 관료적 틀 속에서 가르치지 않을 수 없으며, 교육내용의 조직이나 해석에 가해지는 제한을 완전히 배제한다는 것은 현실적으로 불가능하다. 신교육사회학은 이미 존재하는 제도권 교육과의 조화 및 이론의 실천가능성을 제시해야 하는 과제를 가지고 있다. 교육적인 지식은 역사와 전통 가운데서 전수된 것이며, 인류의 문화적 유산이다. 이러한 지식을 부인하는 것은 문화적 전통을 부인하는 것과 같다.

넷째, 지식과 진리에 대한 상대주의의 난점이다. 교육과정사회학은 모든 지식을 상대화하여 어떤 경우에도 절대적인 진리란 없다는 관점을 가지고 있다. 따라서 극단적인 상대주의로 흐를 경우 허무주의에 빠질 위험이 있다. 또한 옳고 그름을 말해 주지 못하고 언제나 중립적인 위치에서 냉소적으로 세계를 바라볼 위험이 있다(이병환, 2016).

다섯째, 지식이 절대적인 것이 아니며, 그 존재 조건과 상호 연관되어 있음을 밝히는 것으로 만족할 가능성이 있다. 따라서 실천은 언제나 유보될 가능성이 있으며, 자칫 무책임하고 방관적이며 무기력한 행동이 지식인의 태도로 비춰질 수 있다. 지식사회학은 다른 세계관을 보여주긴 하지만, 대안 제시에는 무관심한 경향을 가진다(김경식 외, 2017). 따라서 신교육사회학은 분석을 많이 하고 있으나 방법론적 한계에 따라 해결을 위한 대안을 제시하지 못하고 있다. 지식사회학적 관점에서 교육현상을 분석하려 하기 때문에 극단적 상대주의나 이분법적 발상에 집착할 취약성을 지니고 있다. 또한 사회 구조 내에서 행해지는 인간의 행위를 지나치게 행위자 중심으로 다루고 있기 때문에 주관적 해석에 치우칠 위험성 또한 배제할 수 없다. 신교육사회학은 이러한 학문적 취약성에도 불구하고 지식 형성과정의 역사적·사회적 배경을 이해하게 하고 학교의 교육활동을 다른 시각에서 볼 수 있도록 한 점과 교육이 때로는 통제의 수단이 될 수 있다는 시사점을 주고 있다(이현청, 1994).

연습 및 탐구문제

1. 교육사회학의 해석학적 패러다임을 설명하시오.

2. 상징적 상호작용 이론을 논하시오.

3. 민속방법론을 설명하시오.

4. 거울자아와 의미 있는 타자와의 관련성을 논하시오.

5. 헤게모니 창출과정에서 교사의 역할과 기능을 학교교육과 관련지어 설명하시오.

6. 신교육사회학의 성립배경을 설명하시오.

7. 교육사회학의 여러 가지 이론들을 비교하면서 교육현상을 보는 바람직한 관점이 어떤 것인지 서술하시오.

8. 신교육사회학 이론을 교육과정 및 교과서 정책과 관련지어 설명하시오.

Reference 참고문헌

권이종 외(1999). **신교육사회학탐구 -학교교육과 사회교육의 새로운 이해-**. 파주시, 경기도: 교육과학사.

김병성(2018). **교육사회학 3판 -학교사회-문화분석**. 서울: 학지사.

김신일(1999). **교육사회학**. 파주시, 경기도: 교육과학사.

김종두(2013). **교육사회학**. 파주시, 경기도: 교육과학사.

김천기(2008). **교육의 사회학적 이**해. 서울: 학지사.

류윤석 외(2003). **교육사회학**. 파주시, 경기도: 교문사.

서울대학교교육연구소 편(2015). 서울: 하우동설.

성낙돈·안병환·가영희·노재화(2017). **교육사회학**. 서울: 동문사.

신재흡(2011). **교육사회학**. 서울: 동문사.

오만록(2015). **교육사회학**. 파주시, 경기도: 정민사.

윤구병 편(1988). **교과서와 이데올로기**. 서울: 천지.

이건만(2015). **교육사회학탐구**. 파주시, 경기도: 양서원.

이건만(1999 b). **교육사회학의 이론과 실제**. 서울: 문음사.

이병환(2016). **새로운 교육사회학**. 서울: 태영출판사.

이인원·권성민·장세리·한진주(2017). **교육사회학**. 파주시, 경기도: 양성원.

이종각(2015). **개정증보판 새로운 교육사회학총론**. 서울: 동문사.

정석환(2017). **쉽게 풀어쓴 교육사회학**. 고양시, 경기도: 어가.

장재천(2018). **쉬운 교육사회학**. 서울: 동문사.

차경수·최충옥·이미나·옹정근·남기석(2010). **교육사회학의 이해**. 파주시, 경기도: 양서원.

최종웅 편역(1993). **교육의 사회학적 이해**. 파주시, 경기도: 교육과학사.

허은주·유형정·이수진·안영화·배석영(2010). **현대 교육사회학**. 파주시, 경기도: 양서원.

Althusser, L.(1977). *Contradiction and Over-determination for Mars*. London: New Left Books.

Apple, M. W.(1978). The New Sociology of Education: Analyzing Cultural and Economic Reproduction. *Harvard Educational Review*. Vol. 48, No. 4. Nov.

Apple, M. W.(1986). *Teachers & Texts: A political Economy of Class & Gender Relations in Education*. London: Routledge.

Berger, p. L.(1967). *Invitation to Sociology*. Garden City, New York: Anchor Books.

Bernstein, B.(1982). *Codes, Modalities and the Process of Cultural Reproduction: A*

Model, Cultural and Economic Reproduction in Education: Essays on Class. Ideology and the State. ed Apple, M. W. London and Boston: Routledge & Kegan Paul.

Blumer, H.(1954). What is wrong with social theory. *American Sociological Review*, Vol. 19, No. 1(Feb.).

Blumer, H.(1965). Sociological Implications of the Thought of George Herbert Mead. *American Journal of Sociology*, Vol. 71, 535~544.

Bourdieu, P.(1966). The School as a Conservation Force: Scholastic and Cultural Inequalities. reprinted in J. Eggleston(ed.), *Contemporary Research in the Sociology of Education*, Methuen, London.

Bowles, S., & Gintis, H.(1976). *Schooling In Capitalist America.* New York: Basic Books.

Carnoy, M.(1974). *Education as Cultural Imperialism.* New York: David MaKay.

Clark, B. R.(1962). *Educating the Expert Society.* San Francisco: Chandler.

Cooley, C. H.(1909). *Social Organization.* New York: Scribners Sons.

Freire, P.(1973). *Education for Critical Consciousness.* New York: The Seabury Press.

Giroux, H. A.(1983). *Theory and Resistance in Education.* South Hadley, M. A.: Bergin & Garvey.

Hickox, M. S. H.(1982). The Marxist Sociology of Education: A Critique. *The British Journal of Sociology*, 33(4), December, 563~678.

Hogan, D.(1981). Capitalism Liberalism and Schooling. R. Dale, et al., *Education and the State I*, Sussex: The Halmer Press.

Husserl, E.(1962). *Ideas: General Introduction to Pure Phenomenology.* Trans. W. R. Boyce & Gibson, New York: Collier Books.

Mead, G. H.(1962). Mind, Self and Society. London: The University of Chicago LTD.

Miller, H. L.(1980). Hard Realities and Soft Social Science. *The Public Interest*, No. 59(Spring), 67~81.

Willis, P.(1977). *Learning to Labour.* England: Saxon House.

Young, M. F. D.(Ed.)(1971). *Knowledge and Control: New Direction for Sociology of Education.* London: Collier-Macmillan.

CHAPTER 4

사회화와 교육

학습목표

1. 사회화의 의미와 필요성에 대해서 설명할 수 있다.
2. 사회화 학습방법의 유형을 제시할 수 있다.
3. 사회화의 내용과 유형에 대하여 설명할 수 있다.
4. 사회화 이론의 여섯 가지에 대하여 나열하여 설명할 수 있다.
5. 교육의 사회적 기능을 설명할 수 있다.

Keyword

사회화, 사회화의 학습방법, 또래집단, 사회화 과정, 1차적 사회화, 2차적 사회화, 예견적 사회화, 재사회화, 사회학습 이론, 거울 자아 이론, 학교교육의 사회화 기능, 교육의 사회화, 교육의 진보적 기능, 교육의 1차적 기능, 교육의 2차적 기능

인간은 하나의 무기력한 생물적·자연적 존재로 태어나 점차 사회의 한 구성원으로 성장해 가면서 사회적·문화적 존재로 성장 및 발달하여 간다. 이러한 과정에서 하나의 유기체가 인간다운 면모를 구축하여 나가게 된다. 이렇게 인간은 그가 접하는 사회문화 환경의 영향을 받으며, 그 사회의 한 구성원으로 성숙해 가는데 그 과정을 사회화의 과정이라고 할 수 있다.

4장에서는 사회화의 의미, 사회화의 내용과 유형, 사회화 이론, 사회화와 교육 등에 대해서 알아보고자 한다(강유정 외, 2018; 성낙돈 외, 2017; 이인원 외, 2017; 주동범, 2016; 김희수 외, 2015; 안병환, 2012; 차경수 외, 2010; 김병희 외, 2009; 류윤석 외, 2003; 권이종 외, 1999; 김준기, 1998).

제1절 사회화의 의미

여기서는 사회화의 개념과 목적, 사회화의 필요성, 사회화의 학습방법,

사회화의 단절과 실패, 사회화의 장(場), -가정의 사회화 기능, 또래집단의 사회화 기능, 학교의 사회화 기능, 대중매체의 사회화 기능, 지역사회-, 사회화 과정 등을 차례로 살펴보겠다.

1. 사회화의 개념과 목적

사회화란 한 사회의 문화가 개인에게 내면화(internalization)되는 것을 말한다. 무기력한 자연적 존재로 태어난 인간은 점차 사회적·문화적 존재로 성장해 가면서 그 사회의 구성원들과의 상호작용을 통한 새로운 지식, 태도, 규범, 가치, 기술 등을 배워가게 된다. 이와 같이 개인이 속한 사회집단의 행동 양식, 태도, 규범, 가치관 등의 문화를 학습하여 내면화하고, 자기 자신의 독특한 개성과 자아를 형성해 가는 과정을 사회화라 한다(Horton & Hunt, 1980: 92).

인간은 출생에서부터 사회적으로 백지(白紙)와 같은 존재였으나 성장하면서 사회의 문화를 자신의 것으로 획득함으로써 사회의 구성원이 되는 것이다. 즉, 비사회적·자연적 존재로 태어나 교육을 통하여 사회적 존재인 문화적·도덕적 존재로 되는 것이다. 이를 사회화라고 한다. 다시 말해 다른 사람들과의 상호 관계와 의사소통 관계를 잘 유지하며 살아갈 수 있는 능력인을 기르는 것을 의미하기도 한다. 창의적·정서적·도덕적·신체적 측면에서 사회에 잘 적응하며 살아갈 수 있는 사람을 기르는 것이다. 결국 사회화를 통해서 개인과 개인 간의 문제를 해결하고 갈등을 해결할 수 있으며, 동시에 올바른 행위, 올바른 가치관, 올바른 인간관계를 형성할 수 있다. 하지만 이러한 사회화를 통하여 정반대의 경우를 경험할 수도 있다.

사회화의 개념을 다학문적 측면에서 연구한 학자들의 견해를 소개하면 다음과 같다.

첫째, 문화인류학 측면에서는 사회화를 한 사회에 속한 모든 사람이 공유하는 행동 양식 또는 규범에 따라 행동하도록 그 사회의 문화유형을 습득하는 것으로써 문화유형을 전달하는 과정으로 이해하여 문화화(enculturation)

라고 한다(이광규 외, 1976: 22).

둘째, 사회학 측면에서의 사회화란 사회의 제 기능을 수행하는 데 필요한 행동 양식을 습득하는 과정으로 본다. 따라서 유능한 사회구성원이 될 수 있도록 하기 위해서 사회적 지위에 따르는 역할을 잘 수행할 수 있게끔 행동 양식을 습득하는 데 초점을 둠으로써 역할학습을 강조하게 된다(Brim & Wheeler, 1966: 4～6).

셋째, 사회심리학 측면은 개인의 심리적 측면을 강조하여 자아의 형성, 발달과정을 사회화 과정으로 이해한다(정봉도, 1999: 38).

넷째, 독일의 교육사회학자인 Fend(1970)는 사회화를 다음과 같이 설명하고 있다. “사회화는 성격 형성과정의 한 분야이다. 가치나 규범에 있어서 사회화는 한 영역의 과정으로 풀어나가야 할 것이다. 인간의 내적 변화 과정이나 역할 변화가 특히 그러하다. 사회화는 또한 학습의 과정이며, 규범을 배우는 역할을 배우고 가치를 배우는 과정이다.”

여기서 Fend가 정의하는 사회화에는 두 가지 의미가 있다. 독일어로 사회화(socialization)라는 단어는 사회인으로 만드는 것을 의미하며, 동시에 사회인으로 형성되는 것을 의미한다. 전자는 성인들에 의해서 규율, 가치, 역할 등의 모든 종합적인 행동이 아동에게 영향을 미치는 것이고, 후자는 개성, 인격, 행동 등 모든 분야를 스스로 형성해 가는 것이다. Fend는 이러한 사회화 과정을 독립변인과 종속변인으로 설명하고 있다. 부모나 교육자의 행동은 독립변인이라 할 수 있으며, 성인들에 의하여 자녀와 아동의 인격 형성과 행동 변화 등이 나타나는 것은 종속변인이라고 할 수 있다. 전자는 문화의 내용을 제공해주는 것이고, 후자는 문화의 내용을 학습하는 과정이다. 이는 자녀들이 어릴수록 종속변인인 사회적 관계의 영향을 많이 받게 되고, 사춘기를 거쳐 나이가 많아질수록 스스로 독립적 변인의 관계에 의해 가치관이나 행동이 영향을 받는다는 것이다.

상기에서 살펴본 바와 같이, 사회화의 개념은 제 학문 영역에서 논의되며, 교육사회학에서는 특정한 사회에 소속되어 있는 개인이 사회적 학습 또는 사회적 상호작용을 통해서 그 사회에의 적응 또는 그 사회의 성숙된 구성원이 되는 과정을 사회화로 보고 있다. 즉, 사회적으로는 문화의 전달과정이요, 개인적으로는 개성의 형성과정으로 보며, 이러한 과정을 거치면서 개인은 한편으로는 그 사회 속에서 독특한 자기 개성을 형성해 간다. 사회의 각자는 어린이, 청소년, 어른, 부모, 노동자, 학생, 교사 등 그 사회에서 그가 차지하는 사회적 지위와 이에 따른 역할이 무엇인지를 배운다. 이것은 자기의 역할을 배우는 것임과 동시에 다른 지위에 있는 사람과 어떻게 서로 상호 관계를 맺고 살아갈 것인가에 대해서도 배우는 것을 의미한다. 그리고 사회화는 가정, 동료, 학교, 직장, 교회 등 인간관계가 이루어지는 사회도처에서 이루어지고 있다.

인간이 출생하여 자기가 속한 사회에서 성장하고 자아형성을 하는 사이에 사회화는 이루어지게 되는 데, 이러한 사회화의 목적을 제시하면 다음과 같다(Bern, 2007).

첫째, 사회화는 자아개념의 발달이다. 사회화는 자아개념을 발달시킨다. 인간은 가정과 사회 속에서 자라면서 상대방과의 부단한 상호작용 과정을 통하여 상대방의 태도를 자신에게 비추어 보면서 자아개념을 형성한다. 자아개념이란 자신의 정체성을 확립하는 것으로 다른 사람들과는 구별되는 자신만의 독특한 개념이다.

둘째, 사회화는 자기통제(self-regulation)의 개념을 발달시킨다. 자기통제란 자신을 스스로 제어하는 기능을 말한다. 인간은 사회 속에서 사회화 과정을 통하여 자신을 스스로 제어할 수 있는 자기통제의 목적을 달성하게 된다. 이것을 사회에서 범죄예방과 질서유지 등과 같은 중요한 기능을 수행할 수 있도록 하는 것이다.

셋째, 성취감 부여하기(empowering achievement)이다. 사회화는 성인(가령, 교사, 경찰, 비즈니스 등)이 될 때 수행하게 될 목표를 제공한다. 이러한 목표는 학교가기, 다른 사람들과 어울리기, 규칙 따르기 등을 위한 준거를 제공함으로써 사회화는 성인기에 대한 목적이나 의미를 제공한다.

넷째, 사회화는 한 인간에게 적절한 사회적 역할(social roles)을 찾을 수 있도록 도와준다. 가정에서 혹은 학교에서 그리고 친구 혹은 동료들과의 만남을 통하여 혹은 다양한 직업을 가지고 있는 사람들을 보면서 자기 스스로 자기 정체성을 찾으며 자신에게 적합한 직업을 찾을 수 있도록 하는 기능을 가지고 있다.

다섯째, 발달기술이행(developmental skills)이다. 사회화는 사회적·정서적·인지적 기술을 아동들에게 제공함으로써 그들이 사회에서 성공적으로 기능을 할 수 있도록 한다. 사회적 기술은 다른 사람들로부터 정보 획득방법, 전화기 사용방법, 비즈니스 협상방법을 학습하는 하는 것 등을 포함하고 있다. 정서적 기술은 공격적 충동을 억제하고 욕구불만처리 방법을 배우는 것이다. 인지적 기술은 읽기, 쓰기, 셈하기, 문제해결, 역사, 과학 등을 포함한다. 심리학자인 Havighurst는 어떤 행동기술에 대한 사회의 기대가 개인의 성숙에 따라 어떻게 변화하는가를 연구하였는데, 사회화의 이러한 측면을 설명하기 위하여 발달과업이란 용어를 사용하였다.

상기의 사회화 목표를 참고하여 요약하면 다음과 같다. 사회화의 목표는 개인에게 사회적 생활양식과 가치를 가르쳐주며, 중요한 생존 기술을 가르쳐준다. 인간은 사회화를 통하여 주류문화 혹은 공통문화를 습득하게 된다. 그리고 집단 내에서 모든 구성원들의 행동 양식에 있어서 어느 정도의 유사성을 형성시키며, 일탈행동을 규정짓는 기준을 마련해준다. 즉, 인간이 유능한 사회적 존재가 되는 것은 사회화 과정을 통하여 가능하다고 볼 수 있다. 그리고 사회화는 다음과 같은 기능을 가지고 있다. 개인이 사회에 적응할 수 있도록 도와주고, 사회가 계속하여 발전할 수 있도록 통합하여 주며, 개인과 사회에서 존재하기 쉬운 갈등을 덜어주어 전체 사회의 기능이 원활하게 수행될 수 있도록 도와준다.

앞에서 사회화의 개념 및 목표에 대해서 고찰했으며, 사회화의 개념을 사회학, 문화인류학, 사회심리학적으로 보든 어떤 관점으로 보든 간에 사회화의 과정은 넓은 의미의 교육과 같은 뜻으로 해석되며, 이는 의도적이고 계획적인 성격이 강하나, 사회화는 무의도적인 교육적 영향까지를 포함하는 개념으로 볼 수 있다. 사회화는 어느 한정된 기간에 끝나는 것이 아니며, 또 제한된 장소에서 이루어지는 것도 아니고, 사회생활이 계속되는 한 평생

어떤 장소에서도 이루어지는 평생교육(life-long education)의 과정으로 볼 수 있다.

2. 사회화의 필요성

교육의 사회적 성격을 연구함에 있어서 사회화가 중요한 개념으로 대두되는 이유는 인간이 사회를 떠나서는 생활을 영위할 수 없다는 데 있다. 생물학자들이나 심리학자들은 사람이 다른 사람과 함께 있고 싶어 하는 것을 하나의 생물학적 본능이라고까지 주장한다. 인간은 이 지구상의 어떤 생물보다도 장래에 더 많이 발달할 가능성을 가지고 있지만, 동시에 지구상의 어떤 생물보다 더 나약하며 더 장기간의 사랑과 보호를 필요로 한다. 대부분의 생물이 어미를 떠난지 몇 주일이 되면 자립하여 생활할 수 있는 데 비해, 인간은 서서 걷는 데도 수년이 걸리며, 신체적으로 성숙하고 사회적으로 자립하여 생활할 수 있으려면 약 30년이 걸린다. 이 긴 기간 동안 우리는 다른 사람의 헌신적인 사랑과 주의 깊은 보호와 정성어린 보살핌을 필요로 한다.

인간이 사용하는 언어만큼 인간의 사회성을 나타내는 것도 드물다. 언어는 지식뿐만 아니라 감정과 가치와 태도도 전달한다. 언어는 기록으로 시간과 공간을 초월하여 의사를 전달한다. 그리고 인간 사회의 특유한 현상인 상징적 상호작용을 가능하게 한다. 언어는 혼자서 배울 수 없으며, 배운다 해도 이를 함께 사용하는 사람이 없으면 아무 소용이 없다(차경수 외, 2010).

3. 사회화의 학습방법

사회화의 학습방법이란 어떤 일관된 독특한 형태가 고정된 것이 아니라 사회화의 대행자나 기관에 따라 다를 수 있고, 문화를 달리하는 사회나 시대에 따라 각양각색으로 나타날 수 있다.

사회화의 학습방법은 다음과 같다(김병성, 2007: 78~80).

첫째, 모방학습의 방법이다. 최초의 사회화 기관인 가정에서 아동의 행동은 부모나 형제자매의 행동을 모방함으로써 이루어진다. 인간의 학습을 가능하게 하는 가장 기본적이며, 본능적인 행동이다. 예를 들면, 학교에서 학생은 교사나 다른 학생의 행동을 모방한다든가, 소설, 영화, 텔레비전의 주인공 행동을 모방하여 사회적 행동을 학습하게 되는 것을 의미한다. 그러나 최근에 모방학습은 본능보다는 후천적인 학습행동으로 보는 견해가 지배적이다. 사회심리학자들에 따르면, 인간은 자기에게 유리한 타인과 보상받을 수 있는 타인의 행동을 흔히 모방한다고 주장하고 있다.

둘째, 모형학습(modeling)의 방법이다. 이는 모방학습과 비슷한 의미로 쓰이고 있으나, 모방학습보다 좀 더 넓은 의미로 쓰이고 있다. 즉, 모방할 타인을 어떻게 선택하느냐의 과정까지를 포함한다. 모방할 상대자를 선택하는 과정은 흔히 동일화(identification)와 같은 뜻을 가진다. 학자에 따라서 동일화는 사회화와 같은 개념으로 수용되기도 한다. 여기서 동일화는 모방과 구별하여 어떠한 모형의 대상 인물을 선택하는 과정에 나타나는 하나의 현상으로 받아들인다. 어떤 개인이 많은 사람 중에서 모방할 인물을 선택하는 데는 많은 요인이 관련되지만, 연구결과에 의하면 보상을 주는 사람, 모형으로 삼지 않으면 거절당하거나 벌을 받게 될 가능성이 있는 사람, 지위나 권력이 높은 사람 그리고 자기와 유사한 점이 있고 의사가 잘 통하는 사람 등으로 제시되고 있다.

셋째, 역할학습의 방법이다. 어떤 지위를 차지한 사람이 그가 차지한 지위에 요구되는 행동을 학습하고 수행하는 것을 뜻한다. 이것은 가정, 학교, 학급에서만 이루어지는 것이 아니라 동료집단, 사회기관, 조직 등 인간관계가 형성되는 사회 어느 곳에서나 이루어지고 있는 사회적 학습의 형태이다. 예를 들면, 역할학습의 내용은 역할기대의 내용과 같다. 역할기대의 내용은 문화적·제도적으로 혹은 접촉하는 개인에 의하여 한 지위에 부여된 권한, 의무, 책임 등을 요구하는 기대이다. 개인의 역할학습은 그가 차지한 지위에 부과되는 역할기대가 분명하면 보다 촉진되며, 반대로 개인의 지위에 주어지는 역할기대가 집단에 따라 다르게 일어나면 역할 갈등 현상이 나타나 역할학습은 저조하게 된다. 예를 들어, 학생의 학업 성취에 대한 부모의 기대와 교사의 기대가 다르면 학생이 수행하는 역할학습은 저조하게 되는 것과 같다.

넷째, 자아 형성의 방법이다. 사회적·문화적으로 규정되는 행동규범을 한 개인이 자기의 행동규범으로 바꾸어 자의적으로 수용하고 발달시켜 나가는 과정을 자아 형성이라 한다. 부모, 교사와 동료, 상사나 기타 주변의 지도자가 중개역할을 해주던 사회화 역할을 자신이 스스로 내재적 가능성을 발휘해 가는 과정인 것이다. 즉, 외부의 자극이나 영향보다는 자신이 무엇을 어떻게 해야 할 것인가를 스스로 확인하고 실천해 나가는 사회화 방법이다. 학자들에 의하면, 이러한 자아의식의 발달을 자아 동일체감 또는 자아정체감(self-identify)이라고 한다. 이것은 지금까지 가정에서는 부모, 학교에서는 교사와 동료 그리고 직장에서 상사나 기타 주변의 지도자가 중개역할을 해주던 사회화 역할을 자신이 스스로 내재적으로 가능성을 발휘하여 가는 과정으로 보며, 5세 전후부터 자아정체감이 싹튼다고 한다.

그리고 Mussen 등(1979: 378)은 사회화의 방법으로 보상(rewarding), 관찰(observation), 동일시(identification) 등의 세 가지를 들고 있는데, 실제로 한 인간이 사회화되는 과정을 보면 어떤 한 가지 방법이 아니고 발달단계에 따라 그 방법을 달리 하거나 거의 동시에 몇 개의 방법이 동시에 복합적으로 채택된다는 것을 알 수 있다.

4. 사회화의 단절과 실패

사회화가 예외없이 성공할 수 있다면 우리는 원하는 가치관이나 행동을 어떤 사람에게나 마음대로 주입할 수 있을 것이나 사실은 그렇지가 않다. 사회화 기관에 따라 사회화가 달리 일어나는 경우도 있으며, 사회화가 비효과적으로 이루어지는 경우도 많다. 이것이 사회화의 단절과 실패의 문제이다(차경수 외, 2010: 115~116).

사회화의 단절은 사회화가 서로 다른 기관에 따라 상이하게 일어나는 경우를 말한다. 사회의 구조가 단순하고, 동질적이었던 전통 사회에서는 가정·학교·지역사회 등 사회화 기관의 방향은 대략 일치하였다. 개인을 사회화하는 데 내용이 별반 차이가 없었다. 하지만 산업 사회에 들어오면서 각종 이질적인 사회화 기관이 생겨나 이들이 전달하려는 규범과 가치가 각각 다르게 됐다. 따라서 개인들이 서로 다른 기관에 소속하는 경우 서로 다른 가치 중에서 어느 가치를 선택해야 할지에 대해 혼란을 느낀다. 가정과 학교의 사회화 방법이 서로 다를 경우에 또는 한국 사람이 미국에 이민갔을 때 직면하는 어려움과 같이 사회화 방법이 서로 다른 경우에는 분열된 자아를 경험하기도 한다.

또한 비효과적인 사회화도 개인에게 혼란을 초래한다. 산업 사회에서 과거 전통 사회의 규범을 고수하려고 하는 것은 부적절한 사회화이며, 이러한 사회화는 개인의 행동발달에 설득력이 없으므로 비효과적이다. 학교에서 가르치는 내용이 아동의 현실적인 생활에 도움을 주지 않거나 사회현실과는 반대의 내용을 가르치는 것도 이 경우에 해당한다.

반사회적인 성격의 소유자도 사회화가 실패했다는 증거이다. 반사회적인 성격의 소유자는 사회의 규범을 무시하고 비합법적이라고 생각하는 수단으로 목적을 달성하려는 사람들을 말한다. 범죄·마약 중독·알코올 중독·성적 탈선 등 대부분의 사회문제가 이에 해당된다. 이 외에 반사회적이 아니라 해도 독특한 부분문화를 형성하여 사회의 주류문화를 내면화하지 못하는 일부의 문화실조도 사회화의 비효과성을 나타낸다고 볼 수 있다.

5. 사회화의 장(場)

인간이 태어나 사회적 존재로 성장 및 발달해 가는 과정에서 사회적 학습을 하는데 직간접적으로 영향을 주는 매개체들을 사회화 대행기관 또는 사회화 담당자(socializing agents)라고 한다. Lippit(1968: 335)는 사회화 대행기관으로서 다음과 같은 것들을 들고 있다. ① 공·사립의 형식적 교육기관, ② 아동 및 청소년의 교화내용을 제공하는 교회, ③ 여가 선용을 위한 기관,

④ 경찰, 법정, 교통안전 요원과 같은 사회통제 및 보호기관, ⑤ 언어교정과 같은 아동 및 청소년의 재사회화를 도모하는 봉사기관, ⑥ 부모 또는 동료들의 행동 양식 등이다. 사회화가 인간 형성의 과정으로 볼 때 인간이 어떤 사람, 어떤 집단과의 상호작용을 하고 있는가 하는 것은 바로 그 사람의 인격 형성에도 상이한 영향을 미치게 된다. 과거처럼 단조로운 사회의 경우에는 일상생활을 통한 상호작용은 극히 제한되었으나, 오늘날 지식기반 사회(knowledge based society)에서는 다양한 사회화 대행 기관과의 만남이 이루어지고 있다. 즉, Lippit가 분류한 것 이외에도 형제자매, 친척, 이웃, 또래집단, 지역사회, 신문, 잡지, 영화, 라디오, TV, 인터넷 등이 있다. 그중 대표적인 사회화 기관으로 가정, 또래집단, 학교, 매스미디어, 지역사회 등을 들 수 있다.

1) 가정

가정은 사회화의 일차적인 기관으로서, 인간은 출생과 더불어 가정의 생활방식에 따라 여러 가지 행동, 태도, 가치, 규범 등을 배우며, 가정은 인격의 틀을 구축하는 곳으로써, 발달 이론에 따르면, 6세 이전에 모든 퍼스낼리티가 형성되는데 이러한 역할을 주로 가정이 한다. 가정에서의 사회화는 모방을 통해서 이루어진다. 예를 들면, 부모나 형제자매들의 언어모형, 행동 등이 모방을 통하여 일거수일투족(一擧手一投足) 자녀에게 그대로 반영된다. 그리고 가정에서 자녀의 양육방식, 구성원의 인간관계 구조 및 역할 구조는 자녀의 성격 형성에 큰 영향을 미친다. 즉, 가정에서 자녀의 양육방식과 자녀의 행동 특성은 밀접한 관계를 갖게 되며, 자녀를 지나치게 통제하는 가정에서 성장한 어린이는 복종적이고 의존적이며, 권위주의적이고 반항적인 성격을 갖게 되는 경향이 높다고 한다. 이와 반대로 부모가 자녀를 지나치게 방임하면 행동의 통합성과 사회성이 결여되고 책임감이 약화될 우려가 있게 된다. 또 아동의 자율성을 장려하고 협동과 집단의 결속력을 강화하는 가정에서 자란 아동은 사회성과 지도성 그리고 책임감이 높고, 학업 성취의 우수성을 보이는 경향이 높아진다고 한다.

한 가정의 구조와 형태에 따라서도 사회화의 행동 특성이 달라진다고 한다. 대가족제에서 자라난 아동은 핵가족에서 성장한 아동에 비하여 의존심이 강하지만, 사교성이 발달하게 된다고 하며, 기독교 정신을 강하게 믿고 있는 가정의 아동은 독립성과 성취동기가 강한 행동 특성을 가진다고 한다(Brown, 1965: 423~544).

가족구성원의 관계와 사회화에 대한 연구에 의하면(김병성, 2007), 자녀의 출생 순위와 사회화되는 행동 특성의 차이를 밝히고 있다. 흔히 가정에서 장남과 장녀에게 부여하는 역할과 기대가 차남 이하의 자녀와는 다르다. 장남을 가정의 계승자로 알고 더 많은 기대를 하게 되고, 더 많은 책임과 권한을 부여하며, 엄격한 훈육을 하게 된다. 따라서 장남은 동생들을 통솔하고 지시하며, 양보하고 보호하는 행동을 학습하게 된다. 장남과 장녀는 동생이 태어나기 전까지 독차지해 온 부모의 사랑과 관심 그리고 지위를 동생에게 위임하게 되면, 한동안 시기와 질투로 동생을 미워하게 되지만 성장하면서 점차 양보하고 동생을 보호하는 경향이 높아지게 된다. 가족구성원 간의 역할 관계와 권력 관계가 그들의 상호작용 관계를 결정함에 중요한 영향을 미치게 되지만, 부모의 성격, 가치관, 태도, 동기 등의 특성도 그들의 상호작용에 크게 작용하게 된다. 같은 유형의 지위와 역할을 가진 부부라 할지라도 그들의 성격과 동기에 따라 서로 대하는 태도와 자녀를 대하는 태도가 달라지며, 아동의 사회화에 미치는 영향도 달라질 수 있다.

오늘날 가정의 현실적 문제점은 핵가족제도로 말미암아 가정에서의 역할 모델이 부족하게 되어 자녀들에게 풍부한 경험을 제공하지 못하는 취약성이 나타나며, 자녀의 수도 적어짐에 따라 지나친 과잉보호와 기대감으로 인하여 자녀의 건전한 사회성 발달에 좋지 않은 영향을 미치기도 한다. 일본의 경우는 사회문제로 대두되고 있는 「마마곤」 현상이 증가되어 아동들이 여성화되고 있다는 점이 주목되고 있으며, 우리나라도 이러한 현상이 자주 발생하고 있는 실정이다.

2) 또래집단

또래집단(peer group)의 의미는 동료집단, 동배집단, 동년배집단 등 다양한 용어로 불리며, 아동이 사귀는 친구들을 지칭하는 말이다. 일반적으로 가정에서 부모와 자식 간의 관계는 민주적인 가정이라 하더라도 수직적 관계 속에서 의사소통이 이루어지고 있다. 그러나 또래집단에서는 연령이나 성숙도에 있어서 비교적 동등한 위치에 놓이게 됨으로써 수평적 관계 속에서 자유로운 의사소통이 이루어지고, 이들이 함께 있을 때에는 상당히 안정감을 느끼게 된다. 이러한 분위기 속에서 아이들은 그들의 태도, 판단, 역할 등을 행사하고, 하고 싶은 것과 하기 싫은 행동을 상당히 자유롭게 선택을 하게 된다. 즉, 모든 관계는 순간순간의 자발적이고, 자유로운 분위기에서 형성되며, 상황 속의 즉흥적인 관심사에 따라 융통성 있게 영위되는 집단이다. 또래집단은 아동 및 청소년의 인성 발달에 중요한 장소가 된다. 아동들은 친구와 상호작용하는 가운데서 상호간에 지켜야 할 예의를 배우며, 타인과의 관계에서 자신을 억제하는 자제력을 습득하기도 한다. 그리고 동료와의 관계를 통해 나이에 걸맞은 기능과 취미를 발달시키며, 비슷한 문제에 감정을 나누는 법을 배우고, 친밀한 아동들끼리는 자유로운 상태에서 그리고 큰 고통 없이 자신의 관점과 취미, 감정, 이상 등을 나눌 수 있는 것이다. 청소년들은 고민을 자기들끼리 나누는 경우가 많다. 그리고 가정에서 성장한 아이가 또래집단(peer groups)과 어울리면서 사회화의 중요한 대행자(agent)노릇을 하게 되며, 또래집단을 통해서 다른 가족과의 문화적 차이를 발견하게 되고 동등한 관계를 유지하는 동료관계를 경험하기 시작한다. 또래집단의 역할은 가족과는 상당히 다른 새로운 언어 및 의사 전달능력·인지기술·사회적 기술·성 역할·사회성을 기르는 데 있어 중요한 역할을 한다. 그리고 어린 시절의 역할학습은 성인기에 맞게 될 역할을 미리 해보게 한다는 측면에서 예견적 사회화(anticipatory socialization)에도 도움을 주게 되는 것이다.

특히 또래집단은 급격한 변화를 경험하고 있는 오늘날에 그 중요성이 더욱더 확대되었다고 할 수 있다. 왜냐하면 대가족의 쇠퇴, 세대 차의 심화, 성인사회로의 진입 지연현상 등으로 또래집단과 관계를 맺는 기간과 범위가 과거보다 훨씬 넓어졌기 때문이다. 즉, 아동들의 건전한 동료관계 형성을 위해 지속적인 교육적 관심이 필요하다고 하겠다. 그러나 경우에 따라서는 비공식 집단을 형성하여 조직적 특성을 갖는 수도 있다. 이런 집단이 반사회적 특성을 가지게 되면 불량 집단화하게 되며, 청소년 비행의 학습 및 반복에 중요한 통로가 된다. 특히 청소년기에 또래집단의 중요성은 청소년 문제의 해결에 있어서 친구집단, 친구 관계망을 활용한 방안들, 즉 집단 상담이나 비행청소년의 집단 치료의 개발 및 적용의 필요성을 시사한다.

3) 학교

학교는 가정이나 또래집단에 비하여 보다 계획적·합리적·의도적인 사회화 기관이라고 볼 수 있다. 학교는 체계적·조직적·효과적으로 학생들을 사회화시키는 기능을 가지고 있다. 학교는 일정한 계획 하에 제 설비를 이용해서 조직적으로 아동을 사회화하며, 장차 사회적 직분을 완수할 수 있도록 교육하는 대표적인 기관이다. 가정을 중심으로 시작된 사회화의 과정은 자라나는 아동이 학교에 입학하면서부터 가정 밖에서 그대로 계속된다. 학교교육은 그 사회 구조 안에서 직업생활을 위한 지식과 기술을 습득시킬 뿐만 아니라 그 사회에서 특이한 문화적인 가치를 이해할 수 있게 한다. 이렇게 해서 학교교육은 사회화의 과정을 크게 촉진시킨다. 그리고 학교에서의 사회화는 학교 자체의 역할과 친구 또는 동료집단과의 역할로 이루어진다. 또한 학교에서 교사의 역할을 살펴보면 다음과 같다(김병성, 2007: 74~75).

① 사회화의 모델로서의 역할이다. 여자 선생님은 어머니를 대신하고, 남자 선생님은 아버지를 대리하여 여성적, 남성적 행동 특성을 배워주는 역할을 하게 된다. 특히 초등학교 단계에서는 교사의 말투, 제스처, 성 역할 등과 같은 행동이 아동에게 깊은 영향을 주게 된다. 최근 초등학교에 여자 선생님의 수가 많아서 아동의 여성화 현상이 두드러지게 나타나고 있는 실정

이다. ② 학생 행동수정자 역할이다. 교사는 학습 및 생활지도 과정에서 상이나 벌, 칭찬과 질책 등 다양한 방법으로 학생의 행동을 수정하게 된다. 또 가정이나 또래집단 등 여러 가지 학교의 생활 속에서 이미 형성된 잘못된 사회화로 이루어진 행동, 태도 등을 바람직한 행동으로 바꾸어 주는 역할도 하게 된다. 과거에 비하여 교사의 학생에 대한 훈육, 체벌 등 행동수정의 역할이 약화되었지만 아동의 올바른 사회화를 위한 행동수정의 역할은 매우 중요하다. ③ 학교 자체의 특성, 즉 학교의 전통이나 문화풍토, 역사, 학교 집단 분위기 등으로부터 사회화되는 현상을 들 수 있다. 흔히 우리는 도시학교와 농촌학교, 여학교와 남학교, 인문계 학교와 실업계 학교 등에서 학생들이 사회화되는 특징이 다른 것을 알 수 있다. 물론 이런 차이는 학교의 전통, 분위기, 교육이념 등 많은 요인에서 연유되지만 무엇보다도 학교의 규범에서 영향 받은 경우가 많다. 이 규범은 구성원 상호간의 약속에 의해서도 형성되며, 서로가 갖는 기대에 의해서도 형성된다. 학교 사회가 갖는 규범은 등교 시간, 교육과정과 수행 시간, 수업 연한과 이수 시간, 성적, 출석률 등을 명시하는 학칙과 누구나 지켜야 할 교칙 그리고 교훈, 교풍, 교사-학생 간의 인간관계 형식 등의 제 요소에 의하여 형성되고, 이러한 규범은 구성원 모두의 행동에 구속력을 갖게 한다.

Baldridge(1975: 231)에 의하면, 인간은 교육제도를 통하여 사회적 규범, 가치, 신념을 알게 되며, 사회 내의 구성원으로서의 기능을 습득하게 되고, 사회체제를 유지시킨다. 그리고 교육을 통해 사회 내에서 정체감을 체득하게 된다. 학교는 가장 체계적으로 문화를 학생들에게 전달하는 공식적 조직체로서 학교를 통한 사회화가 학생들에게 가장 강도 있게 영향을 미치게 되며, 그렇기 때문에 가정 다음으로 사회화를 담당할 중요한 기관이 학교이다. 즉, 학교는 각기 다른 가정환경 하에서 기본적인 사회화가 이룩된 아동을 집단적으로 수용하여 새로운 사회화를 시도하는 독특한 체제와 구조를 가지는 사회이다. 따라서 학교의 사회화 기능은 인류가 오랫동안 축적해 온 문화유산을 학습하고, 이를 계승·발전시키는 태도와 능력을 기르는 기능과 사회집단의 생활에 필요한 규범이나 행동 양식을 가르치는 기능, 장차 직업

생활에 필요로 하는 직업에 대한 가치관과 기본 기능을 습득케 해주는 직업적 사회화 기능을 수행하고 있다. 반면에 학교 사회화 기능을 저해하는 요인으로는 입시 위주의 교육풍토 속에서 공동체를 형성할 수 있는 인간관계를 찾아보기 힘들게 되었다는 것이다. 학교의 중요 구성원들과의 관계에서 인격적 만남보다 서로에게 지시 및 감독자, 평가자로, 마치 법의 세계에서 찾아볼 수 있는 판사의 역할을 수행하는 환경 속에서 학생들이 사회화되고 있다.

4) 대중매체

현대의 대중사회에서는 과학기술의 발달로 말미암아 우리 생활에 크게 영향을 미치는 대중매체가 주요한 사회화의 대행자 구실을 한다.

Schramm(1971: 19)에 의하면, 대중매체는 ① 수용자에게 정보를 제공하고, ② 수용자를 교육시키며, ③ 수용자들에게 오락을 제공하고, ④ 수용자를 설득하거나 어떤 제안하는 기능을 가지고 있는 반면, 수용자는 ① 주어진 정보를 이해하고, ② 대중매체가 가르쳐주는 것을 학습하며, ③ 오락을 향유하며, ④ 대중매체의 제안이나 주장을 받아들이거나 따르는 행동 양상을 나타낸다. 이것은 대중매체가 가지는 사회화의 기능을 가장 압축적으로 잘 표현한 것으로 보인다. 그리고 대중매체의 사회화에 대한 연구결과를 살펴보면, 미국의 경우 일반 아동들이 학교 수업에 1년 동안 1,080시간을 사용하며, 텔레비전을 시청하는 시간은 1,500시간을 넘는다고 한다. 김병성(2018)의 연구에서 우리나라 중등학교 학생의 TV, 라디오, 기타 대중매체에 접하는 시간이 매일 3~4시간 정도로 나타나 외국과 연간 총 시간은 거의 비슷한 결과를 보여준다.

대중매체의 사회화에 대한 긍정적인 측면은 각종 대중매체가 넓은 의미에서 교육 작용의 주체가 되는 동시에, 그 목적에 대해서는 형식적이고 의도적인 교육을 충분히 수행하고 있으며, 필요한 정보와 자료의 습득, 성인·아동을 동시에 학습시키는 사회교육의 수단으로 크게 발전되며, 지능 증진,

사회성의 발달, 흥미의 다양화를 가져오고 있다는 것이다. 즉, 텔레비전은 인간의 마음속에 공통 의식을 갖게 하고 경험의 세계를 넓혀주며 사회 규범, 관습, 협동심, 관용심 등을 구성원들에게 효과적으로 전달함으로써 개인의 사회화를 촉진시켜 주는 기능을 한다. 이에 반해 대중매체의 사회화에 대한 부정적인 측면은 내용이 흥미 위주로 되어 있어 아동의 건전한 사고 발달에 도움이 될 수 없다는 점, 시력이 나빠진다는 점, 정서적 불안정과 공포심을 유발하는 점, 공격적 성격과 범죄행위를 모방하는 점 등이며, 공격적이고 폭력적인 행위가 증가하고 환상적인 사고와 부정적인 사고를 하게 되면 부정적인 인간관, 가정관, 사회관을 형성하게 되어 편견을 갖게 될 가능성이 높아진다는 것이다. 그 이유는 극적인 효과를 높이기 위해 가정과 사회의 비정상적인 현상을 많이 취급하는 경향 때문으로 볼 수 있다. 매스미디어의 범람으로 사회구성원들 간의 대화 대신에 라디오, TV와 같은 도구와의 대화가 이루어지며, 상호 교류관계가 아닌 일방적, 획일적, 지시 명령적이고, 소비적인 과잉광고 등이 사회화 담당자로서 그릇된 기능을 수행하고 있다.

대중매체와 교육과의 관계를 살펴보면 다음과 같다(차경수 외, 2010: 131).

대중매체 중 가장 강력한 영향력을 행사하고 있는 텔레비전을 중심으로 살펴보기로 한다. 텔레비전을 '제2의 학교'라고 부르고 있다(Ornstein & Levine, 1981: 242). 하지만 텔레비전 시청과 아동의 성격 사이의 관계는 아직은 분명하지 않다. 텔레비전을 시청하면 성적이 향상되는지 혹은 저하되는지는 확실히 알 수 없지만, 많은 학자들이 다음과 같은 결론을 내리고 있다. 학교에 입학하기 전에 텔레비전을 열심히 본 어린이들이 그렇지 않은 아동보다 어휘의 숫자가 1년 앞선다는 연구이다. 즉, 초등학교 1학년 아동들의 학업 성취도와 아동이 가지고 있는 어휘의 숫자와 관련이 높다는 교육학자들의 결론을 수용할 경우 초등학교 저학년의 성적에 텔레비전이 긍정적인 기여를 하는 것으로 해석할 수 있다. 그러나 나이가 들수록 텔레비전을 많이 보는 것과 학업 성취도와는 반비례 관계가 되는 것으로 나타나고 있으며, 지능이 높은 아동들은 13세를 넘어서면 텔레비전에 별로 흥미를 느끼지 못하는 것으로 나타났다. 따라서 청소년의 긍정적인 사회화를 위하여 대중매체로부터 긍정적이고 교육적인 영향을 받을 수 있도록 선도해야 하는데, 부모와 교사는 물론 사회 성인의 계속적인 역할 분담과 책임이 뒤따라야 한다.

5) 지역사회

지역사회는 일정한 지역 안에 모여 사는 일정한 주민들이 형성하는 공동생활권을 말한다. 지역사회의 주민들은 일정한 경험과 문화를 공유하면서 공동체 의식을 가지고 생활하게 되며, 공동체 의식을 바탕으로 구성원에게 생활방식에서 일정한 통제와 구속을 가하게 된다. 따라서 지역사회는 아동 및 청소년을 사회화시키는 사회화 기관으로서의 기능도 갖게 된다(김병희 외, 2009).

지역사회는 가정과 또래집단 및 학교와는 다소 다르게 형성되어 있는 사회화 기관으로 그 나름대로의 일정한 규범이나 가치문화를 가지고 있으며, 지역사회구성원들이 다른 사회화 기관 안에서 그 기능을 발휘할 수 있도록 도와주는 역할을 한다. 가정이나 또래집단에서 중추적인 사회화 기관인 학교로 이어지는 연결고리가 강하게 이루어지면서 지역사회의 모습이 점차 약화되고 있다. 특히 전통 사회에서 현대사회로 변화를 겪으면서 점차 그 수가 줄어드는 추세에 있다(강유정 외, 2018).

6. 사회화 과정

한 사회 속에서 출생한 개인이 그 사회구성원으로 성장해 가는 사회화 과정의 중요한 특징을 제시하면 다음과 같다(김병희 외, 2009: 78~79).

첫째, 사회화 과정은 한 개인의 일생 동안 지속된다. 개인이 한 사회의 구성원으로 성장해 가는 과정은 특정한 기간 동안 한정되는 것이 아니라 일생을 통해 지속된다. 사회화 과정은 개인이 태어난 가정에서 시작하여 또래집단, 학교, 직장, 각종 단체로 이어지며, 자신이 소속한 각각의 집단에서 자식, 형제, 친구, 학생, 직장인, 배우자, 부모로서의 역할에 대한 사회화가 이루어진다. 개인은 자신이 사회에서 소속하게 되는 집단, 사회적 환경, 개인적 욕구의 변화에 따라 일생 동안 사회화 과정을 거치게 된다.

둘째, 사회화 과정은 사회적 학습을 통해 이루어진다. 사회적 학습은 개인이 다른 사람들과 맺게 되는 사회적 관계를 통해 이루어지는 학습을 말한다. 사회적 학습의 주요 메커니즘으로는 언어적 상호작용, 강화와 벌, 모방과 동일시를 들 수 있다. 언어적 상호작용은 초기 사회화 단계의 중요한 사회적 학습방식으로서, 개인은 부모, 친구, 교사를 비롯한 타인과의 언어적 상호작용을 통해 지식과 규범을 습득하게 된다. 강화와 벌은 개인의 행위가 사회적으로 용인되는지의 여부에 대한 판단과 인식을 갖게 함으로써 바람직한 사회적 행동을 학습할 수 있도록 한다. 모방과 동일시는 다른 인물들의 특정한 행동을 따라 하거나 태도나 가치관을 내면화함으로써 이루어지는 사회적 학습방식이다.

셋째, 사회화 과정은 개인의 인성의 형성과정이다. 사회화 과정은 사회적 관점에서는 개인에게 자신이 속한 사회의 문화를 전수함으로써 사회의 구성원으로 형성해 가는 과정으로 설명될 수 있지만, 개인적 관점에서는 문화의 학습을 통해 각 개인이 자신의 인성을 형성해 가는 과정으로 설명될 수 있다. 이 과정에서 개인의 인성은 문화에 의해 일방적으로 형성되는 것이 아니라, 주체적이고 능동적인 작용이 함께 이루어짐으로써 자아정체감과 함께 자신만의 개성을 형성해 나가게 된다.

제2절 사회화의 내용과 유형

1. 사회화의 내용

사회화란 자신이 속한 사회에서 성숙되지 않은 생물학적인 인간이 태어나서 성숙한 인간으로 성장하면서, 사회에 적응하는 과정 속에 자기가 속한 사회를 유지시키며, 문화를 전승하는 기능과 자신의 자아를 실현하고 자기 정체성을 실현하기 위해 서로 상호적으로 작용하는 것을 말한다. 이러한 사회화 과정에서 한 인간이 태어나 성장하면서 학습하는 사회의 모든 문화와 행동 양식을 사회화의 내용이라고 한다. 다시 말하면, 성장해가면서 인간은 그 사회의 언어와 지식, 규칙, 가치, 규범, 제도 등을 학습하게 된다. 이것이 사회화의 내용이 된다. 사회화의 내용을 좀 더 구체적으로 제시하면 다음과 같다(김병희 외, 2009).

첫째, 가치관과 규범을 들 수 있다. 가치관과 규범은 한 사회의 구성원들에게 행위의 방향을 제시하는 준거체제를 말한다. 가치관이 보다 추상적이고 포괄적인 준거체제라면, 규범은 구체적이고 특정한 상황에서의 행위 규칙을 말한다. 한 사회는 구성원들의 행위에 있어서 옳은 행위와 옳지 못한 행위에 대한 준거체제를 갖고 있다. 이 준거체제는 도덕, 법률, 관습, 금기 등의 가치관과 규범의 형태로 나타난다. 이러한 행위의 준거체제가 구성원들에게 학습되고 내면화됨으로써 구성원들 간에 문화적 가치와 도덕적 신념이 공유될 수 있으며 사회의 체제와 질서가 유지될 수 있다.

둘째, 상징과 언어를 들 수 있다. 상징이란 의미를 표현하거나 전달하기 위한 수단이 되는 것을 말한다. 상징에는 동작, 물건, 기호, 언어 등이 포함된다. 언어는 가장 중요한 상징수단이라고 할 수 있으며, 단순한 의사소통 이상의 기능을 수행한다. 언어는 사회적 산물이지만 다른 한편으로 일단 체계화된 언어는 인간의 사고와 사회적 삶을 정형화하게 된다. 상징과 언어는 사회화를 통해 구성원에게 전수됨으로써 상호간의 의사소통과 사회적 관계에 대한 논의와 검토를 가능하게 하는 기능을 수행한다.

2. 사회화의 유형

사회화는 시기적으로 아동 및 청소년기에 이루어지는 1차적 사회화와 예견적 사회화가 있고, 그 이후에는 사회구성원으로 직업을 가지기 시작하는 시기인 청년기 이후에 이루어진 2차적 사회화와 재사회화로 분류할 수 있다(이인원 외, 2018; 안병환, 2012).

1) 1차적 사회화

삶의 초기에 일어나는 사회화를 1차적 사회화라고 한다. 유아기에 태어나면서 먼저 부모와 애착 관계를 형성하면서 사회적 존재로 성장하는 시기이다. 1차적 사회화가 일어나는 시기에 부모와 가족, 또래들과 상호작용하면서 자아개념을 형성한다. 이때 사회적 관계를 맺는 타인이 유아에게 주는 반응이 '긍정적'인가 혹은 '부정적'인가는 유아의 자아개념에 중요한 영향을 미친다. 긍정적 반응을 많이 받은 유아는 긍정적 자아개념을 형성하지만 부정적 반응을 많이 받은 유아는 부정적 자아개념을 형성하게 된다.

1차적 사회화를 통하여 개인의 최초의 사회화가 이루어지므로 이러한 최초의 사회화 수준은 가장 중요하다. 그 이유는 2차적 사회화의 기본적 구조가 1차적 사회화의 구조를 닮기 때문이다.

2) 2차적 사회화

2차적 사회화는 1차적으로 사회화된 개인이 직업을 갖는다든지 새로운 삶의 현장으로 들어간 다음 이루어지는 것이다. 2차적 사회화는 다양한 사람들로 구성되어 개인의 사적인 입장보다는 공동 목표가 있는 집단의 입장에서 이루어지기 때문에 객관적이다. 1차적 사회화는 문서화되지 않은 내용을 비정형화된 형식으로 이루어지는 반면 2차적 사회화는 매뉴얼이라는 문서화된 내용을 정형화된 형식으로 이루어지는 경우가 많다. 물론 2차적 사회화도 직장의 친목회나 동호회와 같은 비형식적 활동을 통해서도 직장의 문화를 배우기 때문에 모든 2차적 사회화가 정형화된 형식으로 이루어지는 것은 아니다.

학교는 주로 공식적인 아동의 수업과 인지기술 발달과 관련되어 있다. 이런 점에서 학교는 1차적 사회화보다는 2차적 사회화에 더 포함되는 것 같다. 물론 학교에서의 사회화 과정에서 학생들은 지식과 기술 외에 가치, 인성, 태도 측면에서 많은 영향을 받고 있다.

3) 예견적 사회화

예견적 사회화(anticipatory socialization)란 어떤 사람이 미래의 지위, 직업 그리고 사회적 관계를 위해 연습하는 사회화 과정이다. 현재는 특정한 지위에 있지 않을지라도 미래에 성인이 되어 수행해야 할 역할과 책임에 대해 아동기와 청소년기에 미리 준비하는 것이다. 물론 이러한 것은 성인이 되어서도 또 다른 역할과 책임을 준비할 수 있다는 점에서 예견적 사회화는 일생 동안 계속 되는 것이다. 예견적 사회화는 새로운 집단이나 지위로의 이동을 쉽게 하는 데 도움이 된다. 이러한 과정은 일생동안 지속된다.

4) 재사회화

재사회화는 이전의 습관과 가치관을 버리고 자신의 삶을 개선하기 위해서 새로운 가치관과 습관, 행동의 변화를 수용하는 과정을 말한다. 재사회화는 혁신을 위한 모멘텀으로 작용하고, 인생을 재설계하는 과정으로서 치료집단, 교정기관 등에서 이루어진다. 재사회화는 이전에 가지고 있던 자신을 버리고 새롭게 재탄생하는 기회이기 때문에, 변화하고자 하는 강한 의지가 필요하며, 다소 엄격한 수련과정 내지는 훈련과정에 필요하다.

제3절 사회화 이론

사회적 자아의 형성에 대해 사회심리학자와 교육사회학자는 많은 관심을 나타내고 있다. 자아 형성에 관한 대표적인 학자로는 Freud, Bandura, Cooley, Mead, Piaget 등의 이론을 들 수 있다. 이들 이론은 자아개념과 인간의 사회성을 이해하는 데 후세에 가장 많은 영향을 미쳤다고 할 수 있다. 비록 이들 각자의 견해는 다소 다를 수 있지만, 자아가 사회에 의해 형성되는 것으로 본 측면은 비슷하다고 볼 수 있다(강유정 외, 2018; 주동범 외, 2016; 안병환, 2012; 신재흡, 2011; 차경수 외, 2010; 김병희 외, 2009; 류윤석 외, 2003).

1. Freud의 정신분석 이론

Freud에 의하면 인성은 본능(id), 자아(ego), 초자아(super-ego)로 구성된다. '본능'은 동물과 같이 쾌락을 추구하고 고통을 피하려는 인간의 충동이며 인간이 타고나는 육체적, 정서적 쾌락 추구의 성향을 총칭하는 말이다. 본능(id)의 유일한 기능은 심적 또는 외적 자극에 의해 유기체 안에 생긴 흥분(에네르기 또는 긴장)을 직접 방출하는 것이다.

'자아(ego)'는 쾌락 원리가 아닌 '현실 원리'의 지배를 받는다. 현실 원리의 목적은 욕구를 만족시켜 줄 실제의 대상이 발견되거나 산출될 때까지 에네르기 방출을 연기하는 것이다.

'초자아(super-ego)'는 사회적인 요구가 개인 속에 내재화된 것이라고 할 수 있다. 각자 자신의 쾌락만을 추구할 때 이 사회가 존속할 수 없다는 믿음에서 유래한 가치관, 규범 등이 초자아에 속한다. 따라서 Freud에 있어서는 이 두 가지 상극적인 힘을 타협하고 조정할 수 있는 자아(ego)의 형성이 중요한 문제로 부각된다. Freud가 주장하는 5단계란 구순기(oral stage), 항문기(anal stage), 성기기(phallic stage), 잠복기(latency stage) 및 사춘기(puberty stage)로 구분되고 있다. Freud는 이러한 발달단계를 동일시 과정이라고 하였다. 그는 개인의 사회화는 한 단계에서 다음 단계로 이행되는 과정에서 이루어진다고 설명하며, 이러한 단계는 위계적이라고 하였다. 따라서 각 발달단계의 완성 여부에 따라 자아가 발달되고, 개인은 완전한 사회인으로 성장하게 된다.

2. Bandura 사회학습 이론

Bandura는 사회화 과정을 다른 사람의 행동과 그 결과를 관찰함으로써 자신의 행동을 형성해 가는 과정으로 설명한다. 그에 의하면 사회적 학습은 다른 사람의 행동을 관찰하고 자신의 행동을 결정하는 관찰학습에 의해 이루어지며, 이 과정에는 상징화, 판단, 기대와 같은 인지적 요소가 개입한다고 보았다. Bandura의 관찰학습은 4단계의 과정을 거쳐 이루어진다.

첫째, 주의단계로 모델의 행동이나 특성에 주의를 기울이는 단계이다.

둘째, 파지단계로 관찰에서 얻은 정보를 사용하기 위하여 머릿속에서 기억하는 단계이다.

셋째, 재생단계로 모델에 대한 상징적 표상을 행동으로 전환하여 연습하는 단계이다.

넷째, 동기화 단계로 연습한 행동을 표출하도록 동기를 형성하는 단계이다.

개인은 관찰학습을 통해 모델을 모방함으로써 강화를 받을 수 있다는 기대를 갖게 되고 이 기대에 의해 학습은 촉진된다. Bandura는 모방의 결과로 개인이 받게 되는 강화를 직접강화, 대리강화, 자기강화로 구분하였다. 직접강화는 바람직한 행동에 대해 당사자에게 직접 보상을 주는 것이다. 대리강화는 타인이 강화받는 것을 관찰함으로써 자신의 행동이 강화되는 것이다. 자기강화는 다른 사람의 보상에 의존하지 않고 스스로 자신의 행동을 강화하는 것이다.

3. Cooley의 거울 자아 이론

Cooley는 사회화 과정을 한 개인이 다른 사람과의 상호작용을 통해 자신의 자아를 형성해 가는 과정으로 설명한다. 그는 '거울에 비친 자아(looking-glass self)'란 개념을 통해 자아가 어떻게 형성되는지를 설명하였다. Cooley에 의하면, 개인의 자아는 고립된 상태에서 형성되는 것이 아니라 다른 사람들과의 상호작용을 통해 형성되고, 개인이 자아를 형성해 가는 과정에서 다른 사람은 거울 역할을 하며, 개인은 타인이라는 거울에 비치는 자신의 모습을 통해 자아를 형성해 가게 된다는 것이다. 즉, 개인은 성장과정에서 주위 사람들이 자신을 어떻게 생각하느냐에 따라 영향을 받게 된다는 것이다. 예를 들면, 어린 아이는 어떠한 행동이 부모의 칭찬을 받게 되는가를 지각하고 그런 행동을 함으로써 부모로부터 인정받을 수 있는 의식과 성향을 가진 자아를 형성해 나가게 된다는 것이다.

Cooley에 의하면, 거울 자아는 세 가지 단계에 의해서 형성되는데, ① 타인에게 비친 자신의 모습을 상상하는 단계, ② 그 모습에 대한 타인의 판단을 상상해 보는 단계, ③ 그 결과에 대해 자부심이나 굴욕감을 느끼는 단계이다. 이러한 Cooley의 자아에 대한 관점은 20세기 초 산업화가 급속히 진행되던 미국 사회를 배경으로 이전의 사회적으로 고립된 자아의 개념에서 타인을 의식하는 사회적 자아의 개념으로 전환할 필요성에 의해 성립된 것이라고 할 수 있다. 그의 거울 자아 개념은 타인을 의식하는 사회적 자아라고 할 수 있으며, 결국 자아는 다른 사람이 나를 보는 방식대로 수동적으로 형성된다는 관점을 보여준다.

4. Mead의 상징적 상호작용 이론

Mead는 Cooley의 거울 자아 개념을 더욱 확장하고 발전시켜 상징적 상호작용 이론으로 정립하였다. 그는 사회화 과정을 한 개인이 다른 사람의 가치 및 기대와의 상호작용을 통해 자아를 형성해 가는 과정으로 설명하였다. 그는 개인이 타인과 상호작용하는 수단으로 상징을 사용한다는 점을 주목하였다.

Mead에 의하면, 자아 형성은 역할 취득의 수준에 따라 3단계를 거쳐 이루어지게 된다. 1단계는 놀이단계로 부모나 친구와 같은 제한된 범위의 중요한 타자의 입장에 서서 놀이를 하는 단계이다. 2단계는 게임단계로 운동경기에서처럼 동시에 여러 사람에 대한 역할 취득을 해 보는 단계이다. 3단계는 일반화된 타자의 단계이다. 일반화된 타자는 일반적으로 수용되는 행위 규범을 의미한다. 이 단계는 자아 형성의 마지막 단계이며 일반화된 타자의 역할을 취득하는 것이 곧 사회화라고 할 수 있다. 한편 Mead는 주격 자아와 목적격 자아의 개념을 통해 자아의 가변성과 역동성을 설명하였다. 그는 개인의 자아가 'I'로 표현되는 주격 자아와 'Me'로 표현되는 목적격 자아라는 두 차원으로 구분되어 있는 것으로 보았다. 주격 자아는 자유와 자율에 의해 자아를 형성하는 차원을 말하고, 목적격 자아는 타인의 거울에 비친 자아, 즉 사회에 의해 자아가 형성되는 차원을 말한다. 개인의 자아는 'I'라는 주체적 자아와 'Me'라는 사회적 자아의 두 차원의 변증법적 과정에 의해 형성된다.

5. Piaget의 발달 이론

Piaget(1970)는 인지발달에 있어서 한 단계의 완성이 다음 단계로의 이행의 전제가 된다고 설명하였다. Piaget의 단계 이론에서 두 가지 관점은 사회적 상호작용과 인지체계의 단계별 재조직 및 동화(assimilation)와 조절작용(accommodation)에 관한 것이다.

Piaget의 인지발달 이론은 아동발달에 따라 인지체계가 재구성되거나 구성된다는 진보에 주된 관심이 있다. 그리고 아동이 지적 기능에 따른 행동은 스키머(schemas)라 지칭되는 인지체계의 형태에 의해 지배된다는 가정이다. 소위 '평형(equilibration)'에 의해서 아동은 현존의 스키머에 새로운 경험을 동화시키고, 동시에 새로운 경험을 위한 인지체계의 조절작용을 하게 된다고 보있다. 따라서 아동과 그가 처한 환경, 동화와 조절작용 간에 역동적인 균형이 있다고 보았다.

Piaget의 인지발달 이론은 대개 감각 운동기, 구체적 조작기, 형식적 조작기로 발달한다고 구분되고 있다. 그리고 인지발달의 특성은 자아 중심적 특성으로부터 분화적으로, 구체적 대상에 대한 이해로부터 복잡한 관계성의 이해 단계로의 전환 등이다. Piaget의 인지발달 및 도덕발달의 단계는 청소년기에 그 절정을 이루게 되지만, 개인의 생애를 통해 동화와 조절작용은 지속적으로 이루어진다고 하였다.

6. Erikson의 사회성 발달 이론

Erikson은 Freud의 정신분석학적 관점을 발전시켜 사회적 자아형성과 사회성 발달 이론을 제시하였다. 이는 선천적 소질과 환경의 영향에 따라서 개성의 차이가 있기는 하지만, 대체로 사람마다 거쳐야만 하는 공통된 단계가 있는 것으로 추정하였다. 각 단계마다 수행하여야 할 문제들이 도사리고 있어서 그것이 성공적으로 해결되면 좋은 인품의 소유자로 성장하고, 잘 안 되면 반대현상이 나타난다는 것이다.

Erikson의 사회성 발달 이론은 다음과 같다. ① 신뢰감 대 불신감(0~1세), ② 자율성 대 수치감(1~3세), ③ 주도성 대 죄책감(3~6세), ④ 성취감 대 열등감(6~11세), ⑤ 정체성 대 역할 혼돈(12~19세), ⑥ 친밀감 대 고립감(20~25세), ⑦ 생산성 대 침체성(성인기), ⑧ 통합성 대 절망감(노년기) 등 8단계로 이루어져 있다.

Erikson의 8단계 가운데 학령 단계인 4단계, 5단계, 6단계를 구체적으로 고찰하면 다음과 같다(차경수 외, 2010).

첫째, 4단계인 성취감 대 열등감(6~11세)이다. Erikson은 이 단계를 자아성장의 결정적인 시기로 보고 있다. 이 시기는 어린이들이 초등학교에 해당되며, 기초적인 인지적 기술과 사회적 기술을 습득하게 되고, 사회에서 통용되는 생활양식을 익히고 숙지하려 한다. 또한 이 시기에 성취감이 발달하지 못하고 실수나 실패를 거듭하게 되면 어린이는 열등감을 갖게 된다. 이러한 열등감은 전 단계에서 성공적으로 갈등을 극복하지 못했을 때 혹은 학교나 사회가 어린이에 대해 편견적 태도를 취할 때 발달하기 쉽다.

둘째, 5단계인 정체성 대 역할 혼돈(12~19세)이다. 이 시기는 청소년기이며, 자아정체성(ego identity) 확립 시기이다. 이 시기의 청소년들은 이전 단계까지 회의 없이 받아들였던 자기 존재에 대한 새로운 의문과 탐색이 시작되며, 급격한 신체적 변화와 더불어 새로운 사회적 압력과 요구에 부딪히게 된다. 이때 자신에 대한 의문에 대한 답을 찾으려고 애쓰지만 그 해답은 쉽게 얻어지기 않기 때문에 고민하고 방황한다. Erikson은 이러한 고민과 방황이 길어질 때 역할 혼돈과 정체성 혼미(identity confusion)를 경험한다고 한다. 또한 이 시기는 심리적 이유기에 해당되며, 동료집단들과 밀접하게 어울리는 것이 특징이다.

셋째, 6단계인 친밀감 대 고립감(20~25세)이다. 이 시기는 청년기에 해당되며, 직업을 선택해야 하고, 배우자를 찾아야 하므로, 타인과의 관계에서 친밀감을 이룩하는 일이 주요 과업으로 된다. 이 단계의 특징은 대인관계와 이성교제가 원만한 경우는 친밀감과 자신감을 갖게 되지만, 그렇지 못한 경우는 소외감을 갖게 되고 고립하게 되어 자기 자신에게만 몰두하게 된다는 것이다.

이와 같이 Erikson은 사회성 발달 이론은 사회적 자아형성과정에서 사회적 요인들이 여러 단계를 통하여 인간발달에 어떠한 영향을 미치는가를 이해하고자 하였다. 특히 학령기에는 사회적 인간관계에서 성취감을 경험하고 자아정체성을 확립하며 타인과의 대인관계에서 친밀감을 찾지 못하면 열등감과 정체성의 위기를 경험한다고 하였다.

제4절 사회화와 교육

여기에서는 학교교육의 사회화 기능, 교육의 사회화를 살펴보고, 교육의 사회적 기능에서 교육의 1차적 기능은 교육의 보수적 기능(사회통제 및 통합의 기능, 문화 전달 및 창조의 기능, 선발과 분배의 기능)과 교육의 진보적 기능(사회개혁 및 변동의 기능, 사회적 이동의 기능)으로 분류해서 살펴본 후에, 교육의 2차적 기능을 고찰하기로 한다(이인원 외, 2018).

1. 학교교육의 사회화 기능

학교교육의 사회화 기능은 다음과 같다(이종각, 2015; 김병희 외, 2009; 신재흡, 2011).

첫째, 학교는 다수인이 집단생활을 하는 곳이기 때문에 개인의 행동은 집단의 규범에 의하여 통제되며, 일탈된 행동은 제재를 받는다. 학교에는 지켜야 할 여러 가지 규칙들이 있다. 이 규칙들은 학교라는 집단생활을 영위하기 위한 것도 있지만 대부분은 사회에서 필요로 하는 규칙들이다. 또한 이러한 규칙 이외에 학교는 교사라는 중요한 타자 및 동료집단이라는 일반화된 타자를 통하여 사회화를 촉진시킨다.

둘째, 학교는 사회인으로서 필요한 기초적인 능력과 태도를 가르치는 곳이다. 이 점은 교육법에도 나타나 있으며 초등학교는 초등 보통교육, 중학교는 중등 보통교육, 고등학교는 고등 보통교육을 하는 것을 목적으로 하고 있다. 이 경우 보통교육이라 함은 국민 모두가 갖추어야 할 기본적인 능력과 태도 및 가치관의 함양을 의미한다.

셋째, 학교는 아동들이 장차 사회에서 활동할 때 대비하는 가정과 사회의 교량적 기능을 수행한다. 현대사회에서 인간이 가정 교육만으로 사회에 진출할 수 없게 되어 있으며, 반드시 학교라는 전문적 기관에서 학생들은 장차 진로에 필요한 지식·기술·태도를 배우게 된다.

사회질서 유지를 강조하는 사람들은 교육을 '체계적 사회화'로 생각한다. 특히 Parsons(1959)는 학교를 개인에게 도덕과 기술을 습득케 하는 곳으로 보았다. Parsons는 학교가 사회화의 대행기관으로서 어떻게 전체 사회에 이바지하는가를 설명했다. 학교뿐만 아니라 학급 내에서도 사회적 도덕과 규범들이 그대로 반영되고 있음을 지적했다. 한편 학교는 사회질서 유지를 위한 도덕과 규범뿐만 아니라 직업세계에서 요구하는 기술도 획득하게 하는 곳으로 학교의 기능을 설명했다. 가정은 구성원들 간에 서로 친밀한 관계를 유지하고 있으므로 아동에게 도덕과 규범 및 기술을 적절히 가르칠 수 없다. 왜냐하면 가정에서는 아동을 자연적으로 사회화하고 있기 때문이다. 따라서 가정의 사회화 기능과 학교의 사회화 기능은 구별될 수밖에 없다. 가정이 아동을 감정적(affective), 특수적(particularistic), 귀속적(ascriptive)으로 사회화시킨다면, 학교의 합리적, 보편적 및 성취적 사회화의 특성은 오늘의 능력 사회, 합리적 사회의 가치와 일치한다. 그리하여 학교에서의 사회화는 오늘의 사회체제 유지를 위한 것이라 할 수 있다.

2. 교육의 사회화

김대연(1982: 39)은 교육의 사회화란 "교육의 사회적 측면을 교육 속에서 강조하고, 교육의 사회적 기능을 통해서 최대한으로 실현할 수 있도록 학교 교육을 사회 속으로 연결 내지 상호작용으로서 불가분의 관계를 맺어 교육해 나가려는 것"으로 보고 있다. 또한 이규환(1978)은 교육의 사회화를 다음과 같이 언급하고 있다. "교육의 목적을 사회적인 관점에서 설정하고, 이러한 목적을 달성하기 위해서 지역사회 또는 일반사회에 대한 학습내용을 중심으로 교육과정을 조직하려는 노력"을 의미한다. 그리고 교육 체제의 사회화는 다음과 같은 기본 목표가 있다(신재흡, 2011; 김영우 외, 2001: 228).

① 사회적 자기실현의 기회를 더욱 증대할 수 있도록 하여야 한다. ② 교육의 기회균등을 더욱 구현하고 신장할 수 있는 교육의 체제를 구축해 나가야 할 것이다. ③ 사회 정의 실현을 위하여 보다 효과적인 교육제도를 이룩하여야 하겠다. ④ 교육 체제의 사회화는 교육의 사회적 생산성을 증대시키고, 책임성을 확립하는 것을 목표로 하여야 할 것이다. ⑤ 교육 체제의 사회화는 국가발전에 대한 교육의 기여도를 높이는 것을 목표로 하여야 할 것이다. 따라서 교육의 사회화는 교육의 과제를 효율적으로 성취할 수 있도록 교육의 체제와 내용을 조정하는 것, 즉 학교교육의 내용과 학교교육의 제도적인 체계를 뜻하는 교육 체제의 사회화를 의미하는데, 이는 교육의 내용이나 체제를 우리의 현실과 사회의 요구에 알맞게 해 나가는 것이다. 다시 말하면 교육의 제도, 조직, 내용 및 방법의 측면에서 오늘의 역사적 현실에 부합되고, 시대적 및 사회적 요청에 적응하는 교육을 실현하는 것으로

보고 있다.

3. 교육의 사회적 기능

교육은 사회문화의 존속·유지의 기능과 함께 사회문화를 개혁·창조하는 기능을 담당하고 있다. 이러한 교육을 담당하는 대표적인 기관인 학교교육은 사회의 필요에 의해서 의도적으로 조직된 사회제도이며, 사회의 필요를 충족시키는 중요한 기능을 담당하고 있다. 교육의 사회적 기능에 대한 제 학자들의 견해는 다음과 같다.

첫째, 김병성(2007)은 사회적 기능은 과거의 문화유산을 더 중요시하는 보수주의적 관점, 현재의 사회적응을 더 중요시하는 진보주의적 관점, 사회변화를 유도·촉진하고 미래를 위한 사회 개조를 강조하는 사회 개조주의적 관점 등으로 구분하고 있다. 둘째, Anderson의 교육사회적 기능은 미래에 대한 직업의 준비, 좁은 문화로부터 전체 문화로의 확대 참여, 개인적 성장·발달 도모, 사회적 선발, 지식의 보존과 개발 등으로 구분하고 있다(Swift, 1969: 42 재인용). 셋째, 박용헌(1975, 73~83)의 교육사회적 기능은 문화전승, 사회혁신, 사회통합, 사회 충원, 사회이동 등이다. 넷째, 정봉도(1999: 67~76)는 교육의 사회적 기능을 문화유산의 전달 및 창조의 기능, 사회통합 및 통제의 기능, 사회구성원의 선발 및 배분의 기능, 사회 변화 및 혁신의 기능 등으로 나누고 있다. 다섯째, 이종각(2015: 46~48)은 교육의 사회적 기능을 문화유산의 전달의 기능, 사회통합의 기능, 사회 충원의 기능, 사회선발 및 이동의 기능, 사회 개혁적 및 발전적 기능 등으로 분류하고 있다. 여섯째, 김영우 외(2001)는 교육의 사회적 기능을 문화전승의 기능, 사회 혁신적 기능, 사회 통합적 기능, 사회 충원 기능, 사회이동 추진 기능 등으로 분류했다. 일곱째, 김준기(1999: 95~102)는 교육의 사회적 기능을 문화유산의 전달 및 창조의 기능, 사회 통제 및 통합의 기능, 사회적 선발 및 배분의 기능, 사회 변화 및 개혁의 기능 등으로 구분했다.

상기에서 교육의 사회적 기능에 대한 제 학자들의 견해는 다양하게 정의

되고 있다. 교육의 사회적 기능은 한 사회가 안고 있는 특성과 한 사회가 공유하고 있는 교육문화, 국가체제 및 지배이념과 깊은 관련성을 지닌다. 특히 오늘날과 같이 급격한 변화와 개혁이 일반화된 상황에서 학교의 사회적 기능이 더욱 중요한 과제로 등장하게 된다. 이러한 현상과 더불어 교육의 사회적 기능을 크게 1차적 기능 ① 교육의 보수적 기능(사회통합의 기능, 문화 전달 및 창조의 기능, 선발과 분배의 기능), ② 교육의 진보적 기능(사회 개혁 및 변동의 기능, 사회적 이동의 기능)과 부차적 기능이라 할 수 있는 2차적 기능도 수행하고 있다. 이를 살펴보면 다음과 같다(신재흡, 2011; 이현청, 1994).

1) 교육의 1차적 기능

(1) 교육의 1차적 기능

학교는 전통적으로 한 사회가 공유하고 있는 문화, 가치, 이데올로기, 관습 및 태도 등을 유지·발전시키려는 보수적 기능을 수행해 왔다. 특히 학교교육을 통해 사회구성원들로 하여금 한 사회가 공유하고 있는 가치와 문화, 태도 등을 습득케 함으로써 사회통합과 질서 유지를 하려는 기능과 우리 선조들이 축적해 온 문화유산을 유지, 존속시키려는 노력에 의해 현존의 질서와 가치문화를 유지, 발전시키려는 기능을 수행하여 왔다. 학교는 변화를 초래하는 것보다는 현상유지를 하려는 경향을 갖게 된다. 이러한 기능을 중시하는 입장이 기능주의자들의 견해로 볼 수 있다. 이들은 학교의 기능이 사회의 변화를 추구하는 것보다 질서 유지와 균형 그리고 통합을 유지하는 데 있으며, 이를 교육의 보수적 기능이라고 볼 수 있다.

① 사회통제 및 통합의 기능

사회통제(social control) 및 사회통합(social integration)의 기능은 사회의 다양한 요소들이 각기 고유의 기능을 유지하면서, 전체적으로 모순이나 갈등 없이 사회질서를 유지하면서 발전해 가는 기능을 말한다. 개인은 사회구성원으로서 통합되기 위해 반드시 학습하여야 할 학습내용이 있다. 즉, 사회화를 통해 사회의 동질성을 유지함으로써 사회의 안정을 도모할 수 있게 된다. 물론 사회를 통합시킨다고 해서 개인을 수동적이고, 획일화시키며 개인의 독특한 개성을 무시한다는 의미는 아니다. 이러한 측면은 통합과 통제라는 의미에서 다소 차이가 있다. 통합이라는 측면이 개인의 자발성이나 능동적 참여를 다소 강조하는 말이라면 통제라는 것은 다소 강제성을 띤 의미라고 볼 수 있다. 따라서 사회 안정, 나아가 사회 발전을 도모하기 위해서는 자발적인 참여 속에서 사회의 제 기준에 맞추어 행동해야 함은 복잡한 현대사회 속에서 필연적인 것이라 할 수 있다. 예를 들면, 미국 사회는 많은 소수 민족들로 구성된 나라이다. 따라서 시민들은 학교가 많은 사회문제들을 해결해주기를 기대하였고, 또한 이주자들을 동화(assimilation)하여 미국화시키는 소위 용광로(melting pot)로서의 역할을 해주길 기대하였다. 이렇게 함으로써 새로운 이주자들이 미국 사회에서 생산적 역할을 준비하고, 공동체 의식을 갖게 하여 문화적 다원주의를 극복케 하도록 하는 것이었다.

사회통합의 기능은 학교 외에도 여러 기관에서 수행하고 있지만, 특히 학교가 아동 및 학생들에게 잠재적·외현적으로 이러한 사회적 기능을 담당하고 있다. 즉, 학교 교칙 등에 의하여 올바르고 바람직한 행동을 하는 학생에게는 칭찬과 상을 주지만 바람직하지 못한 행위에 대해서는 제재를 가함으로써 학생의 행동을 통제하게 된다. 이와 같은 학교생활을 통해서 학생들에게 좁게는 학교생활에서부터 넓게는 사회구성원으로서 지녀야 할 여러 가지 태도나 가치관을 심어 줌으로써 상호 결속하게 만드는 것이다. 또 학생들은 교장 및 교사의 언행, 복장 등을 모방하기 때문에 결국 자기가 장차 그러한 자리에 있게 될 때에 어떻게 해야 할 것인지의 역할도 학습하게 된다. 이러한 측면에서 학교에서는 교직원, 사회에서는 각종 지도자의 위치에 있는 사람들이 자신들이 모방대상이라는 의식을 갖고서 매사에 임하게 될 때 어른과 아이, 교사와 학생 등 사회 전체 구성원들의 의식에 바람직한 영향을 미치게 될 것이다. 그리고 복잡한 현대사회의 통합 및 통제를 위하여 다양한 사회기제(social mechanism)를 활용한다. 사회의 통제 및 통합을 이루기 위해서는 사회구성원들이 보다 능동적이고 바람직한 방법인 교육을 통하여 공통의 사회의식과 사회의 전체적인 합의를 형성하는 것이며, 이러한 의미에서 교육의 사회적 기능을 더욱 강화하는 것이 중요하다. 따라서 교육이 갖는 사회 통합적 기능이란 사회의 여러 이질적 요소들이 각기 독자성과 고유의 기능을 유지하면서 전체적으로는 모순과 갈등 없이 조화를 이룰 수 있게 하는 기능을 의미하는 것으로, 이는 사회 통제의 기능을 수반한다. 앞으로 남북한이 통일되면 무엇보다 시급한 일 중의 하나가 이질화된 남북한의 주민들을 통일국가의 새로운 국민으로 통합시키는 일이다. 그러나 사회통합을 지나치게 강조하면 사회구성원의 다양성이나 자유를 억제하는 경향을 띠게 될 위험도 있다.

② 문화전달 및 창조의 기능

문화의 의미는 인류가 모든 시대를 통하여 학습에 의해 이루어 놓은 정신적·물질적인 일체의 성과로서, 의식주를 비롯하여 인간이 습득한 지식, 신념, 태도, 가치, 기술·학문·예술·도덕·종교, 규범 등의 물심양면에 걸치는 생활양식과 내용을 포함한다. 즉, 문화란 사회구성원들이 사물을 어떻게 보고, 어떤 것을 해야 하며, 하지 말아야 하는지를 가르쳐주는 행동 양식 혹은 삶이라 할 수 있다.

인간은 태어나면서부터 사물을 인지·판단하는 방법은 물론, 말하고 읽고 쓰기를 할 수는 없으나 곧 성인으로부터 이러한 방법을 가정에서나 학교교육을 통해 점진적으로 배우게 되는 것이다. 특히 형식적 교육기관으로서의 학교는 미성숙자에게 끊임없이 그 사회의 지배문화를 가르쳐 줌으로써 사회구성원으로 성장하게 해준다. 이와 같이 앞 세대가 다음 세대에게 그 사회의 문화를 전달해주는 것을 문화전승이라 하는데, 이러한 문화를 전달해주는 과정은 결국 사회화와도 같은 것이라 볼 수 있다. 사회화란 개인이 자기가 소속한 사회집단에서 필요로 하는 가치관, 태도, 규범 등의 행동 양식을 내면화하고 자기 자신의 독특한 개성을 형성하는 과정이다(Broom & Selznick, 1973: 94). 이러한 것은 인간이 사회적 존재이기 때문에 그 사회에 적응하고 원만한 사회생활을 하기 위해서는 사회화가 필요한 것이다. 이와 같은 사회화의 내용이 되는 것이 다름 아닌 문화습득의 내용인 것이다.

문화가 제공하는 지적인 유산을 젊은 세대로 하여금 터득하게 하고, 과거로부터 전수받고, 현 사회가 공인하는 제반 행동 양식을 습득하여 생활에 적용할 수 있게 하는 교육적 과정이 바로 문화 전달 기능을 수행하는 교육이라 할 수 있다. 그러나 학교교육을 통해 기존의 문화만 전달하는데 그쳐서는 사회 변화에 능동적으로 대처할 수 없게 된다. 따라서 기존의 문화를 바탕으로 하여 새로운 문화를 창조할 수 있도록 해야 한다. 왜냐하면 교육이 문화 전달에만 치우치면 수동적, 획일적 인간을 기를 가능성이 있기 때문이다.

Stroud(1958: 1)는 교육이 현대사회를 보존하기 위한 메커니즘이라고도 할 수 있지만 보다 나은 사회 발전을 위해 공헌할 수 있어야 한다고 하였다. 즉, 교육을 통한 단순한 사회적응 차원을 넘어서서 교육이 인간과 사회개선의 주체로 나아가야 한다는 것이다. 교육을 통해서 그 사회의 앞 세대가 가지고 있던 문화유산을 내면화하여 동화시키는 문화 전달(transmission of culture)의 기능과 미래를 이끌어 나갈 젊은 세대에 대하여 행복과 발전을 지향하기 위한 진보적 시각을 가진 문화 창조(creation of culture)라는 기능을 적절히 수행하지 않으면 안 된다. 따라서 문화 전달 및 창조의 기능을 통하여 사회는 유지되고, 개인은 그 사회에 사회화된다. 문화유산의 전달기능은 모든 사회의 존재 조건의 가장 기본적인 사항이며, 이를 위한 사회제도 중 가장 중요한 것이 교육제도이다. 그러나 과거 문화유산의 전달기능을 지나치게 강조하면 교육은 과거 지향적이거나 보수적인 경향으로 흐를 위험성이 있다.

③ 선발과 분배의 기능

교육은 사회구성원을 사회의 적재적소에 배치하는 역할을 하는데, 특히 학교교육은 인력의 선발·배치에 있어서 중요한 역할을 수행한다. 학력은 사회적 선발 및 배치에 매우 중요한 기준이 되고 있다.

교육의 사회적 선발 및 분배의 기능에 대한 상반된 견해는 다음과 같다.

첫째, 기능주의적 관점은 고학력자가 더 좋은 사회적 지위를 분배받는 것이 정당한 것으로 보고 있다. 둘째, 갈등주의적 관점은 학교교육은 사회계급의 재생산 밖에는 아무것도 하지 않는다는 지적을 하고 있다. 따라서 학교는 업적주의적 사회 정의 실현보다는 계층의 재생산의 도구로 전락되었다고 보고 있다.

Bowles와 Gintis(1976)의 연구에 의하면 중·상류계층의 자녀들은 전문직, 고급관리직, 경영직에 많이 진출하고 있으나, 노동직 부모를 가진 학생들은 기능직 및 단순 노동직에 많이 진출하는데 이러한 사회적 충원은 가정·학교·사회가 서로 연계되어 자본주의 사회의 요구에 부합된 교육의 사회 충원 기능의 문제로 제기되고 있다.

교육의 사회적 선발 및 배치의 기능은 학교의 교육제도 및 운영과도 관계를 갖고 있다. 예를 들면, 단선제(single-track school system)는 대학진학의 기회가 고등학교를 졸업한 자들 모두에게 허용하는 제도로서, 이 제도는 모든 학생들에게 교육 기회를 균등하게 부여한다는 점에서 민주형이라 하는데, 주로 자유 경쟁적 사회이동 방식을 취하는 미국, 일본, 한국 등이 이에 속한다. 이에 비해 복선제(multi-track school system)는 영국, 프랑스, 독일 등에서 주로 실시하고 있는데, 독일의 경우는 학교에서 정치적, 사회적 그리고 학문적 엘리트를 교육하는 계통과 일반대중을 교육하는 계통으로 구분되어 있다. 영국의 경우는 만 11세의 시험(11+) 결과에 따라 대학에 진학할 수 있는 중등학교와 그렇지 못한 학교로 분류된다. 대학에 진학할 수 없는 중등학교에 입학한 학생은 취직을 하게 되며, 중·상류층 가정은 자녀들의 교육에 많은 관심을 갖고 있으며, 학습 환경도 좋기 때문에 상대적으로 대학 진학반에 들어가기가 용이하다. 이러한 현상은 가정환경에 의해 사회이동이 결정된다는 것을 알 수 있다. 그러므로 학교교육의 사회적 선발 및 배치의 기능을 보다 충실히 수행하기 위해서는 선발 및 배치가 학력에 의해서가 아니라 개개인의 능력에 의하여 이루어지도록 노력해야 할 것이다.

민주 사회는 능력과 업적에 따라 사회에 진출하고 승진하고 보상을 받아야 할 것이다. 교육은 누가 이러한 능력을 갖추었는가를 오랜 기간 동안 평가하며 그 결과로 사회선발 및 분배의 기능을 수행한다. 이러한 기능을 제대로 수행할 경우, 그 사회는 교육평등과 사회평등의 이상 실현에 가까워질 수 있을 것이다. 오늘날은 학력주의 사회라는 말이 생겼을 정도로 교육의 사회선발 및 이동의 기능은 크다. 그러나 이러한 기능이 공정하게 또는 평등하게 이루어지고 있느냐에 대해서는 심각한 논쟁이 전개되고 있다.

(2) 교육의 진보적 기능

① 사회개혁 및 변동의 기능

교육의 진보적 기능의 대표적인 경우는 사회개혁과 변동의 기능이라 할 수 있다. 미래 사회를 이끌어갈 학생들을 가르치는 학교교육은 변화와 혁신에 대한 가치와 신념을 길러줄 수 있어야 한다. 이러한 것을 교육의 사회변화 및 개혁의 기능이라 한다.

사회학자인 Inkeles(1969)는 교육이 인간 사고의 근대화에 크게 기여한다고 보고 있으며, 교육의 진보적 기능은 사회에서 기여할 수 있는 과학적이고 합리적인 사고와 합리적인 생활을 영위할 수 있는 가치관과 태도 및 기능을 배양한다고 보고 있다. 또한 교육의 사회개혁과 혁신의 기능에 대한 이러한 관점은 발전 교육론적 관점에서뿐만 아니라 기존 사회체제를 개혁해야 한다는 주장을 내세우는 Freire(1985)의 비판적 입장에서도 찾아볼 수 있다. 즉, Freire의 비판적 입장은 교육에서 사회구성원의 비판적 사고를 배양시킴으로써 사회개혁을 해야 한다고 주장하고 있다. 교육의 진보적 기능을 강조하는 견해들은 학교가 사회의 부정과 인권 그리고 사회가 안고 있는 제 문제들을 개혁하고 혁신하는 기능을 중시해야 한다고 주장한다. 특히 환경 문제, 인구과잉 문제, 소득분배와 불평등 문제 그리고 이와 관련된 사회의 제 문제들은 교육을 통해 해결해야 한다는 견해이다. 그렇지 못할 경우 교육은 단순히 현존 체제와 현 사회를 존속시키는 데 결정적인 역할을 수행하는 '풍요한 엘리트(affluent elite)'의 도구적 역할만을 수행하게 된다고 주장하였다.

교육의 사회 변화 및 개혁의 주도적인 역할에 대한 기능을 주장한 사람은 Brameld이다. ① 전 세대로부터 물려받은 그대로의 문화적 과정을 물려주는 것만이 아니라 옛 생활방식을 개선하고 새로운 문제와 혼란을 해결할 수 있는 능력을 통하여 항상 문화를 변용하고 있다고 보며, ② 문화를 보존시키고 전달하고 유지하며, 이를 보충하는 과정이다. ③ 전 세대로부터 물려받은 제 특성을 시정하고 개선하고 교환하는 과정이라고 주장한다. ④ 오늘날의 문화의 위기를 극복하고 미래를 재건하기 위하여 문화재건주의(cultural reconstructionism)를 제창하면서 교육의 개혁기능을 강조하였다.

즉, 교육은 과거의 문화유산을 전달할 뿐만 아니라 오늘의 문제점을 해결하고, 국가 사회의 발전을 도모하며, 학교는 내부적 개혁을 통해 교육력을 증대시키고 급변하는 사회 변화에 능동적으로 대처할 수 있는 새로운 지식과 기술, 창조력 등을 육성함으로써 사회문제 해결과 미래의 문제점에 대한 대책을 수립함과 동시에 사회개혁 및 변동의 기능을 수행할 수 있을 것이다.

② 사회적 이동의 기능

교육의 진보적 기능 중의 하나는 사회적 지위이동과 사회 변화의 기능이다. 학교교육은 한 개인의 사회적 지위를 결정해주는 가장 중요한 기능을 수행하기 때문에 학교교육이 개인의 사회적 성취를 결정하는 중요한 역할을 담당한다는 연구결과가 많다(Chesler & Cave, 1981; Sewell & Hauser, 1975).

물론 학교교육은 학생의 선발 및 분배의 기능을 수행하지만, 이러한 기능은 엄밀히 말해 보수와 진보의 기능을 동시에 수행한다고 볼 수 있다(이현청, 1994: 131). 이러한 측면에서 사회적 이동의 기능은 진보적 기능뿐만 아니라 보수적 기능으로 구분할 수도 있다. 그러나 사회적 지위나 경제적 분배뿐만 아니라 구조적 이동까지를 감안한다면 사회적 이동의 기능은 주요한 진보적 기능이라 볼 수 있다. 또한 교육이 보수적 기능만을 수행할 때 그것이 사회의 수직적 이동이든 수평적 이동이든 원활하게 이루어질 수 없을 뿐만 아니라 특정 계층이나 특정 지역 혹은 특정 집단을 재생산하는 기능을 수행하게 된다. 그러므로 교육의 사회적 이동의 기능 수행이 건전할 때 소위 능력 중심의 평등사회가 가능한 완전 이동에 근접할 수 있다 하겠다. 그러나 교육의 지위 이동의 기능만을 지나치게 맹신할 경우 우리나라가 겪고 있는 시험지옥 또는 시험광 등의 병리현상과 더불어 교육에 대한 잘못된 사고, 교육신화에 집착하게 된다.

2) 교육의 2차적 기능

교육의 사회적 기능은 전술된 1차적인 기능 이외에도 부수적인 2차적 기능을 수행하게 된다. 2차적 기능은 학교가 1차적인 기능을 수행하는 과정에서 부수적으로 나타난 역할이라고 할 수 있는 것으로서, 탁아소의 역할, 하류 문화 전달의 역할 그리고 구혼의 장소가 되는 역할 등을 수행하게 된다. 또한 학교나 학생문화 형성의 기능도 아울러 수행하게 된다(이현청, 1994: 135~137).

학교가 탁아소의 역할을 수행한다는 것은 중요한 의의를 갖는다. 즉, 학교의 탁아소 역할은 가정에서 여성의 역할에 변화를 촉진시킬 수 있는 의미를 내포한다. 특히 오늘날처럼 사회가 발전됨으로써 여성 역할의 변모를 초래하고 여성의 사회 인식과 가족생활에 변화를 경험하는 사회에서는 이러한 2차적 기능이 더 중요시된다. 그러나 학교가 탁아소 역할을 수행함으로써 제기되는 문제점도 배제할 수 없다. ① 조기 교육과 관련된 쟁점으로서 가정과 사회의 역할에 대한 쟁점이다. 즉, 아동의 초기 사회화의 책임은 누구에게 있느냐 하는 문제이다(Ballantine, 1983: 30~36). 일반적으로 1차 사회화의 책임은 가정에 있고, 특히 어머니의 역할이 중요하다는 점은 인식되어 온 사실이다. 따라서 지나친 조기교육은 부모의 사회화 방법과 학교의 사회화 방법에 갈등을 초래할 염려가 있다. ② 제도적 사회화(instutionalized socialization)가 획일적인 인간을 만듦으로써 창의성 있고 개성적인 인간 형성에 장애요소가 된다는 지적이다. 이 외에 또 다른 문제로서는 여성의 사회 진출에 따른 가정에서의 남편과 부인의 역할 갈등이 대두될 수 있다. 그러나 무엇보다 중요한 사실은 교육을 사회나 학교에만 의존하려는 '제도적 지향관'을 야기할 뿐만 아니라 가정에서의 교육포기 현상이 일반화될 염려가 있다. 특히 우리나라의 실정은 이러한 현상이 더욱 심화될 소지가 많기 때문에 역으로 생각하면 그만큼 학교의 역할이 중요시된다. ③ 학교는 학과학습 이외에도 과외활동을 통해 구혼의 역할을 수행하게 된다. 특히 전통적 결혼관습에서 탈피하고 있는 산업 사회에서는 교회나 학교가 중요한 결혼의 중매 역할을 담당하게 된다. 그러나 이 기능이 강조될 경우 학교 본연의 기능이 약화되어 자칫 반지성주의 경향이나 파티학교(party school)의 특성을 띨 우려가 있다(Arthur, 1981). ④ 또 다른 2차적인 기능은 하류 문화 전달의 역할과 학교문화 그리고 학생문화를 형성하는 역할을 들 수 있다. 학교는 각기 다른 계층의 학생들이 모여 집단을 형성하기 때문에 개인적인 차원에서 볼 때에는 각기 다른 하류문화를 서로 교환하게 되며, 동년배집단이라는 측면에서 볼 때 그들 특유의 학교 문화를 형성하게 된다. 이러한 점에서 학교문화 형성의 1차적인 기능이 2차적 기능에 우선할 경우에는 반문화(counter-culture) 형성이 가능해지고 학교는 바람직한 사회적 기능을 수행하기가 어렵게 된다.

학교는 앞에서 논의된 사회적 기능들을 종합적으로 수행할 뿐만 아니라 1차적 기능과 함께 2차적 기능을 동시에 수행한다는 측면에서 결코 단순한 역할을 행한다고 볼 수 없다. 학교가 한 사회에서 바람직한 사회적 기능을 수행하기 위해서는 한 사회에 내재되어 있는 가치, 신념, 구성원들의 교육에 대한 지각이 올바로 정립되어 있을 때만이 가능하다 하겠다.

Jarolimek(1981)은 학교의 사회적 기능을 심적 훈련, 기초를 다지기 위한 교육 사회에의 적응, 문제 해결과 비판적 사고배양, 사회변동을 위한 교육 및 자아실현을 위한 교육기능 등으로 구분하면서 사회의 본질이 교육의 사회적 기능을 결정한다고 주장하고 있다.

교육의 사회적 기능은 가정의 사회화 기능과의 연계성을 고려할 필요가 있으며, 사회적 기능을 하는 이들 두 기관인 학교와 가정 간에 개재된 제 요인들에 의해 성공 여부가 결정될 수 있다.

연습 및 탐구문제

1. 사회화의 필요성에 대하여 설명하시오.

2. 교육이 사회화에 어떤 기능과 역할을 하는지 설명하시오.

3. 사회화 담당자로서 가정, 매스미디어 및 또래집단의 기능에 대해 생각해 보시오.

4. 중요한 타자로서 부모나 교사가 학생들에게 훌륭한 모델이 되기 위해 어떤 태도를 가져야 하는지 설명하시오.

5. 사회화의 단절과 실패의 예를 설명하고, 이에 대한 대처방안을 모색해 보시오.

6. 대중매체가 전달하는 내용의 성격을 진술하고 현대인에게 미치는 영향과 관련하여 긍정적인 점과 부정적인 점을 설명하시오.

7. 또래집단이 사회화에 미치는 영향을 설명하시오.

Reference 참고문헌

강유정·김영훈·최성열(2018). **교육사회학**. 서울: 동문사.
권이종 외(1999). **신교육사회학탐구 -학교교육과 사회교육의 새로운 이해-**. 파주시, 경기도: 교육과학사.
김대연(1982). **교육사회학**. 서울: 학문사.
김준기(1998). **교육사회학**. 서울: 재동문화사.
김병성(2018). **교육사회학 3판 –학교사회-문화분석**. 서울: 학지사.
김병성(2007). **교육과 사회**. 서울: 학지사.
김병희·김경식·김형구·박형진·윤주국·이현철(2009). **교육사회학**. 고양시, 경기도: 공동체.
김영우 외(2001). **교육사회**. 서울: 동문사.
김희수·홍성훈·최정선·이정미(2015). **교육사회학**. 서울: 동문사.
류윤석 외(2003). **교육사회학**. 파주시, 경기도: 교문사.
박용헌(1975). **학교 사회**. 서울: 배영사.
성낙돈·안병환·가영희·노재화(2017). **교육사회학**. 서울: 동문사.
신재흡(2011). **교육사회학**. 서울: 동문사.
안병환(2012). **교육사회학의 이해**. 고양시, 경기도: 공동체.
이인원·권성민·장세리·한진주(2017). **교육사회학**. 파주시, 경기도: 양성원.
이종각(2015). **개정증보판 새로운 교육사회학총론**. 서울: 동문사.
이현청(1994). **교육사회학**. 파주시, 경기도: 양서원.
주동범·김정희·정일환(2016). **교육사회학**. 서울: 동문사.
정봉도(1999). **교육사회학**. 서울: 동문사.
차경수·최충옥·이미나·옹정근·남기석(2010). **교육사회학의 이해**. 파주시, 경기도: 양서원.

Arthur, Levine.(1981). *When Dreams and Heroes Died*. San Francisco: Jossey-Bass Publishers.
Baldridge, J. V.(1975). *Sociology*. New York: John Wiley & Sons.
Ballantine, J. H.(1983). *Sociology of Education*. London: Practice Hall.
Bern, R. M.(2007). *Child, Family, School, Community*. Thomson: Australia.
Bowles, S., & Gintis, H.(1976). *Schooling in Capitalist America: Education Reform and the Contradictions Life*. New York: Basic Books.
Broom, L., & Selznick, P.(1973). *Sociology*(5th ed.). New York: Harper & Row, Publishers.

Brown, F. J.(1965). *Educational Sociology*. New Jersey: Prentice-Hall.

Fend, H.(1970). *Sozialisierung und Erziehung*. Beltz Studienbuch: Basel.

Freire, P.(1985). *The Politics of Education*. New York: Seabury Press.

Horton, P. B., & Hunt, C. L.(1980). *Sociology*. Tokyo: McGraw-Hill Kogakusha LTD.

Inkeles, A.(1969). "Making Man Modern." *American Journal of Sociology*, Vol. 75, No. 2(September), 209~225.

Jarolimek J.(1981). *The Schools in Contemporary Society*. New York: Macmillian Publishing Co.

Lippit, Ronald.(1968). "Improving the Socialization Process." *Socialization and Society*, edited by J. A. Clausen, Boston: Little, Brown and Co., 335.

Mussen, P. H., Conger, J., & Kagan, J.(1979). *Child Development and Personality*. New York: Harper & Row.

Ornstein, A. C., & Levine, D. U.(1981). *Foundations of Education*. Boston: Houghton Mifflin Company.

Schramm, W.(1971). *The Nature of Communication Between Humans*. In W. Schramm & D. F. Robers(eds). The Process and Effects of Mass Communication, Urbana, Ill.: University of Illinois Press.

Stroud, J.(1958). *Psychology in Education*. New York: Longmans Grean.

Weiss, T. M., & Hoover, K. H.(1960). *Scientific Foundations of Education*. Brown Company Publishers.

CHAPTER 5

학교사회와 교육

학습목표

1. 학교의 발생과 특성을 설명할 수 있다.
2. 조직화된 무질서 조직에 대해서 설명할 수 있다.
3. 학교의 사회적 기능에 대하여 설명할 수 있다.
4. 갈등론적 입장(경제적 재생산 이론, 문화적 재생산 이론, 저항 이론)에서 학교교육에 대한 모순을 지적하고 비판할 수 있다.

Keyword

전문적 조직, 전문적 관료조직, 순치 조직, 조직화된 무질서 조직, 이완 조직, 이중 조직, 교직원 집단, 학생 집단, 학교의 사회적 기능

원시시대의 교육은 오늘날의 교육 형태와는 달리 삶의 방식을 터득하는 것이었다. 부모 및 집단의 성인들이 교사 역할을 수행했고, 교육내용 또한 삶의 방식 터득이었다. 따라서 체계적이고 계획적인 교육이 이루어졌다고 보기는 어렵다. 하지만 사회 구조가 점점 복잡해지고 지식의 양이 점증함에 따라 일정한 장소에서 보다 계획적이고 체계적인 교육이 필요하게 되었다. 그래서 출현한 것이 학교이다.

5장에서는 학교의 발생 및 특성, 학교 조직의 속성, 학교의 구조화 조직 구성원, 학교의 사회적 기능, 학교교육에 대한 옹호론과 비판론 등에 대해서 고찰하기로 한다.

제1절 학교의 발생 및 특성

여기에서는 학교의 발생, 사회집단으로서의 학교의 특성, 학교의 중간집단으로서의 특성 등에 대해서 고찰하기로 한다(류윤석 외, 2003; 김영우 외, 2001).

1. 학교의 발생

학교는 축적된 문화의 전달을 위해서 생겨난 특수집단으로 볼 수 있다. 원시 사회의 발전단계에 있어서 문화의 축적이라는 객관적인 사실과 사회통제를 위한 하나의 도구로서 문화를 전달해야 한다는 사실이 학교 발생의 중요한 조건이 된다. 그러므로 학교는 사회적인 측면에서 사회의 발달된 모든 문화를 후대에 전달해주고, 문화를 보존하도록 하는 사회적인 성격을 가지고 있다(황종건, 1961: 58). 학교가 발생하기 전에도 문화유산의 전달 작용이 있었는데, 그것은 가정, 직장이나 일터, 근린에서의 일상생활을 통하여 행하여졌다. 하지만 사회의 발전에 따라 문화가 지속적으로 축적됨에 따라 일상생활에 의한 무의식적 문화의 전달과 학습으로는 이를 감당할 수 없게 되어, 특별한 기회를 얻어 특정한 공간에서 특정한 사람에 의해 문화유산을 전달할 사회적 필요가 생겼다(이규환, 1976). 이것이 학교 발생의 원인인 것으로 추측된다.

2. 사회집단으로서의 학교의 특성

학교는 넓은 사회 안에 있는 하나의 사회집단으로서 그 자체의 조직화된 생활을 영위한다. 또한 학교는 가정, 교우집단 등과 마찬가지로 일종의 사회제도로서 가족집단이나 교우집단처럼 학교는 학생을 사회화시키고, 보다 넓은 문화를 전달하는 하나의 사회기구로서 작용한다.

집단으로서의 학교는 세 가지 측면으로 고찰할 수 있다. ① 학교는 사회집단의 하나로서 사회적 기능의 일부를 분담하고 있으며, ② 학교가 하나의 사회 조직체로서 독자적 기구나 규범을 가지며, 그 구성원의 행동에 일정한 양식이 있는 점이고, ③ 학교를 내면에서 관찰해보면 여러 사람 간의 인간관계에 의해 구성되고 있다는 것을 알 수 있다(이규환, 1976: 104).

한편 학교집단은 다음과 같은 일반적 특성을 가지고 있다(김영우 외, 2001). ① 내용상으로는 명백히 교육이라고 하는 단일 기능집단에 속한다. ② 지속성에서는 비교적 항구적이다. ③ 구성원의 이동이 매년 주기적으로 일어난다. ④ 구성원은 일정한 자격이 필요하다. ⑤ 하나의 조직된 집단이다. ⑥ 기능면에서는 비영리적 활동 집단이다. ⑦ 조직을 지배하는 원리는 민주적이다. ⑧ 학급이란 하위집단으로 구성된 집단이다. ⑨ 학교는 하나의 사회 조직체로서 독자적인 기구와 규범을 가진다. ⑩ 학교는 사회집단의 하나로서 사회적 기능의 일부를 분담하고 있다.

3. 학교의 중간집단으로서의 특성

학교는 사회제도의 하나로서 특정한 목적 하에 교사와 학생이 그들의 특정 목표 달성을 위해 모인 이익사회이자, 제2차 집단이다. 학교는 문화의 전달을 주목적으로 하여 교사와 학생이 자의적으로 모여 목적적인 의지를 가지고 상호작용하는 집단이므로, 이 점에서 학교는 분명히 제2차적 집단이다. 하지만 학교 집단을 구성하고 있는 소집단인 학급집단, 교사집단, 과외 활동반 등은 1차 집단적 성격으로 변한다. 그러므로 학교는 상반된 두 집단적 성격을 동시에 갖고 있으며, 제1차적 집단과 2차적 집단의 성격을 동시에 가진 점에서 중간집단인 것이다. 중간집단으로서의 학교는 다음과 같은 사회적 특성을 지닌다(이규환, 1976: 196).

첫째, 학교는 일정한 인구를 가지고 있다. 학교는 가르치는 사람과 배우는 사람으로 구성된 하나의 인구집단이다. 교사와 학생은 성숙과 권위, 사회적 지위와 교육적 역할에 의하여 구분된다. 학교의 인구는 고도로 변하기 쉬우며 일시적이고 불안정하다.

둘째, 학교에는 정치적 구조가 있다. 학교 집단은 정치적 구조 및 행정적 구조를 통해서 사회적인 상호 관계를 이루어간다. 학생은 교사의 권위에 순응하고 교사는 교장의 감독 하에 있고, 교장은 교육위원회 등 상위 감독청의 행정적 지휘 및 감독을 받고 있다. 이렇게 학교 집단 구성원의 신분과 역할을 규정짓는 조직은 학교 사회의 질서를 유지하는 데 필요하다.

셋째, 학교에는 사회관계의 망상조직(網狀組織)이 있다. 학교는 복잡한 상호 관계 속에서 이루어진다. 교사집단은 계급, 지위, 학벌, 동료 의식에 따라 부분집단으로 나뉘고, 학생집단은 연령, 지능, 취미, 또래 등에 따라서 여러 소집단으로 나뉘어 집단 상호간 사회적 관계를 만들어 가는데, 학교의 대표적인 사회관계에는 지역사회와 학교관계, 학생 상호 간의 관계, 교사 대 학생관계, 교사 상호간의 관계 등이 있다.

넷째, 학교에는 '우리'라는 감정이 충만해 있어서 '우리'라는 집단감정이 작용한다. 즉, 학교 집단은 '우리'라고 하는 공동체 의식으로 결속된 집단이다.

다섯째, 학교에는 독자적인 학교 문화가 있다. 학교는 완전 사회 형태를 구비한 단일기능 집단이고, 강제적으로 형성된 조직을 가진 항구적 집단이며, 비영리적이고 개방된 집단으로 통일(학년)과 분할(학급)의 원칙 하에서 편성되고, 일정한 유동성(입학, 진급, 학급개편)을 가진 집단이다.

제2절 학교조직의 속성

교육조직은 복잡한 조직(complex organization)으로서 다른 조직들과 여러 측면에서 유사한 점도 많지만, 다른 조직과는 전혀 다른 독자성을 가지고 있다. 일반적으로 학교조직을 설명하는 데 있어서 적용되는 이론은 일반 행정조직 이론이나 기업조직 이론이다. 학교조직도 다른 조직과 마찬가지로 일정한 목적을 달성하기 위해 협동하는 사람들의 집단이기 때문이다. 하지만 학교는 여러 가지 측면에서 여타 조직과 다른 독특한 측면을 가지고 있다. 학교조직의 고유한 성격은 i) 교육의 전통, ii) 교직의 전문적 특성, iii) 다양한 관리 이론의 발전, iv) 학교에 대한 일반 대중의 큰 기대 등에 의해 영향을 받아 새롭게 부각되는 측면이다.

교육조직의 특성에 대한 제 학자의 견해는 다음과 같다. 박성식(1998)은 교육조직의 특성으로 전문적 관료제, 순치조직, 조직화된 무정부, 이완결합

체제 등으로 설명하였으며, 주삼환 외(2009)는 학교조직의 성격을 관료적 성격, 전문적 성격, 조직화된 무질서 상태의 성격, 이완결합 체제의 성격 등으로 구분해서 제시했다. 이순형(2004)은 학교 조직의 특징을 전문적 조직, 전문적 관료제, 이완결합 체제, 학교조직 구조의 이중성 등으로, 윤정일 외(2009)는 전문적 관료제, 조직화된 무질서조직, 이완조직, 이중조직 등으로 제시했다.

여기에서는 상기 여러 학자의 견해를 종합해서 교육조직의 특성을 전문적 조직, 전문적 관료조직, 순치조직, 조직화된 무질서조직, 이완조직, 이중조직 등 여섯 가지로 구분해서 제시하고자 한다.

1. 전문적 조직

학교가 전문적 조직이라는 특성은 교사가 다수의 미성년 학습자들을 이끌어 나가는 활동이 그들이 지닌 전문적 권위에 의해 영위된다는 특징에서 비롯된다. 교직이 전문성을 지닌다는 것은 두 가지 측면에서 분석될 수 있다. 교직은 고도의 지성을 필요로 하는 정신적 활동으로 장기간에 걸친 교육 훈련을 받지 않고는 수행되기 어렵다는 점이다. 한편 의사, 변호사와 같이 고도의 자율성과 사회적 책임성이 요구된다는 점이다. 교직이 전문직이냐 아니냐에 대한 논의가 근본적으로 배제되고 있는 것은 아니지만, Liberman(1956)이 제시하는 전문직의 조건이나 우리나라 표준 직업 분류에 따르면 교직은 분명히 전문직에 속하는 것으로 이해된다.

전문직으로서의 교사의 특성을 요약하면 다음과 같다(이순형, 2004). ① 교직은 고도의 지적 능력을 필요로 하며 계속적인 수행에 부단한 연구가 수반되어야 한다. ② 교사가 되기 위해서는 장기간의 준비 교육이 필요하며, 교사가 된 이후에도 직무의 성장을 위해 지속적으로 노력을 해야 한다. ③ 직무의 성격상 봉사 지향적이어야 하며 사회적 책임이 강조된다. ④ 전문직에게 요구되는 윤리 강령이 최고의 규범으로 제시되고 있다. ⑤ 자신들의 권익 향상을 위해 자율적으로 단체를 조직하고 스스로 그 권익을 신장해

나간다.

즉, 교직이 지니는 이 같은 전문직적 속성은 직무 수행 측면에서 특별히 자율성이 요구된다. 자신들의 전문적 지식에 의해 진단하고, 처방 및 처치하는 의사들과 같이 상부기관이나 감독자로부터 업무 수행에 대한 의사결정이나 지침을 부여받기보다는 그들이 지닌 고도의 지식과 기능, 또한 그들의 의사를 최대한 존중해 업무를 처리하도록 하는 것이 그 효과를 높일 수 있다고 생각한다. 나아가 학생들을 지도함에 있어서도 그들의 개인차를 파악하고, 필요한 교수 프로그램을 적절히 투입하여 가르치는 일은 창의적이고 바람직하다고 여겨진다. 이와 같은 측면은 전문직의 권위와 그 행사에 있어 자율이 기본적인 것임을 말해 주고 있다.

그러므로 학교조직이 전문적 조직이라 함은 그 핵심적 과업인 수업에서 이를 담당하고 있는 교사들의 직무 활동 구조가 독특한 성격을 지니는데서 비롯되는 성격이라 할 수 있다. 하지만 교직은 이러한 전문적 특성에 비추어 볼 때 기본적인 조건은 구비하고 있으나 아직은 다소 미흡하다는 비판의 목소리가 없는 것은 아니다. 이러한 것은 교직 자체가 가지고 있는 성격에서 오는 경우도 있으며, 교사들의 전문적 지향성 노력의 결여에서도 올 수 있다. 또한 정치·행정적 제도와 환경적 여건에서 기인한 것도 있을 수 있다. 그러기에 교육의 전문화를 더욱 촉진하기 위한 방안 모색의 노력이 필요하다.

2. 전문적 관료조직

관료제는 현대 행정조직의 가장 일반적인 조직 형태이다. 학자에 따라 관료제가 행정관리를 위한 가장 이상적인 도구라고도 하며, 인간의 기본적 자유를 해치는 권위적·독선적인 도구라고도 한다. 하지만 거의 대부분의 현대 행정조직이 관료제적 성격을 가지고 있다.

학교도 우선적으로 관료제적 특성을 갖는다고 볼 수 있다. 그러나 학교조직에서 권한계층의 하위에 위치하고 있는 교사들은 고도의 교육을 받았고, 또 자신들을 전문가로 생각한다는 점에서 많은 다른 관료제와 다르다. 교사들은 독립적인 한정된 교실에서 각기 다른 배경의 학생들을 가르치면서 상당한 자유 재량권을 행사한다. 또한 다른 관료제 조직의 하위층에서 일하는 사람들과는 대조적으로 교사들에게는 철저한 감독과 표준화된 직무수행 지침을 적용하기가 곤란하다. 교사들은 조직의 규정에 따라 과업을 수행하는 측면도 있지만, 전문가로서 자율성을 가지고 있기 때문에 자신의 전문적 지식과 판단, 전문직의 행동 윤리에 따라 과업을 수행하는 측면도 있다. 다시 말하면, 교사들은 학습자들을 다룰 때 항상 공식적이고 보편적인 기준이나 원칙만을 엄격하게 적용하는 것이 아니라, 때로는 학생에 대한 감화력을 강화하기 위해서 특정한 학생에게 비공식적이고 특수한 기준이나 원칙을 적용하기도 한다. 학교 행정가들은 교사들이 고도의 교육과 훈련을 받은 전문가라는 사실을 인정하여 교육과정 편성과 운영, 교수-학습활동, 교육평가 등과 같은 전문적 문제들에 관한 의사결정에 교사들의 자발적·적극적 참여를 유도하고 있다. 이상과 같은 여러 가지 특성들로 인해 학교 조직은 전문적 관료제로 인정되고 있다.

학교에서는 교사들이 전문가임을 인정하고, 의사결정에서 교사들의 보다 많은 참여를 보장하고 있다. 그러나 학교에는 항상 교사들에게 어떤 규칙을 적용해야 하며, 누가 그러한 규칙을 제정하느냐와 같은 논쟁적 문제 등 관료적 가치와 전문적 가치 사이의 갈등을 일으키는 많은 논쟁점들이 존재한다. 그렇기 때문에 학교조직의 특성은 단순한 관료제만으로는 설명이 불가능하며, 관료제와 전문직제의 혼합적인 조직 형태로 전문적 관료제로 이해하는 것이 타당할 것이다.

3. 순치조직

Carlson(1964)이 제시한 명명한 순치조직(domesticated organizations)이라는 개념은 학교조직의 독특한 특성을 이해하는 데 많은 시사점을 제공한다. 순치조직은 자기 조직에 들어오는 고객을 통제하지 못하고, 조직의 고객도 조직 참여에 대한 선택권을 갖지 못한다. 즉, 순치조직은 법에 의해서 조직이 고객을 받아들이지 않으면 안 되고, 고객도 조직에 참여하지 않으면 안 된다. 이러한 특성은 때때로 학교에 다니기를 원하지 않았던 학생들을 학교가 책임지고 교육해야 하고, 반대로 학교가 등록하지 않았으면 하고 바랐던 학생들도 가르쳐야 할 의무가 있다는 것을 암시한다. 순치조직의 생존은 법에 의해서 보장되기 때문에 고객 확보를 위한 치열한 경쟁이 없으며, 재정 지원의 수준도 고객의 질과는 관계가 없고 오직 양에만 관계가 있다. 이러한 특성은 학교조직의 안정성을 보장해주지만, 전통적으로 학교조직이 왜 변화에 둔감하였는가를 설명해 주는 중요한 이유가 되기도 한다. 순치조직에 있어서 가장 어려운 문제는 어떻게 하면 고객들의 동기를 유발시켜서 조직에 적응하도록 하느냐 하는 것이다. 왜냐하면 조직은 고객을 위해 봉사하고 있지만, 고객은 조직에 참여하여 적응하도록 강요당한다고만 생각하여 조직의 봉사에는 전혀 관심이 없기 때문이다.

일반적으로 학교조직은 선발하지 않은 학생들을 수용하고 통제하는 데 두 가지 적응 기제(adaptive mechanism)를 사용해 왔다. 하나는 소위 불량 학생이라고 일컬어지는 학생들을 분리하여 특수한 통제방법을 사용하는 것이며(예 : 능력별 학급편성, 직업학교, 야간학교 등), 다른 하나는 모범 학생에게는 우선적인 대우(예 : 학업성취도, 심화된 교육과정 제공 등)를 해주는 것이다. 한편 학생들 역시 학교에 대한 적응 기제를 가지고 있다. 하나의 극단은 학생들이 학교의 생활을 즐거운 것으로 받아들이는 적극적 수용적 적응이고, 다른 반대의 극단은 중도 퇴학이라는 것이다(박성식, 1998: 120~121).

4. 조직화된 무질서조직

학교는 Cohen, March와 Olsen(1972: 1~19)이 제안한 무질서 속의 질서 또는 조직화된 무질서(organized anarchy)조직이라는 조직의 범주를 통해 설명될 수 있다. 이 조직은 ① 불분명한 목표, ② 불확실한 기술, ③ 유동적인 참여 등을 특징으로 한다.

교육조직은 명료한 목표와 그 목표를 실천하도록 하는 기술이 무엇인가를 찾아내기가 어렵고, 구성원의 유동적인 참여를 특징으로 한다는 점에서 그러한 조직 특성을 나타내고 있다.

첫째, 불분명한 목표(problematic goals)이다. 학교의 교육목표는 학교조직의 방향을 제시해주고, 학교의 존재 이유가 된다. 그러나 학교의 교육목표는 너무 일반적이고 추상적이어서 분명하지 않고 상세화하기 어렵다. 실제로 목표들은 시간의 경과와 더불어 변한다. 목표들은 학교의 한 부분과 다른 부분에서 서로 다르다. 대부분의 목표들은 행동으로 전환하기 어려운 용어들로 진술되어 있다. 따라서 목표들 간에 갈등이 있으며, 이러한 갈등은 쉽게 해결되지 않는다. 비록 목표들은 관찰 가능한 행동으로 전환하여 조직 구성원에게 제시하는 것이 가능할지라도, 그와 같은 전환은 불안정하며 조직의 모든 구성원들이 받아들일 수 있는 목표는 아니다. 목표에 대한 진술들은 대부분 행정적으로 도움이 되지 않는 진부한 것들이다.

둘째, 불확실한 기술(unclear technology)이다. 교육조직의 기술이 불명확하고 구성원들에게 잘 알려져 있지 않다. 교육조직에서는 아주 많은 기술들이 활용되지만, 그들이 학습자에게 어떠한 영향을 미칠지에 대해서는 분명하게 말할 수 없다. 특히 어떤 방법과 자료를 활용해야 학습자들로 하여금 요구된 목표에 도달하게 할 수 있는지에 대해 교사와 행정가, 장학담당자들의 합의된 견해가 없다.

셋째, 유동적 참여(fluid participation)이다. 교육조직에서의 참여는 유동적이다. 학생들은 입학한 후 일정 기간이 지나면 졸업한다. 교사와 행정가도 때때로 이동하며, 학부모와 지역사회 관계자도 필요시에만 참여한다.

5. 이완조직

학교조직의 독특한 측면을 이해하는 데 도움이 되는 또 하나의 관점은 Weick(1976: 3)의 이완조직(ioosely coupled system)이라는 개념이다. '이완', 즉 '느슨한 결합(ioosely coupled)'이란 연결된 각 사건이 서로 대응되는 동시에 각각 자체의 정체성을 보존하면서 물리적·논리적 독립성을 갖는 경우에 쓰는 말이다. 교육조직의 경우에 상담실이 그 좋은 예이다. 학생 상담과 관련하여 학교장과 카운슬러는 어느 정도 관계를 맺고 있다. 그러나 양자는 각자 정체성과 독립성을 보유하고 있다. 이들의 결합 관계는 견고하지 않으며 상호 간에 영향력이 약하고 제한적이다.

고도로 구조화된 조직과는 달리 이완조직에서만 나타나는 몇 가지 특성들이 있다(Campbell, Corbally & Nystrand, 1983). 그것은 ① 환경 변화에 적응하기 위해 한 조직에서 이질적인 요소들이 공존하는 것을 허용하며, ② 광범한 환경 변화에 대해 민감하게 되어야 하고, ③ 국지적인 적응을 허용하며, ④ 기발한 해결책의 개발을 장려하고, ⑤ 다른 부분에 영향을 주지 않는 한 체제의 한 부분이 분리되는 것을 용납하며, ⑥ 체제 내의 참여자들에게 보다 많은 자유 재량권과 자기 결정권을 제공하고, ⑦ 부분 간의 조정을 위하여 비교적 소액의 경비가 요구된다는 점이다.

한편 Meyer와 Rowan(1983)도 학교의 중심적 활동인 수업이 조직 구조의 통제로부터 벗어나 있음을 지적하면서 교육조직을 이완조직의 측면에서 이해해야 한다고 하였다. 즉, 교육평가와 교육과정, 교수방법, 교육권 등에서 교육행정가는 교사를 통제할 위치에 있지 못하기 때문에 학교는 이완조직의 측면에서 신뢰의 논리에 의해 운영되어야 한다는 것이다.

6. 이중조직

이완조직의 개념만으로는 학교조직을 설명하기 어렵다. 학교는 느슨하게 결합된 측면도 있지만, 엄격한 관료제적 특성을 지니고 있지 때문이다(Owens, 1987). 사실 학교의 중심적인 활동인 수업의 경우를 보면 교장과 교사는 매우 느슨하게 결합되었다는 생각을 하게 된다, 그러나 학교는 수업행동에 영향을 미치는 많은 관료제적 장치들을 가지고 있다. 예를 들어, 수업시간 운영, 학습 집단 구성, 인적·물적 자원의 활용에 대한 것 등은 대체로 엄격한 통제를 하고 있다. 특히 수업을 제외한 많은 학교 경영활동들, 예를 들어 인사관리, 학생관리, 시설관리, 재무관리, 사무관리 등에서는 교장과 교사가 보다 엄격한 결합을 맺고 있다.

즉, 학교는 이중조직이라는 관점에서 이해할 필요가 있다. 구체적으로 수업 등과 관련한 특정한 측면에서 볼 때는 느슨한 결합 구조를 가진 조직으로 이해할 수 있으나, 행정관리라는 보편적인 조직관리의 측면에서는 엄격한 결합 구조는 갖고 있다는 것이다. 때때로 지나친 독립성이 조직의 생산성과 효율성을 떨어뜨릴 수 있는 반면, 엄격한 경직성도 교사들의 사기를 떨어뜨려 과업 수행의 효과를 감소시킬 수 있다. 그러한 점에서 학교 행정가는 느슨한 결합과 엄격한 결합의 단점을 극복하고 양자의 순기능을 최대한 확보할 수 있는 안목과 정략 수립 능력을 갖추어야 한다.

상기에서 교육조직을 전문적 조직, 전문적 관료제, 순치조직, 조직화된 무질서조직, 이완조직, 이중조직 등으로 고찰한 바를 참고하여 교육조직의 특성을 제시하면 다음과 같다.

첫째, 교육조직이 추구하려는 궁극적 목적이 교육이라는 것이다. 군대·병원·회사 등 다른 조직에도 교육적 기능이 존재하지만 그것은 어디까지나 본래 그 조직의 설립 목적에 기여하기 위한 수단에 불과하다. 교육조직은 그 설립 목적 자체가 교육사업인 것이다. 그런데 교육이 달성하려는 목적이나 목표는 장기성·비긴급성·모호성이라는 특징을 가지고 있다.

둘째, 교육조직은 이중적 구조이다. 학교의 구성원인 교사는 장기간의 직전교육과 상당 기간의 학습을 통해 고도의 식견과 훈련을 받은 전문가이며, 그렇기 때문에 과업 수행상의 융통성과 의사결정의 자율성이 요구된다. 교사는 교수-학습에 관한 한 행정 및 관리직보다 더 전문가이며 그들 나름의 독자적인 문화를 형성한다. 이에 대해 교육의 대상인 학생집단 또한 그들 특유의 가치 체제와 문화를 가지고 교사집단과 공존하는 것이 학교조직이다. 따라서 이들 양 집단을 조정하여 교육의 효과와 능률은 극대화해야 할 교육 행정가 역시 전문직으로서의 속성이 요구되는 것이다. 그리고 교육조직의 관료제적 특징을 간과할 수 없다. 교원의 임용 구조의 교무분장 조직, 행·재정지원 체제, 제반 법규와 이의 준수, 문서에 의한 업무 처리 등은 불가피하게 교육조직의 관료제적 성격을 부인할 수 없다. 따라서 교육조직은 어떤 측면에서는 이완조직의 성격과 더불어 관료제적 성격을 지니고 있다. 이와 같이 교육조직의 특성은 이원 구조 또는 이원 체제를 근간으로 하는 복합조직이라고 할 수 있다.

셋째, 교육조직의 과업은 인간 사업이다. 학습자들에게 개별적·상황적으로 다루어 그들의 욕구를 최대한으로 충족시키기 위하여 무엇보다도 인간관계가 중요시된다. 따라서 인간관계는 학습의 효과와 교육행정의 효능을 가져오는 요인이 된다는 것이다. 교육조직은 투입-과정-산출의 대부분이 인간일 뿐만 아니라 교육이란 인간집약적 활동인 것이다.

넷째, 교육조직에서는 교원의 업무 수행상의 자율성과 더불어 학습자들의 자율성이 중요시된다. 그들의 핵심적 과제는 학습이기 때문에 학습의 원리로서 자율화와 개별화의 원리가 전제가 되어야 하고, 여기에 교원의 윤리의식과 가치관, 학교의 고객인 학습자들에 대한 봉사와 희생이 전제가 되어야 한다. 학교도 일종의 인간 봉사 조직이므로 봉사를 받는 학습자 위주의 역할 수행이 조직 위주의 역할보다 우선시 되어야 할 것이다.

다섯째, 교육조직은 평가가 곤란하다. 교육의 목표는 학생들의 성취 결과로 볼 수 있다. 교육목표가 애매모호하고 의도하는 교육의 목표와 그 결과와의 관계가 느슨하고, 학생들이 불안정하며, 가소적(plastic)이고, 교육의 과정이 장기적이면서 복잡다기한 변인이 복합적으로 작용하기 때문에 평가가 지극히 곤란하다. 교육조직에서는 평가에 앞서 평가의 기준에 대한 합의도 어려우며, 거기에 적절한 평가도구의 개발이 어렵기 때문에 평가도구의 미비로 인해 평가가 더욱 어렵다.

제3절 학교의 구조와 조직구성원

3절에서는 학교의 사회적 구조, 교직원집단의 특징, 학생집단의 특징, 학급집단의 특징, 학교 사회조직의 특수성 등에 대해서 고찰하기로 한다.

1. 학교의 사회적 구조

학급을 기본 단위로 하는 하나의 사회체제인 학교 사회는 "소수의 행정가, 행정실 직원, 교사들과 다수의 학생과 여러 학년의 학급으로 구성되어 있다. 학교 사회는 연령을 기준으로 할 때 소수의 성인과 다수의 학생으로 구성되어 있는 바, 학생은 다시 학년으로 나누어지고, 성인은 교장, 교감, 부장교사, 평교사로 분류할 수 있으며, 교사를 학년별, 남녀별, 담당 과목별로도 나눌 수 있다. 그러므로 학교 사회는 다양한 요소를 가진 조직 구성원들로 조직되어 있다.

학교집단을 구성하고 있는 기본집단 내지 하위집단은 학생집단과 교사집단인데, 이 두 집단 안에서 또는 이 두 집단 사이에서 복잡한 상호관계가 전개된다. 다시 말하면, 개인 상호간에, 집단과 집단 상호 간에, 복잡한 사회관계가 전개된다. 학교는 다음과 같은 네 가지 구조를 구축하고 있다. ① 학교정책을 만들고, 학교의 주 관리자를 선발하며, 학교 지출비용을 결정하는 교육위원회이며, ② 학교 행정가, 교육감, 교장, 교감, 장학관(사), 연구관(사) 등이 있고, ③ 초·중등학교의 정규 학급담임교사, 학교 행정직원 등, ④ 학교가 봉사하는 대상자인 학생 등이 있다.

2. 교직원집단의 특징

학교를 구성하고 있는 인적 자원에는 학생 이외에 교장, 교감, 부장교사, 교사 등의 교원집단과 사무직원, 영양사, 운전기사, 관리인 등의 직원집단으로 구분할 수 있다. 이들은 각각 서로 다른 역할을 전문적인 능력에 따라 담당하고 수행하며, 그들의 전체적인 협력체제로서의 운영을 전제로 한다. 학교조직을 구성하고 있는 인적 자원 중에서 교원집단은 학생들의 인격 형성을 위한 전문적인 기능을 수여받은 집단으로서 학교 사회활동의 중추적인 역할을 수행하고 있다. 이들 교원집단은 계층구조로 보면 교장→교감→부장교사→교사 등으로 구분할 수 있고, 자격 종별로 보면, 교장→교감

→1급 정교사→2급 정교사→준교사→실기교사/보건교사/사서교사 등으로 구분할 수 있다. 또한 유치원이나 초등학교 교사는 전 교과를 직접 지도하지만 중등의 경우에는 자신의 전공에 따라 학생을 지도한다.

학교조직에서 교원 이외에 없어서는 안 될 집단이 직원집단이다. 직원들은 행정 처리, 학교 급식, 차량 운행, 시설물 관리 등의 역할을 수행하고 있다. 이들은 모두 교육활동이 원활히 이루어질 수 있도록 지원하고 봉사하는 역할을 맡고 있다.

3. 학생집단의 특징

학생집단은 동질성과 이질성을 함께 가지고 있다. 즉, 학생들은 연령 면에 있어서 거의 동질적이지만, 그들의 사회적 특징이나 여러 가지 능력에 있어서는 상당히 이질적이다. 학생집단은 동일한 세대로 이루어져서 비교적 생각이나 능력에 공통성을 지니고 있으며, 학습활동, 학교행사 등 많은 목적적 활동으로 통일될 수 있는 공동 생활체이다. 그러나 학생집단구성원은 가정배경, 지능, 성격, 성별, 가치관 등이 다양한 개인들로 구성된 집단이다. 결국 학생집단은 결합, 분산작용이 심하며, 유동성을 가진 집단이다.

학생집단의 특성은 학습 작업을 공동으로 하는 데 있으며, 학생집단의 구성과 특징은 다음과 같다(공석영 외, 2003). ① 학생집단의 구성원은 비교적 동질적이며 수평적 구조로 조직된다. 교사와 학생과의 관계는 세대와 지식, 기능, 권위 등에 있어 큰 차이가 있다. 교사와 학생관계는 수직적 구조를 갖지만, 학생집단은 비교적 동질적·수평적이고 자유롭고 평등하며 우애의 이념에 입각한 행동원리로 성립한다. ② 학생집단은 연령적 계층이 제도화된 집단이다. 이 점에 있어서는 학습 능력에 따른 상하의 수직 구조관계를 가지고 있다고 볼 수 있으며, 동년배의 입장에서 동료집단으로 형성된다. ③ 학생집단은 사회의 보편주의적 가치로 내면화된다.

4. 학급집단의 특성

먼저 학급사회의 특성을 살펴보면 다음과 같다. ① 학급사회는 '학업'을 공동 목표로 삼아 공동으로 달성하려는 집단인 동시에 교사와 학습자의 인격적 사회이며, 대면적인 1차적 집단적 성격이 강하다. ② 학급사회는 학생의 연령, 언어, 문화 측면에서는 동질적이면서 가정환경, 지능, 성격 측면에서는 이질적인 구성집단의 협동적 사회이다. 그러나 학급은 강제적으로 구성된 집단이다. ③ 학급사회는 생활경험을 축적하며 협동과 경쟁의 책임과 의무, 관용과 인내 등을 훈련하고 희로애락을 함께 나누는 전인적 공동체 사회이다. ④ 학급집단의 과정은 사회적 과정이다. 학급집단은 치료적 기능을 갖고 있다. 즉, 부적응아의 발생과 치료는 그 학급의 정서적 상태의 변화에 크게 좌우된다.

또 다른 각도에서 Parsons(1964: 205)는 학급 사회의 특징을 다음과 같이 소개하고 있다. ① 가족에 대해 갖고 있는 일차적 애착심으로부터 아동이나 학생들을 해방시켜 준다. ② 학생들에게 가정에서는 할 수 없는 높은 수준의 사회적 가치와 규범을 내면화시킨다. ③ 학업성적과 그 평가에 따라 학생들을 분류한다. ④ 성인들의 역할체제에 준한 인적 자원의 선발과 배분이 이루어진다.

학급편성의 원리와 방법 측면을 살펴보면 다음과 같다. 학급편성의 원리 측면은 ① 아동이 서로 충분히 이해하고 친밀하게 접촉하는 사회적 활동을 통해 사회화가 원만하게 이루어지도록 한다. ② 교사가 개별적으로 지도 및 조언함으로써 개인차를 고려한 전인적 교육활동이 가능해야 한다. ③ 생태학적으로 기본적인 욕구가 충족될 수 있는 정도의 공간과 시설이 확보되어 정서적으로 안정되고 건강한 심신을 유지할 수 있어야 한다. 또한 학급편성의 방법 측면은 ① 이질적 학급편성 또는 일반 학급편성은 동일 연령의 학생들로 편성하여 우수아, 보통아, 지진아 또는 열등아가 고르게 분산되게 편성한다. 도서·벽지 학교에서는 두 개 이상의 학년을 한 학급으로 편성하는 복식학급이 있다. 예외적으로 공민학교나 직업훈련원 같이 전부 연령집단으로 편성하기도 한다. ② 동질적 학급편성 또는 특수학급 편성은 특수아를 효과적으로 지도하기 위한 특수학급이 있으며, 우수생과 열등생을 구분하여 편성하는 우열반, 전공과목에 따라 편성하는 문과·이과반, 진로에 따라 편성하는 진학·취업반, 남·여 성별 편성 등이 있다. 그러나 능력별 학급편성이 학업성적 향상에 더 효과적인지는 아직 연구 과제로 남아 있다.

능력별 학급편성은 대학진학 등 학생의 장래 진로에 큰 영향을 주며, 일단 학생이 어떤 능력집단에 속하게 되면 그 집단 수준에 계속 머물게 되는 경향이 있다. 특히 Rosenbaum(1976)은 대부분의 학생이 능력집단 이동에서 성적의 하락현상을 보이며, 더 높은 능력집단으로 이동하기는 매우 어렵다는 연구결과를 보고한 바 있다. 그 이유는 능력집단에 따라 교사의 기대가 다를 뿐 아니라 제공되는 학습 프로그램도 다르기 때문이다. 반면에 이질집단은 학생들 간의 사회적 관계를 증진시키며 공동의 학습목표나 기대를 용이하게 해준다.

사회체제로서의 학급 측면은 다음과 같다. 사회체제란 집단구성원들이 그의 지위와 역할에 따라 행동하는 상호작용 체제를 의미한다. 사회체제로서의 학급을 이해하려면 학급을 형성하고 있는 지위와 역할의 사회적 구조를 분석해 보고, 상벌체계 그리고 이것들이 상호작용하는 역동적인 과정을 파악해야 한다. 박용헌(1977, 137)에 따르면, 학급사회는 넓은 의미의 사회체제가 갖는 다양한 구조 요소를 구비하고 있다. 학급의 사회·구조적 모형의 중심개념은 교사와 학생이 학습내용을 매개로 상호작용하는 하나의 사회적 체제로 보며, 이러한 세 가지 요소들이 갖는 특성에 따라 학급의 사회적 과정이 달라진다는 점을 강조하고 있다. 그는 교실의 사회적 구조 모형을 그림 5-1과 같이 제시하고 있다.

이 모형에서 제시되고 있는 학급조직의 요소로서는 교사의 특성으로서 역할, 능력, 태도, 동기, 퍼스낼리티가 있으며, 학생의 특성으로는 욕구, 태도, 능력, 퍼스낼리티 그리고 학급집단의 조직 특성으로서 목표, 역할, 시설, 조직풍토가 중요하고, 이외에 상황적 특성으로는 물리적 환경, 학교와 학급의 위치, 시간 등이 있다.

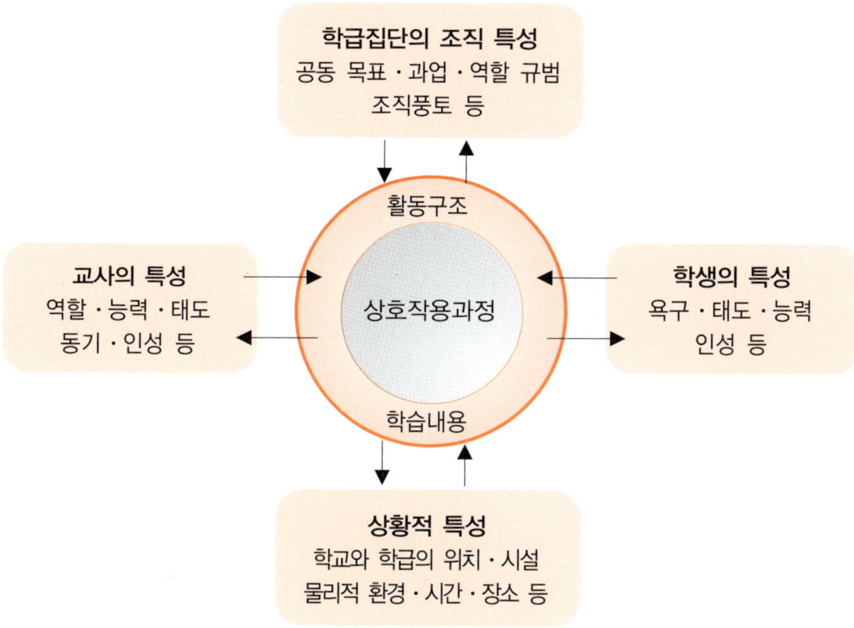

그림 5-1 학교의 사회적 구조와 과정

자료: 박용헌(1977). 학교 사회, 서울: 배영사, p. 137.

다음은 교사와 학생의 상호작용 측면이다. 교실에는 두 종류의 지도자가 있다. 하나는 동료집단의 지도자이며, 다른 하나는 제도적 지도자로서의 교사이다. 일반적으로 학생의 역할은 수동성과 인내성이 특징이다. 교사의 역할은 교사의 권위를 강조하고, 성인문화에 젖어 있으며, 학생들은 사회화되어야 할 대상이기 때문에 교사와 학생 간의 관계는 본질적으로 두 개의 문화(청소년문화와 성인문화) 사이의 관계이다. 여기에는 문화 갈등과 마찰이 내재되어 있으며, 사회 변화의 속도가 빠른 사회일수록 문화적 갈등은 커질 가능성이 높다. 교사와 학생의 인간관계 유형은 다음과 같은 제 형태로 나타낼 수 있다(Cunningham, et al., 1951). ① 교사가 일방적으로 지시 및 감독하고 학생은 복종하는 지배 및 복종 관계, ② 교사가 학생들에 대하여 전혀 관심을 갖지 않는 자유방임적 관계, ③ 교사와 학생이 서로 협동하는 상호협동적 관계, ④ 교사가 학생들의 학습활동을 계획하고 지시하는 교사 중심적 관계, ⑤ 학생 스스로가 학습활동을 계획하고 수행하는 학생 중심적 관계 등이 있다. 이 중에서 어떤 유형이 지배적인 것으로 되느냐에 결정적인 영향을 미치는 것은 교사 개인의 성격과 행동에 달려 있다. 또한 교사-학생 관계에서 교사가 우위에 있으며, 주도권을 갖고 있기 때문에 이러한 주도권의 원천은 교육조직의 목적에 따른 규칙, 문화적 전통, 연령상의 차이, 지적 능력의 차이 등이 주요한 것들이다.

따라서 교실에서 교사가 취해야 할 바람직한 역할과 기본자세를 다음과 같이 제시할 수 있다. 교사는 학생들을 사랑과 애정을 갖고 대하며, 편애하지 않고 공정하게 대한다. 학생들을 가급적 서로 비교하지 않으며, 다른 학급과 비교하는 것은 피하는 것이 좋다. 또 학생들을 격려하고, 집단사고와 단체경기를 조장한다. 특히 문제아 및 학습장애아, 소외아동에게도 깊은 관심을 갖는 것이 바람직할 것으로 본다.

5. 학교 사회조직의 특수성

교육이라는 특수 목적을 달성하기 위하여 하나의 사회제도로 조직된 학교 사회는 개인이 지식과 교양을 쌓고, 인간관계를 맺고, 직업을 얻으려는 욕구와 필요를 충족시킬 수 있는 사회집단이다. 학교 사회도 다른 사회 조직체와 많은 공통점을 가지고 있으면서 또한 사회조직체와 구별되는 학교 사회 고유의 특수성을 가지고 있는데, 학교 사회조직의 특수성을 제시하면 다음과 같다(박용헌, 1977). ① 학교 사회조직의 목적 혹은 기능은 교육이다. ② 학교 사회구성원의 성격은 소수의 성인과 다수의 학생이다. 학교 사회 속에 두 문화체제(교사 및 학생문화체제)가 따로 존재하고 있으며, 두 문화체제 사이에 갈등을 면치 못하는 것이 학교 사회의 특수성이다. ③ 학교 사회 구성원의 연령적 차이로 생기는 두 문화체제의 대립, 갈등 혹은 균형을 이루는 관계가 다른 사회체제와 구별되는 학교 사회 체제의 한 특수성이다. ④ 학교 사회의 특수성은 학교 사회의 통제구조가 다른 사회체제와 다른 점이다. 학교의 운영은 주로 전문적 지식을 가진 교육자에 의하여 행하여지고 있지만, 형식적 및 비형식적 통제는 흔히 전문적 교육자가 아닌 교육위원, 학부형 등의 영향력을 받는다.

제4절 학교의 사회적 기능

교육은 학교라는 체제 안에서 사회의 존속을 위해 필요한 수단으로 많은 사람들에게 이해되어 왔다. 교육은 한 사람의 인간이나 인격의 완성을 꾀하는 데 그치지 않고 인류문화의 유지 존속과 발전을 추구하는 기능을 담당하고 있다. 다양하게 누적된 인류의 문화재는 학교교육의 과정을 통하여 그리고 교육과정을 통하여 다음 세대에 전달되며 유지되고, 새로운 세대에 의하여 창조 및 발전되어 간다. 따라서 교육이란 사회의 불가결한 근본적 기능이다. 그러나 이와 같은 학교교육의 사회적 기능이 사회의 존속 발전을 지배하는 기능이 아니고 사회를 구성하는 구성원의 사회적 형성이라는 사회의 유지와 발전기제를 배양하는 내면적, 근본적 기능일 것이다. 이와 같은 입장에서 학교의 사회적 기능을 문화유산의 전달 기능, 사회화의 기능, 사회적 지위 결정의 기능, 지역사회의 복지 및 발전 기능, 사회의 변화 및 혁신의 기능, 사회구성원의 선발 및 분류의 기능 등으로 구분해서 살펴보고자 한다(정봉도, 1999; 차경수 외, 2010; 이석재, 1995; 김영우 외, 2001).

첫째, 문화유산의 전달 기능이다. 학교는 전 세대에 의하여 축적된 문화를 효율적으로 전달하는 기관이다. 모든 문화유산이 학교를 통해서만 전달되는 것은 아니지만 학교는 문화를 가장 체계적이고 효율적으로 또 다량으로 다음 세대에 전달하는 것을 제1차적 목적으로 하고 있는 기관임에 틀림없다. 학교가 사회의 문화유산, 즉 행동 양식, 가치관, 규범, 축적된 지식, 기술 등을 사회구성원에게 전달함으로써 그들을 일정한 방향으로 가게 하는 사회적 통합과 통제의 기능을 수행하고 있다. 이와 같은 기능에 따라 사회구성원인 개개인은 주관에 따라 인간화되고, 주체화되며, 문화적 인간이 되는 것은 교육에 의해서 이루어지는 것이다. 결국 교육활동이 사회의 영속을 위한 유전의 역할을 담당한다고 볼 수 있으며, 교육이 없이는 사회의 존속이 어렵고 소멸의 위기에 빠지게 될 것이다.

둘째, 사회화의 기능을 들 수 있다. 학교는 인위적, 법적으로 형식화된 특수한 사회화 기관이다. 사회학적으로 표현한다면 학교는 구성원들을 일정한 목적과 계획 하에 사회화하는 기관이다. 학교의 기본적인 기능은 문화유산의 전달인데 문화유산의 전달과정을 달리 표현하면 큰 사회화라고 말할 수 있다. 즉, 사회화는 인간이 출생 당시의 무기력하고 무능한 존재로 어떠한 언어, 생활양식, 신앙, 이상도 없는 개인에게 사회에 적응할 수 있도록 도와주고 사회가 계속하여 발전할 수 있도록 통합하여 주며, 개인과 사회 사이에 존재하기 쉬운 갈등을 들어주고, 전체 사회의 기능이 원활하게 수행할 수 있도록 도와주는 것이다. 학교가 사회화를 촉진시키는 방법으로는 ① 직접적인 교수를 통하여 사회규범이나 가치를 전달하는 것, ② 학생들이 사회적 기술을 습득할 수 있는 사회적 단계를 구성해주는 일, ③ 교사 및 상담자 등 학생들이 본받을 만한 모범적인 존재로 생각되는 인물을 공급하여 주는 일, ④ 사회적으로 수락되는 행동을 학생들에게 발달시키기 위하여 부정적 제재 또는 긍정적 칭찬을 가하는 일 등이 있다.

셋째, 사회적 지위 결정의 기능이다. 학교는 피교육자의 사회적 지위를 결정해주는 중요한 요인적 구실을 한다. 학교는 청소년들이 장차 성인으로서 사회생활을 하는 경우 특정한 사회적 지위를 차지하게 되는 기능을 갖고 있다. 직업은 성인의 사회적 지위를 결정하는데 결정적인 역할을 한다. 사람은 학교, 특히 고등교육기관의 교육에서 습득한 지식과 기술을 토대로 그의 사회적 지위를 정해주는 특정 직업을 갖게 된다.

이처럼 사람의 직업은 학교교육과 밀접한 관계가 있다. 따라서 학교는 개인의 사회적 지위를 결정하는 데 있어서 대단히 중요한 역할을 하는 것이다. 학교는 서로 다른 사회적 지위에 성인을 적절하게 분배하기도 한다. 또 성인들의 능력, 소질, 흥미에 따라서 그에게 알맞은 교육과 훈련을 시켜 의사, 교사, 기능공, 공무원, 은행원, 상인, 군인 등 일정한 사회적 지위를 갖게 한다. 학교가 학생의 능력이나 소질 및 취미 등을 기초로 하여 학생을 선발하고, 학생들은 일정 기간의 교육을 받은 후 특수한 사회적 지위를 갖게 되는 것을 학교의 선택 및 분류의 기능이라고 한다. 이러한 측면에서 학교는 사회에 있어서 개인에게 장래의 사회적 안정, 사회적 지위 그리고 소비 수준의 가능성을 부여하는 일종의 분배기관이다. 학교는 사회의 계층적 또는 집단적 이동성을 좌우하는 근본적인 기관이다.

일반적으로 사회인은 학교교육이 사회적 이동을 위한 좋은 기회와 장래의 직업적 능력의 보증서를 제공해줄 것을 기대한다. 실제에 있어서 학교교육은 사회의 수직적 상승이동의 통로였으며, 오늘날에 있어서도 학교는 사회적 상승이동에 있어서 필수적인 조건이다. Sorokin(1927: 188)의 학교란 개인의 능력을 검사하고 선발해서 장래의 사회적 지위를 결정하는 사회적 기능을 갖고 있다는 말은 확실하다.

넷째, 지역사회의 복지 및 발전 기능이다. 오늘날의 학교는 지역사회의 문화와 활동의 중심이 되고, 지역사회의 개선과 복지 증진에 이바지하지 않으면 안 된다. 그러므로 Brown도 학교는 지역사회의 요구, 변화, 발전을 참작해서 학교의 기능과 봉사를 조성하고 고정된 제도가 되지 않도록 노력해야 한다고 하였다(김영우 외, 2001: 재인용). 이와 관련하여 지역사회의 복지 증진과 발전을 위한 학교의 기능은 두 가지 측면에서 생각할 수 있다. ① 지역사회의 젊은 구성원으로서의 청소년들, 즉 학생들을 위하여 학교 측이 복지적 지도를 하는 것이다. 학교에서의 급식, 간호, 무료진단 및 치료, 영양검사, 직업지도 등은 학생들을 대상으로 한 지역사회의 복지를 위한 활동이라고 할 수 있다. 또 하나는 ② 일반적 지역 사회인을 대상으로 하는 복지적 활동이다. 사회복지를 위한 학교의 교육적 기능은 사회의 발전 또는 진보에 필연적으로 관계하게 된다. Ward는 학교교육을 사회진보의 가장 가까운 수단으로 보았고, 더 나아가서 교육은 사회를 개혁하는 체제라고 간주했다(정봉도, 1999: 재인용).

다섯째, 사회의 변화 및 혁신의 기능을 들 수 있다. 학교는 사회화의 기능을 통하여 사회의 유지 및 존속에 기여하며, 현존하는 사회규범이나 가치관을 변화시키고, 새로운 지식이나 발명, 발견을 자극하고 격려하여 사회의 변화를 촉진시키는 구실도 한다. 학교교육은 학습자로 하여금 사회의 적응에 필요한 가치, 태도, 지식, 기술을 체득시킬 뿐만 아니라 사회 변화에 필요한 제 요소를 개발 및 육성하여 사회 변화에 기여하도록 한다.

사회의 변화와 혁신은 그 사회의 구성원인 개인에 의해 이루어지는데, 사회의 변화를 가져오는 인적 요소는 학교교육을 통하여 육성되므로 사회 변화를 가능케 하는 원동력은 학교교육에 있는 것이 틀림없다. 학교교육은 사회 변화에 주로 간접적으로 기여한다. 즉, 학교는 사회구성원들에게 사회 변화를 가져오게 하는데 필요한 인성, 태도, 가치, 능력, 지식, 기술 등을 육성시켜 줌으로써 간접적인 방법으로 사회 변화를 촉진한다. 대학의 경우에는 다소 다르다. 즉, 대학이 가지고 있는 연구, 교육, 봉사의 세 가지 기능 중 특히 연구기능을 통하여 많은 사회 변화를 가지고 온 새로운 아이디어나 기술의 개발과 창조에 크게 공헌하고 있다.

여섯째, 사회구성원의 선발 및 분류의 기능이다. 학교는 여러 사회적 지위에 있는 개인을 적절하게 선발하고 분배한다. 학교는 학생의 능력이나 소질 등을 기초로 하여 학생을 선발하고 이들 학생들을 일정 기간 동안 교육시켜 특수한 사회적 지위를 갖게 하고 있다. 결국 학교는 개인의 능력, 소질, 흥미에 따라 알맞은 교육과 훈련을 시켜 의사, 변호사, 교사, 기능공, 공무원, 은행원, 언론인 등으로서 일정한 사회적 지위를 갖게 해주며, 특히 고등교육기관의 교육에서 습득한 지식과 기술을 토대로 그의 사회적 지위를 정해주는 역할을 하고 있다.

제5절 학교교육에 대한 옹호론과 비판론

1. 학교교육에 대한 옹호론

학교는 사람과 구조와 과업을 구성 요소로 하여 운영되면서 사회 구조가 지닌 여러 특성을 반영하게 된다. 학교교육을 옹호하는 입장은 학교교육의 순기능을 강조하는 구조 기능주의적인 입장에서 접근한다. 학교교육 옹호론자들은 학교교육이 사회통합과 인력 선발을 위한 기제로서 필요 불가결한 사회제도의 기능을 수행하고 있다고 전제한다.

이들의 주장점은 다음과 같다(이현청, 1994). ① 학교교육은 개인의 사회상승 이동의 기제가 된다. ② 학교교육은 각 계급문화를 지닌 학습자들로 하여금 타문화를 이해하고 학습하는 기회를 제공한다. ③ 학교교육은 한 사회나 국가의 발전에 기여한다. ④ 학교교육은 보수적 기능을 통해 사회에서 승인된 문화를 재생산하는 기능을 수행한다. 즉, 학교교육은 현존하는 문화적 패턴과 신념, 가치, 정서, 지식 및 행동 유형을 후세에 전수하는 기능을 수행한다. ⑤ 동시에 학교교육은 사회변동에 기여하며 학교교육의 교육과정을 통해 사회의 신기술과 과학적 변화를 반영하는 역할을 수행한다. ⑥ 학교는 가치 사회화(value socialization)를 통해 사회적 통제의 기능을 수행하며 사회 각 집단 간의 동화과정에 기여하게 된다. ⑦ 학교는 각 집단 혹은 계층의 전통을 유지시키는 데 기여할 뿐만 아니라 문화적 다원화를 이룩하는 데 기여하게 된다. ⑧ 학교는 한 국가나 사회에서 필요로 하는 공민성을 계발하고 산업인력을 양성하는 기능을 수행한다.

2. 학교교육에 대한 비판

학교교육에 대한 비판은 갈등론자들에 의해서 본격화되었다. 갈등론은 인간의 소유욕은 무한한데 소유하고자 하는 대상은 한정되어 있어, 이 모순을 해결하기 위하여 개인 간 또는 집단 간에 끊임없이 경쟁과 갈등을 지속할 수밖에 없다는 입장이다.

기능 이론이 사회의 질서를 강조한다면 갈등 이론은 사회의 변화를 강조하고 있다. 갈등 이론은 지배집단과 피지배집단, 유산계급과 무산계급 간의 대립이 새로운 사회 형태의 창출을 위한 사회변동의 원인이 되는 것으로 보고 있다. 갈등론자들에 의하면, 생산 수단을 소유한 유산계급은 무산계급의 잉여 가치를 착취하고, 생산력과 생산관계를 통해 무산계급을 철저히 소외시켜 그들이 현 사회질서에 순응하게 함으로써 불평등한 구조를 정당화한다. 한편 무산계급은 유산계급의 불평등한 경제적 이득을 막고, 그들의 정당한 보상을 위해 유산계급과 적대적 관계에 놓이게 된다. 이와 같이 사회 구조를 대립 구조관계로 보고 있는 갈등론자들의 입장을 정리하면 다음과 같다(이종각, 2004). ① 사회의 모든 요소는 긴장·경쟁·갈등을 일으키는 원인이다. ② 갈등의 원인은 사회계급 간의 권력의 차이에서 비롯된다. ③ 지배집단은 피지배집단과 언제나 불일치와 갈등을 보이며, 이것은 사회분열과 사회변동을 초래하기도 한다. ④ 사회질서 유지는 지배집단의 강제에 바탕을 두고 있다.

이러한 갈등론적 입장은 학교교육의 본질에 대해 의문을 갖기 시작했다. 제2차 세계대전 이후부터 1960년대까지 미국과 소련 간의 이념적인 대립관계가 지속된 관계로 양방 간에 자신의 체제에 대한 우월성을 강조하면서 사회 안정과 효율성을 강조하였다. 따라서 학교교육에 대한 관점 역시 기능주의적 관점이 지배적이었다. 하지만 1960년대 들어서 미국은 인종 문제, 사회 불평등 문제 등이 대두되면서 기존 사회에 대한 회의 및 불만 등이 불거졌고, 이러한 사회 추세와 함께 학교교육에 대한 새로운 질문들이 대두하기 시작했다.

이러한 문제제기에 대해서 Bowles와 Gintis는 다음과 같은 입장을 제시했다(이종각, 2004). ① 학교는 객관적이고 중립적인 기관이 아니며, 지배집단과 관련을 맺고 있다. ② 학교는 지배집단의 이데올로기를 전수하는 곳으로, 불평등한 사회 구조를 심화시키는 역할을 한다. ③ 학교는 업적주의 이념으로 공정성을 위장하고 있으며, 실패의 원인을 사회 구조적인 측면보다 개인의 능력과 노력 부족으로 돌리고 있다. ④ 학교에서 가르치는 것은 인지적 능력보다는 지배집단이 선호하는 가치·태도·규범 등을 주입하고 있다. ⑤ 결국 학교는 기존의 불평등한 사회질서에 개인을 편입시키며, 지배집단의 이익에 기여하는 도구적 장치에 불과하다.

상기에서 살펴본 바와 같이 갈등론적 입장에서 학교교육에 대한 모순을 지적하고 비판하는 입장을 정리하면 다음과 같다.

첫째, 경제적 재생산 이론이다. 경제적 재생산론자들은 학교를 자본주의 체제에서의 경제적 모순을 은폐하고, 불평등한 구조를 존속·유지·심화시키는 도구 역할을 하고 있는 것으로 본다. 즉, 학교교육이 자본주의 사회체제에서의 경제적 불평등 구조를 정당화시키고 합법화시킴으로써 지배계급의 지위를 재생산하는 도구의 역할을 하는 것으로 보고 있다. 특히 Bowles와 Gintis는 학교 내에서의 사회관계는 자본주의 경제구조의 사회관계와 일치시킴으로써 자본주의 생산관계를 재생산하는 것으로 보고 있다. 즉, 학교에서의 사회적 관계는 교장-교사, 교사-교사, 교사-학생, 학생-학생의 관계는 자본주의 사회에서의 위계적 복종 관계를 그대로 적용하는 것이다. 또한 경제적 재생산론은 학교교육에서의 사회적 관계를 구조적으로 정당화시키는 것으로 명확히 제시하기 위하여 대응 이론(correspondence theory)을 제시하였다.

이 이론은 교육이 노동구조의 사회관계와 유사한 구조를 갖고 있다는 데 주목하고 있다. 자본주의에서의 사회관계를 학교에서는 수준별 위계구조와 대응시키고 있다. 예를 들면, 초등학교에서는 하위직에 적합한 복종, 순응시간 엄수 등과 같은 기본 생활습관지도에 치중하고, 중등학교에서는 중간 관리직에 적합한 지식·규범·가치 등에 치중한다. 고등교육에서는 최고 경영자가 갖추어야 할 창의성, 리더십 등을 은연중에 교육한다는 것이다.

둘째, 문화적 재생산 이론이다. 문화적 재생산론자들은 학교교육현상을 단순히 경제 구조적 특징에 의하여 도출되거나 결정되지 않는 것으로 보고 있다. 사회 각 계급은 나름대로의 문화를 가지고 있는데, 지배계급의 경제적·정치적인 이해관계의 형성이 우연이 아니고 필연적이고 자연스러운 것으로 본다. 이렇게 형성된 지배계급의 문화는 한 지역의 지배적인 문화가 되는데, 학교가 지배계급의 이데올로기를 정당화하고 지배계급의 문화에 가치를 부여함으로써 불평등한 사회 구조를 재생산하는 데 기여하고 있다고 본다.

결국 학교는 지배계급이 선호하는 문화를 학교에 투입시켜 불평등한 사회문화 구조를 정당화시키고 있는데 지배계층의 문화를 형식·비형식적 교육과정을 통하여 그들의 사회적 지위 확보를 정당화하기 때문에 노동계층의 자녀에게는 불리하게 작용한다. 학교에서는 상·중·하류 계층의 자녀들이 고르게 분포되어 있지만, 특정 교과시간에 다루어지는 교육내용을 보면 지배계층에서 누리고 있는 문화를 소개하고 있는 경우가 허다하다. 학교에서 교사들이 사용하는 언어·가치·가정 그리고 성공과 실패에 대한 묵시적인 모델들은 지배집단의 것들이다. 따라서 피지배집단은 그들의 질서가 아닌 지배집단의 질서를 배우고 있다(이종각, 2015). Bourdieu는 학교교육이 수행하는 사회화 기능을 일종의 재생산 기능으로 보았다. 학교에서의 재생산 기능은 사회적 재생산 기능(social reproduction)이고, 다른 하나는 문화적 재생산(cultural reproduction)이다. 사회적 재생산은 '사회자본(social capital)', 즉 경제력과 권력의 세대 간 상속으로, 부모세대의 경제적 재화 및 권력 구조 내의 위치가 자식 세대에 전수되는 것을 뜻한다. 이와는 달리 문화적 재생산은 문화자본의 세대 간 상속으로 부모세대의 가정생활 양식과 그것 때문에 가정과 학교에서 얻게 되는 제반 경험이 자식세대에 전수되는 것을 의미한다.

셋째, 저항 이론을 들 수 있다. 저항 이론가들은 학교교육을 통해서 사회계급구조의 불평등을 그대로 보존하거나 지배계급의 경제나 문화가 단순히 재생산되는 것이 아니라 오히려 학교교육을 통하여 사회 모순과 불평등에 도전할 수 있다고 보면서 학교교육의 역할을 확대시킬 것을 주장하고 있다. 즉, 인간은 단순하게 사회 구조의 영향을 받는 수동적인 존재가 아니라, 주체적으로 자신의 의지를 갖고 있는 능동적인 존재로서 사회 모순을 지적하고 저항할 수 있는 존재라는 것이다. 이 이론의 대표적인 학자인 Willis는 학교를 저항과 대항문화의 존립이 가능한 열려 있는 공간임을 강조하면서 종합고등학교에 다니는 일부 노동계급의 자녀들이 어떻게 자신의 부모와 같은 노동계급을 스스로 갖게 되는지에 대해 설명하고 있다. 즉, 하위계층인 노동계급의 자녀들의 저항행위가 어떻게 표출되며 그 사회적 원인은 무엇인가를 주요 문제로 삼는다. 또한 Willis는 관찰 대상의 노동계급 자녀들은 그들만의 문화를 형성하는데 그들은 학업 성취도가 낮고 문제아로 분류되기도 하며, 학교의 권위와 지적 활동의 가치나 중요성을 거부하는 반 학교문화를 형성하게 된다. 반 학교문화에서는 '권위'에 대해서 집단적으로 또는 개인적으로 저항하는 경향이 있다.

이러한 저항 이론은 인간들이 불평등한 사회 구조를 인식할 수 있으며, 이 구조를 개혁할 수 있는 의지를 지니고 있다고 본다. 이러한 능동적 의지의 강조는 학교교육을 통해서 사회를 개혁할 수 있는 낙관적인 전망을 가능하게 한다(이종각, 2015).

연습 및 탐구문제

1. 사회체제로서의 학교를 설명하시오.

2. 학교의 사회적 기능을 항목별로 간략히 설명하시오.

3. 학교 사회 구조를 대표하는 집단들을 간략히 설명하시오.

4. 학교가 다른 사회조직과 다른 점을 설명하시오.

5. 사회적 안정과 사회이동의 요구를 충족시키기 위한 현대학교의 역할을 설명하시오.

6. 학교조직의 발전을 위하여 가장 먼저 개선되어야 할 점은 무엇이라 생각하는가?

7. 학교의 역기능적 관점으로 무엇이 있는지 설명하시오.

Reference 참고문헌

강유정 · 김영훈 · 최성열(2018). **교육사회학**. 서울: 동문사.

공석영 외(2003). **교육사회학**. 파주시, 경기도: 교문사.

김경식 · 박형진 · 서봉언 · 이병환 · 이현철(2017), **교육사회학 4판**. 파주시, 경기도: 교육과학사.

김병성(2018). **교육사회학 3판 -학교사회-문화분석**. 서울: 학지사.

김병성(1991). **학교와 사회심리학**. 파주시, 경기도: 양서원.

김병희 · 김경식 · 김형구 · 박형진 · 윤주국 · 이현철(2009). **교육사회학**. 고양시, 경기도: 공동체.

김신일 외(2005). **학습사회의 교육학**. 서울: 학지사.

김신일(1999). **교육사회학**. 파주시, 경기도: 교육과학사.

김영우 외(2001). **교육사회**. 서울: 동문사.

류윤석 외(2003). **교육사회학**. 파주시, 경기도: 교문사.

박성식(1998). **교육행정관리론**. 서울: 학지사.

박용헌(1977). **학교 사회**. 서울: 배영사.

윤정일 · 송기창 · 조동섭 · 김병주(2009). **교육행정학원론**. 서울: 학지사.

이규환(1976). **학교와 지역사회**. 서울: 형설출판사.

이석재(1995). **교육사회학**. 파주시, 경기도: 정민사.

이순형(2004). **학교경영개혁론**. 서울: 동문사.

이종각(2015). **개정증보판 새로운 교육사회학총론**. 서울: 동문사.

이종각(2004). **교육사회학총론**. 서울: 동문사.

이현청(1994). **교육사회학**. 파주시, 경기도: 양서원.

정봉도(1999). **교육사회학**. 서울: 재동문화사.

주동범 · 김정희 · 정일환(2016). **교육사회학**. 서울: 동문사.

주삼환 · 천세영 · 김택균 · 신붕섭 · 이석열 · 김용남 · 이미라 · 이선호 · 정일화 · 김미정 · 조성만(2009). **교육행정 및 교육경영**. 서울: 학지사.

황종건(1961). **교육사회학**. 서울: 재동문화사.

Brophy, E., & Good, T. L.(1970). Teacher's Communication of Differential Expectations for Children's Classroom Performance: Some Behavioral Data.

Journal of Educational Psychology 60.

Carlson, R. O.(1964). Environment Constraints and Organizational Consequences: The Public School and Its Clients. *Behavioral Science and Educational Administration*. The 63th Yearbook of NSSE. PartⅡ. Chicago: University of Chicago Press.

Cohen, M. D., March, J. G., & Olsen, J. P.(1972). A Garbage Can Model of Organizational Choice. *Administrative Science Quartely*, 17.

Cunningham, R. et al.(1951). *Understanding Group Behavior of Boys and Girls*. New York: Teacher College, Colombia University.

Johnson, D. W.(1970). *The Social Psychology of Education*. New York: Holt, Ringart & Winston.

Meyer, J. W., & Rowan, B.(1983). The Structure of Educational Organizations. in John W. Meyer and Richard Scott. *Organizational Environments*. California: Saga Publications. Inc., 71.

Nash, R.(1976). *Teacher Expectations and Pupil Learning*. London: Routledge & Kegan Paul.

Owens, R. G.(1995). *Organizational Behavior in Schools*. Needham Heights: Allyn and Bacon.

Owens, R. G.(1987). *Organizational Behavior in Education*(3rd.). Englewood Cliffs. New Jersey: Prentice-Hall.

Parsons, Talcott.(1964). "Principal Functions of the Nuclear Family." *Family: Socialization and Interaction Process*, London: Routledge.

Peters, C. C.(1925). *Foundations of Educational Sociology*. New York: The Macmillan.

Peters, T. J., & Waterman, R. H.(1982). *In Search of Excellence*. New York: Harper & Row, Warner Books.

Waller, W.(1932). *The Sociology of Teaching*. New York: John Wiley & Sons.

CHAPTER 6

사회계층 · 사회이동과 교육

학습목표

1. 사회계층의 개념과 본질에 대하여 설명할 수 있다.
2. 사회계층의 본질을 기능론적 입장과 사회 불평등론적 입장에서 설명할 수 있다.
3. 사회계층의 결정요인과 구조에 대하여 설명할 수 있다.
4. 사회이동의 의미와 유형을 이해할 수 있다.
5. 사회이동에 관련된 제 요인을 설명할 수 있다.
6. 학교교육과 사회이동에 대하여 기능론적 관점과 갈등론적 관점에서 설명할 수 있다.

Keyword

사회계층, 사회이동, 사회계층의 결정요인, 사회계층 문화, 수직적 이동, 수평적 이동, 개인적 이동, 집단적 이동, 세대 내 이동, 세대 간 이동, 순환 이동, 구조적 이동, 재생산 이동, 개방계층체제, 폐쇄계층체제

교육사회학자나 학업성취도를 연구하는 대다수 교육학자들은 학교교육의 성취도와 방향에 가장 많은 영향을 미치는 요인으로 사회계층을 들고 있다. 교육은 사회계층 사이에 존재하는 장벽을 무너뜨리려고 하면서, 한편으로는 각 개인에게 주어진 사회적 역할을 존중하도록 강조한다. 사회계층과 교육은 불가분의 관계에 있고, 현대사회에서 교육기회는 모든 사회계층 사람들에게 균등하게 부여되어야 할 것으로 기대된다. 하지만 인간사회는 불평등한 지위체제로 이루어져 있는데, 이를 사회계층으로 볼 수 있다. 이들 각 계층은 그들 나름의 구분되는 기능과 역할이 주어진다고 보았다. 이와 같이 어느 사회에서나 그 사회의 구성원들이 사회 공간 속에서 갖게 되는 위치가 어떤 기준에 따라 서열을 나타내고 있음을 볼 수 있다. 우리는 이를 사회계층(social stratification)이라 한다. 또한 교육의 중요한 사회적 기능 가운데 하나가 사회적 이동을 촉진하며, 평등사회의 이념 실현에 공헌하는 일이다. 그러나 교육제도는 사회구성원들의 이해관계와 밀접하게 관련되어 있기 때문에 때로는 현상유지의 수단으로 작용하기도 한다.

20세기 중반 이후 사회계층과 사회이동에 대한 연구는 미국의 Warner, Parsons, Mills, Tumin 등 사회학자들에 의해 사회학의 중심 영역에서 논의되었다. 그리고 우리나라에서는 1970년대 후반부터 사회계층과 교육, 사회이동과 교육의 관계를 사회 정의나 사회평등 이념의 차원에서 연구의 관심을 나타내고 있다.

6장에서는 사회계층의 개념과 본질, 사회계층의 부분문화와 교육, 사회계층의 결정요인과 구조, 교육과 사회계층, 사회이동의 의미와 유형, 사회이동과 관련된 제 요인, 학교교육과 사회이동 등에 대해서 고찰하기로 한다(김병성, 2018; 김경식 외, 2017; 성낙돈 외, 2017; 허은주 외, 2010; 차경수 외, 2010; 김병희 외, 2009; 강창동, 2009; 김천기, 2008).

제1절 사회계층의 개념과 본질

보통 사회학자들은 사회계층(social stratification)이라는 말 대신에 사회계급(social class)이라는 말을 즐겨 사용한다. 정확히 말하자면 사회계층과 사회계급은 차이가 있지만 학자들에 의해서 별 차이 없이 사용되기도 한다. 우선 여기에서 사회계층에 대한 제 학자들의 견해를 살펴보고, 사회계층의 본질을 살펴보기로 한다.

1. 사회계층의 의미

사회계층의 개념을 이해하기 전에 계급과 계층의 차이점을 먼저 파악하고자 한다. 마르크스적 의미에 있어서 계급은 역사철학적 개념이다. 계급은 역사적으로 그 실체가 다르게 나타나는데, 고대사회에 있어서의 자유민과 노예, 귀족과 평민, 봉건사회의 지주와 농노, 근대 자본주의 사회의 부르주아와 프롤레타리아와 같이 대립된 계급이 사회를 구성한 것에 비해서, 계층은 비역사적·기능적 개념 상·중·하로 분류하며, 비마르크스적 입장에서 여러 계층은 연속적이며, 어느 사회에서나 기능 분화가 존재하는 한 이에 기초한 위신의 차이가 있기 때문에 영속적으로 존재하는 것을 의미한다. 계급은 일정한 경제적 기준에 따라 구조화된 사회 속에서 서로 유사한 사회 경제적 구조 위에 이룩된 생활 조건과 이 조건에서 규정한 이해관계를 반영하는 사람들의 집단으로 보며, 계층은 연속선상에 있는 하나의 층을 의미한다. 계층의 주요 차원은 권력, 지위, 부이다. 다시 말하면, 권력(power), 위신(prestige), 부(wealth)의 차원에서 식별된 어떠한 사회의 각 층을 계층이라고 한다.

앞에서 언급한 계급과 계층과의 차이를 토대로 사회계급과 사회계층의 차이점을 살펴보면 다음과 같다. 우선 사회계급은 하나의 조건, 즉 경제적 조건이 유사한 사람들이 비슷한 생활습관·태도·행동·가치관을 지닌 집단이다. 다시 말해서 경제력을 중심으로 그 이해와 이상이 대립하고 있는 이질적이고 비연속적인 집합체임을 의미한다. 반면에 사회계층은 사회체계 속의 직업, 정치적 지위, 가정의 배경, 교육 수준 등 복수의 조건에 의하여 사회적 지위나 특권, 이익 등이 불평등하게 분배되어 있는 가운데 서로 비슷한 위치에 있는 집단을 의미한다. 복수적·종합적 요인에 의하여 사회의 연속적 전체 속에 설정된 집합구조인 것이다. 예를 들면, 중세의 종교적 위계서열, 인도사회의 카스트(caste), 군대의 계급구조·사회적 신분·사회계급·지위계급을 포함하는 종합적 개념으로서 계급의 상위개념이다. 즉, 사회계층은 사회계급의 상위 개념으로 볼 수 있다(권이종, 1999: 118).

이처럼 사회계층에 대한 여러 학자들의 견해를 소개하면 다음과 같다.

첫째, Aristoteles는 사회구성원들을 세 가지 집단, 아주 부유한 집단, 아주 빈곤한 집단, 두 집단의 중간에 속하는 집단이 있다고 함으로써 사회계층에 대해 이미 언급하였다.

둘째, Platon은 사회계층의 정의를 인간은 태어날 때부터 두 계층으로 구분되는데, 하나는 부모로부터 지위와 계층을 유산받은 경우이며, 다른 하나는 그렇지 못한 경우이다. 하여튼 어느 가정, 어느 계층, 어떠한 부모 밑에서 출생한 것과는 관계없이 기회균등이 현실화되어야 한다는 것이다. 모든 인간은 자연적·선천적인 잠재능력이 동등하게 개발되어 사회에서 그에 알맞은 계층에 도달할 수 있는 기회가 제공되어야 한다는 뜻을 의미한다.

셋째, Rousseau는 사회계층을 「사유재산」이 인간 사이의 불평등을 야기시킨다면서 인류의 불평등을 두 가지로 구분하였다. 하나는 자연에 의해 조성된 연령·건강·체력의 차이나 정신의 질적 차이에 의한 자연적·신체적 불평등이고, 다른 하나는 사회적 계약에 의존하거나 인간의 합의에 의해서 조성된 도덕적·정치적 불평등이다.

넷째, Marx는 계층을 인간이 제도적으로 만들어 놓은 불평등의 체계라고 하고, 계급은 생산 수단의 소유 여부, 생산관계의 지위와 역할의 차이에 의해서 구별된다고 하였다. 생산 수단이나 형태가 무엇이든 소유자와 비소유자 사이, 농업에서는 지주와 머슴의 차이, 공장에서는 고용주와 고용인 사이에서 형성된다고 보았다. Marx는 사회계급을 생산 수단을 소유한 부르주아 계급과 이를 소유하지 못한 프롤레타리아 계급으로 나누었는데, 이것은 분류의 지표가 경제적인 차원에서 단일이라는 데 특색이 있다. 그러나 오늘날의 사회계층은 경제적 생산 수단에 의해서만 형성되는 것이 아니라 지위나 권력 등 다원적인 지표에 의하여 성립되는 것이다(김영우 외, 2001).

다섯째, Weber는 Marx의 사회적 불평등 구조 분석을 더욱 다원화시켜 사회계층을 계급(class), 지위(status), 권력(power)의 3차원에서 이해해야 한다고 주장하고 있다. Weber가 말한 계급이란 수입을 얻기 위한 재화와 용역을 처분할 수 있는 능력의 양과 종류이며, 지위란 명성에 의하여 받는 경의의 분포체계에서 차지하는 자리를 말한다. 그리고 권력이란 저항에도 불구하고 자기의 의사를 관철시킬 수 있는 힘을 말한다. 사회계층제도를 계급·권력·지위 등의 부수적 측면을 가진 개념으로 파악함으로써 사회계층제도의 복잡한 성격을 이해하는 데 큰 도움을 주고 있다(석태종 역, 1984: 150).

여섯째, Mayer는 사회계층의 개념을 상대적으로 분명히 하기 위하여 세 개의 이념형, 세습적 신분(caste), 이스테이트(estate), 사회계급(social class)으로 분류하는 것이 유용하다고 제안하였다. 그의 주장에 의하면, 세습적 신분은 인도의 카스트(caste)제도에서 비롯되며, 출생과 함께 주어지는 폐쇄적이고 세습적인 계층이다. 가장 엄격하고 경직된 형태로서 지위 간의 이동이 극히 어렵고 업적보다는 귀속적 요인을 중요시한다. 이스테이트(estate)는 토지소유와 관련되는 것으로서 중세 영국의 봉건제도가 좋은 예가 된다. 봉건영주들은 토지를 많이 소유하여 높은 지위를 차지하였고, 토지를 소유하지 못한 사람들은 그 지위가 낮았던 것이다. 사회계급은 근대 산업사회에 있어서 전형적인 계층형태를 말해준다. 그리고 사회계급의 여러 특성 중에서 하나는 경제적인 것, 부와 수입이라는 형태에 있다고 하였다(Denis Lawton, 1978: 30).

일곱째, 진원중(1980: 160)은 '협의의 사회계층은 사회계급과 구별할 때 나타난다. 계급이라고 하면 자본계급, 중간계급, 농민계급, 근로계급이라고 하는 경우에 있어서와 같이 경우나 관심이 다르고, 그 이해, 이상에서 대립하고 있는 이질적이고 비연속적인 집합체를 말하는 데 대하여, 사회계층은 각 개인이 갖고 있는 사회적 지위나 세력의 정도에 의하여 제3자와 구별되는 다소간에 인위적인 분류로 '비교적 가벼운 뜻에서의 상하의 소구분'을 말하는 것이며, 하나의 연속적 전체 속에 설정된 단계적 구분을 말한다. 계급의 지표는 경제적이라는 단일성인데 비하여, 계층은 경제력 외에 가문, 교육, 문화와 같이 그 지표가 복수이다. 계급은 역사철학적인 개념이지만 계층은 기능적 개념이다. 계급은 객관적, 절대적인 구분인 데 대하여, 계층은 교제집단 속에서 정하는 상대적인 구분이다. 계급은 이원적이지만 계층은 다원적(여러 계층이 있다)'이라고 하였다.

상기에서 언급한 제 학자의 견해를 정리하면, 사회계층은 연속선상에 있는 지위의 서열로서 다원적인 지표(재산, 교육, 직업, 사회적 지위, 배경, 생활습관, 태도, 행동, 가치관 등)에 의하여 분류되는 불평등 구조의 조작적 분석이며, 이와는 달리 사회계급은 마르크스에서 연유한다. 마르크스는 경제적 하부구조에 따라 배분의 불평등을 제도화하였으며, 부르주아 계급과 프롤레타리아 계급으로 분류하였다. 즉, 사회계급은 사회 내에 존재하는 실제적이고도 객관적인 지위가 단일지표(경제력)에 의하여 분류된 사회 불평등 구조를 가리키는 것으로 볼 수 있다.

2. 사회계층의 본질

사회계층의 본질을 보는 입장은 기능론적 관점과 갈등론에 의한 사회 불평등론적 입장으로 구분하여 제시하면 다음과 같다(김병성, 2018).

첫째, 기능론적 입장은 사회진화론자들의 영향을 받았으며, 적자생존의 자연적 선택원리에 입각하여 사회의 불평등은 생물학적인 진화과정의 결과로서 불가피한 것이라고 보고 있다. 또한 어떤 사회도 평가와 보수에 있어서의 제도화된 불평등 없이는 존속할 수 없다는 점을 주요 논리로 제시하고 있다. 사회계층이 형성되어 온 이유를 이와 같은 관점에서 주장한 학자는 Parsons, Davis와 Moore이다. 이들은 사회계층을 조화롭고 자연스런 기능의 분화로 이해하려고 하였다. 사회구성원들은 각자의 직업적·사회적 지위의 고하에 따라 경제적 소득이나 사회적 위광(威光)이 불평등하게 배분되는 것을 정당한 것으로 받아들여야 한다고 믿고 있다. 기능론에 의한 계층의 본질을 다음과 같이 요약하고자 하였다. ① 계층은 보편적이며 필요하고 필연적이다. ② 사회체계가 계층체제를 만든다. ③ 계층은 통합·조정·응집을 위한 사회적 요구에서 생긴다. ④ 계층은 사회와 개인이 적절한 기능을 하도록 촉진한다. ⑤ 계층은 사회적 공동 가치의 표현이다. ⑥ 권력은 늘 정당하게 배분된다. ⑦ 일자리와 보상은 평등하게 배분된다. ⑧ 경제적인 부분을 타부분의 밑에 둔다. ⑨ 계층체계는 항상 진보적 과정을 통하여 변화한다.

둘째, 사회 불평등론이나 갈등론자들은 사회계층을 사회구성원들의 폭넓은 합의에 의한 것이라기보다는 특정 계층의 이익을 위하여 약자에 대한 강자의 강압 또는 지배적 관계에 기초한 것으로 보고 있다. 이러한 입장을 취하는 대표적인 학자들은 Marx, Dahrendorf, Coser 등을 들 수 있다. 갈등론적 시각에 대한 사회계층의 본질을 요약하면 다음과 같다. ① 계층은 보편적일지 모르지만 필연적인 것은 아니다. ② 계층체계가 사회조직을 만든다. ③ 계층은 집단 정복, 경쟁, 갈등에서 생긴다. ④ 계층은 사회와 개인의 적절한 기능을 제약한다. ⑤ 계층은 권력집단들의 가치의 표현이다. ⑥ 권력은 늘 부당하게 배분된다. ⑦ 일자리와 보상은 불평등하게 배분된다. ⑧ 경제적인 부분을 사회의 맨 위에 둔다. ⑨ 계층체계는 항상 혁명적 과정을 통하여 변화된다.

제2절 사회계층의 부분문화와 교육

계층은 계급에 비해 유동성, 다양성, 상대성, 불안정성 그리고 개방성을 특성으로 하는데 계층의 분석 단위가 개인이냐 가족이냐에 따라 계층 간의 특성이 다소 차이가 있으며, 재산 · 직업 · 학력 · 생활양식 · 생활 기회 · 소비 수준 · 사회적 관계 형식을 계층지표로 삼는다.

사람이 사회생활을 해나가면서 학습하게 되는 행동양식을 넓은 의미로 문화라고 할 수 있는데, 이외에 예의 · 언어 · 음식 · 습관 · 종교적 및 도덕적 신념 · 지식 · 가치관 등이 포함된다. 이러한 문화는 인종 · 민족 · 출신지역 · 교육 정도 등에 따라서 각각 다른 것이 보통이다. 이러한 특수집단의 문화를 부분문화라고 한다. 그리고 계층에 따라 주택 구조, 거주 지역, 취미 활동, 여가 활동, 결혼이나 배우자 선택, 가치관이나 의식구조 및 언어구조에도 차이를 보이며, 정치의식이나 정당의 선택, 세계관, 도덕관에도 차별성을 나타내고 있다. 사회계층은 비슷한 생활습관이나 가치관을 가지고 있는 사람들의 집단이라고 할 수 있다. 이들은 사실상 소집단의 역할을 하면서 비슷한 이웃에서 살고, 비슷한 음식을 먹으며, 비슷한 방법으로 옷을 입고, 가구 · 오락 · 독서 등 비슷한 취미를 가지고 있으며, 대개 같은 정도의 교육적 배경을 가지고 있다. 이런 측면에서 사회계층은 부분문화(sub-culture)로 이해되어야 한다. 이를 보다 구체적으로 나타내면 다음과 같다(차경수 외, 2010; 최정웅 외, 2004; 류윤석 외, 2003).

첫째, 상류계층은 변화의 가치보다 질서의 가치를 존중하고 성장보다는 안정 지향적이며, 조상숭배 의식이 높고, 전통과 문화의식도 높으며 권위주의적이고 시간관념과 위생관념이 강하고 명예를 존중하고 이상 지향적이며,

긍정적 자아관을 갖고 물질적 가치보다 정신적 가치를 숭상하고, 정치의식은 체제 긍정적이다. 또 보수정당에 대한 지지율이 높으며 사회 불평등 구조를 정당화하고 기능주의적 사회관을 갖고서 과학 존중과 주지주의적이며 사회진화론을 긍정하고 권력에도 높은 가치를 부여하며, 자기와 유사한 계층의 사람들과 공동체 의식이나 동류의식이 강하여, 결혼을 비롯한 가족 유대를 공고히 하는 우월의식, 신민의식이 매우 강하다. 우리나라의 상류계층은 주로 전문직 종사자들이다. 변호사, 의사, 판사, 교수, CEO 등이 이에 속한다. 미국의 경우 직종별로는 박물관 이사, 심포니와 오케스트라 관계자, 상공회의소 의원 등이 많으며, 종교적으로 영국 성공회 및 장로교가 많다.

둘째, 중류계층은 직업적으로 대체로 전문직에 종사하며, 정치·경제·행정·기술 분야에서 관료직이나 회사, 기업체의 중견 기술직이나 사무 행정직 종사자가 많다. 화이트칼라가 이 계층에 속하며 상층 지향적 의식이 강하고 매사에 진취적이고 적극적이며 현실 지향적이고 가정은 화목하고 이혼율은 낮고 부모 자신이 건전한 사회인으로 생활한다. 특히 자녀 교육에 열성과 관심이 많으며, 정치적인 측면은 보수와 진보의 양면성을 보이고 체제 긍정적인 면과 체제 비판적인 이중성을 나타낸다. 상류층과 동일시 경향이 높으며 하류층과 노동자 계층에 대해서도 호의적인 면과 배타적인 이중성을 표상한다. 이들은 학교와 교회를 존중하며 안정적인 생활을 하는 모범적인 시민이다.

셋째, 하류계층은 대체로 육체노동에 종사하거나 기능직이고 실업 상태에 있거나 잠재적 실업군에 해당되는 사람이 많다. 교육 수준과 학력 수준이 비교적 낮은 편이고 소득도 낮고 직업도 안정되지 못하고 임금노동자, 일용직, 임시직이 많다. 생활은 무질서하고 무절제하며 자기 통제력이 부족하거나 자기 관리능력이 낮다. 이혼율은 높고 조혼하는 경향이 있으며 대가족이거나 결손가족이며, 가정은 화목하지 못하고 여자 가장과 소년소녀 가장도 많다. 또한 낮은 성취동기와 패배 의식, 열등감이 높고, 시간관념 및 위생관념이 희박하다. 따라서 평균 수명이 짧고 질병이 많다. 극단적인 공격 심리, 자기 열등감, 부정적 자아관을 갖고 의존적이며 정치에 무관심하고 자녀 교육에도 무관심하거나 자유방임적이다. 정치적으로는 체제 부정적 또는 비관적이고 진보정당에 대한 지지율이 높고 갈등주의 사회관을 갖고 사회주의와 공산주의에 대해서 막연한 친근감을 갖고 있다. 또 학교교육에는 회의적이고 권위에 대한 부정의식이 강하고 자녀 출산율도 높고 직업학교 출신이 많으며 공립학교에 대한 선호도가 높다. 우리나라에서는 노동자들 외에 영세 상인, 자급자족을 겨우 하는 영세 농가들도 여기에 해당한다. 부인도 대개 일을 하고, 집에 머물러서 텔레비전을 보는 것 이외에 특별한 취미가 없다. 사회의 최하층에서 몇 세대를 살아오는 사람들로서 막일로 생계를 유지하는 사람이다.

제3절 사회계층의 결정요인과 구조

3절에서는 사회계층의 결정요인, 사회계층의 구조에 대해서 언급하고자 한다(김병성, 2018; 김경식 외, 2017; 성낙돈, 2017; 차경수 외, 2010; 조성일 외, 2004; 정봉도, 1999; 김준기, 1998).

1. 사회계층의 결정요인

사회계층이란 비슷한 생활양식, 가치관에 따라 형성된다. 즉, 동일계층에 속한 사람들이 공통적으로 갖는 예의, 언어, 습관, 도덕적 신념, 지식수준, 가치관 등에서 비슷한 특성을 나타낸다. 일반적으로 사회계층은 재산의 정도, 수입, 직업 유형, 권력, 교육 수준, 가정문화, 개인의 자질(성, 연령, 외모 등) 등이 종합적으로 고려되어 결정된다.

사회계층 결정요인에 대한 제 학자의 견해는 다음과 같다. Marx의 경우는 경제적 측면을 계층결정의 주요한 요인으로 본 반면에, Weber는 3P(property, power, prestige), 재산, 권력, 위신이 계층결정의 형성요인으로 설명하고 있다. Halsey, Floud 및 Anderson(1961)은 "모든 사회적 단위행위는 권력을 행사하는 행위이고, 모든 사회관계는 권력의 평형을 유지하는 것이며, 모든 사회집단과 체계는 권력을 조직한 것"이라고 표현하면서 사회의 권력 위계를 설명하고 있다. 흔히 사회계층을 논할 때 세 가지 차원을 들어 설명하고 있는데, 이들 세 가지 차원은 사회 내의 지배-복종 관계를 나타내는 권력위계와 수입과 생활 기회를 향유하는 정도의 차이를 나타내는 수입위계 그리고 객관적으로 감지하기 어려운 상징적 의미를 지니는 위세세계를 의미한다.

어떤 사회이든 이들 세 가지 위계가 복합적으로 계층을 결정하기 때문에 대부분의 사회는 결정요인을 여기에서 찾을 수 있다고 설명한다(Weber, 1968). 그리고 Warner는 사회계층 분류기준으로 직업, 가옥 형태, 거주 지역, 수입, 소득원, 교육 수준 등의 지위특성 지표(ISC: index of status characteristics)를 나타낼 수 있는 요인과 함께 지역사회에 대한 참여 정도를 중심으로 서열을 정하는 평정 참여법(EP: evaluated participation)을 사용하여 사회계층을 구분하고 있다(1949). 한편 Persell(1977: 157)은 한층 다원적 차원에서 계층구성의 요인으로 축적된 부(wealth), 노동시장에서의 지위, 수입, 작업 조건, 일의 유형, 자율성 여부, 사회적 관계 유형, 인종으로 인한 신분제도를 들고 있다. 국내 학자로서 홍두승(1982: 19)은 계층의 결정요인을 ① 계층이 형성되기 위한 객관적 조건(직업 위계 서열상의 지위, 소득, 교육 수준, 생산 수단의 소유 여부), ② 객관적 위치에 따른 주관적 인식과 인지적 평가, ③ 이것을 토대로 나타나는 구체적인 계급행동 또는 계층행동이다. 이 가운데 가장 기초가 되는 것은 객관적 기준에 의한 사회 공간상의 개인의 위치인 것이다.

상기에서 계층의 형성요인에 대한 학자들의 견해를 종합하면, 현대사회의 계층구조의 형성요인으로 재산과 수입 측면, 직업 측면, 교육 측면, 계층의식과 지위의 상징 등이 많이 작용하고 있다. 이를 자세히 기술하면 다음과 같다(Horton & Hunt, 1976: 234~243).

첫째, 재산과 수입 측면이다. 이는 재산과 수입에 따른 사회계층의 형성 측면은 물질적인 측면(재산, 수입의 규모)뿐만 아니라 질적인 측면(원천의 종류·

안정성)도 사회계층과 관련이 있다. 예를 들면, 유흥업소를 운영하는 사람의 수입이 많을지라도 대학교수보다 지위가 낮으며, 종교적 지도자가 수입이 훨씬 많은 운동선수보다 존경을 받는 경우를 들 수 있다.

둘째, 직업 측면이다. 직업은 그 사람의 교육 정도, 생활수준, 친구관계, 취미 및 여가생활, 도덕성, 가치관의 수준을 짐작할 수 있다. 직업은 그 사람의 생활양식을 가장 쉽게 알 수 있는 요인이다.

셋째, 교육 측면이다. 현대의 직업세계에서 초등학교 출신은 대부분 육체적인 노동을 하는데 비하여 고등교육 출신은 사무직이나 전문직의 직업을 갖는 기회를 가지고 있다. 즉, 개인이 얼마나 많은 교육을 받았느냐에 따라서 그 사람의 일생 동안의 사회적 지위와 수입이 달라지는 것이다. 따라서 교육은 사회계층의 결정요인과 밀접하게 관계가 있다.

넷째, 계층의식과 지위의 상징 측면이다. 사회계층의 상징은 사람들의 행동이나 생활양식과도 깊은 관련이 있다. 예를 들면, 값비싼 의복을 입고 자동차를 타며 보석을 가지고 있고 사교 및 동호클럽 활동을 하는 것은 높은 지위를 나타내기 위한 상징이다. 그러나 최근에는 사람들의 의식과 생활양식이 바뀌어 이러한 상징적인 면이 점점 감소되고 있다.

2. 사회계층의 구조

계층구조는 계속적인 계층체제의 변화이며, 사회화 과정을 정착시키고 계층과 다른 기관과의 관계를 맺어줌으로써 각 기관이 가지고 있는 정치·경제·교육 체제의 영향을 서로 주고받는 것이며, 계층적·정치적 권력계승 등을 말한다. 그리고 사회계층의 구조는 국가, 사회, 시대에 따라 각기 다르며, 그 지역의 사회 크기와 연관성을 가지고 있다. 따라서 시대적 변화가 지속적으로 이루어지기 때문에 일반화하기가 매우 어려운 실정이다. 하지만 계층구조는 다분법을 활용하였는데, 특히 3분법, 5분법, 6분법을 주로 사용하고 있다.

사회계층 구조에 대한 제 학자의 견해와 각국의 사회계층 구조를 고찰하기로 한다.

Warner(1949: 43)와 그의 동료들은 미국의 사회계급을 상·중·하의 세 가지 층으로 나누면서, 이를 다시 상층과 하층으로 구분하고, 상의 상층(upper-upper class: 1.4%), 상의 하층(upper-lower class: 1.6%), 중의 상층(middle-upper class: 10.2%), 중의 하층(middle-lower class: 28.1%), 하의 상층(lower-upper class: 32.6%) 그리고 하의 하층(lower-lower class: 25.2%)의 여섯 가지 층으로 나누었다.

교육사회학자인 Havighurst와 Neugarten(1968: 18)은 미국 중소지역 사회계급의 형태를 상류층(1~3%), 중상류층(7~12%), 중하류층(20~35%), 하상류층(25~40%), 하하류층(15~25%) 등 다섯 가지로 분류했다.

Webb과 Sherman(1989)은 상위계급 1~3%, 상중계급 10~15%, 화이트칼라 노동자인 중하계급은 30~35%, 블루칼라 노동자 40~50%, 하위계급 10~20% 등 다섯 가지로 구분했으며, 이는 표 6-1과 같다.

표 6-1 미국의 계층구조

계급(인구비례)	수입	직업	부	지위	가정생활	교육	정치참여
상위계급 (1~3%)	•아주 높은 수입	•대기업 경영 •거대 금융회사	•많은 유산 상속 •투자이익 •부가가치 창출	•세습적 지위	•안정적	•안정적	•높은 참여율 •공화당원
상중계급 (10~15%)	•높은 수입	•전문직 종사(사업, 군대, 관료 조직)	•약간의 상속 •대부분 저축과 투자로 부 획득	•수입에 따른 지위 획득	•안정성에 따른 역할 분화	•기능대학 •드물게 엘리트 교육	•높은 참여 •보수적 공화당
중하계급 화이트칼라 노동자 (30~35%)	•적절한 수입	•낮은 수준의 전문직 •반전문직 •판매직	•거의 없음	•사회적 지위	•주부 취업률이 높음 •일반적으로 안정되	•대학	•자주 참정권 불행사 •민주당이나 가끔씩

계급 (인구비례)	수입	직업	부	지위	가정생활	교육	정치참여
					었으나 이혼율이 높음 •가족 간의 역할분담		공화당에 투표
노동계급 블루칼라 노동자 (40~50%)	•낮은 수입	•숙련노동자 •반숙련 노동자 •서비스 노동자	•유산은 없음	•낮은 지위	•불안정한 가족제도	•전문대학 직업훈련 과정 •직업학교 •고등학교	•투표권을 행사하지 않음 •쟁점사항이 보수적 민주당
하위계급 (10~20%)	•빈곤한 수입	•높은 실업	•재산이 거의 없음	•가난한 지위의 상징	•높은 이혼율과 별거 •가족 유기	•소수의 고등학교 졸업 •높은 기능적 문맹	•낮은 참여율 •민주당

자료: Webb, R. B., & Sherman, R. R.(1989). *Schooling and Society*. Macmillan Publishing Company, pp. 418~419.

홍두승(1982)의 사회계층 구조와 대상자의 직업군을 살펴보면 다음과 같다. 그는 사회계층 구조를 상류층, 중류층, 하류층으로 구분했으며, 상류층은 상류계급(자본가, 대기업주, 정부의 고위관리)과 중상계급(의사, 대학교수, 변호사, 판검사) 등을 의미하며, 중류층은 신 중간계급(교사, 하급 공무원, 사무직 등)과 구 중간계급으로, 다시 구 중간계급을 자영상인과 자영 서비스업자(관리직 종사자, 판매직 종사자)와 자영 기능인(생산 및 관련 종사자, 장비 운전자) 등을 의미한다. 하류층은 근로계급(숙련공, 반숙련공, 단순 노무자)과 하층계급(청소부, 행상)으로 구분했다.

이상백과 김채윤(1976)은 우리나라의 경우 농촌을 제외한 사회계급 연구에서 상류계급이 7.7%, 중류계급이 24%, 하류계급이 47.1%로 나타났으며, 나머지 21%는 불분명한 것으로 나타났다. 고영복(1981)은 상류 2.3%, 중상류 12.5%, 중하류 35.4%, 하상류 20.6%, 하하류 29%로 제시했다.

세계 각국의 사회계층 구조를 살펴보면 다음 표 6-2와 같다.

표 6-2 각국의 사회계층 구조

구분	미국	영국	일본	아르헨티나	멕시코	브라질	한국
상	3	2	0	1	1	2	6.6
중상	10	7	7	6	16	3	17.8
중하	30	20	35	33	·	12	27.5
하상	40	50	38	·	83	33	29.2
하하	17	20	18	60	·	50	18.8
계	100	99	98	100	100	100	99.9

자료: 정봉도(1999). 교육사회학. 서울: 재동문화사, p. 208에서 인용해서 재구성함.

앞에서 사회계층 구조에 대한 국내외 학자들의 견해와 세계 각국의 사회계층 구조를 살펴보았다. 사회계층 구조의 분류는 학자들마다 다소 차이가 있으나, 대개 3분법, 5분법, 6분법 등으로 분류하고 있다. 특히 우리나라는 상층 6.6%, 중상층 17.8%, 중하층 27.5%, 하하층 18.8%로 나타나, 우리나라 사람들의 경우 자신을 중류계층으로 생각하는 사람이 실제로 많은 것으로 나타났다.

계층구조의 특징을 살펴보면 다음과 같다(권이종, 1999: 122~123). ① 계층구조는 역사적 현상이다. 그리스·로마 등 유럽의 역사나 중국·인도·아프리카 역사 등 모든 나라의 역사 속에서도 이러한 계층과 권력구조는 존재하여 왔고, 귀족이나 노예, 임금과 신하 등이 그 예이다. ② 계층구조는 지구상 어느 곳에서나 존재한다. 기득권층에 대한 하류층의 불만 표시가 계속되고 있는 가운데 하류층의 계층상승 욕구 노력이 끊임없이 이루어지고 있는 실정이다. 모든 나라에서 계층구조와 재산·권력·지위의 차이는 존재하고 있다. ③ 계층을 구분하는 기준은 각 사회·나라마다 다르다. 이론적인 면이나 현실적인 면에서의 차이로 인하여 재산·권력·지위에 대한 인식이 각기 다르게 나타나며, 이에 따라 계층 구분 기준은 사회마다 다르게 나타난다. 예를 들면, 인도는 전통적 계급을 5,000종류 이상으로 구분하고 있으며, 이스라엘에서는 키부츠(Kibbutz) 계급이 농산물의 공동생산 과정에서 모두를 같은 계층으로 생각하고 있다. 중국은 방대한 지역성과 깊은 역사성 때문에 학술적으로 재산·권력·지위의 구분에 대한 과학적인 정리가 이루어지지 못한 실정이다. ④ 계층에 따라 인간 생활 전반에 미치는 영향이 각기 다르다. 계층은 한 사회의 생활 조건이나 생활방법, 주택구조·부모-자녀 관계, 이웃관계, 여가 선용, 문화행사, 매스미디어 수준 등에서 각기 다른 영향을 미친다. 아동의 사망률, 신체적·정신적 건강, 부부간의 갈등 등도 계층에 따라 각기 다르게 나타난다.

제4절 교육과 사회계층

4절에서는 교육 기회와 사회계층, 교육(관)과 사회계층문화, 지능과 사회계층, 언어와 사회계층, 학업 성취도와 사회계층 순으로 고찰하기로 한다.

1. 교육 기회와 사회계층

교육사회학에서 사회계층이 중요하게 다루어지는 것은 교육과 밀접한 관계가 있다. 즉, 교육이 사회계층의 이동에 공헌할 수 있기 때문이다. 예를 들면, 현재 40~50세 연령층은 어려운 환경 속에서도 강한 학습 의욕과 동기로 인하여 성공한 사람이 많다. 그리고 입시철에 온 가정 및 사회가 좋은 대학, 좋은 직장이 보장되는 전공으로 몰리는 양상도 결국에는 어떠한 형태이든지 간에 계층이동을 원하는, 즉 사회적 지위 상승의 기회를 목표로 하고 있음을 입증하는 것이다.

일반적으로 사회계급이 높을수록 교육을 많이 받고 자녀에 대해서도 교육을 많이 시킨다. 그리고 교육을 많이 받을수록 사회계급이 상승할 가능성이 높아질 것이다. Jencks 등(1972)은 학교교육의 양은 실제로 경제적인 측면에 영향을 받고 있으며, 사회경제적 배경과 교육 포부에 있어서도 상·중류층 아동들이 보다 높은 교육 포부를 가지고 있다는 것이다. 이러한 것은 그들이 하류층의 아동들보다 교육을 더 받도록 하는 가정의 압력을 느끼고 있기 때문이다. 한편 하류계층 아동들은 그들이 대학에 진학할 수 없다는 것을 알기 때문에 포부 수준이 낮다는 것이다. 물론 하류층 출신이 대학에 전혀 진학하지 못하는 것을 의미하는 것은 아니다. 그리고 직업포부도 교육포부와 높은 상관관계를 나타내고 있다. 상·중류층의 높은 교육포부는 결과적으로 하류계층 학생들보다도 직업포부의 수준을 더욱 높이게 된다. 또한 Havighurst(1961)의 연구는 미국의 경우에 있어서 대학입학자의 계층별 분포를 살펴보면, 전체 인구의 10%밖에 안 되는 중·상류 계층이 85%를 차지하였고, 하류계층은 겨우 10%밖에 차지하지 못하였다.

사회계층 이동에 대한 학교교육을 살펴보면 다음과 같다.

첫째, 학교가 불평등을 재생산한다는 입장이다. 학교교육이 중·상류층 중심의 교육이고 단지 교육만이 사회이동에 공헌하는 것이 아니라 높은 지능, 좋은 학교, 부모의 사회경제적 지위, 높은 성취동기, 좋은 결혼 등의 제 요소들이 상호 상관관계를 지닌 가운데 복합적으로 작용한다고 주장한다. 예를 들면, 경제적으로 빈곤한 가정 출신들이 부유한 가정 출신들보다 교육기회에 접근할 수 있는 비율이 적다. 공·사립학교의 차별, 인문 및 실업계의 차이는 청소년들의 균등한 성공기회의 저해 요인이 된다. 따라서 청소년들이 지금보다 더 개선된 교육제도에서 교육받고, 더 나은 입시제도하에서 개인의 잠재력을 발휘하도록 하여 계층이동이 가능해야 한다.

둘째, 학교 외 교육을 통한 사회이동 측면이다. 학교 외 교육은 학교교육에서 소외된 자들을 대상으로 하여 학교교육의 기회불평등·비효율성·비효과성을 보완해주는데 중요한 기능을 하고 있다. 학교 외 교육활동의 종류는 계속교육, 성인교육 등을 포함한 각종 사설학원·직업기술교육, 방송통신고등학교, 방송통신대학 등이 있다. 이러한 학교 외 교육활동은 어느 정도 자발적으로 강한 의지와 동기를 가지고 참여하고 학습하느냐에 따라 계층상승이 가능하게 될 것이며, 개인 및 사회 발전에 기여하고 더 나아가서 보람되고 행복한 삶을 영위할 수 있을 것이다.

이와 같이 계층에 따른 교육의 기회 불균형 현상은 사회계층 자체가 교육에 영향을 미치고 있기 때문에 사회이동에도 많은 영향을 미치고 있다.

2. 교육(관)과 사회계층문화

교육과 사회계층과의 연관성을 논의할 때 중요시되는 것은 사회계층이 지니고 있는 계층문화라 할 수 있다. 여기에서 상류계층, 중류계층, 하류계층문화와 교육과의 관계를 살펴보고자 한다(이현청, 1994: 176~178).

첫째, 상류계층문화와 교육과의 측면이다. 상류계층의 행동 특성은 보수적 성향이 농후하며 권위주의적이다. 상류계층은 소속된 사회에서 이미 위신이나 권력 또는 재산 등을 점유하고 있기 때문에 인간성 및 생활태도에 있어서도 조상숭배 의식이 강하고, 정서적으로는 안정되어 있는 특성을 지니며, 생활태도가 긍정적이고 관용적이며 시간관념이나 위생관념이 철저하다. 이들은 일반적으로 이상 지향적이며 전통과 명예를 존중하는 특징을 갖는다. 이러한 계층적 특성은 가정에서의 교육이나 학교에 대한 태도에서도 잘 나타난다. 학교에 대한 관심이 비교적 높으며 교사에 대한 태도도 긍정적이다. 가정교육에 있어서도 체벌교육을 부정하고 대화에 의한 교육을 중요시한다. 출산율은 대체로 낮고 양육태도 역시 민주적이며 아동 스스로에게 맡기는 자기 통제적 특성이 있다. 일반적으로 가정 분위기 역시 자유롭고 안정되어 있는 특성을 지닌다.

상류계층은 사회이동에 별로 영향을 받지 않기 때문에 현재의 계층적 위치에서 만족하는 경향이 있지만, 후진국에서는 사회적 신분의 지표(status symbol)를 지나치게 내세우려 하는 경향도 있기 때문에 하류계층에게 상대적 박탈감을 심어줄 우려가 있다. 후진국의 경우 사회변동 과정에서 상류계층이 사회변혁의 주체가 되어야 한다는 주장은 상류계층이 사회의 지도자적인 위치에 있기 때문이다. 상류계층의 경우 학교교육에 대한 인식에 있어서 학교교육이 계층화 과정에 커다란 영향을 끼친다고는 볼 수 없다고 생각한다. 그 대신에 현재의 지위나 위신을 유지하기 위한 교양교육에 치중하는 경향이 있다.

둘째, 중류계층문화와 교육과의 측면이다. 학교교육내용은 주로 중류계층의 문화를 반영하고 있기 때문에 중류계층의 아동들은 교육적 상황 측면에서 어드밴티지가 많다고 볼 수 있다. 중류계층은 대부분 전문직에 종사하는 집단이기 때문에 자신의 노력에 의해 현재의 지위를 획득한 법조인, 교수, 상공인 등을 들 수 있다. 또한 그들은 성취동기가 높고 상류층으로의 상승이동 욕구가 대단히 높다. 따라서 중류층은 미래 지향적 가치관을 갖고 있으며, 학교교육을 매우 중시하고 있다. 또한 이들은 독립심이 강하며 사회성을 중시하면서 교육열이 높다. 아울러 폭넓은 사회활동을 하며 매사에 적극적인 행동을 한다. 중하류층은 검소하며 자녀교육에 치중한다. 중류계층문화가 건전한 사회에서는 교육문화 또한 건전하지만, 경쟁적 중류문화인 사회에서는 교육문화가 지나치게 경쟁적이고 도구화할 우려도 있다. 우리나라의 경우가 경쟁적 중류문화 사회의 대표적인 예라 할 수 있다.

셋째, 하류계층문화와 교육과의 측면이다. 하류계층은 영세농가, 영세 상인 혹은 막노동 등의 사회집단으로서 대체로 현실 지향적인 가치관을 갖고 있다. 미래에 대한 기대 수준이 낮고 경제적으로 안정되어 있지 못하기 때문에 교육에 대한 투자가 용이하지 않다. 대개는 중등교육에 그치는 경우가 많다. 또 자녀들의 경우 학교에서 일탈행위나 비행을 저지르는 경우가 많으며, 문화적으로 결핍되고 있기 때문에 학습 지진아, 문제아가 발생할 우려가 매우 높다. 일반적으로 하류계층은 저속한 대중문화를 즐기며 노력하기보다는 숙명적인 가치관을 지니고 있는 경향도 찾아볼 수 있다.

상기에서 사회계층문화와 교육과의 관계를 살펴본 바와 같이, 중·상류층은 가족집단 외의 보다 넓은 범위의 사회집단에서 사회관계를 맺고 있다. 따라서 인간관계를 빨리 형성하며, 사교범위가 매우 넓다. 반면에 하류계층은 가족·친척·이웃 중심으로 사회관계를 형성한다. 사회계층은 자녀들에게 교육 기회의 제공에 있어서 차이를 가져올 뿐만 아니라 교육을 통하여 사회계층 이동을 촉진하고 사회경제적 지위를 획득하는 데 영향을 미친다. 즉, 앞으로의 교육환경은 계층을 초월하여 모든 학생들이 평등하게 자기의 잠재능력을 개발할 수 있는 환경이 되어야 하며, 이러한 교육환경은 계층상승 이동이 가능한 교육복지국가의 구현이 뒤따르는 가운데 형성되어야 할 것이다. 그리고 중·상류계층 가정은 자녀들의 자율적인 활동을 중요시하며, 하류계층의 가정에서는 신체적 고통과 복종을 통한 교육방법으로 목적에 도달하는 경향이 많다. 중·상류계층 가정은 자녀들에게 민주적이며, 관용적인 데 비하여, 하류계층은 자녀의 능력 이상으로 과잉기대를 하고 단시간에 많은 것이 성취·도달되기를 바란다. 그리고 가정 교육에서 자녀에게 영향을 미치는 것은 가정 분위기이다. 즉, 모범학생의 부모들은 여가 시간을 자녀들과 같이 보낸 사실을 들 수 있다. 그들은 부모와 친밀한 관계를 형성하고, 서로 신뢰하며 심리적인 안정을 얻어 학교에서 좋은 학업성과를 거두며, 생활에 자신감을 갖게 될 것이다.

3. 지능과 사회계층

지능이 교육, 특히 학습에 있어서 매우 중요한 의미를 갖는다는 사실은 부인할 수 없다. 일반적으로 이 방면에 관한 연구결과들을 보면, 중류나 상류계층이 하류계층에 비해 지능지수가 높다. Havighurst에 의하면 대학진학을 할 수 있는 사람은 지능지수가 110 이상이어야 한다고 하면서 사회계층에 따르는 지능지수의 분포를 표 6-3과 같이 제시하고 있다.

표 6-3 IQ와 사회계층

사회계층	고등학교 미필자		고등학교 졸업자		대학입학자	
	115+	101–114	115+	101–114	115+	101–114
상류 및 중상층	0	0	1	0	8	3
중류하층	3	2	13	21	11	6
하류계급	9	33	24	27	10	7
계	12	35	38	48	29	16

주: IQ 100 이상인 178명의 20세 청년이 대상임
자료: Havighurst, R. J., & Neugarten, B. L.(1960). Society and Education. Boston-Allyn & Bacon, p. 226.

4. 언어와 사회계층

언어사용에서 계층 간의 차이 측면은 문장력·표현력·어휘력, 문법, 문장 길이, 주술관계, 접속사·전치사 등의 사용에서도 차이가 나타나며, 중·상류층 아동들은 구체적 실물을 떠나서 추상적으로 사고할 수 있는 능력이 하류계층 아동들보다 발달되어 표현력 등이 합리적이고 논리적이다. 반면에 하류계층 아동들은 사고 및 표현의 한계가 있다. 지능이 낮은 이유는 교육과 언어사용의 차이, 지적발달의 차이에서 나온 결과이다.

언어에 의해 장애요인이 초래되는 것을 사회계층과 관련지어 설명한 학자는 영국의 교육사회학자인 Bernstein이다. 그에 따르면, 하류계층에 속한 학생들은 언어상 불리한 형편에서 학습을 시작하기 때문에 학업에 부진할 수밖에 없다는 것이다. 하류계층에 속한 학생들은 추상적 사고 및 주관적 감정의 언어표현을 억제하는 제한된 어법(restricted code)에 주로 의존하고 있다고 하며, 이것은 하류계층이 상류계층의 가정보다 더욱 많은 몸동작과 그 밖의 다른 비언어적 대화에 의존하기 때문에 하류계층의 가정에서는 상대적으로 표현이 간결하고 문법적으로 단순하다는 것이다.

이에 반하여 중·상류계층은 보다 정교화된 어법(elaborated code)을 사용하고 있다고 한다. 중·상류계층의 학생들은 더욱 풍부하고 다양한 문법에 맞는 언어를 구사함으로써 그들로 하여금 학교에서 앞서 가게 만든다는 것이다. 또한 대부분의 학교 상황도 중·상류계층의 문화에 관련되어 있으며, 하류계층의 학생들은 제 학습지도의 근간을 이루는 언어에 대한 지식이 제한되어 있기 때문에 학교 입학 후에도 또다시 불리한 상황에 놓이게 된다는 것이다.

Bernstein(1976)이 제시하는 두 어법의 특징을 요약하면 다음과 같다. 우선 정교화된 어법은 ① 다양한 강세와 논리적 수식어를 동원함으로써 문장 구성이 보다 복잡하며 문법적 어순과 구문의 조절이 정확하다. ② 광범위하게 접속사를 활용하여 다양한 종속절을 동원한다. ③ 전치사는 공간적 접촉뿐만 아니라 논리적·시간적 관계를 표현하기 위해 많이 활용한다. ④ 비인칭

대명사를 동원함으로써 진술, 의견 및 아이디어를 점차적으로 비인칭화 시키는 능력이 커진다. ⑤ 보다 크고 창의적인 언어능력을 나타내는 형용사와 부사를 풍부하게 한다. ⑥ 종속절을 아주 많이 활용한다. ⑦ 언어계열 간의 여러 의미를 변별하기 위하여 고급 상징을 상당히 많이 활용하며, 추상적 사고를 구체적 용어로 표현하는 능력이 높다. ⑧ 정교화된 어법이 명확하여 진술과 코멘트가 완전하고, 아이디어는 실제 문장구조를 통하여 전달되고 수정된다. ⑨ 아동의 개념 단계는 정확하고 의미심장한 방법으로 언어형태를 점차 형식화한다.

제한된 어법의 특징은 다음과 같다. ① 문법구조가 간단하고 문장이 복잡하지 않은 단문을 사용한다. ② 등위 접속사, 즉 and, but, or, so, for, then을 반복한다. ③ 종속절이 사용되는 경우가 거의 없다. ④ 간단한 진술, 명령, 질문이 반복적으로 사용된다. ⑤ 일관된 주제로 말을 계속할 능력이 없다. ⑥ 획득된 정보가 혼란스러워 체계적인 언어전달이 이루어지지 않는다. ⑦ 언어학적 상상력과 창의력이 결여된 채 형용사나 부사의 사용이 제한되고 있다. ⑧ 대명사 it, one을 활용하여 조건절을 만들거나 비인칭화를 시킬 능력이 전혀 없다. ⑨ 상징의 수준이 낮고 추상적인 것을 말로 나타내거나 모든 추상적 사고를 형식적 방법으로 표현하는 일반적인 능력이 없다. ⑩ 대부분의 제한된 어법은 애매하며, 진술한 코멘트는 나름대로 전달은 되지만 논리적이지 못하고 불완전하다. 마지막으로 상대방의 신용과 공감을 얻기 위하여 '그렇지?', '알겠지?'와 같은 안전핀으로 진술이 혼란에 빠진다. 하지만 Bernstein은 하류계층의 아동들이 언어능력이 부족해서가 아니라 언어가 특정 사회의 차원에서 사용되는 방식을 통제하는 초기 사회화의 차이에서 기인되는 것으로 보고 있다.

5. 학업 성취도와 사회계층

사회적 특성과 교육과의 관계는 아마도 사회계층과 가장 밀접하게 관련된다고 할 수 있다. 이 분야의 최초의 연구는 Warner, Havighurst 및 Loeb

(1944)가 쓴 「누가 교육을 받아야 하는가?(Who Shall Be Educated?)」와 Hollingshead(1949)의 「Elmtown's Youth(엘름타운의 젊은이)」이다. 상기의 연구물들은 사회계층이 교육 형태와 교육 수준에 미치는 영향을 다룸으로써 후속되는 제 연구물을 자극했다. 아울러 학생의 사회계층이 높을수록 학업 성취가 높으며 사회계층이 낮을수록 무단결석, 훈육문제, 정학 또는 퇴학 등이 흔한 것으로 밝혀졌다. 그리고 사회계층이 높은 가정에서 자라는 학생들은 포부와 욕망도 비교적 높은 경향을 보여준다. 따라서 높은 포부나 욕망 역시 가정 배경과 관련되어 있는 것으로 알려졌다. 또 사회계층이 낮은 가정 배경의 학생들일수록 대학준비로서의 인문계열보다는 실업계열을 선택하는 경향도 밝혀졌다. Hollingshead(1949)는 미국 중서부의 한 작은 마을을 엘름타운(Elmtown)이라고 명명하고 이 마을에 사는 752명의 고교생들을 대상으로 사회계층과 교육과의 관계를 연구했다. 이 연구에서 Hollingshead는 사회계층을 다섯 가지로 구분하여 Ⅰ~Ⅱ(上), Ⅲ(中), Ⅳ(下의 上), Ⅴ(下의 下)로 분류했다. 上에 속하는 사회계급 학생들의 2/3가 학과목 선정에서 대학 예비과목을 택하고 있는데 반해서, 下의 上(IV)과 下의 下(V), 두 하류계급에 있는 학생들은 그들 전체로 보아 1/10에 해당되는 학생들만이 대학 예비과목을 택했다. 대학 예비과목을 많이 택한 학생들은 이 두 계급에 속해 있는 학생들로서 두 하류계급 학생 전체의 1/3이나 되었다.

표 6-4 교과 선택(%)

사회계급	대학예비	일반	상업
Ⅰ~Ⅱ	64	36	0
Ⅲ	27	51	21
Ⅳ	9	58	33
Ⅴ	4	58	38

표 6-5 평균 점수(%)

	85~100	70~84	50~69
Ⅰ~Ⅱ	51	49	0
Ⅲ	36	63	1
Ⅳ	18	69	13
Ⅴ	8	67	25

자료: Hollingshead, August, B.(1949). Elmtown's Youth. New York: John Wiley, pp. 172~174.

Hollingshead(1949)가 읍을 대상으로 조사한 것과는 달리 Herriott 및 John(1966)은 5만 명 이상의 인구를 가진 41개 도시를 대상으로 1960년에서 1961년 사이에 전국적인 규모로 사회계급과 학업 성취 간의 관계를 연구했다. 그들은 어느 학교든지 사회계급이 낮은 학생들의 비율이 높은 학생일수록 ① 안정된 가정을 가진 사람의 비율이 적고, ② 부모는 학교에 관심이 없으며, ③ 빈번한 훈육의 문제가 있고, ④ 120 이상의 지능지수(IQ)를 가진 학생의 비율이 적고 90 이하가 많았으며, ⑤ 해당 학년 수준의 실력에 미달되는 학생의 수가 많고, ⑥ 대학에 진학하려는 수도 적었다.

한편 사회계층과 교육 사이의 관계를 가장 잘 지적한 연구는 Coleman(1966)의 「교육 기회 균등(Equality of Educational Opportunity)」이라는 저서로 알려진 이른바 콜멘 보고서이다. 이 연구는 Hollingshead의 연구를 포함한 다른 많은 연구들이 밝혔던 바와 같이, 학생의 사회경제적 지위(SES: socio-economic status)가 학업성취(academic achievement)와 가장 밀접하게 관련된다고 했다. 또한 부모의 사회경제적 지위는 학문적 명예, 선택 교과목, 학교 선택, 과외활동에의 참여도 그리고 학생 사회라는 비형식적 구조에서의 성공도를 예언해 준다(Boocock, 1955).

Bowles와 Gintis(1977)는 미국사회의 사회경제적 지위와 학교교육에 대하여 포괄적으로 분석하고 있다. 이들은 미국 사회가 업적주의에 의해서 개인의 능력 및 노력에 의하여 성공한다는 것에 의문을 표시하고 있다. 따라서 이들은 학교에서의 성공과 직업적인 성공이 사실은 IQ에 의한 것이 아니라 사회계층의 영향에 의한 것이라고 주장했다.

한편 Ornstein과 Levine(1981: 242)은 사회계층과 학업 성취와의 직접적인 관계 이외에도 학교가 어느 계층의 학생들에게 교육의 중점을 두고 있느냐 하는 것도 학생들에게 많은 영향을 미치게 된다. 지금까지의 대체적인 경향은 학교가 지향하는 바는 중류층에 기준을 두고 있다는 점이다. 시간 엄수, 책임감, 정직, 학업 성취 등에 역점을 두는 것은 바로 중류층의 가치를 대표하는 것들이다. 동시에 교사들이 사용하는 언어도 중류층에 속하며, 교육과정과 각종 검사도구들도 중류층의 문화와 일치하는 경향이 있다. 따라서 그들은 흔히 자기 지향적인 학습활동에 참여할 준비가 되어 있지 않고, 그들이 사용하는 언어도 교사와는 다르며, 학업 성취에 필요한 학습방법도 미숙하게 되므로 하류층 학생들은 불리하게 된다.

김신일(1999: 339)은 계층 간의 학업 성취 격차는 학년이 올라감에 따라 더 확대되는 경향을 나타내며, 이는 계층 간 학습조건의 차이가 상급 학년으로 올라갈수록 중복된다는 사실을 나타낸다. 따라서 입학시험, 내신 성적, 교과 성적에 의존하여 상급학교 입학을 결정하는 선발제도 하에서는 낮은 계층이 불리할 수밖에 없다.

상기의 학자들의 견해를 요약하면, 교육에의 접근 기회가 중·상류계층일수록 높으며, 학교교육에 대한 가치관과 교육 열망이 중·상류계층일수록 높다. 그리고 학습에 유리한 개인적 능력도 높고, 가정적 배경 요인은 중·상류 계층일수록 교육활동에 유리하다. 마지막으로 학교에서의 학업성적이 중·상류계층일수록 높다는 것이다.

제5절 사회이동의 의미와 유형

1. 사회이동의 의미

현대사회에서 한 개인이 태어날 때 가지고 있던 사회적 지위는 그 사람이 죽을 때까지 또는 그 자손에게 반드시 유지된다고 볼 수 없다. 오히려 그 사람의 지위는 제 요인에 의해 바뀌는 것이 가능하다. 예를 들면, 가난한 농부의 자녀가 어려운 환경 속에서도 학업을 계속하여 대학교수 및 교사, 회사의 중역 등이 될 수 있으며, 반대로 기업경영자의 아들로 부유한 가정에서 태어난 사람이 후에는 백화점의 점원이 될 수도 있다. 이와 같이 사회이동이란 사회계층 구조 내에서 한 인간이나 집단이 하나의 사회적 지위로부터 다른 지위로 이동하는 것을 의미한다.

역사적으로 볼 때 사회이동이 절대적으로 폐쇄되어 있는 사회는 존재하지 않았다. 사회이동이 불가능하다고 알려진 인도의 카스트제도 하에서도 사회이동은 어느 정도 이루어질 수 있었다고 한다. 반대로 사회계층 간의 이동이 완전히 자유롭고 아무런 저항 없이 이루어질 수 있는 사회도 존재하지 않는다. 다시 말해 완전히 폐쇄되어 있거나 개방된 사회란 없는 것이다.

일반적으로 현대사회에 들어서 사회이동은 전통적인 사회에 비해 보편화된 하나의 현상으로 여겨지고 있다. 그럼에도 불구하고 사회이동의 양이나 정도 또는 이동의 폭은 사회마다 차이가 있다(홍두승 외, 1993). 일반적으로, 사회이동의 양은 그 사회의 개방성(openness)의 정도를 나타내주는 주요한 척도로 사용되기도 한다. 계층 간의 구분이 명확하고 사회이동이 매우 제한되어 있어서 부모의 지위가 자식에게 그대로 복제된다면 그 사회는 카스트제도를 가진 극히 폐쇄된 사회라고 일컬어질 수 있다. 반면 다른 사회와 비교하였을 때 한 사회적 계층으로부터 다른 계층으로의 이동이 자유롭고 매우 활발하다면 그것은 개방적인 사회라 볼 수 있다. 개방성의 정도가 높다는 것은 하류층에서 태어난 사람이라 할지라도 능력에 따라 높은 사회경제적 지위를 차지할 수 있다는 것을 의미한다(Giddens, 1989).

사회이동은 직업적 지위 또는 서열로 잘 나타나지만 직업 외에도 수입, 가옥의 크기나 형태, 사교대상과 범위, 이웃동네 특성으로도 나타나게 된다. 하지만 사회이동은 단순히 직업, 수입 등에 따른 이동이 아니라 그 지위에 맞는 행동특성을 습득해야 한다. 행동양식, 즉 언어, 생활태도, 사고방식의 변화가 없이는 계층이동의 증표가 되지 못한다. 어떤 사람이 사회이동, 즉 상승이동은 새로운 지위에 알맞은 부분문화를 배워 몸에 익혀야 비로소 사회이동의 증표가 되는 것이다(김병성, 2018). 즉, 사회이동은 지위, 수입, 소득의 변화뿐만 아니라, 의식의 변화 등을 종합한 개념으로 볼 수 있다.

2. 사회이동의 유형

사회이동은 여러 가지 형태로 분류가 가능하다(김병성, 2018; 김경식 외, 2017; 성낙돈 외, 2017; 권이종 외, 1999; 장원섭, 1997; 홍두승·구해근, 1993; 김영우 외, 2001; Gilbert & Kahl, 1993).

첫째, 가장 일반적인 사회이동 유형의 구분 방법은 이동의 방향에 따른 분류이다. 사회이동의 방향은 수직적인 것과 수평적인 것으로 나누어진다. ① 수직적 이동(vertical mobility)은 사회계층의 상승 혹은 하강이동 현상으로 사회적 위치의 상하 변화를 의미한다. 현재의 위치보다 위로 이동하는 경우를 상승이동(upward mobility)이라 하며, 아래로 이동하는 것은 하강이동(downward mobility)이라고 한다. 예를 들어, 수입이 많아지거나 직업에서 계급이 높아지거나 또는 높은 사회적 신분의 사람과 결혼함으로써 위로 올라가는 상승이동과 반대로 내려가는 하강이동을 합하여 말한다. ② 수평적 이동(horizontal mobility)은 계층적 지위상의 변화가 없는 이동을 의미한다. 그것은 개인이나 집단의 한 지역에서 다른 지역으로의 지리적 이동을 의미한다. 하지만 수평적 이동은 일반적으로 수직적 이동과 결합된 상태에서 발생하게 된다. 순수한 수평적 이동은 현실적으로 거의 존재하지 않는다. 예를 들어, 대기업의 본사에서 근무하던 사람이 동일한 직급으로 지방 계열사에서 근무하도록 발령을 받았다면 몇몇 경우를 제외하고는 일반적으로 그의 지위는 하강한 것이라고 보아야 할 것이다. 그리고 어느 학교의 교사가 다른 학교로 이동하거나 한 백화점의 지배인이 비슷한 다른 백화점의 다른 지배인으로 이동하는 경우를 들 수 있다. 따라서 현실적으로 순수한 수평적 이동보다는 어느 정도의 수직적 이동을 동반하는 수평적 이동으로 보는 것이 일반적이다.

둘째, 사회이동은 이동의 주체가 누구냐에 따라 개인적 이동(individual mobility)과 집단적 이동(group mobility)으로 구분될 수 있다. ① 개인적 이동은 개인이 사회적 지위의 변화를 의미하는 반면에, ② 집단적 이동은 한 집단 전체의 사회적 지위상의 변화를 말한다. 예를 들면, 전쟁 시 군인들의 일률적 계급 상승과 같은 경우를 의미한다.

셋째, 사회이동은 이동이 이루어진 시간적 거리를 기준으로 하여 세대 내 이동(intragenerational mobility)과 세대 간 이동(intergenerational mobility)으로 구분된다. ① 세대 내 이동은 한 개인의 일생을 통하여 그가 경험하게 되는 수직적 이동을 의미한다. 한 개인의 경력을 추적하여 삶을 살아가면서 경험하는 사회적 지위 변화를 뜻한다. 여기에서 개인이 생애 동안에 얼마나 이동하는가가 관심의 대상이 된다. 예를 들면, 개인이 노동시장에서 경험한 경력이동은 세대 내 이동의 유형에 속한다고 볼 수 있다. 반면에 ② 세대 간 이동은 한 세대에서 다음 세대에의 수직적인 지위의 변화를 뜻한다. 부모의 사회적 지위와 자식의 사회적 지위 간의 비교를 의미하며, 어떤 개인의 출생 시 가족이 가졌던 지위와 그가 사망할 때 또는 그의 후손이 가지게 된 사회적 지위 사이의 변화를 가리킨다. 이 경우에 주로 한 개인이 그의 부모와 얼마나 다른 위치를 점하는가가 분석의 대상이 된다. 이러한 세대 간 이동에 영향을 미치는 요소는 직업구조, 교육의 기회, 출생률의 차이, 경제규모의 확장, 사회 혁명 등을 들 수 있다.

넷째, 이동이 발생되는 상황에 따라서 사회이동은 순환이동(circulation or exchange mobility), 구조적 이동(structural mobility), 재생산이동(reproductive mobility), 이민이동(immigration mobility)으로 분류할 수 있다. ① 순환이동은 한 사회의 직업구조 내에서 위아래로 교환적으로 움직이는 이동이다. 어떤 이가 높은 지위에서 떨어지면 그 지위를 낮은 지위에 있던 사람이 메우게 되고, 반대로 누군가가 낮은 지위로부터 높은 사회적 위치로 상승하게 되면 그 자리에는 높은 지위에 있던 사람이 들어서게 되는 지위의 교환 혹은 순환을 의미한다. 따라서 순환이동은 양방향(two-way mobility)으로 이동이 이루어진다. 누군가가 높은 지위를 얻으면 누군가는 그 지위를 잃게 되기 때문이다. 한 사회 내에서 순환이동은 그 사회의 이동의 총량 측면에서 다음에 고찰할 구조적 이동의 부분을 제외한 부분에 해당된다. ② 구조적 이동은 기술혁신이나 경제발전 등으로 인하여 산업구조 및 직업구조가 변화되면서 계층 간의 교환 없이 사회이동이 이루어지는 경우를 의미한다. 예를 들어, 산업구조의 고도화로 상위계층의 직업들이 보다 많이 생기게 되면 다른 사람이 굳이 하강이동을 하지 않더라도 많은 사람들의 상승이동이 가능하다. 이 경우에 사회이동은 일방적인 것(one-way mobility)이 되며, 모든 사람이 보다 높은 사회적 지위를 얻을 수 있다. 예를 들어, 산업화의 물결은 농업에 종사하는 인구를 감소시키고 그 대신 제조업에 고용된 사람의 수를 증가시켰다.

산업 사회에서 지식기반 사회로의 전환은 블루칼라, 육체 노동직에 종사하는 사람의 수를 감소시키고 화이트칼라인 정보산업에 종사하는 지식 노동자 수를 증가시키고 있다(Naisbitt, 1984). 이러한 상황에서 어린 세대들은 어른 세대에 비하여 사회적으로 보다 바람직스럽다고 여겨지는 직업에 종사할 가능성이 커지게 된다. 따라서 보다 많은 사회구성원들이 높은 직업 지위를 차지하게 되며, 그것은 사회의 전반적인 상승이동이 일어난 것으로 간주될 수 있다. 왜냐하면 기존의 직업 지위 척도들에 의하면 육체 노동직에 비해 정신 노동직은 보다 높은 사회적 위세를 가지고 있는 것으로 평가되기 때문이다. ③ 재생산이동은 계층 간의 차별적 출산율에 의한 사회이동을 일컫는다. 예를 들어, 상류층은 자녀를 적게 갖고 중·하류층에서는 자녀를 많이 낳는다면 출산 자녀수가 적은 상류층의 직업은 출산율이 높은 중·하류층에 의해 충원되어야 한다. 이런 경우 중·하류층의 자녀는 사회적으로 상승이동을 할 가능성이 커진다. 이런 유형의 사회이동 역시 일반적인 이동이 된다. ④ 이민이동은 해외 또는 국내의 낙후 지역으로부터 산업화된 국가 또는 지역으로 비숙련공들이 이주해 옴으로써 기존의 거주 집단들을 위로 밀어 올리는 이동을 뜻한다. 이때 이민 노동자들은 기존 노동자들이 더 이상 하지 않으려 하는 궂은 일들을 기꺼이 담당함으로써 노동자 계급의 하층을 점하게 된다. 이민 노동자들이 밑바닥에 충원됨으로써 기존 노동자 계급들은 직업적 지위와 수입에 있어서 사회적 상승이동을 경험할 수 있다.

다섯째, 사회이동의 용이성을 기준으로 개방계층체제(open class system)와 폐쇄계층체제(closed class system)로 구분할 수 있다. 개방계층체제는 개인의 노력에 따라서 개인의 사회적 지위가 결정되는 것이며, 사회구성원 간의 경쟁이 권장된다. 폐쇄계층체제(closed class system)는 개인의 사회적 지위의 이동 가능성이 거의 없으며, 가족 배경과 귀속적 변인에 의해 사회적 지위가 결정된다. 따라서 완전히 폐쇄적인 사회가 존재하지 않는 것과 같이 완전한 개방사회도 존재하지 않으며, 일반적으로 귀속적인 요인과 업적에 의하여 사회적 지위가 결정된다고 볼 수 있다.

상기에서 사회적 이동의 구분방법을 살펴보았다. 이를 정리하면 이동의 방향에 따라 수직적 이동과 수평적 이동으로 분류하며, 이동의 주체에 따라 개인적 이동과 집단적 이동으로 그리고 이동이 이루어진 시간적 거리에 의해서 세대 내 이동과 세대 간 이동으로, 이동이 발생하는 상황에 따라서 순환이동, 구조적 이동, 재생산이동, 이민이동으로, 사회이동의 용이성을 기준으로 개방계층체제와 폐쇄계층체제로 분류하고 있다.

한 사회에서 사회이동이 일어나기 위해서는 다음과 같은 구조적 특징을 갖추어야 한다(김천기, 2008). ① 개인을 평가하는 기준이 귀속주의적인 것이 아니며 업적주의적이어야 한다. 사회가 개인의 귀속적 특징인 가족 배경, 인종, 성에 의해 개인을 평가한다면 개인의 사회이동은 구조적으로 제약을 받는다. 오로지 개인의 업적 요인인 재능, 능력, 동기 요인에 의해서만 개인을 평가해야 한다. ② 직업구조의 변동이 활발하게 일어나야 한다. 예를 들어, 하층의 직업보다는 관리직이나 전문직이 늘어날 때 이전 세대보다 더 상승 이동할 가능성이 커지게 된다.

제6절 사회이동에 관련된 제 요인

사회적 이동은 직업, 교육, 수입 등과 밀접하게 관련되어 있다. 남성에게는 특히 직업이 주요한 상승이동의 수단이 된다. 어떤 사람들은 세련된 사교적인 기술(social technique)로서 상승이동을 하는 사람들도 있으며, 부모의 사회경제적 지위와 같은 가정환경, 학교에서 받은 교육의 양과 질 및 지능 등은 모두 사회이동과 깊은 연관성을 지닌다.

여기에서는 사회이동의 관련 요인으로 개인적 요인, 가정적 요인, 사회적 요인 등 세 가지로 분류해서 살펴보기로 한다(김경식 외, 2017; 차경수 외, 2010).

1. 개인적 요인

사회이동과 관련된 요인으로 개인적 요인은 지능 및 학교 성적과 사교성, 늦은 결혼 등을 들 수 있다.

첫째, 지능, 학교 성적 및 사교성 등에 따라 상승적인 사회이동을 한 사람들이 그렇지 않은 사람들과 어떤 차이가 있는가를 조사한 연구를 보면 상승이동을 한 사람들이 그렇지 않은 사람들에 비하여 지능과 학업성적이 높게 나타났다. 또 사교성도 다른 사람들에 비하여 높기 때문에 고등학교 시절의 교사들은 학생들의 지능과 학업성적 그리고 사교성의 측정으로 장래에 그 학생들이 대략 어느 정도의 사회이동을 할 수 있다는 것을 예측할 수 있다고 한다. 우리나라 역시 사회이동에 지능과 성적이 중요하다(정우현, 1988). 이들의 관계는 보통 지능이 높을수록 학교에서 공부를 잘하고, 공부를 잘할수록 교육 포부 수준도 높다. 그 결과 자신이 미래에 선택할 직업 포부 수준과도 밀접한 관계를 갖는다. 이러한 관계는 실업계보다는 대학의 진학을 목표로 하는 인문계 학생들에게 중요하다(강희돈, 1993). 지능과 고등학교 성적이 좋은 사람이 상승이동을 하거나 오늘날 현대사회에서 좋은 직장을 얻기 위해서는 좋은 대학을 졸업해야 하고, 좋은 대학을 졸업하기 위해서는 지능과 고등학교 성적이 좋아야 하기 때문일 것이다.

여기서 말하는 사교성이란 교사 및 동료교사들에 의해 평가되었을 때 인기가 높고, 친절하여 지도성이 있는 것을 의미한다. 다시 말해 항상 희망에 차 있고, 타인을 기꺼이 도우려고 하며, 공정한 판단력으로 단체를 지도할 수 있는 사람을 의미한다고 볼 수 있다. 사회이동이 활발하지 못했던 정체적 동양사회에서 별로 관심을 끌지 않았던 사교성이 사회이동이 활발하게 이루어지는 개방적인 현대사회에서 사회이동의 중요한 자원이 되고 있는 실정이다. 이것이야말로 민주적 지도자가 구비해야 할 하나의 자질이라고 볼 수 있다. 장차 우리나라에서도 사교성에 대한 연구가 많이 이루어져야 할 것으로 생각된다.

둘째, 경험적인 연구에 의하면, 남자와 여자 모두 만혼은 상승이동과 관련이 많고, 조혼은 하강이동과 관련이 많다. 대체로 일찍 결혼한 여자들과 늦게 결혼한 여자들을 비교하면 늦게 결혼한 여자들이 지능과 학업성적이 높고, 상승이동을 더 많이 하고 있다(Havighurst & Neugarten, 1968: 51). 이러한 연구결과는 유럽의 경우에도 일반적으로 일치하고 있다. 여자인 경우 20세가 되기 전에 일찍 결혼하여서 상승이동을 하는 경우와 하강이동을 하는 경우에 지능과 고교성적에는 차이가 없으나 사교성에는 차이가 크게 나타나고 있다. 여기에서 우리는 일찍 결혼하면서 자기 자신보다 더 훌륭한 남자를 선택함으로써 상승이동을 한 여자들은 지능보다도 사교성의 덕택이었음을 알 수 있다.

2. 가정적 요인

사회이동에 관련된 요인 가운데 가정적 요인으로는 부모의 사회경제적 지위, 교육 수준, 형제자매의 수, 부모의 자녀훈육 형태, 결혼 등이 있다. 부모의 사회경제적 지위가 높으면 계속 상급학교에 진학할 수 있는 교육 기회가 주어지므로 계층상승이동의 원인이 되기도 한다.

첫째, 부모의 자녀훈육 형태 측면에 있어서 부모가 민주적이고 평등한 가정 출신의 자녀가 지배적인 가정 출신의 자녀보다 계층상승이동이 유리하다고 볼 수 있으며, 결혼요인은 계층 상승요인이 되기도 하나, 배우자 선택의 실패로 하강이동하는 경우도 있다.

둘째, 어머니가 지배적인 가정의 자녀들은 어머니와 아버지 사이가 평등한 가정이나 아버지가 지배적인 가정보다도 상승이동을 많이 하고 있다. 또 어머니가 대학교육을 받았거나 어머니의 학력이 아버지의 학력보다 높은 가정의 자녀들은 그 비율로 보아 아버지가 대학을 좀 다녔거나 아버지의 학력이 어머니보다 높은 가정의 자녀들보다 상승이동을 하는 확률이 더 높다. 그 이유는 분명하지 않으나 다음과 같이 추측할 수 있다. 자녀교육에 대해서는 대개 어머니가 아버지보다 관심이 많고, 자녀들은 가정에서 아버지보다 어머니와 보다 많은 시간을 보내기 때문에 야심 있는 자녀를 만드는 데는 아버지보다 어머니의 역할이 더 큰 것이다.

셋째, Lipset과 그의 동료들의 연구에 의하면, 외아들과 형제 및 자매가 하나만 있을 경우가 상승이동을 하기가 가장 쉽다(Lipset & Bendix, 1959). 자녀수가 많은 경우 모든 자녀들이 상승이동을 할 수 있는 확률은 낮아진다. 부모는 그가 가지고 있는 자산을 여러 자녀에게 똑같이 나누어줌으로써 그들이 사회에서 경쟁하는 힘을 약화시키거나 많은 돈을 들여서 대학을 마칠 때까지 돌보아 주기가 어렵기 때문인 것이다. 그러나 외아들이거나 자녀수가 적은 경우에는 똑같은 수준의 수입이라면 자녀수가 많은 때보다 후견적인 역할을 더 잘할 수 있을 것이다. 하지만 이러한 해석은 조심스럽게 해야 할 것이다. 개방 사회에서 사회이동이 능력에 따라서 자유롭게 나타나는 경우에는 타당할 것이지만, 개발도상국가나 전통적인 사회에서 개방적으로 사회가 이동하는 과정에 있는 사회에서는 빈부의 차이가 심하기 때문에, 부모가 가지고 있는 자녀의 수보다도 부모의 사회경제적인 지위나 재산 정도 자체가 더 깊은 관계를 가질 것이다.

3. 사회적 요인

사회이동이 활발한 사회도 있고 그렇지 못한 사회도 있다. 아무리 개인적으로 지능이 높고 사교적이며, 가정에서 훌륭한 사람이 되도록 노력한다 해도 사회가 전면적으로 폐쇄적인 경우에는 사회이동이 어렵다. 따라서 거시적인 수준에서 사회이동과 관련된 사회적 요인들을 고찰하고자 한다.

첫째, 지역사회의 규모 측면이다. 상승이동은 사람들이 청소년 시절을 어디서 보냈느냐에 따라서 많이 좌우된다. 대도시는 교육의 기회가 많고 직장의 종류가 많아서 시골보다는 상승이동의 기회가 많다. 또한 하류층 자녀들도 도시에서 상승이동이 많이 이루어지고 있다. 그 이유는 중상류층 자녀들은 상승이동이 가족적인 요인에 많이 의존하는데 비해서 하류층 자녀들은 사회적인 기회에 많이 의존하기 때문이다.

둘째, 교육의 기회이다. 학교는 사회이동과 관계가 깊다. 대개 초등학교 졸업자는 육체노동, 중등학교 졸업자는 하급 기술자 및 관리직, 대학 졸업자는 전문직과 관련되어 있기 때문에 대학을 졸업할 수 있다는 것은 그만큼 상승적 사회이동을 할 가능성이 커진다. 하지만 사회의 성격에 따라 교육의 기회는 달라질 수 있다. 사회가 보수적인 경우에는 사회의 지배적인 위치에 있는 사람들이 대학교육의 기회를 독점화하려는 것 때문에 교육에 대한 문호는 전통적인 지배계급에게만 개방되어 일반 서민은 참여하기가 어려운 실정이다. 아프리카의 에티오피아, 남미의 브라질, 아르헨티나 등 여러 나라들이 이 유형에 속한다. 그러나 미국을 위시한 몇몇 나라에서는 사회의 지도자들이 다양한 배경을 가지고 있고, 사회는 진보적이어서 교육의 기회도 보수적인 사회보다 많다. 따라서 진보적 사회의 사회이동은 보수적인 사회보다 활발하다.

셋째, 정치적 안정성이다. 정치적으로 불안한 사회에서는 장래의 예측이 어렵고 또 질서가 서 있지 않기 때문에 능력 있는 사람이 능력을 발휘하기가 어려워 능력이 있다 해도 상승이동을 하기가 어렵다. 이러한 사회에서 좋은 위치를 차지하는 사람은 공정한 능력에 의해서라기보다 관권, 금권,

정실관계 등 비합리적인 수단에 의존하여 사회적 지위를 차지하는 경우가 많기 때문에 정당한 사회이동을 방해한다. 따라서 능력 있는 사람이 능력을 발휘하기가 어려워 능력이 있다 해도 상승이동을 하기가 어렵다. 그러나 정치적으로 안정된 사회, 예를 들어 계장으로서 몇 년간 열심히 정직하게 일하면 과장으로 승진하고 다시 몇 년을 정직하게 근무한 후에는 다음 단계로 승진이 가능하다는 예측이 분명하고, 그 기대와 예측에 따라서 사회가 움직이기 때문에 사회의 하층에서도 능력 있는 사람이 능력을 발휘할 기회가 많아져 사회이동이 증가한다.

넷째, 사회구성원의 성취동기이다. 사회구성원의 성취동기가 높으면 높을수록 사회이동이 활발해진다. 성취동기는 어떠한 업적을 남기고 싶거나 무엇을 이룩해 보려고 하는 인간의 내면적 욕구이다. 성취동기가 높은 사람은 부모의 사회적 배경과 같은 귀속적 요인에 의해서보다는 자기 자신의 능력에 의해서 업적을 이룩하고자 하기 때문에 상승적 사회이동의 확률이 높다. 특히 고등학교 시절의 교육포부 정도나 미래에 선택하게 될 직업 포부 수준은 자신의 교육 수준이나 직업 지위 획득에 영향을 미친다(McClelland, 1967).

제7절 학교교육과 사회이동

사회이동에 대한 학교교육의 효과와 관계에 대한 논의를 두 가지로 분류해서 할 수 있다. 먼저 균형을 패러다임으로 하는 기능주의 이론에서 보는 학교교육에 대한 낙관주의적 관점이며, 다른 하나는 갈등을 패러다임으로 하는 갈등론자들이 보는 학교교육에 대한 비관론적 관점이다(김병성, 2018; 김경식 외, 2017; 허은주 외, 2010).

1. 기능론적 관점

교육에 대한 낙관론적 입장이란 학교교육이 모든 사람에게 균등하게 배분됨으로써 경제적인 양극화 현상을 막을 수 있고 빈곤을 퇴치시킬 수 있다고 보는 입장이다(Hurn, 1978). 그래서 교육이란 직접적으로 국가의 생산성을 높일 뿐만 아니라 사회계층이동을 도모하고 있다고 보았던 것이다. 현대사회는 능력주의 사회인 동시에 전문가가 지배하는 사회이므로 개인의 계층상승 능력에 기초한 자유경쟁에 의해서 결정된다고 볼 수 있다(Hurn, 1978: 32~33). 이 자유경쟁의 대표적인 기관이 학교라고 할 수 있다. 그러므로 학교교육은 직업선발의 보편적 준거가 되었다. 학교의 졸업장이 장래의 직업적 지위는 물론 사회적 지위를 결정하는 가장 중요한 조건으로 간주되고 있는 것이다.

그렇다면 학교교육은 공정한 자유경쟁체제로서 개인의 귀속적인 지위와 관계없이 능력이라는 성취요인에 의하여 분배되고, 결과적으로 개인의 사회적 지위의 상승이동을 돕고 있는가에 대한 질문에 대해서 학교교육의 낙관론자들은 가정 배경, 학교교육, 사회적 성취의 관계를 다음과 같이 주장하고 있다. ① 가정 배경은 어느 정도 학교교육에 영향을 줄 수 있다. ② 그러나 사회적 성취에 가정 배경이 큰 영향을 주지는 못한다. ③ 따라서 학교교육은 사회적 출세에 결정적인 역할을 하고 있다고 본다(한준상, 1981: 16; Persell, 1977: 154).

학교교육과 사회이동에 대하여 여러 학자들이 언급한 내용을 소개하면 다음과 같다.

첫째, Sorokin(1959)은 "학교는 개인의 능력을 검사, 선별하여 사회적 지위를 결정하는 사회적 기관이므로 수직적 순환이동의 통로라고 할 수 있다"고 했다.

둘째, Lipset과 Bendix(1963)는 미국, 영국, 일본 등 9개 국가를 대상으로 사회이동을 비교한 결과 공통적으로 교육은 수직적 상향이동의 중요한 통로가 되고 지위의 세습적 경향보다 자신의 능력에 의존하는 이동 경향을 밝혀냈다.

셋째, Blau와 Duncan(1967)은 사회이동 과정을 인과관계로 체계화하여 처음으로 직업적 지위에 대한 사회이동을 실증적으로 분석했다. 그 연구결과 Blau와 Duncan은 아버지의 교육이나 직업 같은 가정 배경 요인과 사회적 지위와는 직접적으로는 별 상관이 없고, 단지 간접적으로 가정 배경이 학교교육에 영향을 주고 있을 뿐이며 본인의 교육 수준에 의해 사회적 지위 또는 직업적 지위의 상당 부분이 결정됨을 보여주었다. 이러한 Blau와 Duncan의 연구는 각 개인이 성공하는데 자신의 학교교육이 중요하다는 점을 인과 과정에 의하여 경험적으로 증명했다는 것이 큰 업적으로 평가된다.

넷째, Sewell과 Hauser(1975)는 Blau와 Duncan이 주로 객관적인 변인(가정 배경, 학력, 직업)만을 사용했기 때문에 학업 성취, 중요한 타자의 영향(influence of significant others), 학교교육 및 직업포부를 포함하는 사회심리학적 변인을 매개시켰다. 연구결과는 아버지의 지위가 아들의 지위나 학교교육에 미치는 직접적인 영향은 나타나지 않았으며, 중요한 타자의 영향을 매개로 하여 직업 및 학교교육 포부 수준에 의해 70% 정도가 결정됨을 밝힌 점에서 Blau와 Duncan의 연구결과와 일치한다.

상기에서 제 학자들의 견해를 살펴본 바와 같이, 학교교육이 직업적 지위를 획득하는 데 도구적 역할을 하며, 사회적 지위이동은 기술의 변화로 인한 사회 구조적인 변동에 의한다기보다는 개인의 능력에 의해서만 가능하다는 것을 강하게 시사하고 있음을 나타내고 있다.

2. 갈등론적 관점

교육의 낙관론자들은 교육 기회의 불평등이 감소되면 사회적 불평등 역시 감소되리라고 믿고 있으나, 실제적으로는 교육과 사회적 지위이동과의 상관이 낮으므로 교육 기회의 불평등의 감소가 사회적 불평등의 감소를 이루지 못한다는 것이다. 결국 학교교육에 대한 갈등론적 패러다임은 교육 기회를 확대함으로써 사회적 불평등의 간격이 좁아졌는가에 대해서는 회의론이 지배적이다. 이에 대한 문제를 최초로 제기한 Anderson(1961)은 미국, 영국, 스웨덴 등 3개국에서의 교육과 사회적 이동과의 관계를 분석한 결과 이들의 사회적 지위와 교육과의 상관은 아버지의 사회적 지위와의 상관보다 낮으며, 상대적으로 교육 수준을 높임으로 해서 더 나은 사회적 지위에 도달할 수 있는 기회를 증진시키지 못한다는 결론에 도달하였다.

사회이동에 대한 갈등론적 관점을 소개하면 다음과 같다.

첫째, Boudon(1973)은 사회적 지위이동 및 사회적 평등 실현에 있어서 교육의 회의적인 역할에 대한 실증적인 결과를 제시했다.

둘째, Thurow(1972)는 취학률의 증가와 사회적 이동에 관한 연구에서 취학 기간의 연장이 교육 불평등은 감소시키지만, 경제적 불평등은 증가시킨다는 것이다. 그 이유는 경제적 소득분배나 구조는 교육계층 구조의 변화에 부응하지 못하고 보다 더 느리게 변화되기 때문이고, 교육 수준과 소득구조의 관련성은 초·중·대학 졸업자들 간에 있어서 각 집단 내의 소득편차는 감소하는 경향이 있지만, 세 수준(초·중·대학) 간의 평균 소득 차는 더욱 커지는 경향이 두드러지게 나타난다는 것도 보여주고 있다.

셋째, Jencks(1972) 등은 학교교육 연한이나 인지적 요인과 개인의 수입 간에는 별 상관이 없으며, 아버지의 직업이나 교육도 아들의 수입과 거의 관련이 없다는 결과를 제시했다.

넷째, Bowles와 Gintis(1976: 26~36)는 학교교육을 사회적 불평등이 반영되어 이를 재생산하는 조직체로 보고 있다. 학교교육은 자본주의 사회체제를 주도하는 사회가치를 학생들의 성격 특성, 예를 들어 인내심, 의타심, 명령엄수, 애교심, 일관성 등으로 육성시킴으로써 사회와 정치적 안정을 도모하는 사회통제 장치의 역할을 담당하고 있다고 보는 것이다.

학교교육은 현존하는 사회 지배계층의 이익을 유지하기 위한 하나의 사회적 조정 장치에 불과하며, 계층 재생산의 매개변인에 불과하다는 것이다. 이는 학교가 지배계층의 이익에 공헌하고 현존하는 사회적, 경제적 불평등을 강화해 줌으로써 그러한 불평등 현상이 불가피하게 유지되고 있다는 것이다.

연습 및 탐구문제

1. 사회계층에 대한 사회불평등론과 기능론의 관점을 비교 및 설명하시오.

2. 하류계층 아동의 학업성취도를 높이기 위해 학교는 어떤 노력을 기울여야 하는가?

3. 사회계층과 학업성취도와는 상관이 있다고 생각하는가? 있다고 생각한다면 어떤 점에서 상관이 있는지 설명하시오.

4. 사회계층과 교육의 관계를 생각해보고, 사회계층이 교육에 미치는 영향은 무엇일지 설명하시오.

5. 사회계층의 부분문화가 교육에 미치는 영향을 설명하시오.

6. 사회이동에서 수평이동과 수직이동에 대해서 설명하시오.

7. 사회이동에 영향을 미치는 요인들을 설명하시오.

Reference 참고문헌

강창동(2009). **교육사회학의 이해**. 서울: 학지사.

권이종 외(1999). **신교육사회학탐구 -학교교육과 사회교육의 새로운 이해-**. 파주시, 경기도: 교육과학사.

김경식 · 박형진 · 서봉언 · 이병환 · 이현철(2017). **교육사회학 4판**. 파주시, 경기도: 교육과학사.

김병성(2018). **교육사회학 3판 -학교사회-문화분석**. 서울: 학지사.

김병희 · 김경식 · 김형구 · 박형진 · 윤주국 · 이현철(2009). **교육사회학**. 고양시, 경기도: 공동체.

김신일(1999). **교육사회학**. 파주시, 경기도: 교육과학사.

김영우 외(2001). **교육사회**. 서울: 동문사.

김준기(1998). **교육사회학**. 서울: 재동문화사.

김천기(2008). **교육의 사회학적 이해**. 서울: 학지사.

류윤석 외(2003). **교육사회학**. 파주시, 경기도: 교문사.

석태종 역(1984). **교육사회학**. 서울: 형설출판사.

성낙돈 · 안병환 · 가영희 · 노재화(2017). **교육사회학**. 서울: 동문사.

이상백 · 김채윤(1976). **한국사회계층연구**. 서울: 민조사.

이현청(1994). **교육사회학**. 파주시, 경기도: 양서원.

정봉도(1999). **교육사회학**. 서울: 재동문화사.

조성일 외(2004). **교육사회학**. 서울: 학이당.

차경수 · 최충옥 · 이미나 · 옹정근 · 남기석(2010). **교육사회학의 이해**. 파주시, 경기도: 양서원.

최정웅 · 양경숙(2004). **교육사회학** -이론적 기초-. 서울: 양서원.

한준상(1981). **새로운 교육학**. 서울: 민음사.

허은주 · 유형정 · 이수진 · 안영화 · 배석영(2010). **현대 교육사회학**. 파주시, 경기도: 양서원.

홍두승 외(1982). **경제발전과 사회계층에 관한 연구**. 서울: 한국사회과학연구회.

홍두승 · 구해근(1993). **사회계층 · 계급론**. 서울: 다산출판사.

Anderson, C. A.(1961). A Skeptical Note on Education and Mobility. In Halsey, Floud & Anderson. *Education Economy and Society*. New York: The Free Press.

Bernstein, B.(1976). *Class, Codes and Control*. London: Routledge and Kegan Paul.

Blau, P. M., & Duncan, O. D.(1967). *The American Occupational Structure*. John Wiley.

Boocock, S. S.(1955). *Sociology of Education*. New York: American Book Company.

Boudon, R.(1973). *Education Opportunity and Social Inequality*. New York: John Wiley & Sons.

Bowles, S., & Gintis, H.(1977). *Schooling in Capitalist America: Educational Reform and the Contradictions of Economic Life*. New York: Basic Books.

Denis, L.(1978). *Class, Culture and the Curriculum*. London: Routledge & Kegan Paul.

Donald, L. Jr., & Keller, S.(1979). *Sociology*. New York: Alfred A. Knopf.

Giddens, A.(1989). *Sociology*. Cambridge: Polity Press.

Gilbert, D., & Kahl, J. A.(1993). *The American Class Structure: A New Synthesis*(4th ed.). Belmont: Wadsworth.

Halsey, A. H., Floud, J., & Anderson, C. A.(1961). *Education, Economy and Society*. New York: The Free Press.

Havighurst, R. J.(1961). "Social Class Influence on American Education." *Social Forces Influencing on American Education*, Both Yearbook, National Society for the Study of Education, Chicago: University of Chicago Press, 123.

Havighurst, R. J., & Neugarten, B. L.(1960). *Society and Education*. Boston-Allyn & Bacon.

Herriott, R. E., & St. Nancy H. J.(1966). *Social Class and the Urban School*. New York: John Wiley.

Hollingshead, A. B.(1949). *Elmtown's Youth*. New York: John Wiley.

Horton, P. B., & Hunt, C. L.(1976). *Sociology*(4th ed.). New York: McGraw-Hill. Inc.

Horton, P. B., & Hunt, C. L.(1980). *Sociology*. New York: McGraw-Hill Company.

Hurn, C. J.(1978). *The Limits and Possibility of School: An Introduction to the Sociology of Education*. Boston: Allen and Bacon, Inc.

Jencks, Christopher et al.(1972). *Inequality: A Reassessment of the Family and Schooling in America*. New York: Harper & Row.

Lenski, G.(1966). *Power and Privilege*. New York: McGraw-Hill.

Lipset, S. M., & Bendix, R.(1959). *Social Mobility in International Society*. Berkeley, California: University of California Press.

McClelland, D. C.(1967). *The Achieving Society*. New York: The Free Press.

Naisbitt, John.(1984). *Megatrends*. New York: warner Books.

Persell, C. H.(1977). *Educational and inequality: A theoretical and Empirical Synthesis*. New York: The Free Press.

Prichard, K. W., & Buxton, T. H.(1973). *Concepts and Theories in Sociology of Education*. Nebraska: Professional Educators Publication.

Sorokin, P. A.(1959). *Social Mobility and Cultural Mobility*. New York: The Free Press.

Thurow, R. M.(1972). *Education and Inequality*. Public Interset.

Warner, W. L. et al.(1949). *Social Class in America: A Model for Procedure for Measure of Social Status*. Chicago: Science Research Associates.

Warner, W. L., & Others.(1944). *Who Shall be Educated*. New York: Harper.

Webb, R. B., & Sherman, R. R.(1989). *Schooling and Society*. Macmillan Publishing Company.

Weber, M.(1968). *Economy and Society*. Bedminister Press.

CHAPTER 7

교육격차와 학업성취 격차 요인

학습목표

1. 교육격차의 인과론(지능 결핍론, 환경 결핍론, 교사 결핍론)을 설명할 수 있다.
2. 학력 격차의 접근모형(거시적 접근모형, 미시적 접근모형, 교육균형 발전모형)을 설명할 수 있다.
3. 학업성취 격차요인에 대하여 설명할 수 있다.

Keyword

교육격차의 인과론, 지능 결핍론, 환경 결핍론, 교사 결핍론, 학력 격차의 접근모형, 거시적 접근모형, 미시적 접근모형, 교육균형 발전모형, 학업 성취 격차요인, 교사의 기대효과

우리는 흔히 교육격차의 문제를 교육 불평등이나 학력격차의 문제와 동일한 맥락에서 접근하려는 경향이 일반적이다. 우선 교육 불평등은 교육격차와 같은 문제의식에서 출발하지만, 그 주안점은 교육에 대한 이념적·사상적 그리고 더 나아가 상징적 관점을 강조하고 있다. 한편 교육격차는 현상적·실제적·가시적 측면에서 교육의 불평등 문제를 보다 구체적이고 접근 가능한 개념으로 수용하고자 한다.

교육격차는 사회 및 학교의 사회구조적인 측면과 아울러 그 기능적 측면에서 교육의 과정과 결과적 측면을 함께 고려한 관점이다. 투입요인으로서는 기회균등의 격차, 교육 실천활동에서 야기되는 교육과정의 격차, 교육의 결과를 획득하는 교육효과의 격차를 포괄하는 거시적 개념이다. 또한 이와 유사한 개념으로 학력은 '학업성취를 의미하는 것이며, 학업성취는 교수자와 학습자의 상호작용에 의해 얻어지는 결과'이다. 이 결과의 격차는 교육격차의 미시적 관점으로, 교수자와 학습자의 상호작용으로 아동의 양적·질적 변화에 있어 제기되는 격차를 말한다(김병성, 2018).

7장에서는 교육격차의 인과론, 학업 성취도와 접근모형, 학업성취 격차요

인 등에 대해서 고찰하기로 한다.

제1절 교육격차의 인과론

과거부터 학업성취의 차이는 흔히 지능결핍이나 부모의 사회적 지위 등이 매우 중요한 요인으로 강조되어 왔다. 지능 우위론자들은 '지능이 곧 성적'이라는 명제를 내세워 왔고, 사회학자나 경제우위론자들은 가정의 문화적 환경과 부모의 사회경제적 지위가 자녀의 학업성취에 절대적인 영향을 준다는 것이다. 하지만 최근에 학교의 교육환경, 즉 학교 자체의 사회적 체제나 인적·물리적·심리적 특성이 학생의 타고난 능력이나 가정배경과는 별도로 학생 간·학교 간 성적 차이를 설명하는 데 중요한 요인으로 거론되고 있다.

따라서 학교교육의 효과, 학생의 성적 차이를 지능 결핍론, 환경 결핍론, 교사 결핍론 등으로 구분하여 고찰하고자 한다(김병성, 2018).

1. 지능 결핍론

학생의 능력 차이에서 파생되는 성적 격차를 지능 결핍론(IQ-deficit theory)으로 보고 있다. 이는 지능의 유전적 결핍이나 저소득계층에 속한 아동들이 학교생활이나 교사 관계에서 다른 아동에 비하여 빈약함으로써 결과적으로 학업성취에서 실패하거나 저조하게 된다는 것이다.

Jensen(1969)은 인간의 생태적 소질에 관한 논문에서 유전요인이 약 80%이고, 나머지 20%가 사회적·문화적·신체적 제 환경의 영향으로 제시하고 있다. Eysenck(1971)는 "개인의 지능적 유전이 80% 정도이고, 환경에 의한 것이 약 20% 정도라고 하여 유전이 인간 형성에 큰 힘을 가지고 있다"고 하였다. 하지만 지능에 대한 유전 우위론에 대하여 Light와 Smith(1969)는

Jensen의 측정방법의 오류를 지적하고, 유전에 의한 영향에 45%, 환경은 31%, 유전과 환경의 상호작용이 20% 그리고 오차 4%로 측정하고 있어 유전에 의한 영향이 훨씬 축소되고 있다. 이런 연구가 시사하는 것은 유전적 격차는 지능 격차의 극소 부분만을 설명하여 주고 있다는 것이다. 교육적으로 조작 가능한 변인이 환경 및 상호작용에 있다면 이 변인의 조작에 의해 지능 격차를 줄이려는 실제적 노력이 뒤따라야 할 것이다.

2. 환경 결핍론

환경 결핍론을 문화 결핍론이라고도 한다. 이는 학생 가정의 문화적 환경, 언어적 그리고 지각·태도적 배경에서의 차이나 상대적 결핍 때문에 학교에서 다른 학생에게 뒤지게 되고, 결과적으로 학업성취에서의 차이를 가져오게 된다는 것이다. 이에 대한 실증적 연구는 Coleman에 의해 제시되었고, 이 연구를 재분석한 Jencks(1972)에 의해서도 강력히 뒷받침되었다. Coleman 보고서는 미국 내 6개의 주요 인종 및 소수민족 집단(minority) 간의 학교 간, 지역 간에 존재하는 교육기회와 효과의 불균등 현상 및 원인을 밝히는 데 목적이 있었다. 이 연구대상은 미국 전 지역의 초등학교 및 중등학교 학생 가운데 1, 3, 6, 9, 12학년에 속한 645,000명과 교사 60,000여 명을 표집하였다. 103개 연구변인을 학생의 가정배경 변인 15개(성장지, 부모교육, 부모 생존, 가구, 책의 수, 문화 여건 등), 학생집단 변인 31개(전입학생 수, 출석률, 숙제시간, 흑백 인종비 등) 그리고 종속변인(언어능력, 비언어능력, 수학성적, 독서능력, 일반정보, 인문과목 선정 등)으로 구성하여 상관관계나 회귀분석방법을 사용하여 검증하였다. 연구결과는 다음과 같다. ① 학생의 가정배경은 학생의 학업 성취에 미치는 가장 중요한 요인이며, 이는 학생이 학교에 다니는 동안 계속하여 영향을 미친다. ② 학교의 물리적 시설, 교육과정, 교사의 질 등은 성적에 매우 미소한 영향을 주는데, 이 중에서 교사의 질은 학교의 다른 특성 요인에 비하여 상대적으로 성적에 미치는 영향이 크다. ③ 학생집단의 사회적 구조는 가정환경과는 별도로 학교의 다른 어떤 요인보다는 학교의 성적에 미치는 영향이 크다는 것이다. 즉, Coleman의 연구는 학교가 학생들의 학업성취에 별로 공헌을 못하고 있으며, 사회적 불평등을 위한 기능을 제대로 수행하지 못하고 있다고 결론지었다. 또한 Coleman 연구보다 발전된 형태의 연구를 수행한 Jencks(1972)는 인지능력의 불평등을 설명해 주는 정도를 가정배경요인(60%), 유전요인(35~50%) 그리고 학교의 질(4%)의 순으로 지적했다. 그리고 학업성취에 영향을 주는 원인의 순으로는 가정배경, 인지능력, 인종 차, 학교의 질(2% 정도) 순이라고 했다. 그는 결과적으로 학교는 학업성취의 향상에 거의 영향을 주지 못한다고 결론지었다.

3. 교사 결핍론

Coleman의 연구결과를 제 분석한 Mayeske 등(1969)은 학교를 최종분석 단위로 하였을 때 학교 자체의 집단 특성이 성적에 독립적으로 주는 효과가 큰 것을 알아냈으며, 사회경제적 수준이 낮고 가정의 문화 환경이 빈약한 경우에는 학교의 영향이 크게 부각된다고 보고하고 있다. 이러한 일련의 비관적 견해는 학교 특성, 즉 강한 지도성, 교사의 높은 기대, 좋은 학교풍토, 수업계획, 진행의 주도면밀한 점검 등이 학교 간의 교육격차를 나타낸다는 것이다.

McDill과 Rigsby(1973)는 학업성취의 격차에 관련된 학교 자체의 특성으로 학구적 규범을 들고 있는데, 이는 교사와 학생의 학구적 우수성, 지적인 풍토지각, 응집력과 평등주의의 지향, 과학적 방법, 인간적 탁월성, 학구적 지향성 등 여섯 가지 변인으로 요약했다. Brookover 등(1977)은 학교의 사회심리적 풍토 요인, 즉 교사의 학생 학업성취에 대한 기대, 평가, 신념체계 등이 학교 간의 성적 차이를 설명하는 중요한 변인임을 장기적인 연구를 통하여 밝혔다. 그리고 교사의 학업성취에 대한 기대와는 높고 낮음이 결과적으로 학생의 성적에 강력한 예언력을 갖는다는 것으로 Bloom은 "교수-학습방법만 적절하게 제시한다면 학급의 95%의 학생이 90% 이상의 학습효과를 달성할 수 있다"고 주장한 완전학습 이론을 제시하였다. Rosenthal과 Jacobson은 교사의 기대차가 성적의 차이를 가져온다고 주장한 자기충족예언(self-fulfilling prophecy)에서 잘 예시해주고 있다.

결국 교사의 기대는 교사의 수업행동, 즉 수업계획, 자료 준비, 자료제시 방법, 수업에 임하는 시간(time-on-task) 그리고 학생과의 상호작용 과정 등에서 다르게 표출되며, 또 그것이 특정 학생에게 전달된다는 것이다(김병성, 2018).

제2절 학업 성취도와 접근모형

학력격차의 접근모형으로 Persell(1977)에 의한 거시적 관점(macro level)에 의한 것이며, Brookover(1977)에 의한 미시적 관점이다. 또한 김병성(1985)은 앞서 제시된 두 가지 접근방법을 독립된 시각으로 보기보다는 상호 의존적이며 보완적인 입장으로 보는 교육균형발전 모형을 제시했다.

1. 학력격차의 접근모형

학력격차의 접근모형을 거시적 접근모형, 미시적 접근모형, 교육균형 발전모형 등으로 분류하여 고찰하고자 한다(김병성, 2018; 장재천, 2018).

1) 거시적 접근모형

Persell(1977)은 교육불평등 분석모형을 거시적으로 사회 및 문화배경에 관련된 사회구조적 차원과 교육제도와 이념에 관련된 학교 체제적 차원 그리고 학급 내 상호작용, 기대, 평가에 관련된 대인 지각적 차원으로 대별하여 그 인과적 상호연관성을 체계적으로 분석함을 전제로 하였다. Persell은 Marx나 Weber의 사회지배 구조 개념을 도입하여 교육도 필연적으로 경제나 정치와 같이 사회의 다른 제도와 관련되거나 의존적인 것으로 보았다. 그리하여 사회의 지배구조를 정당화해 주는 이념이 교육체제나 이념 속에 파급되어, 그것이 결과적으로 학교교육 결과의 격차를 유발한다는 인과적인 논리를 경험적으로 제시하였다. 결국 Persell의 입장은 교육 사회적 상황이 어떻게 교육 형태와 실천에 연관되며, 그 결과가 어떻게 학생들에게 영향을 주는가를 체계적으로 접근 및 분석하는 거시적 모형이다.

이 모형에서의 기본 가정은 한 사회에서 상징적으로 표출되는 '지배적 구조'가 그 사회의 교육체제나 이념 속으로 깊숙이 파급되어 이것이 학교 안의 교육적 상호작용에 까지 영향을 주어, 결과적으로 교육의 격차를 불가피하게 해 준다는 것이다.

학력 격차의 거시적 접근모형을 제시하면 그림 7-1과 같다.

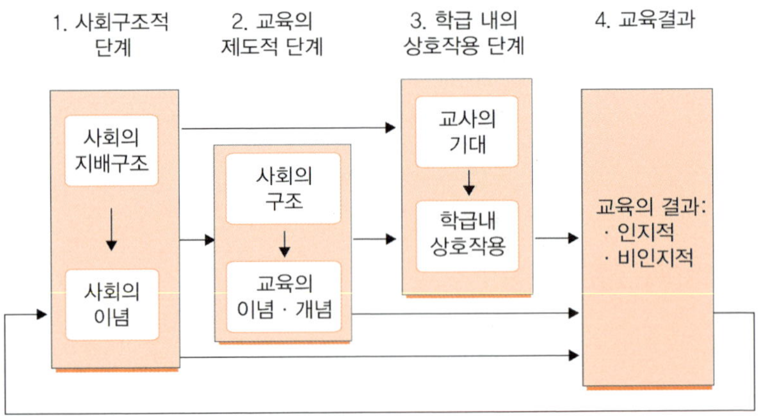

그림 7-1 학력 격차의 거시적 접근모형
자료: 김병성(2018). 교육사회학 학교: 사회-문화 분석. 서울: 학지사, p. 199.

그림 7-1에서 살펴본 바와 같이 거시적 접근모형은 네 가지 단계로 구분되는데, ① 사회구조적 단계에는 사회의 지배구조와 사회이념, ② 학교의 제도적 단계에는 사회구조와 교육이념, ③ 학급 내의 상호작용 단계에는 교사의 기대와 학급 내 상호작용, ④ 교육결과는 인지적 및 비인지적 영역으로 구분하였다. 거시적 접근모형은 사회의 지배적 구조가 학교까지 깊숙이 파고

들어 교육격차를 불가피하게 해 준다는 것이다.

2) 미시적 접근모형

미시적 접근모형을 사회적 체제접근 모형이라고도 한다, Brookover 등(1979)은 교육격차의 문제를 학교의 사회적 체제(school social system)를 중심으로 접근하였다. 미시적 접근모형은 학교에서 아동들의 행동 중 특히 교과목에 관련된 학습행동은 학교사회 체제에서 파생되는 사회적·문화적 특성과 함수관계에 있다는 것이다. 즉, 학교 특성에 따라 학생에게 갖는 기대, 역할, 규범 등이 다른 것과 마찬가지로 학생의 학업성취의 차이를 가져오는 학교의 사회적 체제나 환경에 두었다. 학교사회의 구성원들은 학교의 사회적 특성 차이에 따라 학교마다 각각 상이하되 학생의 학습행동을 사회화시킬 수 있다는 점이다. 이러한 행동유형은 학교사회 체제 내의 구성원과 상호작용을 통하여 얻게 되고 상호 학습하게 되는 것이다.

Brookover 등(1979)은 학교의 사회적 체제를 분석하기 위한 준거로 투입-과정-산출 모형을 도입하였다.

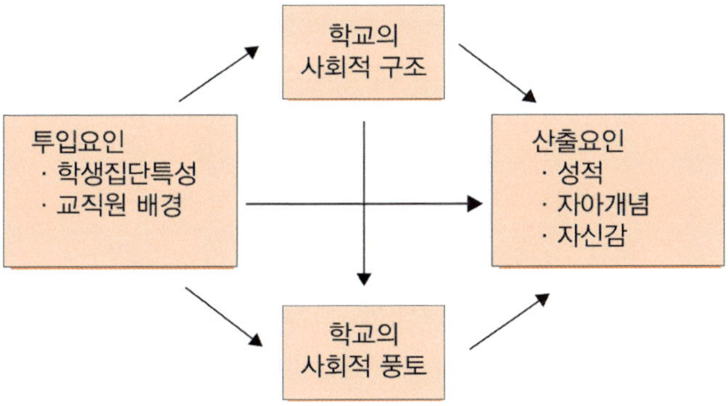

그림 7-2 Brookover의 미시적 접근모형

자료: 김병성(2018). 교육사회학 학교: 사회-문화 분석. 서울: 학지사, p. 201.

그림 7-2와 같이 Brookover 모형은 학교의 투입변인(학생집단 특성, 교직원의 배경), 학교의 사회적 구조변인은 학교에 대한 교사의 만족도, 학부모 참여도, 학습 프로그램의 다양성, 학교장의 수업지도 관심도, 학급의 개방, 폐쇄성 등이다.

학교의 사회적 풍토 변인으로는 학생, 교사, 교장의 학교에 대한 기대 지각, 평가 등에 관한 것이며, 학습효과변인은 성적, 자아개념, 자신감 등으로 이루어져 있다. 결국 이 모형은 학교 학생과 교직원의 구성 특성은 학교의 사회적 구조 및 학습풍토와 밀접한 관계를 가지며, 아울러 학생의 학업성취, 자아개념, 자신감에 영향을 준다는 것이다.

3) 교육균형 발전모형

교육 불평등 혹은 교육격차에 대한 두 가지 접근방법은 서로 독립된 시각이라기보다는 상호 의존적이며 보완적인 입장이라고 볼 수 있다. Persell의 주안점은 사회의 지배구조가 교육제도나 이념을 통하여 학급 내 교사-학생 대인지각에까지 영향을 준다는 견해와 Brookover의 학교의 인적 배경 특성이 학교의 사회적 관계구조나 학구적 풍토에 영향을 주어 지적 및 정의적 격차를 유발한다는 견해는 결국 학생의 사회적 및 경제적 배경이 학교의 조직운영 체제 그리고 학급 내 대인지각에까지 영향을 준다는 점에서는 교육격차의 인과관계를 고려할 때 서로 맥을 같이 한다고 볼 수 있다. 전자는 사회구조의 원인 작용에 더 관심을 가지며, 후자는 학교의 교육체제에 더 관심을 두고 있다. 결국 교육균형 발전모형은 Persell의 견해와 Brookover의 입장을 동시에 고려해야 한다는 것이다.

김병성(1985)의 교육균형 발전모형은 그림 7-3과 같다.

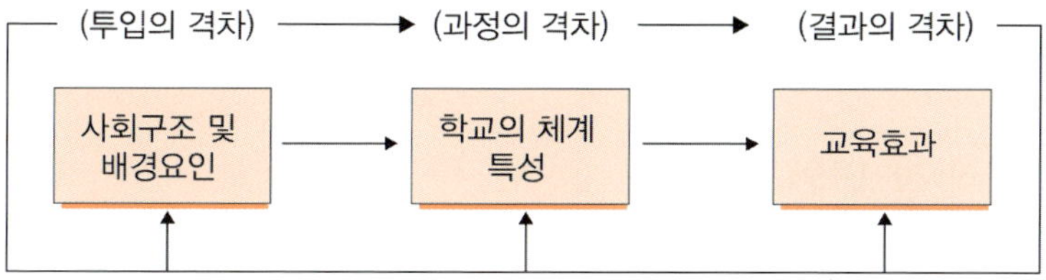

그림 7-3 김병성의 교육균형 발전모형

자료: 김병성(2018). 교육사회학 학교: 사회-문화 분석. 서울: 학지사, p. 203.

그림 7-3에서와 같이 이 모형은 학교사회를 중심으로 그 내외적 관련요소의 격차, 즉 학교 외적 배경특성의 격차변인(학부모의 부의 정도, 사회계층, 권력, 지위 등)와 학교자체의 특성 변인(인적 구성, 교육내용, 실천과정, 학습풍토 등) 그리고 교육효과 격차 변인(지적 및 비지적 요소: 자아개념, 자신감 등)로 상호 관련되어 있다. 이 모형은 교육격차에 관련된 학교 외적 요인도 학교 내적인 교육체제나 과정에 깊숙이 반영되어 복합적인 과정으로 나타난다는 것이다. 따라서 이 모형은 사회구조 및 배경적 측면, 교육과정의 조직과 운영에 관련된 학교의 제도 및 이념적 측면, 학급 내의 대인 지각적 측면 등을 중심으로 상호 관련을 지어 고찰함으로써 이론적 기초를 마련하고 있다(김병성, 2018).

제3절 학업성취 격차요인

학업성취 격차 요인을 학교 내 요인, 학교 외, 요인, 집단 간의 요인 등으로 구분해서 고찰하기로 한다.

1. 학교 내 요인

학교 내 요인에는 학교 환경 요인, 학교 및 학급 규모, 학급 편성, 학생문화 및 학교풍토, 교사의 기대효과 등으로 구분해서 기술하고자 한다.

1) 학교 환경 변인

학교 환경 변인은 학교의 제반 시설, 학교 및 학급 규모, 교사 수, 교사의 능력, 학교풍토, 교육과정, 교수자료 및 매체 등을 말한다. 학교의 차이를 말하면 이러한 학교 환경 변인의 차이를 생각할 수 있을 것이다.

학교 환경 변인이 학업성취에 미치는 연구를 소개하면 다음과 같다.

첫째, Jencks(1972)는 학생들의 학업성취의 차이는 학교의 환경 변인의 차이 때문이 아니라고 단정하였다. 구체적으로 제시하면 다음과 같다. ① 만약 모든 사람의 유전인자를 똑같이 만들 수 있다면, 학생들의 점수 차이를 33~50% 줄일 수 있다. ② 만약 모든 사람의 전체 환경을 동일하게 만들 수 있다면, 점수 차이를 25~40% 줄일 수 있다. ③ 만약 모든 사람의 경제적 지위만을 동일하게 만든다면, 점수 차이를 최대한 6%까지 줄일 수 있을 것이다. ④ 사람들의 학교 재학기간을 동일하게 만든다면 성인들의 지적 차이를 5~15% 줄일 수 있다. ⑤ 초등학교의 질을 균등하게 만들어도 지적 차이는 최대로 3% 밖에는 줄지 않을 것이다. ⑥ 중등학교의 질을 균등하게 만들어도 지적 차이는 최대로 1% 밖에는 줄지 않을 것이다. ⑦ 학교의 인종차별과 사회경제적 차별을 제거하면 흑인학생과 백인학생, 부자 어린이와 가난한 어린이 사이의 점수 차이를 10~20% 줄일 수 있다. ⑧ 교육재정의 증액은 학업성취의 향상을 가져오지 않을 것이며, 교육자원을 재분배하여도 점수 차를 낮추지는 못할 것이다.

둘째, Simons(1975)는 학급규모, 교사의 교육수준, 학생 1인당 교육비 등 교육조건에 관한 요인들은 성적과는 부적 상관을 나타낸다고 제시했다. Simons는 학교의 교육조건 요인들은 일반적인 기대와 달리 성적에 영향을 주지 못하지만, 부모의 행동특성, 학생의 영양 상태, 성격 등은 생각보다 오히려 큰 영향을 미치는 것으로 제시하고 있다. 즉, 학교 내의 교육 조건보다 학교 밖으로부터 학생이 가지고 오는 요인들이 더 큰 영향을 준다는 것이다.

Jencks(1972), Simons(1975)의 연구의 결과에서 학교는 지적 학습에 아무런 도움을 주지 못한다는 식의 '학교 무력론(學校 無力論)'으로 해석될 수는 없다. 다시 말해 상기의 연구는 유전 및 환경의 차이 때문에 형성된 학생의 차이를 줄일 수 없다는 사실을 주장하는 것이지, 학교가 학생들에게 아무것도 가르치지 못한다고 주장하는 것은 아니다(김신일, 1999). 그 이유는 학교 환경 변인으로 잡은 것은 시설, 교사-학생 비율, 학생 1인당 경비, 교사 경력 등 교육 조건을 구성하는 요소들이며, 학습결과에 직접 영향을 주는 실제의 교수과정, 교육과정의 조직, 교사의 지도방법 등의 변인은 고려하지 않았기 때문에, 학교가 지적 차이를 줄이지 못한다는 결론은 성급하다는 것이다(Hurn, 1978).

학교 효과에 대한 새로운 연구의 방향은 과정 변인(process variable)의 영향을 밝히는 것이다. 과정 변인이란 학교 안에서 일어나는 운영과정이나 교수-학습과정에 관한 변인들을 말한다. 즉, 학교의 구성원들이 조성하는 학교의 사회-심리적 풍토, 능력별 반편성이나 진로별 반편성과 운영, 수업 중 실제 교수-학습에 사용된 시간 등이 학생들의 학업성취에 영향을 준다는 것이다(이종각, 2015).

2) 학교 및 학급 규모

일반적으로 학급 규모가 작을수록 교육 효과가 커질 것으로 기대된다. 교사들이 학생들을 지도 및 관리 측면에서 수월할 것으로 생각한다. 그래서 교육자들의 일반적인 열망은 학급 규모의 축소와 작은 학교를 만드는데 있다. 하지만 예상과는 달리 학급 규모와 학업성취의 관계 연구들은 엇갈리는 결과를 제시하고 있는 실정이다(장재천, 2018). ① 학급 규모가 작을수록 학업성취가 높아진다는 연구(Furno, Collins, Glass 등 미국 내 연구물의 15%), ② 학급 규모가 클수록 학업성취에 도움이 된다는 연구(Church, Farrell, Schiefelbein 등 미국 내 연구물의 13%), ③ 학급 규모와 학업성취는 아무런 관계가 없다는 연구(Johnson, Scriven, Comber 등 연구물의 72%) 등이 있다.

이러한 학급 규모와 학업성취 간의 연구 동향은 미국에서는 학급당 학생 수에서 부유한 학교와 가난한 학교 사이에 큰 차이가 없기 때문에 교사 1인당 학생 수가 학생들의 학업성취 격차를 유발하는 의미 있는 변인이 되지 못했을 가능성도 많다는 견해가 있으며, 한편으로는 교사의 능력, 학생의 학습능력, 교과내용, 교수방법 등 다른 변인을 제대로 통제하지 못했기 때문이라는 주장도 제기되었다(허은주 외, 2010).

학교 규모가 학업성취에 미치는 영향에 대한 연구들도 그 결과들이 서로 엇갈리고 있는데, 대규모 학교가 학업성취를 향상시킨다는 것들과 그렇지 않다는 것들이 있다. 전자는 학교 규모가 클수록 다양한 학습경험을 할 수 있다는 것이며, 후자는 소규모 학교가 더 집중적인 학습경험을 가질 수 있어서 학업성취를 높일 수 있다고 한다. 그래서 역시 이 문제도 단정적으로 말하기가 어렵다(장재천, 2018).

3) 학급 편성

학교 성적에 관한 또 하나의 오래된 상식은 능력별 학급 편성(ability grouping)이 성적 향상에 도움이 된다는 것이다. 우수한 학생은 우수한 학생끼리, 열등한 학생은 열등한 학생끼리 반을 편성하여 가르치는 것이 훨씬 능률적이고 효과가 높다는 것이다. 하지만 능력별 학급 편성의 학업성취에 관한 실제의 연구결과는 상당히 엇갈리고 있어서 뚜렷한 결론을 도출하기가 어려운 실정이다. 학급 편성과 학업성취에 관련된 연구들을 제시하면 다음과 같다(장재천, 2018; 허은주 외, 2010; 김신일, 1999).

첫째, 초기의 연구들은 학급 편성 방식이 학업성취에 영향을 준다는 결과를 얻음으로써 상식과 일치하였다. 학생들을 우수반과 열등반, 진학반과 비진학반 등의 동질집단으로 편성하여 가르치면, 학생의 능력과 진로에 맞추어 가르치게 되므로 성적이 높아진다는 것이다. 그러나 많은 연구들은 반드시 그렇지 않다고 반박하였다. 학급 편성방식 때문에 성적의 차이가 난다고 믿었던 것들이 사실은 교사의 차이, 학생들의 특성상 차이, 과목내용의 특성상의 차이 등을 제대로 통제하지 못하였기 때문에 나타난 것이며, 만약 모든 변인을 제대로 통제하고 학급편성 방식의 차이만을 가지고 보면 학업성적 향상에 효과적이라는 결론을 확신을 가지고 내릴 수 없게 된다는 것이다(Baker-Lunn, 1970).

둘째, Rosenbaum(1976)은 "교사의 편견은 수업 상황에서 교사 개개인이 자신의 관심을 배분하는 방식에 있다"고 했다. 교사들은 비진학반보다는 진학반을 위해 더 많은 준비를 하며, 더 열심히 공부시키기 때문에 진학반 학생들이 혜택을 더 많이 받게 된다는 것이다. 결국 학생들은 학업성적에 의해 나뉜 학급에서 상이한 교수형태, 교육내용, 교사의 노력, 교육적 자원을 달리 공급받기 때문에 불평등한 교육이 이루어진다는 것이다. 능력별 학급편성을 "감추어 놓은 불평등 제조장치"라고 했다.

셋째, Hallinan(1987)은 능력별 편성의 관건을 학생들의 능력수준에 따라 교사들이 수업하는 것이 가능하다는 사실을 제시했다. 그녀는 학생들의 수준과 수업의 수준이 잘 맞으면 수업과정의 효과성과 효율성을 극대화할 수 있고, 인지적 발달을 촉진할 수 있다고 하였다.

넷째, Oakes(1985)는 능력별 학급 편성의 조건으로 "① 학생들은 학습능력이 비슷한 학생들과 함께 편성될 때 더 잘 배운다. ② 학습지진아들은 자신보다 우수한 학생들과 함께 배치되지 않을 때, 자신이나 학교에 대하여 더욱 긍정적인 태도를 갖는다. ③ 다양한 계열로 학생들을 배치하는 것은 학생들의 이전 성취나 타고난 능력 등을 반영하기 때문에 기본적으로 공정하다. ④ 동질학급에서 학생들을 가르치고 관리하는 것이 더욱 용이하다" 등으로 제시했다.

다섯째, Hargreaves(1972)는 대체로 실력이 부족한 교사가 낮은 학급을 가르치게 되며, 열등반 학생들은 학교의 가치와 규범을 위반하는 하위문화를 형성한다고 했다. 즉, 반학교 태도, 비행행동, 학교에 의한 동기의 좌절 등을 나타낸다는 것이다. 더군다나 교사들은 열등반에서는 기본적인 사실과 기술, 기법을 강조하는 반면에, 우수반에서는 개념학습과 자기주도적 학습계획을 세우도록 교육한다는 것이다.

여섯째, Oakes(1997)는 1970년대 후반부터 1980년대까지의 미국 중등학교 25개 학급을 연구한 결과, 능력별 편성과 동질집단화(tracking)는 낮은 단계의 트랙에 있는 학생들을 학교교육에서 소외시키고, 학생들의 사회적 포부나 자아존중감을 훼손시킨다는 것을 확인했다. 또한 낮은 트랙의 학생들은 사회경제적으로 교환가치가 거의 없는 지식을 배우게 되며, 이들의 대부분은 가난하거나 소수인종 배경을 가진 아이들일 경우가 많다는 것을 확인했다. 게다가 소위 상위 트랙의 학생들조차 의미 있는 성과를 거두지 못했다고 보고했다.

일곱째, Cicourel과 Kitsuse(1977)는 같은 성적이라도 계층이 높으면 진학반에, 낮으면 비진학반에 편성될 가능성이 높다고 했다.

여덟째, Alexander와 McDill(1976)은 학생들의 적성이나 성적이 학급편성의 중심적 자료이긴 하지만, 학생들의 행동, 언어습관, 학교에 대한 태도, 부모들의 압력 등과 같은 계층 배경이 적지 않게 작용한다고 주장하였다.

4) 학생문화와 학교 풍토

학교에 따라 학구적 분위기의 정도는 다르다. 즉, 학교의 역사와 전통, 소재지, 구성원의 특징, 학교급별에 따라서도 다르다. 이러한 학교의 분위기가 학생들의 학업성취와 많은 관계가 있을 것이라고 누구나 기대할 수 있다. 학생문화나 학교 풍토와 학업성취와의 관계에 대한 연구를 소개하면 다음과 같다.

첫째, Coleman(1961)은 「청소년 사회」(The Adolescent Society)에서 학생문화에 초점을 두어 학교의 분위기와 학업성취의 관계를 설명했다. 그는 청소년들은 같은 또래끼리 학교에 모여 있기 때문에 성인사회의 문화와는 다른, 때로는 대항적인 자신들의 문화를 형성한다고 설명하고 이러한 학생문화는 학교에서의 생활과 태도 형성에 영향을 주어 성격에 영향을 미친다고 주장했다. 미국의 고등학교 학생들은 대개 운동선수와 학생회장과 같은 인기를 가치롭게 여기는 문화를 가지고 있고, 학구적 활동은 낮게 평가하기 때문에 미국 학생들의 성적을 향상시키려면 이들의 비학구적 문화를 깨뜨리거나 약화시켜야 한다고 주장하였다. Coleman의 이러한 주장은 학생문화를 지나치게 부정적으로 본다는 비판을 받았다.

둘째, McDill(1967)의 연구에 따르면 학생문화는 성적에 영향을 주기는 하지만 그리 큰 것이 되지 못한다. 이들은 학생들의 태도 점수와 수학성적 사이에 극히 낮은 상관관계가 있음을 확인하였다. 또한 학생들의 지능지수, 사회경제적 지위, 소망수준이 학생문화보다 성적에 훨씬 큰 영향을 주는 사실을 확인하였다.

셋째, Brookover(1979)는 학교 분위기를 학교풍토의 개념으로 정리하고, 이것이 학업성취에 미치는 영향을 분석했다. 그의 연구에 의하면, 학생의 학업적 성공에 대한 교사의 기대, 학생의 학습능력에 대한 교사의 평가, 교사의 평가와 기대에 대한 학생의 지각, 학생의 무능력감 등을 중심으로 측정한 학생의 풍토지수가 학업성취에 뚜렷한 영향을 주는 것으로 나타났다. Brookover는 학교풍토의 요인을 학생풍토, 교사풍토, 교장풍토로 이루어지는데 14개 요인으로 구성되어 있다.

학생풍토 요인은 ① 학구적 무력감(sense of academic futility), ② 장래의 평가 및 기대, ③ 학생이 지각한 현재의 평가 및 기대, ④ 교사의 기대압력과 규범에 대한 지각, ⑤ 학업성취를 강조하는 학구적 규범 등이다. 교사풍토 요인은 ① 대학진학에 대한 능력, 평가, 기대, 교육의 질, ② 고교 졸업에 대한 현재의 기대와 평가, ③ 학력 증진에 대한 교사와 학생의 기대일치도, ④ 교장의 기대에 대한 교사의 지각, ⑤ 학구적 무력감 등이다. 또한 교장풍토 요인으로는 ① 질적 교육에 대한 부모의 관심 및 기대지각, ② 학력증진을 위한 노력, ③ 현재의 학교 질적 상태에 대한 학부모와 교장의 평가, ④ 학생에 대한 현재의 기대 및 지각 등으로 이루어져 있다. 이러한 요인들이 복합적으로 작용하여 성적에 영향을 준다는 것이다.

넷째, 김병성(2009)은 학생문화의 유형을 세 가지로 구분하고 있다. ① 학습지향형이다. 명문학교 진학률이 높은 학교에 많으며, 교칙을 잘 준수하지만 개인주의적이고 집단활동에 잘 참여하지 않는다고 하였다. 또한 또래집단을 잘 형성하지 않으며 가치패턴은 금욕주의적이고 미래지향적이라고 하였다. ② 저항형이다. 이는 어떤 학교에서도 존재하며 소수파의 자리를 차지한다고 하였다. 그리고 대개 학업성적이 낮으며 교칙과 사회규범에 대해서도 반항적이라고 하였다. ③ 놀이지향형이다. 이는 양적으로 가장 많으며 유행과 패션 등 상업적 청소년문화에 관심이 높고 사회생활에 필요한 규칙의 습득과 공식적인 집단활동에 참여하려는 의욕이 비교적 높다고 하였다. 복장이나 두발과 같은 외모에 대한 규칙에 대해서 반발하기는 하지만, 전면적 일탈로 진행되지는 않는다고 하였다.

다섯째, 구병두(1989)의 연구에 따르면 교수-학습 변인이 가장 많은 영향을 미치며, 다음으로는 학생변인, 교사변인, 가정변인, 학교변인 순으로 나타났다. 결국 개인의 능력, 교사, 가정, 학교 등의 요인들이 어떻게 상호작용하면서 학업성취에 영향을 미치는지 보다 진보된 연구방법을 활용해 분석할 필요가 있다.

상기에서 고찰한 바와 같이, 모든 학교는 각각 독특한 학습풍토를 갖고 있다. 어떤 학교의 학습풍토는 학생의 학업성취에 긍정적 영향을 미치기도 한다. 하지만 어떤 학습풍토는 부정적 영향을 미치기도 한다. 학교 학습풍토는 학교의 사회적·심리적·교육적 분위기라 할 수 있는데, 이러한 학습풍토가 효과적인 학교는 학생들의 학업성취에 효과적인 영향을 미칠 것이다(김병성, 2009).

5) 교사의 기대효과

교사가 학생의 능력이나 성격 등을 어떻게 판단하고 기대하느냐에 따라 학생들의 학업성적은 물론이고, 학교와 학급생활의 적응에도 영향을 미친다고 할 수 있다. 이것을 '자기충족 예언·자성적 예언·자기성취 예언'이라 하는데, 이러한 용어는 미국의 사회학자인 Merton이 사용하였다.

자성적 예언은 「교실에서의 피그말리온: 교사의 기대와 아동의 지적 발달

(Pygmalion in the Classroom: Teacher Expectation and Pupils' Intellectual Development, 1968)」이라는 연구에서 Rosenthal과 Jacobson이 검증하였다. 그들은 '공부를 잘하는 사람'이라고 표지를 달아놓은 학생들의 지능은 그 교실 내의 다른 학생들보다 향상된 것을 발견했다. 그런데 실제 이 학생들은 공부를 잘하는 학생들이 아니었고, 무선표집을 한 학생들이었을 뿐이었다. 그들의 지능은 확실히 향상되었는데, 이는 교사들이 그들을 총명한 학생들로 생각하고 또 특별히 취급했기 때문이다. 교사의 기대효과는 주로 저학년과 하류계층 학생들에게 뚜렷하게 나타났기 때문에 자성적 예언 이론을 지지해 주었다. 하지만 교사기대의 효과에 관한 후속연구들의 결과는 Rosenthal과 Jacobson의 연구와는 반드시 일치하지 않았다. 그리하여 교사기대의 학업성취에 대한 효과를 밝히기 위한 연구는 실험연구가 아닌 실제 수업장면을 관찰 분석하는 연구로 바뀌었다.

Rist(1970)는 흑인 어린이만 다니는 초등학교에서 교사들이 학생을 어떻게 구별하고 각각 다른 기대를 형성하는가를 관찰하였다. 그는 교사들이 신입생들을 얼마가지 않아서 세 집단으로 구분하는 것을 발견하였다. 교사들은 1학년들을 곧 우수학생, 중간학생, 열등학생으로 구분하고, 좌석 배치, 질문, 관심표시 등에 있어서 세 집단을 다르게 대하는 것이었다. 우수학생은 그 학급에서 상위계층 출신, 열등학생은 대개 하위계층 출신 어린이들이었다. 그리고 입학 초에 형성된 학생구분은 학년이 바뀌어감에 따라 거의 변함없이 지속되었다. 교사가 달라져도 학생의 구분에는 큰 변화가 없었다. 이러한 사실을 근거로 Rist는 교사들의 학생구분은 사회계층과 연결된다고 결론지었다.

Persell(1979)은 교사기대 경향성의 원천을 네 가지로 제시하고 있다. ① 낮은 기대를 갖게 하는 교사의 인성 특성, ② 사회적 편견과 학교에서의 경험, ③ 지능이나 문화실조와 같은 교육적 개념, ④ 집단편성과 시험계획과 같은 교육구조를 들었다. 그리고 Brophy와 Good(1970)이 분석한 학급 내에서의 교사-학생 일대 일의 행동분석(dyadic interaction analysis) 결과에서 제시하였다. ① 교사는 학급의 수업행동에서 학생들의 학습행동의 차이를 기대한다. ② 교사는 자기의 기대수준에 따라 학생을 다르게 취급한다. ③ 학생 역시 교사의 기대수준에 맞추어 적절히 반응하게 됨으로써 어떤 학생의 수업행위는 더 강화되는가 하면 다른 학생의 행위는 수정되거나 약화되어 나타나게 된다. ④ 결과적으로 어떤 학생의 학습행위는 더 촉진되고, 반대로 다른 학생의 학업성취는 더 저조하게 된다. 그리고 이러한 교사의 기대효과는 학기말 또는 학년말평가 결과에서 결국 애초의 교사의 자기충족 예언의 가정을 지지해 준다는 것이다.

2. 학교 외 요인

학교 외 요인에는 개인 요인, 가정 요인, 지역사회 요인으로 구분하여 제시하고자 한다.

1) 개인 요인

학업성취에 영향을 미치는 개인적 요인으로 자아개념, 귀인성향, 학습무기력, 학습동기, 적성 및 흥미 등 다양한 요인이 있으나, 이들은 주로 심리학에서 연구되는 주제이므로 여기서는 교육적 위계, 사회경제적 지위 분배와 밀접한 관련이 있는 지능에 대해서 고찰하기로 한다.

지능은 학습하는 능력이라고 정의하는 관점에서 볼 때 일반적으로 지능이 높은 학생이 낮은 학생보다 학업성취 면에서 월등한 결과를 보인다고 간주된다. 그래서 지능검사, 즉 IQ 검사 결과를 미래의 학업성취를 예견하고 사회적 성공 여부를 예측하는 데 활용되었다(허은주 외, 2010).

첫째, 지능에 있어서 인종 간의 차이를 주장하는 Jensen(1969)은 지능지수와 사회경제적 지위 사이에 .35 내지 .40의 상관관계가 있다고 보고하고 있다.

둘째, Dave는 계층 배경 대신에 가정의 심리적·문화적 환경 변인과 지능의 관계를 분석하여 .80이라는 높은 상관관계를 계산하였다. 이러한 결과는 지능지수가 타고난 지적 능력만이 아니라 후천적으로 환경의 우열에 따라 달라진다는 사실을 말해준다. 나아가 지능검사가 지니고 있는 계층문화적 성격 때문에 동일한 지적능력을 가지고 있는 사람일지라도 지능지수가 달라질 수도 있다는 것이다(김신일, 1999).

셋째, Jencks(1972)는 아버지의 사회경제적 배경과 자녀의 학업성취 사이에 .55의 상관이 있는 것으로 보고했다. 그리고 한충효(1984)는 가정의 심리적·문화적 환경 요인과 학업성취의 관계를 분석한 연구에서 양자 사이에 .77의 높은 상관이 있는 것으로 제시했다. 이러한 연구결과는 사회경제적 배경요인이 지능지수를 통하여 학업성적에 영향을 미치고 있는 것이다.

개인요인과 학업성취 간의 내용을 토대로 정리하면, 아무리 높은 지능을 타고났다 하더라도 열악한 환경에서는 타고난 능력을 발휘할 수 없다. 문화적 자원이 풍부한 환경에서 성장한 아동은 학업성취 측면에서 훨씬 좋은 결과를 획득할 수 있을 것이다. 또한 지능의 차이를 유전이나 환경의 영향 때문이 아니라 계층이나 국가, 민족 간의 문화 양식 차이로 보는 견해도 있다. 이제는 유전과 환경의 상호작용 차원에서 지능을 파악했으나, 이제는 통합적 차원에서 지능을 이해하는 것이 바람직할 것이다.

2) 가정 요인

가정에서의 학업성취의 격차는 문화(환경) 결핍론으로 설명할 수 있다. 이는 학생 가정의 문화 환경, 언어적 지각, 태도에서 차이 또는 상대적 결핍 때문에 학업성취의 차이를 초래한다고 보고 있다.

가정요인 측면에서 학업성취의 격차에 대한 연구를 제시하면 다음과 같다.

첫째, Coleman(1988)은 자녀의 학업성취에 미치는 가정배경을 경제적 자본, 인간자본, 사회적 자본의 세 가지 요소로 제시하고 있다. ① 경제적 자본은 부모의 경제적 능력, 물질적 지원 능력을, ② 인간자본은 부모의 교육수준을 말하며 자녀의 학업에 도움을 줄 수 있는 인지적 환경에 영향을 미친다. ③ 사회적 자본은 부모와 자녀의 상호관계, 상호작용 속에서 형성되는데 자녀교육에 대한 부모의 관심, 시간의 투입이라는 형태로 나타난다. 부모의 경제적 능력과 지적 수준이 높을수록 자녀의 학업성취가 높아진다고 했다.

둘째, Bernstein(1986)은 사회계급과 언어와의 관계를 연구했는데 계급에 따라 사용하는 언어가 다르다고 주장하였다. 중류계급 이상은 정교한 어법을 요구하고 활용하기 때문에 상대적으로 중류계급 이상의 학생이 유리하고 학업성취에서 격차를 가져온다고 주장이다.

셋째, Bourdieu와 Passeron(1977)은 어떤 사회의 구성원은 그 사회의 지배계급에 의해 가장 높이 평가되는 언어를 이해하고 활용하는 능력이 많으면 많을수록 문화자본을 많이 소유할 수 있을 뿐만 아니라, 문화자본의 분배와 전수방법 역시 많이 통제할 수 있다는 것이다. 학교에서 가르치는 문화는 중상류계층의 문화로 하류계층의 아이들에게는 낯선 문화이며, 학업성취에서 불리한 입장에 서 있는 반면 중상류계층의 아이들에게는 익숙한 문화이며 학업성취에 유리하다. 문화자본은 모두에게 동등하게 분배되어 있지 않기 때문에 문화자본의 소유 여부가 학교에서의 성취를 결정한다는 것이다.

넷째, Plowden Report(1967)에 의하면 영국의 초등학생 표집연구에서 부모의 태도, 가정환경, 학교특성 변인 등 104개의 변인을 투입한 결과, 사회계층이 높을수록 부모의 자녀교육에 대한 포부수준 및 실현도와 관심도가 높았고, 자녀들이 좋은 학교에 진학하기를 원했다. 결국 학업성취격차는 부모의 태도(흥미와 포부), 가정환경 그리고 학교의 특성요인의 순으로 영향을 미치는 것으로 나타났으며, 나머지 변량 3~5%는 학생 개인 간의 특성 및 격차에서 기인되는 것으로 확인되었다.

다섯째, 류방란(2006)은 가정의 사회경제적 지위, 특히 아버지의 직업 지위가 높을수록 학생들의 학업성취가 높게 나타나는 경향이 있다고 제시했다. 이러한 경향은 고등학교에서 가장 뚜렷하게 나타났다.

여섯째, 김병성(1985)은 가정요인으로 학생의 가정 학습 환경으로 하고, 하위요인으로는 집 주변의 분위기, 방과 후 학습시간, 부모의 학습지도 정도, 부모와의 대화 정도, 부모의 학교 공부 중요도로 구성하였다. 연구결과는 지역적으로 서울이 학업성취와 관련이 높고, 학교급에서는 고등학교가 가장 높게 나타났다.

일곱째, 오욱환(2003)은 문화실조론에 근거하여 문화적 경험과 활동이 충분하지 못할 때 나타나는 현상을 제시했다. ① 문화가 실조된 배경에서 자라난 아동들은 중류계층의 아동들에 비해서 개인적·집단적 지능지수가 크게 낮다. ② 문화실조 아동들은 1학년 교과과정을 배우는 데 필요한 지식을 갖추지 못한 채 취학한다. ③ 이들의 읽기, 쓰기 등 언어 발달수준은 상대적으로 낮다. ④ 이들의 학습능력 부족은 학년이 높아질수록 더 심각해진다. ⑤ 이들 중 상당수는 중도에 탈락하거나 대학 진학 기회를 갖지 못한다.

3) 지역사회 요인

학교를 둘러싸고 있는 사회문화적·정치경제적 환경요인이 학업성취에 직·간접적으로 영향을 미치고 있다. 지역사회 요인과 학업성취와의 관련성에 대해서 논의한 내용을 제시하고자 한다(김신일, 1999: 재인용).

첫째, Eggleston(1977)은 생태학적 접근을 제안했다. 인간 유기체가 환경과 어떻게 관련을 맺으면서 행동하고 생활해 나가는가를 밝히는 생태학을 교육연구에 응용하여 교육행동과 교육생활이 환경과 어떻게 관련되어 있는가를 효과적으로 밝힐 수 있다는 것이다. Eggleston은 교육에 관련된 환경요인으로 Taylor와 Ayers가 제시한 것을 소개했다. ① 지역사회 주민의 신체적·정신적 건강수준, ② 주택, 의료 및 사회복지를 비롯한 생활수준, ③ 주민의 개인별 소득수준과 지방자치단체의 예산 규모를 종합한 지역사회의 경제수준, ④ 학교 졸업생과 일반 성인들을 위한 취업기회의 양과 다양성, ⑤ 인구의 증감, 인구이동, 인구밀도, 계층구조, 출산력 등과 같은 인구 동태, ⑥ 각계각층 지역주민의 지식수준 등이다.

둘째, Boyle은 지역사회 규모가 학업성취에 작용하는 것을 확인하였다. Boyle은 동질화되어 있는 캐나다의 학교에 대한 연구를 통하여 각 학교의 학생들의 사회계층 구성이 성적에 영향을 주지만, 사회계층 구성의 영향력이 지역사회의 크기에 따라 뚜렷이 다르게 작용하는 것을 발견하였다. 즉, 학교의 교육조건이 동일한 상황에서도 학생들의 사회계층 배경에 따라 학업성취가 달라지지만, 달라지는 정도가 지역사회의 크기에 의하여 영향을 받는다는 것이다. 지역사회의 규모가 학업성취에 작용한다는 것이다(Boocock, 1980: 253).

셋째, Burkhead는 지역사회 전체의 경제수준에 따라 학업성취에 대한 요인들의 영향력이 달라지는 것을 발견하였다. 가정의 소득이 1,000달러 높아짐에 따라 읽기 성적이 시카고에서는 21%씩 상승하지만, 애틀란타에서는 8.5% 정도 상승하는데 불과했다고 제시했다(Boocock, 1980: 254). 이러한 의미는 가정소득 수준이 학업성취에 영향을 주는 것은 사실이지만, 양자의 관계는 단순관계가 아니고 전체 사회의 맥락에 의해 영향을 받는다는 것이다.

3. 집단 간의 요인

집단 간의 학업성취 격차 요인을 지역 간 격차, 남녀 간 격차, 계층 간 격차 등으로 구분하여 제시하고자 한다.

1) 지역 간 격차

지역 간의 학업성취 격차는 도시와 농촌으로 구분하면 뚜렷이 나타나며, 이는 1970년대 도시학생들이 농촌학생들에 비해 학업성취 수준이 월등히 높았다(한국행동과학연구소). 1998년 한국교육과정평가원의 연구결과에 의하면 도시와 농촌의 성적 격차가 크게 줄긴 하였지만, 여전히 남아있고 초등학교보다 중학교 단계에서, 학년이 높아감에 따라 격차의 폭이 더 벌어지는 현상은 여전했다. 이는 지역 간의 학업성취에 있어서의 격차는 교육 기회분배에 있어서 농촌학생들이 도시학생들보다 불리함을 만들고, 소득수준이 같은 경우 대학재학 비율이 차이가 나는 원인도 학업성취의 차이로 볼 수 있다(장재천, 2018).

류방란·이광철·김수영(2007)은 지역 간 교육격차 해소를 위한 교육균형발전지수개발 연구 보고서에서 초·중·고교와 유치원의 교원·시설·재정, 사회경제적 여건 등 30여 개의 지표를 조사하고, 핵심지표들로 '교육격차지수'를 만들어 시·군·구별로 비교했다. 전국 234개 기초자치단체별로 교육격차를 확인해 순위를 매겼다. 비정규직인 기간제 교원 비율은 경남 거창군(초 23.5%), 전남 보성군(중 24.6%) 등 도 지역이 높은 반면, 보건교사 확보율은 서울과 경기·광역시 지역이 높았다. 그리고 교육환경 여건지수 상위권은 대부분 서울·경기도, 대도시 기초자치단체들이 차지한 반면, 하위권은 전남북, 경남북, 강원지역 기초단체들이었다. 사회경제적 여건차를 반영하듯 중식지원을 받는 학생은 수도권·광역시보다 도 지역에 많았다.

2) 남녀 간 격차

한국행동과학연구소가 1973년에 발표한 남녀 간의 학업성취도 격차는 초등학교에서는 남학생이 높은 편이었으나(국어: 52>48, 산수: 43>38, 사회: 49>41, 자연: 42>35), 1998년에 한국교육과정평가원에서 실시한 조사에서 중학교에서는 여학생에게 유리한 쪽으로 격차가 더 뚜렷해졌다(초등국어: 67<70, 산수: 65.3>65.1, 사회: 67<68, 자연: 67.7>67.6, 중학국어: 64<69, 수학:: 63.7<64.4, 사회: 57.5>56.8, 과학: 56<57, 영어: 66<70).

2004년 한국여성개발원에서 조사한 결과, 전국 중·고교 과학교사 356명을 조사한 결과, 전체의 58%는 '남학생의 과학능력이 전반적으로 뛰어나다'는 인식을 보인 반면, '성별 차이가 없다'는 교사는 36%에 불과하다고 밝혔다. 교사들은 성차가 나타나는 주된 이유로 '생물학적으로 타고난 성향과 능력의 차이'(57.3%), '과학교육이 남녀학생의 상이한 관심과 흥미를 반영하지 않고 있기 때문'(12.9%) 등으로 응답했다.

그리고 전국의 남녀 중·고교생 2,134명을 조사한 결과에서도 '과학과목을 좋아한다'는 남학생은 38.5%, 여학생 10%가 낮은 28.5%로 나타나 남학생이 여학생보다 과학에 흥미를 느끼는 비율이 높았다. 반대로 '싫어한다'

는 비율은 여학생(34.8%)이 남학생(25.4%)보다 10% 정도 높았다. 장래 과학 기술 분야의 직업을 선택하기를 희망하는 학생들은 남학생 28.2%, 여학생 15%로 남학생이 두 배 가까이 많았다. 과학·수학과목의 남녀 점수 격차가 큰 것은 우리나라에만 나타나는 독특한 현상이다. 이러한 현상은 과학 및 수학 과목은 남학생에게 적합한 과목이라는 교사들의 성 고정관념이 실제 교수행동을 통해 학생들의 성 정형적인 태도를 강화하는 악순환을 낳고 있는 것이라고 지적했다. 지식기반사회가 요구하는 창의적인 인재를 키우려면 양성 평등적 교육기반을 갖추기 위한 정책적 노력이 절실하다고 지적했다(장재천, 2018: 재인용).

3) 계층 간 격차

학업성취의 사회계층 간의 격차는 뚜렷하다. 상위 성적은 상류계층이, 하위 성적은 하류계층이 차지하는 비율이 높다. 이 계층 간의 성적 차이는 학년이 올라감에 따라 더 커지는 경향이 있어서 입학시험이든 내신 성적이든 교과 성적으로 상급학교 입학을 하든지 간에 낮은 계층이 계속 불리할 것으로 기대된다. 최근 급속하게 진행되는 사회 양극화는 매우 심각한 사회문제가 되고 있다. 이러한 추세로 교육은 이제는 계층 고착화 또는 양극화의 핵심적인 문제로 여겨지고 있다는 것이다. 즉, 계층 간 교육의 빈익빈 부익부 현상의 심화로 사회 양극화가 더욱 강화될 개연성이 높아지고 있는 실정이다.

2015학년도 서울대학교 신입생 40%가 서울 출신, 경기·인천 포함 수도권 출신은 63%, 서울 합격생 중 강남 3구가 33%를 차지했다. 수시 및 정시 합격생 3,261명 중 서울지역 출신은 40%(1,306명)로 전국에서 가장 높은 비율을 보였다. 이어 경기도 620명(19%), 부산 157명(4.8%), 대구 151명(4.6%), 인천 138명(4.2%) 순으로 집계되었다. 서울, 인천, 경기 등 수도권 출신이 63.3%(2064명)를 차지한 것이다. 그리고 서울 지역의 25개 자치구 중 합격자를 가장 많이 배출한 곳은 강남구로 전체 1,306명 중 18.3%(239명)를 차지했다. 이어 종로구 14.1%(184명), 광진구 9.3%(122명), 서초구 8.95%(117명), 송파구 5.8%(76명) 순으로 나타났다. 이른바 강남 3구가 432명으로 33%를 차지하는 것으로 나타났다. 이와 같은 현상은 자치구 내 특수목적고등학교와 자율형사립고등학교가 있느냐에 따라 희비가 엇갈렸다. 영재고등학교가 있는 종로구와 외국어고등학교가 있는 광진구는 합격생 배출 성적에서 2위와 3위를 차지했지만, 특수목적고등학교 및 자율형사립고등학교가 없는 중랑구와 금천구는 각각 10명과 6명의 합격자를 내는 데 그쳤다(장재천, 2018).

연습 및 탐구문제

1. 학업성취 요인에 대한 유전-환경 논쟁의 교육사회학적 중요성은 무엇인가?

2. 학업성취 격차 요인을 학교 내 요인, 학교 외 요인, 집단 간 요인으로 분류해서 기술하시오.

3. 교육격차의 인과론을 지능 결핍론, 환경 결핍론, 교사 결핍론으로 분류해서 기술하시오.

Reference 참고문헌

구병두(1989). 학업성취 관련변인에 대한 메타분석. 건국대학교 대학원 박사학위 논문.

김병성(1985). 교육기회와 사회적 지위 이동의 가능성. 한국교육, 제12권 1호. 한국교육개발원.

김병성(2009). **교육과 사회 -교육의 사회학적 기초-**. 서울: 학지사.

김병성(2018). **교육사회학 3판 -학교사회-문화분석**. 서울: 학지사.

김병희·김경식·김형구·박형진·윤주국·이현철(2009). **교육사회학**. 고양시, 경기도: 공동체.

김신일(1999). **교육사회학**. 파주시, 경기도: 교육과학사.

김천기(2008). **교육의 사회학적 이해**. 서울: 학지사.

류방란(2006). 교육격차 해소와 교육 안전망. 한국교육개발원. 교육안전망지원센터 개소식 기념 세미나. 9. 4일. 한국교육개발원.

류방란·이광철·김수영(2007)은 지역 간 교육격차 해소를 위한 교육균형 발전지수 개발 연구 보고서(OR 2007-03-01). 한국교육개발원.

오욱환(2003). **교육사회학의 이해와 탐구**. 파주시, 경기도: 교육과학사.

이종각(2015). **개정증보판 새로운 교육사회학총론**. 서울: 동문사.

장재천(2018). **쉬운 교육사회학**. 서울: 동문사.

허은주·유형정·이수진·안영화·배석영(2010). **현대 교육사회학**. 파주시, 경기도: 양서원.

Alexander, K., & McDill, E.(1976). Selection and Allocation Within Schools. *American Sociological Review*, 41. December.

Bernstein, B.(1986). 계급과 언어, 언어사회학 서설: 이데올로기와 언어. 이병헌(편), 서울: 까치.

Bloom, B. S.(1968). *Learning for Mastery, Evaluation Comment*. Vol. 1, No. 2, Center for the Study of Instructional Program, Los Angeles Univ. of California.

Boocock, S. S.(1980). *Sociology of Education: An Introduction*. Second edition, Houghton Mifflin Company.

Bourdieu, P., & Passeron, J.(1977). *Reproduction in Educational society and Culture*. Sage Publication.

Brookover, W. B., Beady, C., Flood, P., Schweitzer, J., & Wisenbaker, J.(1979). *School Social Systems and Student Achievement: School Can Make a*

Difference. New York: Praeger Publishers.

Brophy, J. E., & Good, T. L.(1970). Teacher's Communication of Differential Expectations for Children's Classroom Performance: Some Behavioral Data. *Journal of Education Psychology*, 60, pp. 365~374.

Cicourel, A., & itsuse, J.(1977). The School as a Mechanism of Social Differentiation. Karabel and Halsey, 282~291.

Coleman, J. S.(1961). *The Adolescent Society*. New York: Crowell-Collier and Macmillian Inc.

Coleman, J. S., et al.(1966). *Equality of Educational Opportunity*. Washington, DC: U.S, Government Printing Office.

Coleman, J. S., et al.(1988). Social Capital in the Creation of Human Capital. *American Journal of Sociology*, 94.

Eggleston, J.(1977). *The Sociology of the School Curriculum*. London: RKP.

Eysenck, H. J.(1971). *The I.Q. Arguement*. New York: Library Press.

Hallinan, M. T.(1987). *The Social Organization of Schools: New Conceptualizations of the Learning Process*. New York: Plenum Press.

Hargreaves, D.(1972). *Interpersonal Relations and Education*. London: RKP.

Hurn, C.(1978). *The Limits and Possibilities of Schooling: An Introduction to the Sociology of Education*. Allyn and Bacon, Inc.

Jencks, C.(1972). *Inequality: A Reassessment of the Effort of Family and Schooling in America*. New York: Harper & Row.

Jensen, A. R.(1969). *How Can We Lost I.Q. and Scholastic Achievement?* Harvard Educational Review, 39: 1~123.

Light, R. J., & Smith, P. V.(1969). *A Methodological Inquiry*. Harvard Educational Review, 39, 484~510.

Mayeske, F. W., Wisler, C. E., Beaton, A. E., Jr., Weinfeld, F. O., Cohen, W. N., Okada, T., Proshek, J. M., & Tabler, K. A.(1969). A Study of Our Nation's School. Washington, D. C.: U. S., Department of Health, Education, and Welfare, Office of Education.

McDill, E., & Rigsby, L.(1973). *The Academic Impact of Educational Climates: Structure and Process in Secondary School*. Baltimore: The Johns Hopkins University Press.

McDill, E., et al.(1967). Instructional Effect on the Academic Behavior of High School Students. *Sociology of Education*, 40, pp. 181~199.

Oakes, J.(1985). *Keeping Track: How Schools Structure Inequality*. New Haven: Yale University Press.

Oakes, J.(1997). Ability Grouping and Tracking in Schools. *Sociology of Education*, Vol. 67, No. 2, 84-89.

Persell, C. H.(1977). *Education and Inequality: The Roots and Results of Stratification in America's Schools*. New York: The Free Press.

Plowden Report(1967). *Children their Primary Schools: A Report of the Central Advisory Council for Education*. London: Her Majesty's Stationary Office.

Rist, R.(1970). *Social Class and Teacher Expectations: The Self-fulfilling Prophecy in Ghetto Education*. Harvard Education Review, 40, pp. 411~451.

Rosenbaum, J.(1976). *Making Inequality: The Hidden Curriculum of High School Tracking*. John Wiley.

Rosenthal, B., & Jacobson, L.(1969). *Pygmalion in the Classroom*. New York: Holt, Rinehart and Winston.

Simon, J.(1975). *How Effective is Schooling for Promoting Learning*. World Bank Staff Working Paper.

CHAPTER 8

학력상승 이론

학습목표

1. 학력상승의 원인을 학습욕구 이론, 기술기능 이론, 마르크스 이론, 지위경쟁 이론, 국민통합 이론 측면에서 설명할 수 있다.
2. 한국의 학교팽창에 대하여 설명할 수 있다.

Keyword

학력상승, 학습욕구 이론, 기술기능 이론, 마르크스 이론, 지위경쟁 이론, 국민통합 이론, 학교팽창

20세기 후반에는 세계 모든 나라에서 학교교육이 급속도로 팽창하기 시작하였다. 이는 지역에 따라 다소 달랐다. 신생 독립국가들은 제국주의 국가들의 우민정책으로 인하여 초등교육조차 받지 못했기에 초등교육 취학확대정책이 절실했다. 중동아시아와 아프리카, 아메리카 여러 국가들은 성인을 위한 문맹퇴치 교육과 아동들을 위한 초등교육 확대에 치중하였다. 유럽 국가들은 제2차 세계대전 전에는 정예주의 교육제도를 채택하였기에 초등교육은 보편화되어 있었지만 중등교육은 사정이 달랐다. 그러나 종전 후에는 중등교육의 대중화를 위해 초등학교 졸업자격시험(영국: 11+ 시험)을 폐지 및 완화하고, 복선제 중등교육과정을 단선제로 바꾸어서 대학 진학이 가능하도록 했다. 이러한 조치로 1970년에 10%이던 유럽의 고등교육 취학률이 1980년에 22%, 1990년에 28%로 상승했고, 특히 영국, 프랑스, 독일은 40%를 상회했다. 이 무렵 미국과 캐나다는 75%를, 2007년에는 80%를 넘는 획기적인 팽창을 이루었다.

이에 비해 한국은 고등교육 취학률이 1970년에 8.4%이던 것이 2000년에는 80%, 2007년은 82.8%로 정점을 찍고 미국과 캐나다를 추월하게 되었다.

이후에 선진국이나 우리나라도 점차 고등교육 취학률이 점차적으로 감소하면서, 우리나라는 2017년에 69%를 기록했으며, 2015년 통계로는 한국 68%, 캐나다 58%, 영국 49%, 미국 46%, 일본 37%, 독일 28%, 이탈리아 24%였고, OECD 평균은 41%였다(장재천, 2018).

8장에서는 20세기 후반에 나타나기 시작한 학교팽창을 설명하는 이론을 정리하고 검토하고자 한다. 교육이란 학생 수로서 우열을 가릴 수 없으며, 학생들이 학교를 통하여 배우는 내용의 성격을 함께 고려하지 않으면 안 된다. 학생과 학부모가 학교를 통하여 얻으려는 것이 무엇이며, 학교는 실제로 무엇을 가르쳐 주고 있는가를 따져보아야 한다. 학교팽창과 학력상승을 설명하는 이론들은 이 점에 대하여 각기 다른 주장을 하고 있다. 여기서는 학력상승의 원인을 설명하는 이론들과 한국 학교의 팽창에 대해서 고찰하기로 한다.

제1절 학력상승의 원인

학교 인구가 지속적으로 증가하고, 학력이 계속하여 상승하자 그 원인의 설명이 학문적 과제로 대두되었다. 이러한 해답을 해결하기 위한 수단으로 학자들은 다양한 측면에서 연구를 시도하게 되었다. 학력 상승의 원인을 학습욕구 이론, 기술기능 이론, 신마르크스 이론, 지위경쟁 이론, 국민통합 이론 등으로 고찰하기로 한다(장재천, 2018; 김신일, 1999).

1. 학습욕구 이론

사람마다 가지고 있는 학습의욕을 충족하기 위하여 교육이 필요해지는데, 그러한 교육을 제공하는 곳이 학교이다. 즉, 학교교육을 통하여 지적 욕구와 인격도야의 욕구를 충족시킬 수 있기 때문에 기회만 주어지면 누구나 교육을 자청한다는 것이다. 미국의 심리학자 Maslow(1954)는 동기이론(motivation theory)에 의하면, 인간에게는 일곱 가지 기본적 욕구가 있는데, 생리적 욕구, 안전의 욕구, 소속과 애정의 욕구, 자아존중의 욕구, 인지적 욕구, 심미적 욕구, 자아실현의 욕구 등이 있다.

① 생리적 욕구(physiological needs)이다. 인간 유기체를 유지하고 안정시킬 수 있는 생리적 욕구에는 식욕, 성욕, 휴식, 수면, 갈증, 배설, 공기 등을 포함한다. 또한 의식주 추구의 기본 욕구이다. 이러한 생리적 욕구는 인간의 본능적 욕구와 같으며 인간에게 필수적 욕구이다. 이 욕구가 충족되어야 다음 단계의 욕구에 관심을 갖게 된다.

② 안전의 욕구(safety needs)이다. 이 욕구는 신체적·정신적 위험에 대한 공포나 기존의 생존욕구의 위험에서 벗어나 안정을 찾으려는 욕구이다. 즉, 자기 보존을 위해서 건강과 안전을 추구하려는 것이다.

③ 소속과 애정의 욕구(belongingness and love needs)이다. 사회적 욕구라고도 하는데, 집단에 소속되고자 하며, 사랑·우정·애정 등을 얻고 싶어하는 욕망이다. 이러한 욕구가 충족이 되어야 정신적으로 안정을 찾고 사회구성원으로서의 역할을 충분히 수행할 수 있게 된다.

④ 자아존중의 욕구(esteem needs)이다. 자존심의 욕구라고도 하며, 사회적 욕구가 충족이 되면 다음 단계로 자기의 행위나 인격이 남으로부터 승인을 받고 칭찬과 존경받기를 원하는 쪽으로 발전한다. 이것이 존경의 욕구이다. 이러한 욕구가 만족되면 자신감, 명성, 통제 등의 감정이 생기고 유능한 인물로서 주위에 영향력을 갖고 있다고 느낀다. 한편 이것이 충족되지 못하면 열등감, 무력감, 허탈감에 빠지기 쉽다.

⑤ 인지적 욕구(recognition needs)이다. 우주에 관한 지식을 획득하고 이해하는 것은 기본적 욕구의 충족을 위해서 필요하다. 뿐만 아니라 소박한 호기심과 사물을 알고, 설명하고, 분석하고, 체계화하고, 이해하려는 욕망이 존재한다. 지적 욕망의 충족은 그 자체로서 만족감을 가져다준다.

⑥ 심미적 욕구(esthetical needs)이다. 추한 것보다는 아름다운 것, 대칭이나

질서, 균형, 완전성 추구 등에 대한 욕구로서 미적인 기쁨을 말한다. 다시 말하면, 모든 사람들에게는 완전성·질서·미 등에 대한 욕구가 있다. 이 욕구는 자아실현의 욕구와 때로는 안전의 욕구와 밀접한 관련을 가질 수도 있다.

⑦ 자아실현의 욕구(self-actualization needs)이다. 자기의 가능성과 재능, 꿈, 포부 등을 실현하고자 하는 것을 말한다. 과학에 관심이 있으면 그것을 발휘하려고 애쓴다. 자기의 재능과 능력의 표현과 발휘가 저지당하면 누구나 참을 수 없는 분노와 좌절감을 느끼게 된다.

상기에서 Maslow의 욕구단계를 살펴보았는데, 일곱 가지 욕구가 순서대로 위계구조를 가지고 있다. 욕구불만이 행동에 영향을 미치기 때문에 욕구가 만족되면 그것은 더 이상 동기를 유발하지 못한다는 것이다. 그리고 일곱 가지의 욕구들은 다음 단계의 욕구가 충족되기 전에 이전 단계의 욕구부터 충족되어야 하며, 만약 욕구가 충족되지 않는다면 그 욕구는 다시 우선순위가 된다는 것이다.

학교팽창에 대한 학습욕구 이론의 결함은 과연 학교가 학습욕구를 제대로 충족시켜 주고 있는 기관이냐 하는 점이다. 학교가 오히려 비교육적인 기관으로 변질되었다고 주장하는 학자들이 있다. Silberman은 의무교육은 빗나간 교육제도라고 했고, Reimer는 학교 사망론을 제시했으며, Illich는 학교 위주의 사회를 벗어나야 한다고 했다. 즉, 이들은 오늘날의 학교는 보호, 선발, 교화의 기능에만 치중하고, 정작 본질적 기능인 학습기능에는 소홀히 하고 있으며, 그나마 학습기능조차도 그 내용에 있어서는 쓸모가 없는 불필요한 지식 그리고 특정 집단의 이익에 봉사하는 지식으로 구성되어 있다고 비판하고 있다.

2. 기술기능 이론[1)]

기술기능 이론은 1950년대 Clark와 Kerr가 산업 사회에 있어서 교육의 기능을 설명하기 위해 제시한 경제적 관점의 이론으로, 과학기술의 부단한 향상 때문에 직업기술의 수준이 계속 높아지며, 그에 따라 사람들의 학력도 계속 높아질 수밖에 없다는 이론이다.

이 이론의 기본 가정은 ① 과학기술의 향상이 직업기술의 수준을 높이고, 직업기술의 분배처로써 학교교육을 받는 연한도 늘어난다. ② 고학력 사회는 고도산업 사회의 당연한 결과이다. ③ 이 이론은 기능주의 이론의 관점에서 학교교육의 팽창을 주장하며 Schultz의 인간자본론과 유사하다.

기술기능 이론의 전제는 ① 산업사회에서는 직업의 기술 수준이 과학기술의 변화에 따라 끊임없이 높아진다. ② 학교교육은 기술 수준이 과학기술의 변화에 따라 끊임없이 높아진다. ③ 그러므로 취업을 위해 요구되는 교육의 수준도 계속 높아진다. ④ 과학기술이 변화하는 한 학교교육 기간은 계속 늘게 되고, 학력 또한 계속 상승하게 된다.

기술기능 이론의 문제점으로는 최근 나타나고 있는 과잉학력 현상을 효과적으로 설명하고 있지 못하다. 즉, 전공과 전혀 다른 분야에 취업하는 학생이 많으며, 직장에서 담당하고 있는 일의 수준이 학력 수준에 비하여 낮은 경우가 많다는 것이다. 한 사회의 직업기술 수준과 학력 수준은 반드시 일치하지 않는다는 것이다.

3. 신마르크스 이론

미국 학교제도의 발달은 교육 그 자체를 위한 것이 아니고, 국민 전체를 위한 것도 아니라고 주장한다. 교육제도는 자본주의 사회인 미국의 자본가 계급의 이익을 위하여 자본가계급에 의하여 발전하였다는 것이다(Bowles &

1) 기술기능 이론은 제2장 교육사회학 거시적 접근 이론에서 구체적으로 정리되어 있으며 참조 요망 (pp. 38~40).

Gintis, 1976). Bowles와 Gintis는 미국의 학교제도는 처음부터 자본주의 경제체제를 유지하기 위하여 고용주의 구미에 맞는 기술 인력을 공급하고, 동시에 자본주의에 적합한 사회규범을 주입시키는 핵심적 장치로 출발하였다고 주장했다. 또한 미국의 초기 의무교육제도가 상류층이나 중류층의 자녀들을 위한 교육을 위해서가 아니라, 공장 노동 청소년들의 노동의 질을 높일 목적으로 공장지대의 주변 지역에서 오히려 더 강력히 실시되었음을 지적하고 있다. Bowles와 Gintis는 Katz(1975)의 연구를 인용하면서 공장주들은 학교가 아동들에게 읽기, 쓰기, 셈하기 등 지적 내용보다는 질서 지키기, 윗사람의 명령에 순종하기, 책임 다하기 등 규범적 내용을 가르치기를 원하였고, 실제로 노동자를 채용할 때 지식보다는 태도와 자세를 더 중요하게 고려하였다는 것이다. 그러므로 미국 초기의 초등교육은 지적 내용보다 규범적 내용을 더욱 강조하였는데, 이 경향은 공장 주변의 빈민지역의 학교에서 더욱 뚜렷했다는 것이다.

한편 Bowles와 Gintis는 초등교육이 하급 노동자들의 훈련에 목적이 있었다면, 중등교육은 기능직과 초급 사무직의 훈련에, 고등교육은 중견 기술자와 관리직의 훈련에 목적이 있기 때문에 교육내용의 강조점이 다를 뿐이다. 미국의 중등교육은 20세기에 들어서면서 급속히 확대되었다. 이는 산업화의 결과로 생산체제가 바뀌어 새로운 종류의 인력을 요구하기 시작했기 때문이다. 대량 생산체제는 과거보다 높은 수준의 기술 인력을 요구할 뿐만 아니라, 사무직도 점점 더 많이 요구하였다. 그런데 이들에게 요구되는 특성은 하급 노동자와는 달리 윗사람의 지시, 감독이 없어도 자신이 맡은 업무를 성실히 수행하는 자세였다. 그렇지 않으면 거대한 공장과 기업조직이 원만하게 움직일 수 없기 때문이다. 이러한 요구에 맞추어 등장한 것이 종합고등학교(comprehensive high school)라고 Bowles와 Gintis는 설명한다.

종합고등학교는 대학 진학을 위한 인문계와 직업훈련을 위한 실업계를 통합하여 한 학교에서 운영하는 제도이기 때문에 중·상류층 자녀와 하류층 자녀들이 함께 공부한다. 종합고등학교의 진학준비계열과 직업준비계열은 정신노동과 육체노동의 위계적 질서를 학교에 반영시킨 것이기도 하다. 진학계열은 중·상류계층 학생들이, 직업계열은 하류계층 학생들이 주로 소속하게 되므로, 계급 차이에 따라 다른 가치관과 규범을 학습하는 차등적 사회화를 통하여 자본주의 사회구조에 상응하는 교육을 실시할 수 있다. 이렇게 학교제도는 자본주의 사회의 유지·발전에 편리하므로 미국 사회는 중등교육을 보편화하고 마침내 의무교육으로까지 시켰다는 것이다.

특히 미국의 고등교육은 지역사회대학(community college)을 비롯한 초급대학이 적지 않은 비중을 차지하고 있는 것은 저소득층에게 "나도 대학에 다닌다"는 생각을 심어주면서 하급의 직업교육을 실시하기 위해서였다고 비판한다. 지배 엘리트를 양성하는 4년제 대학은 지적 교육을 강조하지만, 2년제 대학들은 직업기술훈련에만 치중하는 것이 그 증거라는 것이다.

상기에서 고찰한 바와 같이, 신마르크스 이론은 미국의 학교발달만을 대상으로 삼고 있기 때문에 쉽사리 일반화하기는 어렵다. 그렇지만 학교교육의 확대를 긍정적으로 평가하는 경향에 일침을 가하고, 부정적 측면이 있음을 지적한 것은 이들의 공헌으로 인정되고 있다. 학교교육을 둘러싸고 벌어지는 계층 간의 이해관계가 서로 엇갈린다는 사실도 이들은 뚜렷이 지적하고 있다. 하지만 이들의 이론은 교육을 자본계급의 이익을 위한 것으로만 단정함으로써 교육의 다른 측면, 예를 들어 학습자 자신의 이익 등에는 전혀 주의를 기울이지 않는 것과 같은 문제점 말고도, 앞에서 고찰한 기술기능 이론과 신마르크스 이론은 언뜻 보기에 정반대의 입장이다. 두 이론은 학교의 확대에 관한 설명에 있어서 여러 가지 점에서 대립하고 있음은 말할 필요가 없다. 그럼에도 불구하고 두 이론은 교육을 수단적 기능의 관점에서 파악하는 공통점을 지닌다. 학교는 사회가 필요로 하는 것을 또는 사회가 요구하는 것을 충실히 가르친다는 것이다. 기술기능 이론은 기술수준의 향상이 학교교육을 확대시킨다고 설명하고, 신마르크스 이론은 기술 향상이 학교교육을 확대시키기는 하지만, 그것은 자본가 계급의 이익에 일치하기 때문이라고 설명한다.

4. 지위경쟁 이론

지위경쟁 이론은 신베버주의자인 Randall Collins와 Christopher Hurn에 의하여 출발하게 되었다. Collins는 Weber의 사회이론에 기초하여 논문「교육 층화의 기능적 및 갈등적 이론(1971)」에서 지위경쟁 이론을 체계화하였다. 학력이 사회적 지위획득의 중요한 수단이기 때문에 학력은 계속 상승한다는 것이며, 학교의 팽창은 부, 지위, 권력, 위세, 명성 등을 둘러싼 개인 및 집단적인 경쟁의 결과에서 기인한다고 주장했다. 즉, 학력이 지위 획득의 중요한 수단이기 때문에 학력은 계속 상승한다는 것이다. 현대 시민사회는 과거 신분사회의 귀속주의가 아닌 업적주의 또는 능력주의 사회이기 때문에, 지위구조와 그에 다른 차등적 보상체제를 위해 사회적 선발장치가 필요한데 이를 학교가 담당하게 되었다. 학력이 지위획득을 위한 합법적인 사다리로 자리 잡게 되었다.

이처럼 학교교육의 사회적 가치가 높은 "학력사회"에서 누구나 높은 학력을 취득하기 위하여 노력을 기울인다. 남보다 더 높은 학력을 취득하기 위하여 노력을 기울인다. 남보다 더 높은 학력을 가지고 있을수록 사회적 지위경쟁에서 유리하므로 어떻게 해서든지 상급학교 졸업장을 따기 위하여 갖은 노력을 기울인다. 그래서 학력취득을 위한 경쟁이 벌어진다. 일단 학력경쟁이 벌어지면 처음에는 너도나도 남보다 먼저 초등학교 졸업장을 확보하기 위하여 노력을 기울인다. 그러나 초등학교 졸업장은 곧 모든 사람이 소유하게 된다. 그러므로 남보다 유리한 위치에서 서려면 중학교 졸업장을 따놓아야 한다. 그러나 조만간 중학교 졸업장도 흔하게 되어 이제는 고등학교 졸업장을 가져야 안심할 수 있다.

다음은 물론 대학 졸업장을 따야 하는 사태가 벌어진다. 학력의 연쇄적 상승이다. Dore(1975)는 지위획득 수단으로 학력이 작용하면 진학률의 상승을 유발하여 졸업생이 증가하고 그렇게 되면 학력의 가치가 떨어지므로 새로운 학력상승의 요인이 된다는 사실을 분명하게 보여준다. 그러므로 보다 높은 학력을 취득하기 위한 경쟁은 한 없이 계속된다. Dore는 이러한 현상을 "졸업장병(diploma disease)"이라고 명명하였다.

한편 지위경쟁 이론은 학력상승을 경쟁결과로만 파악하기 때문에 학교교육의 내용적 측면에는 무관심하다. 사람들이 학교교육을 통하여 전문적 직업준비를 한다거나 지적 욕구를 일정 부분 충족한다는 사실을 도외시 하고 있다. 경쟁의 부정적인 측면만 강조하고 긍정적인 측면을 경시하는 것이다. 또 수요자 간의 경쟁만 강조하고 공급자의 영향력을 전혀 고려하지 않고 있다. 우리나라의 경우 재정적 기반이 취약한 사립대학들이 학생 수를 많이 확보해서 재정난을 해결하려는 구조적 속성이 있는데, 이러한 측면을 지위경쟁 이론은 알지 못한다(김신일, 1999).

5. 국민통합 이론

기능이론과 마르크스 이론이 경제적 요인에 초점을 두어 교육팽창을 설명하고 있다. 기술기능 이론이나 지위경쟁 이론은 사회적 요인에 초점을 두고 설명한데 비하여, 국민통합론은 정치적 요인에 의해 교육팽창을 설명하고 있다.

Bendix(1964)에 의하면, 역사적으로 교육의 팽창과 교육에 대한 정치적 통제는 근대 국가의 성장과 밀접하게 관련되어 있다고 하였다. 교육은 다양하고 이질적인 문화적·지역적 집단과 계급으로 구성된 국민들에게 일체성을 형성하는 제도이다. 따라서 오늘날 교육은 모든 나라에서 점점 더 팽창할 뿐만 아니라 교육내용과 조직, 교사 양성 등 교육의 전 과정이 국가의 통제하에 놓이게 된 것이다.

Ramirez와 Rubinson(1979)에 따르면, 1950년에서 1970년 사이에 세계 대부분의 나라에서 공통적으로 교육이 크게 팽창하였다. 그들이 100여 개국을 대상으로 교육체제의 정치적 통합수준을 측정한 결과 대부분의 국가에서 학교교육제도에 대한 국가 통제의 정도가 높으며, 고등교육보다 초·중등교육에 대한 통제의 정도가 더 강한 것으로 드러났다. 교육이 정치적 통합수준은 국가가 교육을 규제하는 정도를 말하는 것으로, ① 교육에 대한 일반적인 책임의 수준, ② 교육에 대한 일반적 통제의 수준, ③ 학생 입학을 통제하는 정도, ④ 교육과정을 통제하는 정도, ⑤ 시험을 통제하는 정도, ⑥ 학생에 대한 재정의 원천, ⑦ 학교에 대한 재정의 원천을 측정한 것이다.

Ramirez와 Meyer(1983)에 의하면, 사회가 유지되기 위해서는 이념 통합이 가장 중요하다고 하였으며, 18세기 이후 시민혁명을 거치면서 새롭게 형성된 현대국가들은 중세시대 교회가 수행하던 이념통합의 기능을 학교라는 제도가 대신하게 되었다고 주장한다. 그래서 전 국민을 대상으로 하는 공교육제도를 수립하였으며, 우선적으로 초등교육을 의무화하였다고 한다. 다음으로 중등교육을 확대시켜 동일한 규범과 지식을 모든 국민에게 보급하고 시험제도를 통해 학습 여부를 확인하였다는 것이다.

국민통합론자들은 다른 이론에 의해 제시된 현상이 결코 일어나지 않는다는 것이 아니라, 19세기 이후로 그리고 특히 제2차 세계대전 이후에 전세계적으로 일어난 교육팽창은 그러한 논리로 설명할 수 없다는 것이다. 그리하여 그들은 국민 형성 모형을 제시한다. 이 모형에서는 국가 권력의 팽창과 국민정신교육을 제도화하는 데 있어 학교교육이 수행하는 역할을 강조한다. 즉, 국가 권력이 팽창하는 과정에서 국민을 형성하기 위해 교육을 제도화하게 되었고, 그 결과로 학교교육이 팽창되었다는 것이다.

교육팽창에 대한 국민통합 이론은 교육팽창에 대한 종래의 설명들이 경제적 측면에만 치중하였던 것에 비하여, 정치단위인 국가의 이데올로기 통합과정에서 교육제도가 수행하고 있는 정치적 기능을 새롭게 지적하였다는 데 의의가 있다. 하지만 국민통합 이론은 현대 국가 건설 초기의 초등교육의 의무화와 중등교육의 확대에 일정한 설명력을 가지지만, 고등교육의 팽창과 특히 과잉 교육의 문제를 설명하는 데에는 난점이 있다. 국민통합론 역시 고등교육 팽창과 자기 자신들의 이데올로기 통합과 이데올로기 경쟁의 수단으로 학교를 중시하였고, 또 학교를 확대시켰다. 각기 초·중등교육을 서둘러 확대시킨 것은 학교교육의 이데올로기적 기능을 크게 중시하였기 때문이다. 그렇지만 우리나라의 1970년대 이후의 급속한 대학인구 폭증은 역시 이 이론으로도 설명하기 어려운 부분이 있다(김신일, 1999).

제2절 한국의 학교팽창

학교교육의 팽창이 우리나라만의 현상이 아니라 제2차 세계대전 이후로 나타난 세계적 공통현상이기는 하지만, 특히 우리나라는 어느 나라의 추종도 불허할 정도로 '무섭게' 모든 단계의 학교 인구가 급증하였다는 사실에 주목할 필요가 있다. 특히 우리나라는 해방 이후에 교육인구가 폭발적으로 증가해 초등학교에서부터 대학까지 합하면 1,000만 명에 가까운 학생 수를 가지게 되었다. 이는 우리 민족의 높은 교육열, 중학교 무시험 진학, 고교평준화 정책, 대학정원 확대 정책, 산업화, 사학진흥 정책, 국민통합, 남북이데올로기 등 다양한 요인들이 작용한 결과이다. 초등학교는 1970년대에 완전취학이 이루어졌으며, 중학교는 1980년대, 고등학교는 2000년대에 이루어졌다. 결과적으로 학교교육 규모의 확대는 국민들의 학력상승을 가져왔으며, 이제 현재의 대학생 세대들은 '평균학력 대졸'시대가 된 것이다(장재천, 2018).

학교 및 대학교육 팽창에 있어서 한국의 이와 같은 특수성은 교육팽창의 원인과 과정을 설명하는 데 있어서 다른 나라의 이론을 그대로 적용할 수 없는 특성을 지니고 있다. 물론 교육을 둘러싼 사회·역사적 맥락은 다른 나라들과 비슷한 점이 없는 것은 아니다. 많은 제3세계 국가들과 마찬가지로 우리는 식민지 지배를 받았으며, 식민통치로부터의 해방과 더불어 우리의 민족교육을 실시하려는 국가적 요구와 제한되었던 교육을 자유롭게 받으려는 국민의 요구가 어우러져 학교의 설립은 가장 시급한 과제로 대두되었었다. 아울러 새로운 국가의 건설을 위하여 정치적 이념의 통합이 필요해졌고, 그에 따라 국민 교육을 광범위하게 실시하게 된 것도 다른 나라들과 크게 다를 바가 없다(김신일, 1999).

강순원(1988)은 1968년의 중학교 무시험 진학제도, 1974년 고교 평준화 정책과 같은 중등교육 기회 확대 정책은 수출주도형 공업화 추진 과정에서 요구되는 막대한 노동력의 수급을 순조롭게 하기 위한 것이었다고 주장한다. 그리고 윤정일(1991)은 한국대학이 급격한 팽창 요인으로서는 경제발전을 위한 고등교육의 수요 증가에 대한 사회적·국가적 압력이 증대했고, 이 수요에 부응하기 위하여 고등교육의 적극적인 확대 정책이 실현된 것이라고 주장한다.

한편 우리나라의 교육은 가장 확실한 계층 상승의 통로가 되어 왔다. 따라서 고학력 획득을 통해 계층 상승을 도모하는 국민의 교육기회 확대 요구에 부응하기 위하여 학교가 계속 확장되어 왔다. 교육기회의 대폭적 확대를 가져온 중학교 무시험 진학제도, 고교 평준화 정책, 7.30 교육개혁 조치는 입시제도와 관련된 제반 병폐현상을 해결하기 위한 것으로 표방되었지만, 실질적으로는 교육소비자들의 교육기회 확대 요구를 수렴하기 위한 불가피한 조치였다고 할 수 있다. 그리고 우리나라 고등교육 취학률은 2007년 82.8%로 정점을 찍고, 점차 감소하면서 2017년 약 69%가 되었다. 따라서 대학교육이 과거의 정예주의적 고급 전문 교육에서 대중주의적 일반 교육으로 바뀌고, 고급 전문교육은 대학원이 담당하는 새로운 체제로 바뀌어 가고 있다. 따라서 대학들도 대학원 중심의 연구(학문)중심대학, 연구 및 교육 병행대학, 학부중심의 교육(직업)중심대학 등의 스타일로 특화 및 유형화되는 추세이다. 한국의 고등교육 취학률은 세계 최고 수준이나 다름없다. 왜냐하면 우리나라는 고등학교 졸업 후에 곧 바로 정규학위중심대학에 진학하는 청년인구가 대부분이기 때문이다(장재천, 2018). 이에 비해 미국은 대학의 계속 교육의 확대와 시간제 학생의 증가로 성인고등교육인구가 큰 부분을 차지하고 있어서 우리나라와는 질적으로 다르다. 더욱이 미국은 산업체 현장의 직업기술 훈련이 중심을 이루는 성인교육 성격의 고등교육 인구가 큰 비중을 차지하고 있어 질적으로 우리와는 큰 차이가 있을 수밖에 없다(김신일, 1999).

특히 학교가 팽창할 때 국가의 재정이 빈약하여 국민의 교육 기회 확대 요구와 학력경쟁에 부응하기 위해 정부가 정책적으로 사립학교 진흥정책을 썼기 때문에, 2017년 기준으로 보면 유치원이 50%, 초등학교가 1%, 중학교가 23%, 고등학교가 약 45%, 전문대학이 90%, 4년제 대학이 약 85% 정도가 되어 버린 것이다. 이 가운데 사립대학이 유난히 많은 것은 '수익자 부담 원칙'과 학교경영 재원을 주로 등록금을 통해 충당하다보니 정원 확대가 뒤따르게 되어 학생 수가 엄청나게 늘어났던 것이다(장재천, 2018).

여기서 교육비의 수익자 부담과 사학에 의존한 학교팽창이 가능할 수 있었던 것은 학력사회가 부추기는 국민의 높은 교육열이 뒷받침되었기 때문이다. 또한 교육열과 수익자 부담 및 사학에의 의존 등은 상보적인 관계에 있다. 이런 함수관계에다가 정부가 교육의 질적 관리를 포기하고 양적 생산 정책을 펼쳐왔기 때문에 학교교육이 더욱 확대된 것이다. 정부가 효율적으로 관리를 못하게 된 것은 각 집단의 이해관계, 즉 학교경영자의 무리한 증원 요구, 산업체의 기술인력 공급 요구, 학부모들의 고학력 획득 욕심 등이 끊임없이 관철된 결과이다. 더욱이 농촌현장에서의 영농기술 교육, 공장에서의 기술 훈련, 기업체들의 각종 연수 교육, 그 밖의 다양한 사회교육들이 학력으로 전혀 인정되지 않았으므로, 모든 국민들은 학교와 대학이 수여하는 졸업장을 얻기 위하여 오로지 학교로 몰려든 것이다. 사회는 학력에 따라 사람을 차별하고 회사에서는 학력에 따라 차별적으로 고용하고 승진시키며, 승급을 관행으로 삼았기 때문에 학력 간 임금격차는 벌어지고 학력경쟁은 심화된 것이다.

연습 및 탐구문제

1. 학력상승의 원인을 학습욕구 이론, 기술기능 이론, 신마르크스 이론, 지위경쟁 이론, 국민통합 이론 관점에서 사례를 들어 기술하시오.

2. 한국의 학교팽창 과정을 기술하시오.

Reference 참고문헌

강순원(1988). **"제3세계 학교교육과 신식민주의", 한국교육의 재인식**. 한신대학교 출판부.

김신일(1999). **교육사회학**. 파주시, 경기도: 교육과학사.

김억환(1994). **신교육사회학 입문**. 서울: 박영사.

윤정일(1991). **한국의 교육정책**. 파주시, 경기도: 교육과학사.

장재천(2018). **쉬운 교육사회학**. 서울: 동문사.

주동범 · 김정희 · 정일환(2016). **교육사회학**. 서울: 동문사.

차경수 · 최충옥 · 이미나 · 옹정근 · 남기석(2010). **교육사회학의 이해**. 파주시, 경기도: 양서원.

허은주 · 유형정 · 이수진 · 안영화 · 배석영(2010). **현대 교육사회학**. 파주시, 경기도: 양서원.

Bendix, R.(1964). *Nation-Building and Citizenship*. Wiley.

Bowles, S., & Gintis, H.(1976). *Schooling in Capitalist America: Educational Reform and the Contradictions of Economic Life*. New York: Basic Books.

Collins, R.(1971). Functional and Conflict Theories of Educational Stratification. *American Sociological Review*. Vol. 36. Dec., pp. 1002-1019.

Dore, R.(1975). *The Diploma Disease: Education, Qualification and Development*. Berkeley: University of California Press.

Hurn, C. J.(1978). *The Limits and Possibilities of Schooling: An Introduction to the Sociology of Education*. Allyn and Bacon, Inc.

Katz, M.(1975). *Class, Bureaucracy and Schools*. New York: Praeger.

Maslow, Abraham H.(1954). *Motivation and Personality*. Harper and Row, Publishers.

Ramirez & Meyer(1983).

Ramirez, F. O., & Rubinson, R.(1979). "The Political Incorporation and Expansion of Public Education", in Meyer and Hannan, National Development and the World System. University of Chicago Press.

CHAPTER 9

교사와 학생의 상호작용

학습목표

1. 교사와 학생 간의 상호작용의 특징을 설명할 수 있다.
2. Woods의 학생의 적응적 행동 유형론을 설명할 수 있다.
3. 교사의 생존 전략과 방어적 수업을 설명할 수 있다.
4. 교사의 지도 유형을 설명할 수 있다.
5. 낙인의 과정을 설명할 수 있다.
6. 교사의 기대효과를 설명할 수 있다.

Keyword

학생의 적응적 행동 유형론, 동조형, 혁신형, 의례형, 도피형, 반역형, 학교교육의존 입시 집착형, 사교육의존 입시 집착형, 무기력 학습 기피형, 도피 반항적 학습거부형, 새로운 학습 체제 구축형, 교사의 생존전략, 방어적 수업, 단순화, 신비화, 생략, 방어적 단편화, 맹수조련사형, 연예인형, 낭만형, 낙인이론, 자성예언, 집단역동, 교사의 기대효과

교실 내에서의 대부분의 교수-학습은 상호작용을 통하여 발생한다. 교사는 학생들과 의사소통을 하고, 학생들은 교사나 다른 학생들과 서로 의사소통한다. 교실에서의 상호작용은 교육적 목적을 달성할 뿐만 아니라 한 교사와 다수의 학생들이 그들의 개인적·사회적 목적을 이루는 하나의 기제로서 기능한다. 상호작용은 교실에서의 중요한 사회적 활동의 한 형태이며, 유익한 시간을 제공해 준다(주동범 외, 2016).

9장에서는 교사와 학생 간의 상호작용, 학생의 적응 양식, 교사의 생존 전략과 방어적 수업, 교사의 지도 유형, 낙인과 상호작용, 학교집단의 역동, 교사의 기대효과 등에 대해 고찰하기로 한다.

제1절 교사와 학생 간의 상호작용

교실 내에서 교사-학생 상호작용은 다른 장면에서의 상호작용과는 다른 독특한 성격을 지니고 있다. 교사와 학생과의 관계를 고찰하기 위하여 교사-학생 상호작용의 특징을 살펴보기로 한다(강유정 외, 2018; 주동범 외, 2016; 김병성, 1991).

첫째, 교사-학생 상호작용은 참여를 요구한다. 한 교실 내에서 모든 형태의 상호작용이 일어난다. 한 교사는 단 한 명의 학생이나 다수 학생의 한 집단 혹은 전체 학급과 상호작용할지도 모른다. 아울러 한 학생은 다른 학생이나 다수 학생의 한 집단 혹은 교실 내에 있는 모든 학생들과 상호작용할지도 모른다. 이러한 가능성들은 교실 상호작용의 분석을 위해 중요하다. 하지만 학생들은 수업 중이나 수업이 끝난 후에도 계속 상호작용한다. 학생들은 한 교실에서 앉아 있으면서 서로 무관심할 수 없다. 그들은 교사가 질문할 시에는 공개적으로 상호작용하며, 교사가 그것을 허락하지 않을 때도 몰래 상호작용한다.

둘째, 교사-학생 상호작용은 역동적이고 변화 가능성을 갖는다. 교사-학생 상호작용은 정적인 것이 아니라 시간의 추이에 따라 변화하는 역동적인 과정이다. 한 교실 내에서 상호작용은 학습기간 중이나 학습이 끝난 후에 상호작용하는 등의 경우에도 다소 똑같은 변화를 가져온다. 일과 중의 상호작용은 가끔 정지되는 경우도 있지만, 다양한 형태로 계속 변화가 일어난다. 교실 상호작용은 보통 교사의 출현과 더불어 시작된다. 상호작용을 통해 교사는 서로 다른 학구적 주제나 학생의 특별한 개인문제 혹은 전체 학급의 사회적 문제를 언급함으로써 그것의 주제를 변화시킬지도 모른다.

셋째, 교사-학생 상호작용은 행동을 수반한다. 상호작용은 행동을 수반하며, 개인이나 집단은 행동을 나타냄으로써 서로 상호작용한다. 그리고 행동을 통해서 의사소통한다. 행동들은 언어적 혹은 비언어적으로 나타난다. 상호작용은 언어적 교류나 비언어적 교류 혹은 그 둘 다를 포함한다. 교사와 학생 간 상호작용의 지배적인 형태는 언어에 의한 상호작용이며, 그들 간의 언어는 단순하지 않고 매우 복잡하고 다양하다. 특히 교실수업에서 교사-학생 간의 언어적 상호작용은 학습에 매우 중요한 변인이 된다. 교사와 학생의 사회계층에 따른 사회언어학적 분석에서 볼 때 각기 다른 언어모형을 사용하고 있는데, 학교에서 가르치는 교육내용이 담고 있는 어법과 교사가 사용하는 어법이 중류층의 정교한 어법과 더 친숙함으로써 중류층 아동들이 학업성취에 더 많이 성공할 수 있다.

넷째, 교사-학생 상호작용은 공동의 영향을 수반한다. 지식의 자원인 교사는 상호작용을 통해서 학생들에게 지식을 전파한다. 교실의 지도자로서 교사는 학생 행동에 많은 영향을 미친다. 아울러 교사는 상호작용을 통해서 학생들에게 행동 방향을 제시하고 조정한다. 교사는 학생들에게 그들이 해야 할 바를 말하고, 그들의 학업성과를 평가하고, 동시에 그것을 그들에게 피드백한다. 상호작용 과정에서 학생도 역시 교사에게 영향을 미친다. 학생들도 반응해야만 하는 행동을 주도한다. 그러므로 학생-교사의 상호작용은 두 방향성으로 상호적인 관점에서 이해되어야 한다.

다섯째, 교수-학생 상호작용은 규칙을 갖는다. 교사-학생 상호작용은 규칙을 가지며, 교실의 규칙은 그 집단의 모든 구성원들에 의해 공유된다. 교사와 학생들은 언제 말하고, 무엇을 말할 수 있으며, 얼마나 오랫동안 이야기하고, 어떤 종류의 비언어적 행동을 동반할 수 있는가 등의 교실 상호작용의 규칙을 따르는 것을 배운다.

여섯째, 교사-학생 상호작용은 다양한 요소들에 의하여 영향을 받는다. 상호작용은 물리적·사회적 환경 속에서 일어나며, 상호작용이 일어나는 환경은 그것에 영향을 미친다. 교실 상호작용의 다양한 환경들, 즉 교실의 크기, 책상의 배열, 학생의 배열, 학생들의 좌석배치, 학생 수 등과 같은 특성들은 상호작용의 과정과 결과에 영향을 미친다.

일곱째, 교사-학생 상호작용은 측정될 수 있다. 교사-학생 상호작용은 상호작용의 내용, 사용된 행동의 양과 범위, 참여 차이의 역할 비율, 교사-학생 간 다양한 측면의 변화, 교육자들에게 관심이 있을지도 모르는 다양한 범주 등과 같은 변인들에 따라서 측정되고 특성화될 수 있다.

한편 교사-학생 관계의 상황을 교사의 범주화 상황과 교사의 기대에 관한 연구를 중심으로 다음과 같이 제시할 수 있다. 특히 교실수업에서 교사-학생, 학생-학생 간의 언어적 상호작용은 학습에 매우 중요한 변인이다(김병희 외, 2009). ① 교사와 학생의 사회계층에 따라 언어사회학적으로 분석해 볼 때 각기 다른 언어 모형을 사용하고 있다는 것이다. ② 교사가 학생들을 여러 집단으로 분류하고 있는데, 학생들은 이 분류에 따라 수업과정에서 다른 대우를 받는다. 이런 차별적 대우는 자아개념과 성적에 영향을 준다. 교사의 범주화 준거는 학생의 가정배경, 옷차림, 외모, 언어사용능력이 포함된다. ③ 교사의 기대가 학생들에게 전달되어 교사의 기대가 자기 충족적 예언으로 나타난다. 즉, 교사가 낮은 학업성취를 기대한 학생에게 높게 기대한 학생들보다 학습에 불리한 방법으로 대함으로써 결국 낮은 학업성취를 보인다는 것이다.

교사와 학생 사이의 사회적 교섭은 학생들의 사회경제적 배경을 바탕으로 차별적으로 불평등하게 구조화되고 있고, 차별적 상호작용 과정은 교사의 기대효과에 의한 것이며, 교사의 차별적 기대에 따라 학생의 학업성취 결과는 악순환된다고 주장하고 있다(이종각, 2015).

1. 교사에 대한 학생의 지각

교사-학생관계에 대한 연구는 주로 교사에 초점이 있었고, 학생에 대한 연구는 소홀히 해왔다. 이는 교사에 대한 학생의 지각 연구가 실질적으로 어렵기 때문이다. 하지만 지금까지 실행된 학생의 지각에 대한 연구는 주로 교실의 수업장면에서 교사의 수업행동을 학생들이 어떻게 지각하고 있으며, 이러한 학생들의 지각이 교사의 수업행동에 어떤 영향을 미치는지에 초점이 맞춰져 왔다(주동범 외, 2016).

Nash(1976)의 연구에 의하면, 학생의 교사행동에 대한 지각은 결과적으로 일련의 규범적 신념에 대한 하나의 관점을 획득하는 과정이다. 교사의 이상적인 상에 부합되는 학생들로 구성된 학급은 교사가 그의 직무를 잘 수행하는 것으로 보며, 거부되고 있는 학생들은 그들의 기대에 부응하는 교사를 갖고 있지 못하다고 본다. 만일 학생들이 보수적이어서 교사가 권위적이기를 바란다면 아무리 좋은 의도를 가지고 새로운 진보적 기술을 채택하려는 교사도 적대감에 부딪치게 될 것이다. 점차적으로 교사-학생 상호작용 연구자들은 학생의 지각문제를 보다 중요한 문제로 지각하고 있다. 만일 우리가 역동적 교실생활의 본질적인 요소로서 학생의 지각방식을 이해하지 못한다면 교실이 왜 그렇게 기능하고 있는지를 이해할 수 없을 것이다.

2. 학생에 대한 교사의 지각

학생에 대한 교사의 지각에 영향을 미치는 정보는 다양한 원천이 있겠으나, 중요한 두 가지는 대면적인 상호작용을 통하여 얻어지는 1차 정보와 다른 사람을 통하여 얻어지는 2차 정보이다(주동범 외, 2016). 1차 정보는 학생의 외모나 용모, 머리 색깔, 의상, 언행, 태도 등과 같은 것이고, 2차 정보는 다른 교사로부터 얻는 정보, 시험점수, 학생생활기록부, 부모 면담결과 등과 같은 것이다. 이에 대해 Johnson(1970)은 학생에 대한 평가요인으로 세 가지를 들고 있는데, 학생의 이전의 성취, 사회적 지위 특성 그리고 현재의 성취 등이다. 이와 관련하여 교사 기대효과는 교사의 학생과의 관계에 발전된 지각에 의해 전달된다. 교사에게 호의적으로 지각된 학생은 친밀한 관계를 갖게 될 것이고, 교사의 호의적인 기대는 친밀한 관계를 발전시킬 기회를 높여준다. 그러나 교사가 관심을 두거나 학생에 대한 인상의 성격에 뚜렷한 영향을 주는 특성은 상황이나 교사에 따라 다양하다.

제2절 학생의 적응 양식

2절에서는 학생의 적응적 행동 유형론과 우리나라 입시 위주의 교육체제와 학생들의 적응 형태에 대해서 고찰하기로 한다(김천기, 2008).

1. 학생의 적응적 행동 유형론

학생의 적응적 행동 유형에 대하여 Merton(1957), Wakeford(1969), Woods (1979) 등의 분류를 고찰하기로 한다.

첫째, Merton(1957)은 문화목표와 제도적 수단의 수학적 조합에 따라 다섯 가지 적응양식 유형을 개발하였다. ① 동조형(conformity): 목적과 수단을 수용, ② 혁신형(innovation): 목적을 수용하고 수단을 거부, ③ 의례형(ritualism): 목적은 거부하나 수단을 수용, ④ 도피형(retreatism): 목적과 수단을 모두 거부, ⑤ 반역형(rebellion): 현존하는 목적을 거부하고 새로운 목적으로 대치 등이 있다. Merton의 적응양식 유형은 Durkheim의 Anomie 개념을 정교하게 발전시킨 것이다. Merton은 목적과 수단을 수용하는 동조형을 제외한 혁신형, 의례형, 도피형, 반역형 유형은 모두 '일탈행위'로 규정하고 있다.

둘째, Wakeford(1969)는 Merton의 적응양식 유형은 약간 변형하여 영국의 기숙사제 독립학교(independent school)의 소년 엘리트 집단을 대상으로 연구하였다. 학생들은 각기 상이한 교과목 이수과정 시간에 다섯 가지 적응양식 가운데 한 가지 이상의 유형을 형성한다. '순응'양식은 상대적으로 낮은 선호도를 보이는데, 리더십이나 책무성 등에 따르는 보상을 받는 상급반 학생들에게서 나타난다. 일반적으로는 편안한 생활을 하기 위해 식민화를 택한다. 이에 비해 '비순응적인 적응 양식'은 세 가지로 밝혀졌다. ① '도피형'은 학교활동에서 도피하는 유형이다. ② '비타협형'이다. 이는 학교 목표에 무뚝뚝하게 거부하고 협력하지 않는 적응형태로, 흔히 복장 등을 통해 표현된다. ③ '반역형'으로는 새로운 학교규칙과 전통을 만들기 위한 적극적인 거부행위이다. 이러한 Wakeford의 유형 분류는 다소 고전적인 것이긴 하지만 많은 시사점을 제시하고 있다.

셋째, Woods(1979)는 Wakeford의 유형을 변형하여 영국 Midlands 지역의 중간 규모의 중등학교(560명 학생과 30명 교사)를 대상으로 민속학적(ethnomethodology) 연구를 수행하였다. Woods가 개발한 여덟 가지 유형은 아부형, 맹목적 순응형(낙관적 순응형과 도구적 순응형), 기회주의형, 도피형, 식민화형, 비타협형, 반역형 등이다. 이에 대한 학생들의 대응 전략이 다양하게 나타나고 있다. 이를 소개하면 다음과 같다. ① 공부하기, ② 땡땡이, ③ 웃기, ④ 꾸물대기, ⑤ 빈둥거리기, ⑥ 재빠르게 하기, ⑦ 소란피우기, ⑧ 친근하게 대하기, ⑨ 가만두기, ⑩ 잡담하기, ⑪ 위협/매수하기, ⑫ 떠보기 등이 있다.

이러한 학생들의 대응에 대한 교사의 학생에 대한 대응 전략은 다음과 같다. ① 사회화, ② 지배, ③ 협상, ④ 회피 및 격리, ⑤ 친애, ⑥ 관례화, ⑦ 직업적 처방, ⑧ 사기진작 등이 있다.

상기에서 Merton(1957), Wakeford(1969), Woods(1979) 등의 학생의 적응적 행동 유형론에 대해서 고찰하였다. 교사와 학생은 각자의 자아개념과 상대에 관한 지식을 바탕으로 상호작용을 하며, 교사라는 행위자와 학생이라는 행위자 사이에 벌어지는 활동이기 때문에 그 나름대로의 대응행동을 의식적으로 선택한다는 것을 알 수 있다. 이러한 연구물들은 교육상황을 구성하고 있는 행위자로서의 교사와 학생에 관한 지식을 제공해 주었으며, 교사와 학생 간의 상호관계를 생생하게 기술하여 교실 내의 살아 있는 현장에 대한 이해를 높여주는 데 그 의의가 있다.

2. 입시 위주의 교육체제와 학생들의 적응 형태

우리나라 입시 위주의 교육체제에서 학생들의 적응 형태에 관한 연구는 이영호(2002)에 의해 수행되었다. 그는 Merton이 분류한 적응방식에 따른 학생들의 학습참여 방식을 밝혀주었다. ① 학습목표와 제도적 수단(학교교육)을 모두 수용하는 동조형은 '학교교육의존 입시 집착형', ② 개혁형은 '사교육의존 입시 집착형', ③ 의례형은 '무기력 학습 기피형', ④ 도피형은 '도피 반항적 학습거부형', ⑤ 반역형은 '새로운 학습체제 구축형' 등으로 구분하였다.

첫째, '학교교육의존 입시 집착형'이다. 학교에서 이루어지는 교육활동에서 입시 관련 학습에만 최대한 관심을 보이고 적극 동참하나, 입시와 관련이 없는 교육활동은 불필요한 것으로 여기고 관심을 보이지 않는 학습 참여방식이다.

둘째, '사교육의존 입시 집착형'이다. 입시에서 학교교육의 효과를 불신하며, 과외와 학원 등 사교육을 통하여 학력 및 학벌 획득 그 자체에만 매달리는 학습 참여방식이다.

셋째, '무기력 학습 기피형'은 단순히 졸업장만을 받는데만 관심을 가지며, 배우는 것 없이 그저 무기력하게 학교만 왔다 갔다 하는 학습참여 유형이다.

넷째, '도피 반항적 학습거부형'이다. 이는 학력 및 학벌 획득이 강조되는 입시경쟁체제에 동참하여 학습하기보다는 가출과 자퇴와 같은 일탈행동을 하는 유형이다.

다섯째, '새로운 학습체제 구축형'은 개념적으로 학습목표와 제도적 수단 모두를 새로운 것으로 대체하려는 탈학교형이다.

한편 김천기(2008)는 Woods의 유형론에 의거하여 학생들의 적응 형태를 고찰하고 있다. Woods의 유형 가운데 우리나라 학생들의 가장 심각한 적응 형태는 '식민화'와 '도피' 유형을 분류할 수 있다. 학업중퇴자 중 이른바 도피 유형이 많다. 학교의 교육 전체를 부질없다고 판단하고 학생 자신이 학교 가기를 적극적이고 자발적으로 중단하는 학생들은 도피적 유형으로 분류해 볼 수 있다. 학교를 거부하고 중퇴한 학생의 예를 들어 보면 다음과 같다[2].

---

2) 김천기(2008). 교육의 사회학적 이해. 서울: 학지사, pp. 181-182 인용 및 재편집함.

> 저는 고등학교를 때려치웠습니다. 전혀 후회하지 않습니다. 항상 전교 3, 4등을 했지만, 정말 학교가 거지같았기 때문입니다. 그곳에서는 진정한 학습이 없습니다. 차라리 네이버가 훨씬 낫습니다. 네이버보다 못한 학교! 지금과 같은 학교는 다닐 필요가 없습니다. 무조건 외우는 공부! 무조건 반복하는 공부! 학교가 변하지 않는 이상, 우리는 학교에 다닐 필요가 없습니다. 현재의 학교는 인간을 미치게 만듭니다. 아이들을 미래의 희망 어쩌고저쩌고 말은 잘하면서 왜 아이들을 정신병자로 만듭니까?

이 학생의 경우는 학교교육의 목적과 수단을 거부한다는 점에서 도피형에 속한다고 할 수 있다. 하지만 현 입시 위주의 학교교육에서 전혀 의미를 찾지 못하고 있고, '진정한 학습'에 대한 나름대로의 생각을 어렴풋하게 가지고 있다는 점에서 반역적 유형의 성격도 지니고 있다. 물론 이것은 Woods의 유형론에 맞추어서 해석한 것이고, 어떻게 보면 도피적이면서 매우 강렬한 저항적인 성격을 보이고 있다.

구체적으로 고찰하면 ① 극단적인 도피형은 자살하는 학생이라 할 수 있다. 상당수의 학생들이 학교성적에 대한 스트레스 때문에 만성적 불안감, 공포, 무력감, 무의미감, 무방향감에 빠져 있는데, 이들 가운데 매년 많은 학생들이 자살을 하고 있다. 그 이유는 '시험 없는 나라에서 살고 싶어서', '공부 못한다는 꾸중 듣기 싫어서' 등 성적에 대한 비관이었다. 이런 학생들은 모든 것을 거부하고 심리적 압박감을 주는 상황에서 도피하려는 유형으로 도피형이라 할 수 있다. ② 식민화 유형이다. '학업의욕 상실증'에 걸려 있는 학생들에게 많이 찾아볼 수 있다. 이들 학생들은 졸업장이나 받아야 한다면서 아무 생각 없이 시계추처럼 학교에 가서 매 맞고 돌아오고 하는 생활을 되풀이하고 있다. 식민 유형의 학생들은 수동성, 침묵, 무기력, 자포자기의 특징을 보이고 있다. 빈민지역 공부방 교사에 의하면 "아무 생각도 없이 학교에 가서 자다가 돌아와 당구장, 놀이터 등을 돌아다니면서 부모의 없는 돈을 축내는 학생들이 있어요. 아무 생각 없이 학교에 가서 때

리면 맞고 집에 오면 그냥 놀 생각만 하면서 시간을 보내는 아이들이 정말 걱정이에요"(조혜정, 1996: 131 재인용). ③ 도구적 순응형이다. 이 유형의 학생들에게는 학교교육은 오로지 대학에 들어가기 위한 도구에 불과하다. 예를 들면, 입시공부는 앞으로 자신이 원하는 일을 하기 위해서 통과해야 할 관문이고, 교과서는 그런 '입시게임'을 하기 위한 단순한 텍스트에 불과하다. 교과서의 내용과 삶은 아예 무관하며, 오히려 서로 상반된 것일 수도 있다고 생각한다. 공부는 '더러운 게임'이라고 일단 규정하고, 가능한 한 거리를 두고 그 게임을 하는 것이다(조혜정, 1996).

제3절 교사의 생존 전략과 방어적 수업

교사들이 관료조직인 학교에서 어떻게 '생존'해 나가는가의 문제가 상호작용론적 연구의 주된 관심사 중의 하나이다. 교사들은 전문직적 요구에 부응하면서도 열악한 물리적 조건 속에서 나름대로의 여러 가지 생존 전략을 개발한다. 또한 교사들은 생존 전략의 일환으로 방어적 수업방법을 사용한다. 3절에서는 교사의 생존 전략과 방어적 수업에 대해서 기술하고자 한다(김천기, 2008).

1. 교사의 생존 전략

학교조직에서 교사들의 주된 관심사는 '생존'문제인데, Woods(1979)는 "대다수의 중등학교의 경우 약육강식의 법칙이 널리 통용되고 있다"고 주장한다. 교사들은 전문직 요구에 부응해야 하지만, 여전히 변하지 않는 열악한 물리적 조건 속에서 나름대로 여러 가지 생존 전략을 개발한다. 그 배경에는 교실의 질서가 혼돈상태에 빠지지 않을까 하는 또 다른 두려움이 자리 잡고 있다. 학생들과 마찬가지로 교사들은 교실 상황에서 적절하게 대처해 가는 대응(coping)전략을 발전시킨다. Woods는 이 같은 전략을 '생존을 위한 숨은 교수법'이라 한다.

Pollard(1985)는 초등학교에 대한 연구에서 교사들의 네 가지 전략, 즉 개방적인 협상, 판에 박힌 절차를 따름, 조작, 지배를 확인했다. 또한 Woods(1979)는 교사들은 명령, 처벌, 화냄, 호소 등의 방법을 사용하기도 하지만, 보다 다양한 전략을 사용하기도 한다. ① 사회화이다. 이는 규정된 행동양식에 순응하도록 학생들을 사회화시킨다. ② 지배이다. 주로 언어적 공격을 사용한다. ③ 친목이다. 학생들의 문화를 이해하면서 학생과 친하게 사귀고자 한다. ④ 결근과 자리이동이다. 교사들은 어려운 수업을 피하기 위해 시간표를 조정하거나 수업을 면제받고자 한다. ⑤ 관습적이고 일상적인 전략이다. 학생과 교사 모두에게 손쉽게 생각되는 받아 적기 등이 포함된다. ⑥ 치료요법이다. 교사들은 분주하게 일함으로써 관심을 다른 활동으로 돌린다(김천기, 2008: 재인용).

특히 젊은 교사들은 친목의 전략을 많이 구사하는데, 옷 입는 것 또는 말하는 것, 흥미 있는 것 등 학생의 문화에 관심을 갖는다. 교사들은 공통의 관심사, 텔레비전 프로그램에 대한 토론과 농담 등을 통해 학생과의 친목을 다져 놓으려고 한다.

2. 방어적 수업

한 명의 교사가 수십 명의 학생들을 가르치는 학급상황에서 교사는 학생들로부터 자신을 지켜야 한다는 구조적 방어의식을 갖게 된다. 교사의 이러한 방어의식은 교과지도에서는 방어적 수업으로 나타나며, 생활지도에서는 학생다움을 요구하는 각종 규제로 구체화된다.

McNeil(1991)의 연구에 따르면, 교사들은 일방적인 강의식 수업을 선호한다. 교사들은 교과에 대한 정보를 제공해야 한다는 목표와 수업의 효율성을 방해할지도 모르는 개념 및 정보를 제한해야 한다는 서로 상충되는 목표를 달성하는 데 강의식 수업이 효과적이다.

지식을 통제함으로써 학생을 통제하는 강의 전략으로는 '단순화', '신비화', '생략', '방어적 단편화'가 있다.

첫째, '단순화'이다. 단순화는 어떤 정보든 간에 단편들 혹은 서로 연결되지 않는 목록들로 환원시키는 방법이다. 교사들은 수많은 정보를 효과적으로 전달하기 위해서 그리고 그 정보가 사실로 보이게 하여 토론과 반대 의견을 금지시키기 위해서 단편적인 지식과 목록을 사용한다.

둘째, '신비화'이다. 이는 복잡한 주제에 관한 토론을 막기 위해 그것을 신비한 것처럼 다룬다. 예를 들면, 금본위제, 국제통화기금 등을 언급할 때는 그 용어들을 그대로 노트에 베껴 쓰라고 한다. 그러고 나서 학생들은 그 용어를 알아야 하고 다음 시험 때까지는 기억해야 한다고 하면서 전문가가 아닌 사람은 그 주제에 대해서 깊이 들어가기가 힘들다고 말한다. 신비화는 학생들에게 스스로 지식을 추구하거나, 깊이 파고들도록 안내를 받지 못하게 하여 외부에서 제공되는 정보에 의존하는 태도를 가지게 만든다.

셋째, '생략'이다. 시사문제나 논쟁의 여지가 있는 주제에 적용된다. 학생들이 반대의견을 제시하거나 토론을 할 만한 자료 혹은 자료를 보는 관점을 생략한다. 예를 들어, 사회교과 수업시간에 제2차 세계대전 당시 미국의 개입에 대해 저항이 있었다는 점, 루즈벨트의 뉴딜정책을 싫어했던 사람들과 트루먼의 히로시마 원폭 투하 결정에 반대했던 사람들 등은 언급되지 않고 생략되었다.

넷째, '방어적 단편화'이다. 어려운 주제를 간단히 언급만 하고 넘어가는 전략이다. 이 주제는 복잡한 문제처럼 보이지만 그렇게 시간과 노력을 많이 쏟을 필요가 없는 것이니 양해해 달라고 넘어간다. 예를 들어, 수요와 공급, 산업화, 도시화 문제 등이다. 그 주제를 제대로 다루려면 모든 학생들이 일정한 수준을 이해할 때까지 시간을 들여서 다양한 해석과 발견들을 비교하고 반복하여 설명해주거나 뚜렷한 경험(영화, 소그룹 토론 등)을 시킬 수밖에 없다. 물론 나중에 시험을 출제하기 위해 약간의 설명은 해야 하지만, 그 이상은 가르치지 않는다. 학생들에게 이 주제는 깊이 공부하지 않아도 된다고 말함으로써 학생들의 불만을 사지 않고 협력을 끌어낸다.

방어적 수업전략 관점에서 이인효(1990)의 연구를 살펴보면 몇 가지 시사를 받을 수 있다. ① 인문계 고등학교 교사의 교과지도를 보면 학생이 알아야 할 지식의 경계와 수준을 정확하게 지적해 준다. 교실에서 가르쳐야 하는 지식의 범위는 교과서 내용만으로 한정한다. 또한 ② 학생이 알아야 할 교과서 내용의 수준과 중요한 부분을 지적해 주고 집중적으로 가르친다. 이와 같은 교과지도 방식은 '학생이 공부시간을 조금 들이고도 높은 점수를 받도록 가르쳐야 한다'는 원리에 입각해 있지만, 다른 한편으로는 ③ 교사들의 방어적 수업전략 측면도 있을 것이라 짐작해 볼 수 있다.

제4절 교사의 지도 유형

Hargreaves(1972)는 교사와 학생의 상호작용에 관한 대표적인 연구 이론가이다. 그는 기능주의 교육 이론에 충실한 학자이면서도 초기에는 George Mead의 상호작용 이론을 기초로 학교 내부세계를 기술하였다. 교사와 학생의 관계에서 주도권을 가지고 학급상황을 규정하는 쪽은 교사이므로, 교사가 상황을 어떻게 규정하는가를 파악하는 일이 중요하다고 지적한다. 특히 교사들이 자신의 역할을 어떻게 규정하느냐에 따라 학생을 대하는 방식이 달라진다고 본다. 그는 교사를 자아개념에 따라 맹수조련사형(lion-tamers), 연예인형(entertainers), 낭만형(romantics) 등 세 가지 유형으로 구분했다.

첫째, 맹수조련사형(lion-tamers)이다. 이 유형은 거칠고 아무것도 모르는 학생들에게 필요한 지식을 가르치고, 윤리적 행동을 훈련시켜 길이 잘든 모범생으로 만드는 것이 교사의 역할이라고 생각한다. 교사들은 담당교과에 있어서 언제나 전문적 지식을 갖추고 있어야 하고, 학생들을 다룰 줄 알아야 하며, 학생은 교사의 지시에 충실히 따라야 한다고 생각한다.

둘째, 연예인형(entertainers)이다. 학생들이 학습에 흥미를 느끼도록 교수자료를 풍부하게 만들고 시청각 기법을 활용하는 등 학생들이 즐겁게 배우도록 해주는 것이 교사의 역할이라고 생각한다. 이 유형의 교사들은 학생들을 친구처럼 대하면서 격의 없는 관계를 유지하려고 노력한다.

셋째, 낭만형(romantics)이다. 학생은 누구나 학습하기를 좋아하므로 학습할 수 있는 여건을 조성하고, 학습자 스스로 선택할 수 있도록 다양한 학습 기회를 만들어 주는 것이 교사의 역할이라고 생각한다. 그리고 수업내용도 교사가 독단적으로 정하지 않고 학생과 상의하여 결정한다. 낭만형 교사들은 기본적으로 학생들의 학습능력과 학습의지를 신뢰하는 것이 특징이다.

제5절 낙인과 상호작용

낙인 이론(labeling theory)은 일탈현상을 설명하는 이론이다. 낙인 이론에서는 일탈을 개인이나 집단의 속성으로 해석하지 않고 일탈자와 비일탈자 사이의 상호 교류과정으로 해석한다. 낙인은 법과 질서의 힘을 가진 사람들이 다른 사람에게 붙인 것이다. 이와 같이, 일탈 범주를 생성해 내는데 적용되는 낙인은 사회의 권력구조를 내포하고 있다.

5절에서는 낙인과 자성 예언에 대해서 고찰하기로 한다.

1. 낙인과 자성 예언

Hargreaves, Hester와 Mellor(1975)는 다음과 같은 질문으로 낙인의 의미를 구체화하였다. 즉, 학생 A는 일탈행동 Y를 저지른 학생이라는 교사의 인식이 학생 A는 Y유형의 일탈자라는 인식으로 어떻게 전환되는지를 확인하는 것이다. 이들은 낙인을 붙이는 과정을 세 가지 단계로 제시하고 있다.

첫째, 1단계는 추측단계이다. 교사들은 처음으로 학급의 학생들을 만나 전체적으로 학급 학생들의 첫인상을 형성하는데, 다른 학급을 가르치면서 얻은 배경과 대조하여 그 학급 개개 구성원들의 첫인상을 형성한다.

둘째, 2단계는 정교화 단계이다. 학생이 실제로 첫인상에서 보여준 것과 같은지를 확인하는 단계로 볼 수 있다. 이는 교사가 학생의 행동이 처음의 판단과 일치되지 않으면 첫 인상이 바뀔 수 있는 가설검증의 단계이다.

셋째, 고정화 단계이다. 교사는 학생들의 정체감에 대해 비교적 분명하고 안정된 개념을 인지하는 단계이다. 교사는 학생들을 알게 되면서 개개의 행동을 이해하는 데도 어려움을 갖지 않으며, 학급 내에서의 상호작용에 대해서도 놀라거나 당황하지 않는다. 이러한 고정화 단계의 문제점은 학생에 대한 교사의 평가를 바꾸기에는 상당히 어렵다는 것이다. 한 학생이 어떤 유형이라고 알고 나면 이러한 신념은 바꾸기가 어렵다는 것이다.

한편 Rist(1970)의 연구는 낙인이 아이들에게 어떻게 영향을 주는가를 제시하고 있다. Rist는 현장 관찰연구에서 초등학교 교사들이 학생을 어떻게 분류하고, 기대를 차별적으로 가지며, 그 결과가 어떻게 되는가를 구체적으로 묘사하고 있다. 교사들은 1학년 신입생들을 입학한지 며칠되지 않아서 세 집단으로 분류하였다. 이 분류과정에서 어떤 요인보다도 계층요인이 크게 작용하였다. 교사들은 우수집단, 중간집단, 열등집단으로 분류하고서는 학생의 좌석배치나 수업 중의 질문이나 관심 표시에서 이 세 집단을 차별적으로 다루고 있다. 이러한 집단의 분류는 학년이 바뀌어 감에 따라 변화가 없었고 더욱 굳어져 갔다.

낙인에 따른 교사의 차별적 기대는 아이들의 자기지각에 상당한 영향을 준다. 실제 학자들은 낙인이 아이들의 자아개념 형성에 영향을 준다고 밝히고 있다. 아이들은 자신들이 '멍청이'라고 믿게 되면 그러한 믿음에 맞도록 행동하는 경향이 있다. 그러다가 진짜 '멍청이'라고 믿게 되면 그러한 믿음에 맞도록 행동하는 경향이 있다. 그러다가 진짜 '멍청이'가 되어 버릴 수도 있다. 이것을 자성 예언(self-fulfilling prophecy) 효과라고 한다.

자성 예언은 교육현장에 있는 교사들에게 다음과 같은 시사점을 주고 있다(강상철, 외, 1999).

첫째, 교사가 학생에게 기대하는 방향으로 학생의 행동이 현실화된다고 볼 때 교사가 스스로 학생에 대하여 긍정적이고 높은 기대를 해야 한다. 또한 교사는 학생들의 지적 행동, 정의적 행동, 사회적 행동에 대하여 긍정적으로 기대하고 높게 평가해 주어야 바람직한 방향으로의 자성 예언을 성취할 수 있을 것이다.

둘째, 교사는 학생들에게 그들 스스로 긍정적으로 기대하게 해주고 부정적인 기대를 하지 말도록 지도해 주어야 한다. 그리하여 학생들의 부정적인 자성 예언을 막아주고 긍정적인 자성 예언이 이루어지도록 지도해 주어야 한다.

셋째, 교사의 수준에서 볼 때 학생은 미성년자이기 때문에 무능하고 어리게 보이기 마련이다. 따라서 학생에게 낮은 기대를 하게 되고 실망마저 하기 쉽다. 그러나 그 무능한 학생은 미래에 훌륭한 존재로 성장할 재목이다. 따라서 학생을 현재의 무능하고 나약한 존재를 바탕으로 기대하지 말고 장래의 유능한 존재를 바탕으로 희망적이고 긍정적인 기대를 하여야 한다. 학생들이 지금은 비록 무능하고 나약하게 보일지라도 교사의 긍정적이고 높은 기대를 함으로써 바람직한 자성예언을 실현시켜 줄 것이다.

상기에서 낙인과 자성 예언에 대하여 Hargreaves, Hester와 Mellor(1975), Rist(1970), 강상철 외(1999) 등의 견해를 종합하면, 낙인은 학생들에게 열등한 지위를 부여할 뿐만 아니라 그 학생들의 본질이 되어 버리기 때문에 그 학생들이 부딪치게 되는 모든 상황에 적용된다. 학교뿐만 아니라 가정 또는 친구관계에서도 그 학생들을 규정하는 데 사용된다. 그리고 낙인과정은 경제적, 문화적 권력과 학교교육과의 관련체계 속에서 나타난다는 것이다(김천기, 2008).

제6절 학교 집단의 역동

학교의 교수-학습과정은 변화무쌍하고 생동적인 과정이며, 살아 움직이는 역동적인 과정이라고 할 수 있다. 집단 역동(group dynamic)이란 집단 내에 구성원들 사이에 서로 접촉하면서 끊임없이 영향을 주고받는 변화, 적응 과정을 말한다.

학교구성원들 간에 목표 달성을 위하여 주고받는 인간관계의 유형은 공적인 관계와 사적인 관계로 나누어 볼 수 있다. 공적인 관계는 구성원들이 공식적인 과업 달성을 하는데 관련된 사무적인 관계이고, 사적 인간관계는 비공식적인 개인적 인간관계를 말한다. 공적인 관계가 인체 골격의 기능을 한다면, 사적인 관계는 신경계통이나 근육의 기능을 한다. 우리 인체가 살아 움직이려면 골격뿐만 아니라 신경계통과 근육이 함께 움직여야 하듯이 조직도 구성원들 간의 공적·사적 인간관계가 함께 움직이어야 역동적인 사회로서의 구실을 할 수 있는 것이다.

특히 우리나라의 경우 선공후사(先公後私)의 행동원리가 있지만 사적인 인간관계가 공적인 관계 못지않게 중요하게 작용하는 사회이고 보면, 목표 달성에 있어서 사적 인간관계가 매우 큰 비중을 차지한다고 볼 수 있다.

학교 사회 안에서 구성원들 간의 인간관계의 흐름을 교사–학교 행정가, 교사–교사, 교사–학생으로 구분해서 고찰하고자 한다(강상철 외, 1999: 222~224).

첫째, 교사–학교 행정가 측면에서 ① 공적관계에는 제도적·사무적·행정적 업무 수행에 따른 관계를 의미한다. 이에 반해 ② 사적관계는 개인적인 인간관계로 교장이 교사의 개인적 기대를 파악. 수용, 충족시켜 주고 교사의 업무 적성 고려, 자율성 보호, 지지, 인정해줄 때 교사의 사기가 진작되고, 직무만족도가 높아지며 능률이 제고된다.

둘째, 교사–교사 측면에서 ① 공적관계에는 학년, 학급, 교과목, 담당업무 등 공식적 역할 수행에 따른 관계를 의미한다. 한편 ② 사적관계는 출신학교, 지역, 연령, 취미, 성격, 종교, 전공 등으로 인하여 맺어지는 인간관계인데, 교사의 공적관계를 유지하는 데 매우 중요한 기능을 한다.

셋째, 교사–학생 측면에서 ① 공적관계에는 교과수업, 생활지도를 중심으로 가르치고 배우는 관계이다. 이에 반해 ② 사적관계는 교사의 公과 私를 분명히 해야 하며, 편애를 하지 말아야 한다. 공적 과업 결정 시 학생의 의

사가 반영되도록 해야 하며, 학급 특성, 과업의 사정에 따라 융통성 있고 다양한 역량을 발휘해야 한다.

학교에서 집단의 역동성이 교사집단에게 주는 시사점은 다음과 같다(강상철 외, 1999: 224). ① 교사는 학교 사회의 역동성을 이해하고 원만한 공적 및 사적 인간관계를 맺기 위하여 노력한다. ② 우리나라는 사적인 관계가 공적인 관계보다 강하게 작용하는 경우가 흔히 있다. 公私를 명확히 구분하고, 先公後私의 태도를 가지고 학교조직의 인간관계를 재정립할 필요가 있다. ③ 교사와 학생의 사적관계에 있어서 교사도 인간이기 때문에 아무리 균등하게 관심을 쏟는다 해도 우등생, 용모가 단정하며, 좋은 가정의 아동을 편애하기가 쉽다. 따라서 교사는 열등생, 용모가 빠지며, 가정형편이 좋지 않은 불리한 결손집단 아동들에 대해서 특별한 관심을 가지고 역 편애를 해주어야 한다. 또한 학생들의 지각 경향을 통하여 편애하지 않는다는 느낌을 들 수 있도록 하여야 한다.

제7절 교사의 기대효과

교사기대란 교사들이 학생들의 학업성적 또는 장애행동을 형성하는데 영향을 주는 것이다. 이는 교사기대가 자신들의 기대에 대응하는 행동을 보이기 때문에 학생들의 결과에 영향을 준다는 것이다. Merton의 자기 충족적 예언(self-fulfilling prophecy)은 한 예언이 형성되면 그 예언이 인간행동에 어떤 구속력을 가하여 바로 예언 자체의 실현을 위한 강력한 수단이 된다는 것이다(김병희, 외, 2009). 이에 교육에 있어서 부정적인 측면이 더 치명적이라고 판단할 수 있는데, 교사가 한 학생을 본래 학교에서 열등아라고 판단해 버리는 잘못된 기대이다. 이 평가 때문에 그 학생에게는 다른 학생들보다 적정 수준 이하의 교수가 이루어진다. 때문에 그 학생은 높은 수준에서 교육받은 학생들에 비해 다음 시험에서 낮은 성적을 나타낸다는 것이다. 결국 낮은 성취는 학생에 대한 원래의 왜곡된 기대를 확신시켜 주는 것이다.

Brophy와 Good(1970)은 교사의 기대가 자기 충족적 예언으로 되어가는 과정을 다음과 같이 제시하고 있다.

첫째, 초기에 교사는 학생들의 행동과 학업성취에 대해 다른 기대를 형성하고 있다.

둘째, 이러한 다른 기대들은 일치하며 교사는 다양한 학생들에 대해 다르게 행동한다.

셋째, 이러한 처치는 학생들이 어떻게 학문적 과정을 수행하고 교실에서 어떻게 행동해야 하는가가 기대된다.

넷째, 만약 교사의 처치가 과도하여 학생들이 교사의 처치에 강력히 저항하거나 바꾸지 못하게 된다면 그들의 자아개념, 성취감, 교사들과의 상호작용, 학급생활에 영향을 준다.

다섯째, 일반적으로 이러한 효과들은 교사기대를 강화하고 격려할 것이며, 학생들은 그들이 다른 방법으로 행동하는 것보다 이러한 기대들은 더 많이 따르게 된다.

여섯째, 궁극적으로 이러한 상호과정은 학생들의 학업성취에 영향을 준다.

한편 긍정적인 측면에서 교사가 자기가 가르치는 학생들이 좋은 성적을 올릴 수 있을 것이라는 기대감을 가지고 가르치는 경우에는 실제로 교사가 긍정적으로 기대한 만큼 학생들의 학업성취도가 향상된다는 것이다. 이를 자기 충족적 예언(self-fulfilling prophecy) 또는 자성적 예언이라고 하며 이러한 긍정적 현상을 피그말리온 효과라고 한다.

이상에서 교사가 학생들에 관하여 가지고 있는 지식은 그의 역할 인식에 매우 중요한 영향을 미치게 된다. 그리고 교사와 학생은 상호작용의 관계에 있으므로 교사의 학생에 대한 역할은 학생들의 행동에 의해서도 영향을 받는다(김신일, 1999).

연습 및 탐구문제

1. 교사와 학생 간의 상호작용에 대하여 기술하시오.

2. 학생의 적응적 행동을 Merton, Wakeford, Woods 관점에서 각각 기술하시오.

3. 교사의 생존 전략을 기술하시오.

4. 교사의 방어적 수업을 기술하시오.

5. 교육현장에서 교사들에게 자성 예언은 어떤 시사점을 주는지 기술하시오.

Reference 참고문헌

강상철 · 임선희 · 성용구 · 한상훈(1999). **교육사회**. 서울: 동문사.

강유정 · 김영훈 · 최성열(2018). **교육사회학**. 서울: 동문사.

김병성(2018). **교육사회학 3판 -학교사회-문화분석**. 서울: 학지사.

김병성(1991). **학교와 사회심리학**. 파주시, 경기도: 양서원.

김병희 · 김경식 · 김형구 · 박형진 · 윤주국 · 이현철(2009). **교육사회학**. 고양시, 경기도: 공동체.

김신일(1999). **교육사회학**. 파주시, 경기도: 교육과학사.

김천기(2008). **교육의 사회학적 이해**. 서울: 학지사.

이인효(1990). 인문계 고등학교 교직문화 연구. 서울대학교 대학원 박사학위논문.

이종각(2015). **개정증보판 새로운 교육사회학총론**. 서울: 동문사.

정석환(2017). **쉽게 풀어쓴 교육사회학**. 고양시, 경기도: 어가.

장재천(2018). **쉬운 교육사회학**. 서울: 동문사.

조혜정(1996). **학교를 거부하는 아이, 아이를 거부하는 사회: 입시문화의 정치경제학**. 서울: 또 하나의 문화.

주동범 · 김정희 · 정일환(2016). **교육사회학**. 서울: 동문사.

차경수 · 최충옥 · 이미나 · 옹정근 · 남기석(2010). **교육사회학의 이해**. 파주시, 경기도: 양서원.

Brophy, E., & Good, T. L.(1970). Teacher's Communication of Differential Expectations for Children's Classroom Performance: Some Behavioral Data. *Journal of Educational Psychology 60*.

Hargreaves, D.(1972). *Interpersonal Relations and Education*. London: Routledge.

Johnson, D. W.(1970). *The Social Psychology of Education*. New York: Holt, Ringart & Winston.

McNeil, L.(1991). "방어적 수업과 학급통제". 교육과 사회. 이인효 외(편역), 파주시, 경기도: 교육과학사. pp. 206-242.

Merton, R.(1957). *Social theory & Social Structure*. Glencoe, Ⅲ.: Free Press.

Nash, R.(1976). *Teacher Expectations and Pupil Learning*. London: Routledge & Kegan Paul.

Wakeford, J.(1969). *The Cloistered Elite: A Sociological Analysis of the English Boarding School*. London: Macmillan.

Woods, P.(1979). *The Divided School*. London: Routledge & Kegan Paul.

CHAPTER 10

교육선발과 교육경쟁

학습목표

1. 교육선발의 의미를 기능론적 및 갈등론적 관점에서 설명할 수 있다.
2. 교육선발에 대한 Turner와 Hopper의 관점에서 설명할 수 있다.
3. 교육선발을 통한 불평등의 사례를 제시할 수 있다.
4. 한국 입시선발제도의 변천과정을 제시할 수 있다.
5. 시험의 교육적 기능과 사회적 기능을 설명할 수 있다.
6. 교육경쟁 측면에서 학벌주의와 학력주의를 설명할 수 있다.

Keyword

교육선발, 교육경쟁, Turner 이론, Hopper 이론, 경쟁적 이동, 후원적 이동, 시험의 교육적 기능, 시험의 사회적 기능, 학벌주의, 학력주의

우리나라의 학교교육은 제 측면에서 위기를 맞고 있다. 그중에서도 교육선발 문제는 모든 다른 교육문제의 원천일 수 있다. 우리나라 교육문제의 핵심이 되는 요인은 입시 위주의 교육에 따른 학교교육의 방향성 상실이다. 많은 학생들은 사람을 평가할 때 그 사람이 가지고 있는 능력보다는 어떤 간판을 가지고 있느냐가 더 중요한 기준이 된다. 입시 위주의 학교 운영은 학교의 비정상적인 운영을 초래할 수 있다.

10장에서는 교육선발의 의미와 관점, 교육선발 이론, 교육선발을 통한 불평등, 한국 입시선발제도의 변천, 시험의 교육적·사회적 기능, 교육경쟁, 한국사회에서 시험의 사회적 의미 등에 대해서 고찰하기로 한다.

제1절 교육선발의 의미와 관점

교육은 인간을 인간답게 만드는 가장 궁극적인 목적을 갖고 있으나 사회

적재적소에 맞는 인재를 선발·분류·배치하는 현실적인 기능을 담당하기도 한다. 이는 개인의 적성, 흥미, 능력에 맞는 배치를 통하여 개인의 자아실현을 도울 뿐만 아니라 국가나 사회에는 효율성과 경쟁력을 높이는 일이다. 특히 오늘날 사회구조가 급격히 변함에 따라 기술과 전문 인력을 점점 더 요구하게 되며, 교육체제는 직업세계의 분화에 따라 다양한 분야에 적합한 사람을 선발하여 길러내는 역할을 수행하지 않으면 안 된다(임창재, 1998).

이러한 교육의 선발기능은 지나치게 과열된 '교육열'을 낳기도 하였는데, 경제적 보수가 좋은 직업선택을 위해서는 높은 학력을 요구한다는 믿음에 의한 것이다. 이로 인해 근대화 이후 교육팽창은 지속적으로 이루어져 왔으며, 선발을 위한 경쟁 또한 치열하게 전개되었다. 또한 우리나라 사교육비의 지출은 부모의 경제적 배경이 자녀의 교육에 큰 영향을 미치는 것으로 분석됨으로써 '계층재생산', '학벌 대물림'이라는 사회문제가 대두되기도 한다. 결국 교육선발의 객관성·타당성·공정성은 그만큼 중요해진다고 할 수 있겠다(허은주 외, 2010).

1절에서는 역사적으로 교육선발을 바라보는 관점을 기능론적 관점, 갈등론적 관점으로 구분하여 기술하고자 한다(이병환, 2016; 이종각, 2015; 허은주 외, 2010).

1. 기능론적 관점

기능론자들이 바라보는 선발이란 유기체와 같은 사회의 다양한 역할을 담당할 우수 인재를 적재적소에 배치시키기 위해서 반드시 필요하다는 시각이다. 교육선발에 대한 기능론자들의 견해를 임창재(1998)와 송병순(1987)의 관점으로 고찰하고자 한다.

첫째, 임창재(1998)는 학교교육의 선발에 대한 기능론적 설명을 두 가지 기본 전제를 토대로 하고 있다. ① 능력과 재능은 사람마다 다르며 '높은 능력'일수록 소유자가 적다. 어느 사회든 능력의 소유자는 한정되어 있기 때문에 이를 정확히 발견 및 선별하여 그에 알맞은 수준의 교육을 시키는 것이 능력관리 정책이다. ② 선발기준이나 방법이 능력에 바탕을 두어야 한다. 개인의 능력 이외의 다른 요인이 선발과정에 개입된다면 그것이야말로 교육 불평등이다. 기능론자들은 이러한 전제조건이 마련된다면, 학교가 선발을 통해 능력 있는 사람들을 제대로 선별해 낼 수 있기 때문에 누구나 개인의 능력에 따라 얼마든지 높은 사회적 지위를 얻을 수 있을 것으로 본다. 기능론적 관점이 학교교육의 선발기능을 강조하는 것은 사회의 통합이나 안전과 지속적 발전을 위한 역할을 강조하기 때문이다. 이러한 관점에서 능력주의 사회에서는 구성원들의 지위와 역할에 따라 사회적 보장이 달라지므로 사회불평등은 필수적으로 발생할 수밖에 없다고 본다.

둘째, 송병순(1987)은 기능론에서 교육의 선발 및 배치기능에 대한 입장을 다음과 같이 정리하고 있다. ① 학생들을 능력의 종류와 수준에 따라 분류함으로써 학습자에 대한 진단의 기능을 한다. ② 학생선발은 직업세계가 필요로 하는 사람들을 분류하는 여과기능을 한다. 즉, 사회의 직업적 선발에 앞서서 학교의 교육적 선발과정을 통해서 학생들의 능력에 따라 교육의 질과 양을 결정하며, 서로 다른 교육적 경험을 부여하고 이를 토대로 사회진출을 가능하게 한다. ③ 학생선발은 사회적 희소가치의 차등적 분배에 대한 합리화 기능을 한다. 즉, 사회적 희소가치의 분배가 능력에 따른 교육경험의 결과라는 것을 암암리에 일반화시킴으로써 계층 간·집단 간 갈등을 완화시키고, 사회적 체제유지를 합리화시키는 기능을 한다. 학교는 능력 있는 사람을 분류 및 선발하는 합리적인 방안으로서 가장 능력 있는 사람들이 높은 사회적 지위를 획득할 수 있도록 해준다. ④ 학생선발은 능력별 분류에 의한 서로 다른 교육적 성취는 장래 성인사회의 직업적 분화에 도움을 준다.

기능주의의 능력별 선발관에 따른 사회진출도는 그림 10-1과 같다.

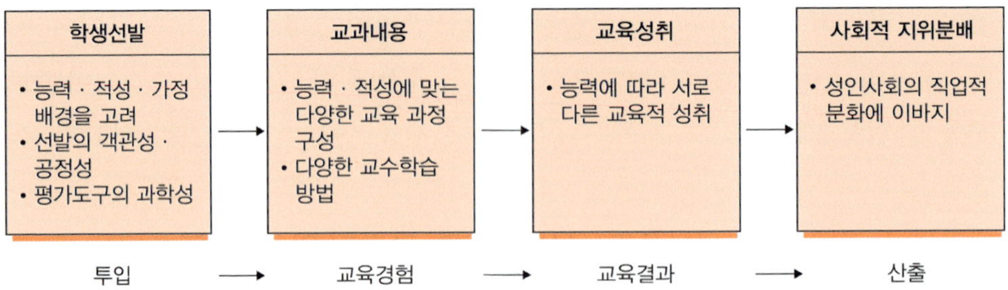

그림 10-1 기능주의의 능력별 선발관에 따른 사회진출도

자료: 송병순(1987). 교육사회학. 서울: 문음사, p. 117.

그림 10-1과 같이 아동들이 적성에 맞는 학습기회를 제공하기 위해서는 능력과 가정환경을 고려하여 분류하고, 그에 맞는 교수방법과 교과내용을 선택해야 교육효과가 극대화된다고 주장한다. 따라서 능력이 다른 아동은 서로 다른 교육적 성취를 통해서 능력에 맞는 사회진출의 기회를 가지게 됨으로써 성인 사회의 직업적 분화에 공헌한다는 것이다. 이러한 기능론적 관점에서는 교육을 통하여 사회구성원 각 개인의 능력에 따라 자아실현에 도움을 줄 수 있고, 나아가 사회발전에 공헌할 수 있음을 상정하고 교육기회 확대론을 주장한다.

2. 갈등론적 관점

갈등론자들은 교육선발을 통해 사회적 지위와 경제적 부를 모두 얻는 현실 속에서 교육선발은 공정성을 위장하고 있을 뿐이며, 이미 교육과정과 평가내용에서 불평등은 내재되어 있다고 주장한다(허은주 외, 2010). Collins (1971)는 학교제도가 신분제도의 대치물로써 지위경쟁의 수단으로 제도화되었기 때문에 끊임없이 지위경쟁의 부산물로 학력경쟁이 계속되고, 그에 따라 학교가 팽창일로를 걷고 있다고 보았다. 학력은 일종의 문화자본으로 되어 있어 문화적 자본의 축적이 곧 상급 학력 획득으로 이어지며, 지배계층의 문화를 학교가 가르쳐야 할 문화로 상정하는 한 교육선발 또한 지배계층에게 유리할 수밖에 없다는 것이다. 즉, 교육선발은 지배계층의 대물림에 객관성과 공정성을 인정하도록 하는 역할을 담당한다는 것이다.

실제 학교교육은 인지적 기술보다 가치·태도·규범 같은 비인지적 요소를 강조하고 있다. 또 업적주의 이념을 바탕으로 한 지적 지술에 대한 평가도 표면상 공정성을 띠고 있으나, 그 경쟁과정에서 지배계층이 유리할 수밖에 없는 위장된 평가 이데올로기에 불과하다는 것이다.

송병순(1987)은 갈등론적 입장에서 학교의 선발기능에 대한 위와 같은 비판을 두 가지로 정리하고 있다. ① 사회는 능력주의 원칙에 따라 개인의 업적을 중심으로 사회적 지위가 배분되지 않는다. '능력에 따른 선발'은 이론적으로 가능할지 모르나 실제적으로 그 적용이 이루어지지 않는다. ② 선발도구에 대한 비과학성 및 선발내용의 계층 간 편파성을 들어 선발방법상의 객관성의 결여를 비판한다.

Bowles와 Gintis(1976)의 경제적 재생산론자들에 의하면, 학교의 선발과정은 지배계층이 자신들의 특권을 유지하기 위한 것이다. 학교교육을 통해 하류계층을 효과적으로 탈락시킴으로써 그들에게 순종·복종·열등감을 조장하여 자신들의 지배적 위치를 정당화한다. 결국 학교교육은 사회평등을 실현하는 제도적 장치라기보다는 사회 불평등을 재생산하는 도구적 장치에 불과하며, 선발과정은 이러한 기능을 수행하기 위한 지배전략에 불과하다는 것이다.

한편 Bourdieu 등(1977)은 학교란 지배계층이 선호하는 문화를 전수하고 있으며, 어렸을 때부터 이런 문화에 익숙한 아동은 쉽게 학교교육에 적응할 수 있다는 것이다. 결국 학교교육의 선발과정은 지배계층에게 유리할 수밖에 없으며, 불평등한 구조를 유지하는데 도움을 주는 도구적 수단이라는 것이다. 이러한 문화적 재생산론자들은 학생선발의 사회적 의미를 다음과 같이 파악한다(송병순, 1987). ① 학교교육의 선발과정은 대부분 특권지배층 자녀들에게 유리하다. 왜냐하면 선발에서 다루어지는 내용들이 그들이 가정에서 경험하는 문화내용이기 때문이다. ② 어떤 문화적 지위를 확보하고 있는 특권지배층은 그들의 지위를 정당화하기 위해 학교교육을 이용한다.

③ 유효하고 효율적인 지배를 하기 위해, 또 하류층의 충성이나 노력을 얻기 위해 특권지배층은 학교교육에서의 선발이 공정한 것처럼 정당화된다. 그러나 사실은 특권지배층 가정의 문화적 전통의 합리성을 학교교육에 투사시키고 있는 것이다. ④ 기존 엘리트들은 자기의 권력이 도전을 받아 빼앗기는 일이 없도록, 종속적이고 대항적인 집단에서 지도자가 될 수 있는 인재를 선발하여 이들을 학교를 통하여 동질화시켜 문화재생산을 영구화하고 있다.

상기의 교육선발 측면에서 기능론과 갈등론을 비교한 결과, 주요 쟁점과 차이점을 제시하면 다음과 같다(이종각, 2015; 송병순, 1987).

첫째, 기능주의 이론은 사회체제의 유지 및 안정을 직업적 분화와 관련시켜 학교교육의 선발을 인력분배라는 관점에서 설명하고 있으나, 갈등 이론에서는 정치·경제·문화와 교육과의 관계에서 선발과정에 내포된 불평등요인을 지적함으로써 기능주의적 선발관을 비판하고 있다. 둘째, 기능주의 이론에서는 교육기회의 확대로서 평등사회 이상실현을 낙관하고 있는 반면에 갈등 이론에서는 이를 허구라고 비판한다.

셋째, 기능주의 이론에서는 개인의 능력이나 적성을 고려하여 능력별 반편성 등을 교육적 선발에 고려하고 있으나, 갈등주의 이론가들은 이를 교사의 편의, 학교당국의 학사행정, 학교와 유관한 의사결정체의 압력에 의한 것으로 보며, 나아가 기능주의에서 주장하는 학교의 선발과정에서 고려되는 능력별 분류에 따른 최적의 교육 기회 확대론은 기능주의의 교육신화라고 주장한다.

넷째, 갈등 이론가들은 교육기회의 선발과 분배를 교육결과 평등화 개념으로 파악하고, 능력별 최적 교육기회 확대론에 대한 설명을 포기한다.

제2절 교육선발 이론

교육선발 이론에는 Turner 이론과 Hopper 이론으로 구분해서 기술하고자 한다.

1. Turner 이론

Turner(1974)는 어느 사회이든지 질서 유지의 문제가 발생하게 되며, 이러한 문제를 해결하기 위해 합의된 규범을 활용하게 된다고 했다. 그 규범에는 경쟁적 규범(contest norm)과 후원적 규범(sponsored norm)으로 구분하였다. 이러한 규범에 의해 교육선발은 경쟁적 이동과 후원적 이동으로 분류해서 고찰하기로 한다.

첫째, 경쟁적 이동(평등 이데올로기)은 모든 개인이 공개적으로 엘리트 지위를 얻기 위해 경쟁할 수 있는 규범을 갖는 사회시스템을 의미한다. 이 이론은 1960년 영국과 미국의 중등교육 체제를 비교하고 그 둘의 차이점을 밝힌 Turner에 의해 발표되었다. 경쟁적 이동은 개인들의 노력과 직접적 관련이 있다고 주장한다. 즉, 개인들이 개인의 노력에 의해 상위계층으로 이동할 수 있다는 점을 고무시킴으로써 유지되고 발전한다. 이런 의미에서 경쟁적 이동을 평등 이데올로기라고 한다. 결국 경쟁적 사회에서는 끊임없는 자기계발과 노력, 도전이 요구된다고 하겠다.

둘째, 후원적 이동(엘리트 이데올로기)이다. 상류계층의 자녀들을 엘리트로 선택하는 사회이동 시스템을 일컫는다. 영국은 1918년 초등교육법(Fisher Act)을 만들어서 의무교육을 5~11세 아동에게 완전무상제로 실시하였고, 그 후 교육의 확장과 만인을 위한 중등교육(secondary education for all)의 이상에 관심을 가지고 1944년 버틀러법(Butler Act) 이후 중등교육을 실시하였다. 그러나 영국은 매년 중·상류계층의 소수 학생만이 그래머 스쿨(grammer school)에 입학하게 되고, 대다수의 현대 중등학교(modern school)나 기술학교에 입학한 학생들에게는 대학에의 진학이나 직업을 위한 준비도 사실상 막혀버렸다는 것을 알게 되었다. 조직선발을 통해 엘리트가 길러지게 된 것이다. 그래서 Turner는 1960년대 영국을 후원적 이동의 사회로 규정하였다. 후원적 이동은 경쟁적 방식을 피하고 통제된 선발과정에서 전문성이 높은 기존 엘리트나 엘리트로서의 자격을 갖췄다고 생각하는 기관이 그들에게 필요한 능력의 소유자를 조기에 선발하여 장차 엘리트로서의 준비 교육을 시킴으로써 엘리트 지위로 상승시키는 것을 의미한다. 즉, 엘리트 이데올로기는 기존의 기득권을 갖고 있는 사람들을 후원한다는 의미를 내포하고 있다.

경쟁적 이동과 후원적 이동을 비교하면 표 10-1과 같다.

표 10-1 경쟁적 이동과 후원적 이동

구분	경쟁적 이동	후원적 이동
지위 획득의 필수 요소	개인의 노력	부모의 사회경제적 지위
형태	공개적, 개방적	폐쇄적
접근 가능성	모든 개인	특수계층
선발 시기	교육 후기	교육 초기
추구하는 가치	평등성, 객관성	후원의 질

자료: 허은주 외(2010). 현대교육사회학. p. 151.

산업사회 전 우리 사회는 '과거제도'와 같은 능력주의 선발이 존재하였지만, 여전히 신분제도의 틀 안에서 사회적 지위가 세습적으로 계승되는 후원적 이동 사회였다고 할 수 있다. 하지만 산업사회 이후 개인의 노력을 무엇보다도 중시하는 개방적이고 평등한 사회로의 전환을 가져왔으며, 이는 지나친 교육열로 인하여 또 다른 사회문제, 청소년 문제를 발생시키는 원인이 되기도 한다(허은주 외, 2010).

2. Hopper 이론

Hopper(1977)는 Turner가 주장하는 교육체제 '후원형-경쟁형'의 이분법으로는 세계의 다양한 교육체제의 분류에 부적합하다고 지적하고, 좀 더 세분화된 모형을 제시했다. Hopper는 사회의 교육체제의 유형에 따라 그 사회의 선발과정의 특징이 결정된다고 하였다. 또한 그의 주장은 한 사회의 교육의 성격을 규명하는데 있어서 교육과정연구가 가장 핵심적이라고 믿는 “신교육사회학자”들의 비판을 촉발시켰지만, 교육선발의 중요성을 인식시키는데 큰 공헌을 하였다.

Hopper(1977)는 각국의 교육선발제도를 네 가지 측면으로 분석하였다. 즉, 선발형식, 선발시기, 선발대상, 선발기준 등으로 분석했다.

첫째, 선발형식은 경쟁적 이데올로기와 후원적 이데올로기로 구분하여, 선발과정의 중앙집권화와 표준화의 정도에 따라 형식성이 강한 것에서 약한 것으로 나누고 있다. Hopper는 프랑스, 스웨덴, 구소련은 중앙집권화와 표준화 정도가 높고, 독일, 호주, 영국은 중간 정도이며, 미국과 캐나다는 낮은 것으로 분류했다. 경쟁적 이데올로기는 지방분권적이고 비표준화된 선발과정으로 시장경제 원리처럼 자유경쟁을 통해 자연스럽게 선발된다. 그리고 중앙집권적이고 표준화의 정도가 강할수록 선발의 방법에 있어서 후원적 이동에 가깝다. 이는 국가나 교육당국이 선발의 방법을 통제하기 때문이다.

둘째, 선발시기는 교육체제의 제도적 분화 정도와 최초 선발시기와 관련된다. 교육체제 분화 정도란 우리나라의 경우 고교선발에서 일반계와 전문계로 나뉘는 것을 생각할 수 있다. 선발시기는 엘리트 이데올로기와 평등 이데올로기에 의거하여 구분할 수 있다. 엘리트 이데올로기는 지능이나 학습능력은 유전적 요인에 의해 정해지므로 장래 엘리트 자리를 차지할 사람을 조기에 분리하여 교육시켜야 한다는 것이다. 선발시기는 조기에 이루어져야 한다. 하지만 평등 이데올로기는 만기선발로 학생들의 능력은 환경요인에 영향을 받으므로 장기간 함께 교육받는 것을 개인의 권리라도 여긴다. 선발시기가 늦을수록 좋다. 즉, 조기선발은 중상류층의 사회이동의 열망을 높이고, 만기선발은 하류층의 사회이동의 열망을 높이게 된다는 것이다.

셋째, 선발대상이다. 이는 보편주의(universalism)와 특수주의(particularism)로 나눈다. 보편주의는 개인의 전문성을 중시하여 개인의 노력과 야심에 의해 선발되는 것을 말한다. 이러한 사회는 모든 사람에게 전문적 능력을 습득할 기회가 최대한 열려 있다. 특수주의는 사람은 출생하면서부터 특정한 지위가 정해지며 이러한 특정 집단에 포함된 사람들만이 그 집단의 일반적 특성을 습득할 기회를 얻게 된다고 여긴다. 특수주의는 일반적 특성을 중시하며 전문적 능력은 부차적인 것이 된다.

넷째, 선발기준은 집단주의와 개인주의로 구분한다. 집단주의는 사회의 이익을 우선적으로 고려하는 기준이고, 개인주의는 개인의 자아실현을 강조하는 기준이다. 집단주의적 선발기준을 가지고 있는 나라는 소련, 스웨덴, 영국, 프랑스, 독일이고, 개인주의적 선발기준을 가지고 있는 나라는 미국, 호주, 캐나다 등을 들 수 있다(이종각, 2015).

Hopper(1977)의 특성에 따른 분류는 표 10-2와 같다.

표 10-2 Hopper(1977)의 특성에 따른 분류

선발 특성	분류	내용
선발방법	경쟁적 이데올로기	지방분권적, 비표준화, 자유경쟁
	후원적 이데올로기	중앙집권적, 표준화, 국가의 통제
선발시기	엘리트 이데올로기	조기선발
	평등 이데올로기	후기선발
선발대상	보편주의	개방적 사회
	특수주의	폐쇄적 사회
선발기준	전체(집단)주의	집단선발
	개인주의	개인선발

자료: 허은주 외(2010). 현대교육사회학. 파주시, 경기도: 양서원, p. 153.

Hopper의 기준에 의거하여 우리나라의 교육선발 특징을 분석하면 다음과 같다(김신일, 1999). ① 선발 형식 측면에서는 중앙집권화와 표준화가 강하다. ② 선발시기 측면은 고등학교 졸업시기까지 별다른 선발장치가 없는 만기선발의 특징을 지니고, ③ 선발 대상 측면은 누구에게나 교육기회가 개방되

어 있다고 믿는 보편주의의 성격을 띠고 있으며, ④ 선발기준에서는 집단주의적 선발보다는 개인주의적 선발에 가깝다.

제3절 교육선발을 통한 불평등

전통 사회에서는 상류층 신분에 속한 사람들이 부, 권력, 사회적 위세 등 사회적 자원을 보유할 수 있는 것으로 간주되었다. 하지만 신분 사회가 붕괴되고 산업화 사회로 들어온 결과 그러한 능력과 자질이 신분과 상관없이 고르게 분포되어 있다고 믿게 되었다. 따라서 개인의 능력과 자질을 객관적으로 평가해 줄 수 있는 제도적 장치인 '교육의 선발기능'이 필요해졌다(김재웅, 1994). 교육부분에서의 가치의 권위적인 배분을 둘러싼 상호작용에 관심을 갖는 것은 양질의 교육기회라는 제한된 가치배분을 둘러싼 이해집단 간의 경쟁이 치열하게 전개되었다. 교육선발을 통한 불평등의 사례를 들면 다음과 같다(허은주 외, 2010; 김재웅, 1994; 강승윤, 2001).

첫째, 미국의 경우는 1980년 이후 학생선발 및 분류를 위해 지능검사를 사용하였다. 그 결과 앵글로색슨계 백인 자녀들이 흑인과 동남부 유럽 이민자의 자녀보다 더 우수한 것으로 판명되었고, 개인차를 고려한다는 이유로 학교계열을 분리하여 배치하였다. 하지만 학습부진아 또는 학습지진아의 이익을 보장한다는 명분으로 개설된 직업계열은 하층계층의 교육적 열망을 냉각시키는 기능을 수행하였으며, 기존의 불평등을 심화시키는데 기여했다는 비판을 받게 되었다.

둘째, 우리나라의 경우에는 일반계고등학교와 전문계고등학교를 진학함으로써 대학교육에 접근할 수 있는 기회가 차단되는 경우가 발생하기 때문이다. 즉, 선발이 권력을 가진 자들의 가치와 이익을 강화하는 쪽으로 이용되어 왔으며, 교육을 통제해 왔음을 알 수 있다.

셋째, 프로이센은 1788년 대학진학자의 학력 저하라는 명분으로 아비투어(Abitur)라는 시험을 도입했다. 그러나 이 시험은 하층계급의 사람들이 경쟁에 참가하는 것을 막기 위한 정책이었다. Ringer는 고전 중심의 시험이 문화적 재생산을 통해 귀족적인 지배체제 유지에 이바지하였음을 밝히고 있다. 아비투어(Abitur)를 준비하려면 김나지움(Gymnasium)에 진학하여 9년간 고전어 중심의 교육을 받아야 했기 때문이다.

다섯째, 프랑스는 1808년에 바깔로레아(Baccalaureat) 시스템을 도입하여 리세(lycee) 중심의 엘리트 교육과 일반 민중 교육을 구분한 것도 이러한 맥락에서 해석될 수 있다. 이는 고등교육기관이 학생의 선발을 수행하는 과정에서 고등교육 간 계층화를 고무시킨 것이다. 특권집단의 권력과 위신을 유지하는 데 우호적인 능력 또는 사회적 개념을 수용하도록 한다. 선별적 입학조건을 보호하여 피지배집단의 학생이 고등교육에 접근할 수 있는 기회를 차단함으로써 노동시장에서 우위를 확보하게 된다는 것이다(허은주 외, 2010).

여섯째, Bourdieu(1977) 등은 시험을 교육체계의 특정 조직과 이를 매개로 지배문화까지 연결된 가치를 주입하고 승인하고 정당화하는 사실에서 찾는다. 선발과정은 선별기준으로 뛰어난 사람을 찾는 것을 허용함으로써 시험에 탈락하거나 포기한 사람으로 하여금 자신을 실패자로 취급하도록 유도하기 때문에 학교 판결의 정당성과 이것이 정당화하는 사회 위계체제의 정당성을 모두 승인하도록 하는데 시험만큼 좋은 수단이 없다고 본다.

일곱째, Cohen(1972)은 수준별 교육과정의 문제점을 진단하면서 하위 수준의 학생들에게는 상대적으로 경험이 적거나 유능하지 못한 교사가 배정되고, 적은 양의 교육 자료들이 부여되는 경향이 있으며, 학생들에게 불친절하고 교육하기 힘든 대상으로 백안시할 뿐만 아니라 그들을 가르치는 것을 꺼려한다고 설명한다.

일곱째, Well과 Oakes(1996)는 수준별 교육과정에 대한 3년간의 연구에서 지역에서 정치적 영향력이 강한 학부모들은 교육과정의 차등화와 위계화된 고등교육체제를 강하게 요구하고 있다는 점을 밝히고 있다. 이러한 수준별 반편성에서도 나타나는 선발과정은 오히려 불평등을 고착화시키는 기재로 작용할 수 있음을 제시하고 있다.

한편 우리나라 교육선발 측면에서 주목해야 할 점은 다음과 같다(허은주 외, 2010). ① 가정배경이다. Coleman(1966)의 보고서에 의하면, 가정배경과 가장 밀접한 관련이 있는 것으로 나타났다. 부모의 높은 학력수준은 높은 경제적 소득과 연관되어 있으며, 직접적인 교육비 투자로 이어진다. 뿐만 아니라 학교에서 선호하는 문화적 취향과 사회적 지위에서 형성되는 인맥으로 인해 자녀의 포부수준도 높은 것으로 나타났다. ② 거주지역이다. 도농 간 지역적 여건은 같은 수업료를 납부하고 교육투자에 따른 자원, 시설, 교육 접근의 불평등을 초래한다. ③ 정보화의 불평등이다. 지식기반 사회에서 정보를 수집, 분석, 처리하는 능력은 곧 자녀의 교육성취와 직결된다. ④ 학교 형태에 따른 불평등이다. 전문계 고등학교의 경우 다른 학교문화, 친구관계, 교육과정이 일반계 고등학교와 차이를 발생시킴으로써 직업 선택, 진학 등에서 접근이 제한되거나 다른 진로를 선택해야 한다. ⑤ 4년제 대학 선발의 엄격성이다. 4년제 대학은 2년제 전문대학보다 학생선발이 엄격하다. 이로써 학문적 능력을 갖추지 못한 낮은 사회경제적 배경 출신의 학생들이 주로 2년제 대학에서 들어가게 된다.

제4절 한국 입시선발제도의 변천

4절에서는 해방 이후 중등학교 입학 선발제도와 고등교육 입시제도 변천과정을 고찰하기로 한다(장재천, 2018; 허은주 외, 2010; 김신일; 1999).

첫째, 해방 이후 중등학교 입학 선발제도의 발전과정을 제시하면 다음과 같다.

① 개별학교 관리제(1945~1950): 각 중학교 필답고사와 초등학교 내신

② 국가연합 고시제(1951~1953): 전 과목 객관식 출제

③ 개별학교 관리제 환원(1953~1956): 필답고사와 내신

④ 선발방법의 다양화(1957~1961): 무시험 전형, 필답고사, 연합출제 병행
⑤ 국가고시제(1962~1963): 임시조치법에 의한 국가공동출제, 중·고등학교 진출 거주 시·도내로 제한, 체능검사 점수화
⑥ 시·도별 공동 출제제(1964~1965): 중학교는 국어·산수, 고교는 국·영·수
⑦ 공동·단독출제 병행(1966~1968, 고교 1973년까지): 교육감, 학교장 책임
⑧ 중학교 무시험추천입학제(1969~): 시험을 거치지 않고 초등학교장의 추천만으로 중학교 입학
⑨ 고등학교 연합고사에 의한 배정제(1974~): 대도시 연합고사, 고교평준화(1973. 6. 28), 비평준화 지역은 학교별 선발/후기 인문계 학군 설정, 전기 실업고 및 2부 임의 지원, 체육특기자, 특목고, 평준화 1980년까지 20개 지역 확대, 1995년 14개 지역으로 축소
⑩ 연합고사 폐지(대도시 1997, 기타 지역 2001): 중학교 내신 성적으로 고교진학(특목고 제외), 1998년 특성화중학교 설립, 2007년부터 실업계고교는 전문계로 명칭 변경 사용
⑪ 자립형 사립고 우선 선발권(2010~): 학생선발권, 교육과정편성운영권, 수업료 책정권 등

상기에서 고찰한 바와 같이, 고교평준화가 도입된 이유로는 교육적 측면에서 중등교육의 비정상화, 학교 간의 격차 심화, 학교 서열화로 인한 병폐를 개선하기 위해서였다. 또한 사회경제적 측면에서 공교육의 위신 실추, 사교육비 부담으로 인한 계층 간 위화감, 명문고에 입학하기 위한 도시로의 인구집중, 재수 풍조의 만연 등과 같은 문제점들을 개선하기 위해서였다. 하지만 시간이 흐르면서 다양한 형태의 학교 시스템 등과 입시제도가 변하면서 고교 평준화가 희석되었다(장재천, 2018).

둘째, 해방 이후 고둥교육 입시제도의 변천과정은 다음과 같다(장재천, 2018; 허은주 외, 2010; 김신일; 1999).

① 대학별 단독시험제(1945~1953)
② 대학입학 국가연합고사제(1954): 대학입학자격 시험제 도입

③ 대학별 단독시험제, 무시험 내신제 병행(1955~1961)
④ 대학입학 국가자격고시제(1962~1963): 필답고사와 대학적성검사에 의거해 전 대학입학 정원의 110% 선발
⑤ 대학별 단독시험제(1964~1968)
⑥ 대학입학예비고사와 본고사(1969~1980): 국가 출제 예비고사에 의해 전국 대학입학정원의 130~150%를 선발해 입학자격을 부여하고 대학별 본고사
⑦ 대학입학예비고사, 고교내신 병행(1981): 주 전형자료는 예비고사(50~80%), 고교내신(20~50%), 전형 보조 자료는 신체검사와 면접(예체능 입시는 총점의 20% 내 실기고사 성적, 예체능 특기자와 실업계 동일계 진학자 및 산업체 근로자 특별전형), 선시험-후지원으로 무제한 복수 지원 가능, 예비고사 과목은 14개 교과 및 선택 1교과, 졸업정원제(130% 모집) 채택
⑧ 대학입학 학력고사, 고교내신 병행(1982~1985): 학력고사(50% 이상)와 고교내신(30% 이상), 예체능계는 실기성적 합산, 1982학년도부터 2개교 지원 가능, 1983학년도 이후 1개교만 지원, 전기 합격자 후기 응시 제한, 1984학년도 15과목, 1985학년도 인문 16과목 및 자연 15과목
⑨ 대학입학 학력고사, 고교내신 및 논술고사 병행(1986~1987): 학력고사(50% 이상), 내신(30% 이상), 논술(10% 이내), 예체능계 실기, 특기자와 학력고사 면제자 특별전형 기준, 복수지원 불가, 전기 합격자 후기 응시 불가, 1986학년도 인문 17과목 및 자연 16과목, 1987학년도 필수 5과목 및 선택 4과목
⑩ 대학입학 학력고사, 고교내신 및 면접병행(1988~1993): 학력고사, 내신(30% 이상), 면접(10% 이내), 논술 폐지, 선지원 후시험, 주관식 30% 내외 출제
⑪ 대학수학능력시험, 고교내신 및 대학별고사 병행(1994~1996): 수능, 내신, 대학별고사, 계열별 면접, 적성·인성검사, 실기고사, 신체검사, 고교내신 40% 이상 반영 의무화, 성적 등급 10등급에서 15등급으로 확대, 내신 이외는 반영 여부와 비율을 자율적으로 결정

⑫ 대입 전형 완전자율화(1997): 종합생활기록부(40% 이상), 수능, 대학별고사(국·공립대학은 불가, 논술은 가능), 복수지원 가능, 기타 보조자료, 1995. 31. 김영삼 정부 교육개혁안(1997~2001 적용)에 의해 내신제 폐지
⑬ 비교내신제(1998): 생활기록부와 종합생활기록부 함께 사용, 수능, 학교장 추천제 26개 대학 실시, 특목고 비교내신제 시행, 인문계·자연계 교차 지원 가능
⑭ 비교내신제 폐지(1999~2001): 종생부 사용, 특목고 비교내신제 적용 폐지
⑮ 2002 개선안(2002~2007): 무시험전형 확대, 추천제 확대, 수행평가, 3불 정책(본고사, 고교등급제, 기여입학제), 2002년 석차 폐지, 수능 9등급, 수시모집, 논술, 심층면접/2005년 선택형 수능, 7차 교육과정에 맞는 맞춤형 시험, 실업계 학생들을 위한 직업탐구 영역 신설과 한문 추가, 표준점수제 도입 등
⑯ 이명박 정부(2008~2012): 노무현 정부 3불 정책 단계별 개선, 2008학년도만 수능점수 폐지하고 9등급제 실시, 2009학년도부터 등급제 개선, 수능 A, B 수준별 선택, 학생부, 입시사정관제 도입, 기회균등할당제, 동일계진학 촉진, 수능, 논술, 심층면접
⑰ 박근혜 정부(2013~2016): 2016년 수준별 수능 폐지, 입학사정관은 학생부 종합전형으로 변경
⑱ 문재인 정부(2017. 5~현재까지): 2017학년도 한국사 필수, 2018학년도 영어 절대평가 등

상기에서 고등교육 입시제도의 변천 과정을 고찰한 바와 같이, 대학입시의 시대별 주요 변화 내용은 표 10-3과 같다.

표 10-3 대학입시의 시대별 주요 변화 내용

학년도	개정 의도	내용	문제점
1945~1953		대학별 입학시험	부정 입학
1954	학사부조리 예방	대입연합고사+본고사	연합고사 결과 백지화
1955~1961	연합고사 실패 시정 대학자율	대학별 본고사+내신(권장)	학사 부조리 대학 간 격차 입시위주 교육
1962	학사부조리 예방 교육의 효율성	대입자격국가고사	성적 우수자 탈락 비인기대학 정원 미달
1963	학사 부조리 예방 교육의 효율성 대학 자율	대학입학자격국가고사(대학입학 정원의 100%만 합격)+대학별본고사	대학(학과) 간 극심한 학력차
1964~1968	국가고사 실패 시정 대학 자율	대학별고사	학사 부조리 일류대 집중 입시위주 교육
1969~1972	학사 부조리 제거 교육의 효율성	대입예비고사(자격시험)+대학별 본고사	입시 이중 부담 과열과외
1973~1980	자격시험 부작용 해소 교육의 효율성	대입예비고사(합격선 상존)+본고사+내신	입시 이중 부담 과열과외
1981	과열과외 해소 교육의 효율성	대입예비고사(선시험)+내신	대학 선발 기능 약화
1982~1985	내신 문제점 보완 합격선 폐지	대입학력고사+내신	입시 혼란 적성 무시 지원
1986~1987	내신 문제점 보완 교육의 효율성	대입학력고사+내신+논술	대학 선발 기능 약화 편중 지원 및 미달
1988~1993	선시험 부작용 시정 논술 문제점 개선	대입학력고사(선지원)+내신+면접	대학 선발 기능 미흡 면접 기능 미흡
1994~1996	학력고사 개선 대학 자율	대학수학능력시험+내신+본고사	과열과외 수능과 본고사 중복
1997~2001	대학 자율	수능시험+학생부+논술	학생부 반영 미흡 사교육 과열
2002~2007	대학 자율 확대	수능시험+학생부+논술+추천서+심층면접 등	학생부 반영 미흡 사교육 과열
2008	대학 자율 확대	수능등급제 도입	수능 변별력 저하
2009~	대학 자율 확대	수능등급제 폐지 과목 축소	경쟁 심화 사교육 과열

자료: 장재천(2018). 쉬운 교육사회학. 서울: 동문사, p. 281.

제5절 시험의 교육적 · 사회적 기능

시험은 이루어진 교육의 결과를 확인하는 기능도 있지만, 교육의 방향과 내용을 결정하는 기능을 가지고 있다. 또한 시험은 상급학교 진학을 위한 선발에 있어서 결정적 역할을 담당하고 있는데, 학력의 사회적 가치가 높은 '학력사회'에 있어서는 시험이 결과적으로 사회적 선발의 핵심기제가 되므로, 그것이 지니는 사회적 의미는 대단히 중요할 수밖에 없다.

시험이 실제로 발휘하고 있는 교육적, 사회적 기능을 관리와 통제 없이 그대로 방치해두면 '시험에 지배당하는 교육'에서 헤어날 수 없다. 시험이 실제로 수행하는 역할을 정확히 파악하고, 그것을 교육적으로 관리하기 위하여 시험의 기능을 분석하는 일은 대단히 중요하다. 5절에서는 시험의 교육적 기능, 사회적 기능에 대하여 살펴보기로 한다.

1. 시험의 교육적 기능

시험의 교육적 기능은 다양하다. Montgomery(1978)는 시험을 교수와 학습과정의 핵심적 부분(a vital part of the teaching and learning process)이라고 규정했으며, 그 기능을 여섯 가지로 정리하고 있다. ① 자격부여, ② 경쟁촉진, ③ 선발, ④ 목표와 유인, ⑤ 교육과정 결정, ⑥ 학습 성취의 확인과 미래학습의 예언 등이다. Montgomery가 제시한 요인들 중 가장 강조한 것은 '선발'과 '학습 성취의 확인과 미래학습의 예언'이다. 입시 위주인 우리나라는 과열경쟁으로 인해 교육 전체가 비교육적인 상황에서 헤어나지 못하고 있다. 또 시험에 나오는 것만 가르치고 배우는 문제 때문에 시험이 교육과정을 결정하는 전도된 상황이 우리의 현실이다.

아시아지역유네스코보고서(APEID, 1978)에 따르면 시험의 순기능으로, ① 질적 수준을 유지한다. ② 학교 간 비교를 가능하게 한다. ③ 각 단계별로 이수해야 할 최저 학습수준을 지시한다. ④ 교수의 개별적 평가가 범할 수 있는 편견에서 탈피(전국적 또는 지역적 표준화시험인 경우)할 수 있다. 또한 시험의 역기능으로, ① 암기력을 주로 테스트한다. ② 교육과정의 일부분만을 다룬다. ③ 선택적 학습과 선택적 교수를 부추킨다. ④ 시험기간에 공부를 집중시켜 정상적 공부습관을 약화시킨다. ⑤ 시험의 결과가 사회적으로나 경제적으로 중요해짐에 따라, 학생들의 불안감을 조성하고 시험에 관련된 사람에게 비정상적 행위를 유발시킨다. ⑥ 교육과정, 교수방법 등에 관한 교육개혁을 가로 막는다.

시험은 교육적으로 대단히 중요한 순기능을 가지고 있지만 그와 동시에 비교육적 기능도 가지고 있음을 분명히 하고 있다. 시험으로 인한 각종 스트레스, 두통, 복통, 가출, 자살 등이 발생하고, 정신적·정서적 불안이 육체적인 질병까지도 가져온다(김신일, 1999). 시험은 학생뿐만 아니라 교사, 학부모, 학교행정가들에게도 온갖 비교육적이거나 비정상적인 부조리를 발생시킨다. 예를 들면, 성적을 높이려고 소위 커닝과 같은 부정행위를 저지르거나 뇌물, 청탁, 시험문제 유출, 답안지 조작, 성적 부풀리기 등 많은 문제를 야기한다(장재천, 2018).

2. 시험의 사회적 기능

사회적 선발기제로서의 시험은 시험의 절차, 방법, 내용, 측정방식 등의 성격에 따라 전체 사회의 성격이 결정될 수 있다. 우리나라 대학입학선발을 위한 시험이 교육적 관점보다 사회적 관점에서 더욱 문제시되는 것은 바로 그 때문이다. 시험은 그것이 지니고 있는 사회적 기능 때문에 교육적 기준에 의해서만 좌우되지는 않는다. 오히려 각종 시험은 정치적 요인, 경제적·기능적·문화적 기준에 의하여 지배되는 경우가 더 많기 때문이다.

정치적 변화가 시험의 제도와 방법, 내용에도 많은 변화를 가져오는 것은 여러 나라에서 흔히 볼 수 있는 현상이다. 이처럼 시험은 정치, 경제, 문화의 지배를 받지만, 사실 양자의 관계는 상호적이다. 또 시험은 사회의 어떤 특성을 존속 또는 강화시킬 수 있고, 반대로 약화 및 소멸시킬 수도 있다.

그래서 시험은 아주 중요한 사회적 기제의 하나가 되는 것이다.

시험의 사회적 기능을 제시하면 다음과 같다(김신일, 1999).

첫째, 사회적 선발기능이다. 이는 학교본위의 공교육제도가 등장하면서 아주 뚜렷해진 기능이지만, 이미 옛날 중국과 한국의 과거제도가 이런 역할을 했었다. 즉, 과거제도라는 시험을 통하여 지배 엘리트를 충원한 것이었다. 그리고 대학입시의 위력은 절대적이다. 대학입학시험은 결과적으로 사회적 지위획득으로 연결되어 사회적 선발기능을 수행한다. 더군다나 학교에서 실시되는 일상적인 시험도 사회적 선발의 기능을 갖는다.

둘째, 지식의 공식화와 위계화 기능이다. 시험에 출제되는 지식과 그렇지 않은 지식 사이에 자연스레 위계화가 이루어진다. Bourdieu(1977)는 "시험이 학문적으로 무엇이 가치가 있으며 교육제도가 선택적으로 가르치고자 하는 것이 무엇인가를 가장 극명하게 표출시키지만, 지식의 사회적 의미 규정과 표현방식을 학교 시험을 통하여 학생들에게 강요함으로써 지배문화와 지배문화의 가치관을 주입시키는 가장 효과적인 도구로 이용되고 있다"고 했다.

셋째, 사회통제기능이다. 지식뿐만 아니라 규범과 가치관 전체를 통제함으로써 사회를 보다 효과적으로 통제할 수 있게 된다. 역사적으로 보면 독재체제 사회를 유지하기 위해서 흔히 하는 일이 지식과 규범을 통제하는 일이다. 지식과 규범을 통제한다는 것은 사고방식과 행동을 통제하는 것이기 때문이다. 이처럼 시험은 지식과 규범의 기본적인 통제기제이다.

넷째, 기존 사회질서의 정당화와 재생산기능이다. 정답을 고르는 문제는 모두가 기존 사회질서의 규범과 가치에 부합되는 것을 골라야 하는 것이기 때문에, 그 자체가 이미 지배문화이고 또 그것은 지배문화를 정당화하는 것이며 재생산하는 것이기도 하다. 학교가 이미 역사적으로 지배층에 의하여 만들어진 것이어서 학교는 지배문화를 대변하는 성격을 가지고 있다.

다섯째, 문화의 형성과 변화의 기능이다. 어떤 형태의 시험에서든 객관식, 즉 4지 선다형, 5지 선다형들은 개방적인 가능성이 전혀 없는 오로지 출제자가 규정한 조건을 파악하고, 그 조건 안에서 정답을 고르도록 유도하는 것뿐이다. 특정한 관점만 허용되고 수험생의 다양한 관점과 가능성은 전적으로 무시되기 때문에 자유로운 사고방식을 제한하게 된다. 따라서 자유롭고, 개방적이며, 능동적이고, 주체적인 성격을 배양할 가능성이 높다. 흑백논리는 지적 풍토를 황폐화시키고 정신적 폐쇄성을 양성할 뿐이다. 시험은 그 자체가 교육이다. 교육의 결과를 단순히 확인하는 작업만이 아니다. 시험의 내용과 방법에 내재해 있는 교육적인 기능은 교육으로 끝나지 않고 사회의 질서, 사회의 통제, 사회의 문화적인 풍토 등을 유지 또는 변화시키는 결정적인 역할을 한다. 시험의 내용과 방법뿐만 아니라 전반적으로 시험제도가 가지고 있는 교육적·사회적 기능을 밝히기 위하여 교육사회학적인 폭넓은 연구가 더 필요하다.

제6절 교육경쟁

자본주의 사회에서 교육경쟁은 필연적인 것이다. 이러한 교육경쟁은 학벌주의와 학력주의로 나타날 것이다. 이러한 교육경쟁은 오늘날 고학력 현상과 사교육의 강화 등으로 이어져 하나의 사회적 증후군으로 자리 잡게 되었다.

1. 학벌·학력주의

학벌주의와 학력주의에 대해서 고찰하기로 한다(이병환, 2016).

첫째, 학벌주의는 동일선상의 학력이더라도 학교의 종류, 학교명, 전공학과 등의 사회적 위신에 따라 다른 가치가 부여되는 '수평적 학력주의'를 학벌주의라고 할 수 있다. 한 사회에서 능력, 학력, 학벌의 삼자관계가 동등하게 다루어질 경우 그 사회는 자격 혹은 능력중심의 사회로 이동하는 반면에, 능력보다 학력과 학벌을 중시할 경우에는 모두가 높은 학력을 추구하는 고학력 인플레이션이 발생하게 된다. 특히 같은 학력 중에서도 특정 학교 출신자가 실제적인 능력과 사회에 기여한 것에 비해 많은 대우와 혜택을 보거나 심지어 권력을 독점하게 될 경우, 학벌주의는 사회적 차별과 불평등을 구조화시킬 수 있다. 학벌은 계급은 아니지만, 일종의 신분제처럼 작동하는 '학벌의식'은 현대판 한국식 신분제도로 고착화되고 있다.

둘째, 학력주의는 초등, 중등 그리고 고등교육을 받은 기간(years of schooling)을 의미하는 수직적 차원을 의미한다. 학력주의 사회란 학력에 지위결정에 대단히 중요한 요인으로 작용하는 사회를 말한다. 그러므로 어떤 개인의 인간됨과 능력을 단지 학력이 있는가, 없는가의 관점에서 보려는 행동유형으로써, 현재 우리사회에서 널리 보급된 사회적 인식이다. 학력에 따라 계층이 결정되는 사회가 있다면, 그것은 가장 전형적인 학력사회일 것이며, 교육경쟁도 강화될 것이다. 학력주의는 두 가지 개념으로 구분할 수 있다. ① 수직적 학력주의 개념으로써 초·중·고·대학·대학원을 졸업했는가의 구분이다. 고졸자보다는 대졸자, 대졸자보다는 대학원 졸업자가 사회적으로 높이 평가되는 관점이다. ② 수평적 학력주의 개념으로써 같은 대학교를 나오더라도 어떤 대학교, 어떤 전공이냐에 따라서 사회적 평판이나 명망이 구분되는 관점이다.

우리 사회에서 학력이 중시되는 현실적인 이유를 제시하면, ① 학력 이외의 방법으로 지위 향상을 꾀할 수 있는 통로가 거의 없다는 것이다. ② 직업 취득의 과정에서 학력과 학벌에 따른 영향이 매우 심하다는 점이다. ③ 임금 정책에서 학력에 따른 차별이 심하다는 점이다. ④ 승진 정책에서 학력에 따른 차별이 심하다는 점이다. ⑤ 결혼습관에서 학력에 따른 차별이 심하다는 점이다(이종각, 2015). 이러한 현실적인 측면에서 학력은 우리 사회를 구속하는 중요한 이데올로기가 된다.

이러한 학력은 일반적으로 다음의 세 가지 기능을 가지고 있다(석태종, 1996). ① 학력의 도구적 기능이다. 이 기능은 일정한 학습결과로서의 학력이 직업적 역할 수행에 유용한 측면을 말한다. 이 측면은 학력 팽창과 고학력 현상에 대한 기술기능 이론에서 특별히 강조해 온 기능이다. ② 학력의 질서적 기능이다. 이 기능은 한 번 취득한 학력은 그 사람에게 일정한 자격을 일생동안 보장하게 되어 있는데, 이런 의미에서 학력은 개인에게 특정한 신분을 부여하게 되어 일종의 귀속적 지위를 보장하는 보증서 기능을 하게 된다. 그러므로 학력이 높은 사람은 결과적으로 높은 평가를 받고 학력이 낮은 사람은 낮은 평가를 받는 기능이 된다. ③ 학력의 선발적 기능이다. 도구적 가치와 질서적 가치를 동시에 가진 학력이 서로 경쟁을 하게 될 때, 많은 학부모와 학생들이 학력경쟁에 뛰어들게 된다. 그러므로 이 기능은 지적 능력을 높이고 지위상승을 원하는 사람들에게 동기유발의 원천이 되는 역할을 말한다. 따라서 학력이 도구적 가치, 질서적 가치, 선발적 가치를 모두 가질 때 진정한 의미에서 학력주의가 성립되는 것이다.

이러한 측면에서 학교는 자신의 근본적인 내재적인 욕구를 표현하고 충족시켜 줄 뿐만 아니라 외적인 보상, 즉 학점이나 졸업장 취득을 위한 활동 공간이 된다. 결국 인성이나 전인 교육의 장으로서의 학교가 아니라 졸업장을 획득하는 데 몰두한다. 이러한 졸업장 추구 현상은 학교의 기능과 역할이 격하되었음을 의미하며, 나아가 졸업장에 표시되어 있는 능력보다 실제 자신의 능력이 낮은 학생들을 만들게 된다. 따라서 우리 사회에서는 졸업장이 모든 학력의 대표 수단이 되고 있다. 학생과 학교는 진정한 학력주의의 의미를 상실한 채 졸업장 추구라는 기이한 현상으로 빠져들어 교육의 문제를 더욱 가중시키고 있는 현실이다. 그래서 학력이 제대로 기능을 발휘하는 사회, 즉 단순한 졸업증서를 추구하는 사회가 아니라 학력 그 자체가 그 사람의 능력과 업적을 표현할 수 있는 사회가 되어야 한다. 그러기 위해서는 학력 간의 임금 격차를 대폭 줄여야 하고 학력에 대한 사회의 차별적 인식과 편견을 없애는 것이 선결과제이다(이한, 2000).

상기에서 고찰한 바와 같이, 한국사회의 학력·학벌사회의 구조를 제시하면 그림 10-2와 같다.

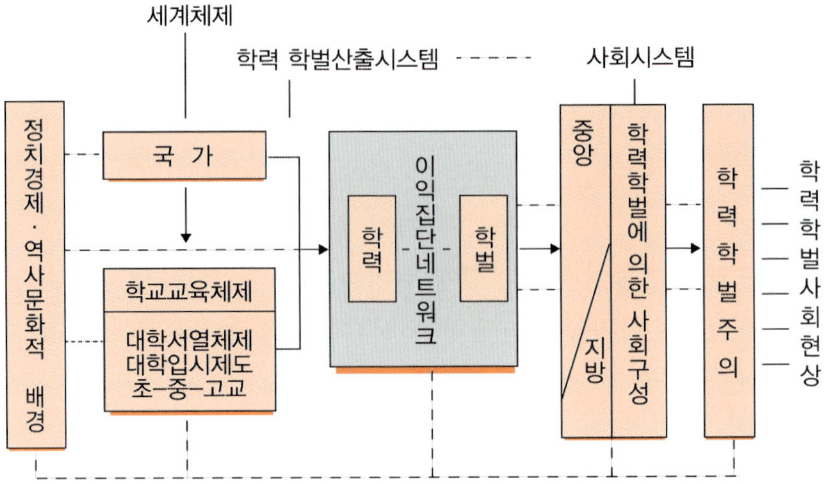

그림 10-2 한국사회의 학력·학벌사회의 구조

자료: 김부태(2014). 한국 학력·학벌사회 개혁론이 대한 분석적 고찰. 열린교육연구 22(3), p. 14.

한국사회가 사회의 정치경제적 상황과 역사적 경험을 배경으로 하여, 세계체제상의 국가가 학교교육체제를 직접적으로 규정하는 가운데 학교교육체제를 통해 학력이 산출되고 이익집단의 네트워크를 통해 학벌이 형성됨을 보여준다. 아울러 중앙/지방의 심각한 불균형이 존재하는 상황에서 학력 및 학벌이 사회를 구성하는 지표가 되고, 이에 상응하는 학력 및 학벌주의가 구조화되며, 그 사회적 신념체계의 망을 통해 학력 및 학벌사회의 현상들이 발현된다는 점을 나타내고 있다(김부태, 2014).

2. 학교의 지위분배 기능 강화와 교육경쟁의 심화

학교의 지위분배 기능이 커지면서 지위분배에 있어서 학력의 중요성은 더욱 커지고 있다. 학력의 중요성이 커지면 학력주의 사회가 만연하고 교육경쟁도 심화된다. Reimer(1971)는 교육에서만이 아니라 개인의 생활기회에 있어서도 학교교육의 독점적 영향을 배격해야 한다고 주장한다. Collins

(1971)는 학교제도가 신분제도의 대체물로서 지위경쟁의 수단으로 제도화되어 끊임없이 학력경쟁이 지속되고, 그에 따라 학교도 상급으로 계속 팽창하고 있다. 이러한 학교의 사회적 지위분배 기능의 비대화는 교육경쟁을 강화시키고 교육경쟁의 연쇄적 효과에 따라 고학력 현상을 발생시킬 수밖에 없다.

우리나라의 학제는 단선형에 속하는데, 그 특징은 교육에의 접근기회가 개방되어 있다는 것이다. 교육에의 접근기회에 큰 영향을 주는 요인은 학업 성취 수준과 가정의 사회경제적 지위이다. 또 거주지역과 성의 차이에 따라서도 접근기회가 다르다. 외국의 경우 조기선발 시 학생의 능력 외에 가정의 문화적 배경의 영향이 작용하며, 좋은 학교에 선발된 학생에게는 엘리트 의식과 긍정적 자아개념을 심어 주는 반면, 좋지 않은 학교에 선발된 학생에게는 열등감을 갖게 하는 것으로 보고되었다(Eggleston, 1974).

교육경쟁은 학력에 대한 가치부여 방식과 학교의 지위분배 기능의 정도에 따라 달라진다. 학력에 대한 가치부여 방식은 역사적으로 변화해 왔고 사회마다 차이가 있다. 교육경쟁의 본질은 교육의 결과를 분배받기 위한 경쟁이다. 교육경쟁은 사회경쟁에 대한 준비과정에서 발생한다. 이와 같이 하나의 경쟁이 다른 경쟁의 과정적 수단 또는 준비로서 기능할 때 그것은 하위경쟁이며, 상대적으로 목표의 위치에 있는 경쟁은 상위경쟁이다. 즉, 사회경쟁은 교육경쟁의 상위경쟁이다. 또한 교육경쟁 내에서도 상위경쟁과 하위경쟁이 있다. 대학입시경쟁은 상위경쟁이고, 고교교육에서의 경쟁은 하위경쟁이다. 이처럼 상하위경쟁의 연쇄는 일부 계층에서는 유치원단계까지 내려와 있다.

우리나라 교육경쟁의 종류는 학력경쟁(대졸학력 갖기 경쟁), 학벌경쟁(일류대 졸업하기 경쟁), 점수경쟁, 등수경쟁으로 나누어 볼 수 있다. 그 가운데 가장 치열한 경쟁은 학벌 및 학력경쟁이다. 학벌 및 학력경쟁은 점수 및 등수경쟁의 상위경쟁이다. 한국에서는 등수경쟁이 상위경쟁이고 점수경쟁은 하위경쟁이다(이종각, 2015).

제7절 한국사회에서 시험의 사회적 의미

한국사회는 민주주의 사회이다. 이론적으로 민주주의 사회에서 계층의 이동은 개인의 노력과 그에 따른 능력이 수단이 되어야 한다. 그러나 한국사회에서 계층의 형성과 이동의 문제는 능력주의 이론으로 설명될 수 있는 단순한 현상이 아니었다. 한국사회에서 계층의 형성과 이동의 문제를 둘러싼 다양한 사회적 부작용과 일탈행위들이 발생하고 있다. 그러한 문제들의 일정 부분은 교육의 문제와 직간접적으로 연관이 있다. 특히 계층이동을 위한 표면적인 수단인 시험과 관련한 문제는 계층문제와 함께 이해되어야 하는 구조적인 문제이다.

한국사회에서 시험이 오랜 역사적 뿌리를 가지고 있고, 인생을 건 제로섬 게임이며, 시험 자체가 목적이 된지 오래이다. 하지만 이러한 현실을 견디게 하는 힘은 단연 시험이 계층이동의 통로 역할을 할 수 있다는 믿음이다. 즉, 고단하고 힘든 과정이지만 시험 준비의 과정이 합격이라는 결론으로 이어질 수 있다는 믿음이 존재하는 한 시험은 사회적 의미가 있다. 자본주의 사회에서 희소가치 획득을 위한 경쟁은 필연적인 것이기 때문이다. 문제는 시험을 대하는 과정에 있어 출발점이 같지 않다는 합리적 의심이다. 누군가는 시험의 결과가 예견되는 유리한 위치를 점하고 있고, 누군가는 명시적인 출발점에 위치하고 있고 또 누군가는 출발선보다 뒤쪽에 위치하고 있는 현실에서 시험의 결과로 인생이 결정된다는 것은 견디기 힘든 일이다. 불공정하고 불평등한 것이다. 그렇다면 한국사회에서 시험은 사회적 불평등의 원인이 될 수 있다. 또한 한국사회에서 시험은 사회적 불평등을 합리화하고 영속화하는 구조적 요인일 수 있다(정석환, 2017).

연습 및 탐구문제

1. 교육선발에 대한 기능주의와 갈등주의의 관점을 비교 고찰하시오.

2. 경쟁적 이동과 후원적 이동을 비교하시오.

3. 한국사회에서 교육의 불평등 현상을 고찰하시오.

4. 우리나라의 '높은 교육열'의 원인과 결과에 관하여 논의하시오.

5. 한국 입시선발제도의 변천을 기술하시오.

6. 시험의 교육적 및 사회적 기능을 약술하시오.

7. 학벌주의와 학력주의를 설명하시오.

Reference 참고문헌

김병성(2018). **교육사회학 3판 -학교사회-문화분석**. 서울: 학지사.
김병희·김경식·김형구·박형진·윤주국·이현철(2009). **교육사회학**. 고양시, 경기도: 공동체.
김부태(2014). 한국 학력·학벌사회 개혁론이 대한 분석적 고찰. 열린교육연구 22(3), pp. 3-25.
김신일(1999). **교육사회학**. 파주시, 경기도: 교육과학사.
김천기(2008). **교육의 사회학적 이해**. 서울: 학지사.
석태종(1996). **교육사회학**. 파주시, 경기도: 교육과학사.
송병순(1987). **교육사회학**. 서울: 문음사.
이병환(2016). **새로운 교육사회학**. 서울: 태영출판사.
이인원·권성민·장세리·한진주(2017). **교육사회학**. 파주시, 경기도: 양성원.
이종각(2015). **개정증보판 새로운 교육사회학총론**. 서울: 동문사.
이한(2000). **탈학교의 상상력**. 서울: 삼인.
임창재(1998). 학교교육과 사회적 선발의 방향. 공업기술교육, 82('98.6). 서울: 서울산업대학교산업교육연구소.
정석환(2017). **쉽게 풀어쓴 교육사회학**. 고양시, 경기도: 어가.
장재천(2018). **쉬운 교육사회학**. 서울: 동문사.
주동범·김정희·정일환(2016). **교육사회학**. 서울: 동문사.
차경수·최충옥·이미나·옹정근·남기석(2010). **교육사회학의 이해**. 파주시, 경기도: 양서원.
허은주·유형정·이수진·안영화·배석영(2010). **현대 교육사회학**. 파주시, 경기도: 양서원.

APEID(1978). *Examination Reform*. Unesco Regional Office for Education in Asia and Oceania.
Bourdieu, P., & Passeron, J. C.(1977). *Reproduction in Education*. Society and Culture, Sage Publications, London.
Bowles, S., & Gintis, H.(1976). *Schooling in Capitalist America: Educational Reform and the Contradictions of Economic Life*. New York: Basic Books.
Coleman, J. et al.(1966). *Equality of Educational Opportunity*. Washington, D. C.: U. S. Government Printing Office.
Collins, R.(1971). Functional and Conflict Theories of Educational Stratification. *American Sociological Review*, 38(1), pp. 37~77.

Eggleston, J.(1974). *Contemporary Research in the Sociology of Education*. London: Cambridge University Printing House.

Hopper, E.(1977). "A Typology for the Classification of Educational System.". Karabel and Halsey, pp. 151~166.

Montgomery, R.(1978). *A New Examination of Examinations*. Routledge and Kegan.

Reimer, E.(1971). *School is Dead*. New York: Doubleday.

Turner, J. H.(1974). *The Structure of Sociological Theory*. New York: Dorsey Press.

CHAPTER 11

교육평등

학습목표

1. 교육평등관의 발전과정을 설명할 수 있다.
2. 교육평등의 원리를 네 가지로 구분하여 제시할 수 있다.
3. 교육평등관을 기능주의 및 갈등 이론 관점에서 설명할 수 있다.
4. 교육의 사회적 불평등을 평등화론, 불평등재생산론, 무효과론 관점에서 설명할 수 있다.
5. 엘리트주의의 교육과 평등주의 교육을 비교 설명할 수 있다.
6. 교육평등화 과제를 제시할 수 있다.

Keyword

교육평등관, 교육의 허용적 평등, 교육의 보장적 평등, 교육조건의 평등, 교육결과의 평등, 보상적 평등주의, 공정한 기회균등의 원리, 최대 이익의 원리, 공리주의, 인간존중의 원리, 최대 · 최소의 원리, 사회평등, 구조기능주의 평등관, 갈등 이론의 평등관, 평등화론, 불평등재생산론, 무효과론, 엘리트주의 교육, 평등주의 교육

평등이란 모든 인간은 평등하게 창조되었다는 사회적·도덕적 철학으로 신분·성별·노소에 관계없이 만인은 만인 앞에 평등하다는 것을 의미한다. 개방적, 경쟁적, 업적적 사회이동이 보장되는 사회를 이상으로 하고 있다. 이와 같은 특성을 지닌 사회이동에 있어 학교교육은 중요한 기능을 수행하고 있다.

사회이동을 사회의 변천에 따라 고찰하면 다음과 같다. 전통적 사회(신분사회)에서는 사회이동이 거의 없었으며, 교육은 대체로 신분 유지적인 기능을 수행하였으므로 교육을 통한 사회이동이란 거의 불가능했다. 그러나 신분제 사회가 붕괴되고 개방 사회로 전개되면서 사회이동은 허용되고 신분에 의한 지위 분배는 줄어들며, 능력에 따른 지위 분배가 늘어나게 되었다. 이 과정에서 교육제도는 능력을 배양하고, 능력에 따라 선발할 뿐만 아니라 지위를 배분하는 기능을 수행하게 되었다.

학자들의 불평등에 관한 견해를 고찰하면 다음과 같다. Rousseau는 불평등이 인위적 행위에 의해 생겨나며, 이것은 개인의 권력과 자유에 영향을

미친다는 불평등론을 제기했다. Marx는 인간불평등이 사회의 생산조직에서 차지하는 지위와 역할의 차이에 의해서 형성된다고 보았고, Weber는 Marx의 경제적 차원에 '권력(power)'과 '위신(prestige)'이라는 두 개의 서로 다른 차원을 첨가하여 이들이 사회의 위계질서를 구성한다고 보았다.

불평등 현상에 대한 기능론의 관점과 갈등론의 관점을 살펴보면 다음과 같다. 먼저 기능론적 관점은 불평등은 불가피한 것이며, 사회의 유지·발전에 기능적인 것으로서, 교육의 중요한 역할은 현존 사회의 문화 가치를 유지·전달하기 위하여 사회구성원의 사회화에 공헌하고, 또 사회적 역할 수행을 원활하게 할 수 있게 개개인을 사회 내의 적재적소에 배치하기 위하여 사람들을 선발하고 훈련시키는 것이라고 본다. 이들은 불평등 현상을 얼마만큼 줄일 수 있느냐에 관심을 가지고 있으나, 이미 불평등을 가정함으로써 균형유지(status quo)를 영속화·정당화한다는 비난을 받고 있다. 반면에 갈등론적 관점은 현대 학교교육제도가 사회 불평등을 재생산하는데 공헌한다고 보며, 불평등은 피할 수 없는 것은 아니지만, 자본가를 비롯한 지배계급의 통제에 의해 영속화된다고 보고 있다.

교육에 있어서 기회균등의 문제는 특히 재생산 이론의 대두로 활발히 논의되어 왔다. 서구 자유주의를 표방한 나라들이 제도적으로 보장한 기회균등이 오히려 불평등을 조장한다는 점을 지적한 경험적 연구들에 의해 기회균등은 빛이 바래고 있다. 그리고 1960년대 이후부터 학교교육은 사회의 평등에 기여한다기보다는 오히려 사회적 불평등 현상을 강화하고 정당화한다는 비판을 받기 시작했다. 이에 따라 교육에 있어서의 평등의 개념도 초기보다 많이 변모하게 되었다. 1960년대 중반부터 1970년대 후반에 이르기까지 교육사회학 연구의 영역에서 평등 및 불평등 문제가 집중적으로 거론된 사실에서도 이를 알 수 있다(김신일, 1999; 정봉도, 1999; 권이종 외, 1999).

이 장에서는 평등의 개념, 교육평등관의 발전, 교육평등의 원리, 사회평등과 교육, 교육과 사회적 불평등, 엘리트주의 교육과 평등주의 교육, 교육평등화의 과제 등에 관하여 고찰하고자 한다.

제1절 평등의 개념

교육에서의 평등에 대한 제 학자들의 견해를 살펴보면, Nash(1985: 173)는 인간은 인격, 용모, 성, 피부색, 인종, 정력, 감수성, 적성과 능력에 있어서 평등하게 태어나지 않았기 때문에, 모든 사람을 모든 경우에 있어서 동일하게 취급하는 평등이 아니고 평등한 대우를 위한 취급의 불평등을 주장하는 평등의 개념으로 분석하고 있다. Gardner(1962: 72)는 인간이란 일정한 법적, 시민적, 정치적 권력을 보유하고 있다는 점에서 평등하나 각자의 천부의 재능 및 동기를 마련해주는데 관해서는 평등하지 않으며, 그 결과 인간은 성취에 있어서 평등하지 않다. 따라서 능력자를 양육하고 약자를 보호해주는 입장에서 평등의 의미를 분석하고 있다. Komisar와 Coombs(1964: 200~223)는 평등의 개념을 동일성(sameness)과 적합성(fittingness)의 두 개의 의미를 가지고 있다고 했다. 두 사물이 같다고 말하는 것은 그것들이 동일하며 혹은 그것들이 적합하다고 말하는 것과 같다는 것이다. 평등이 동일성을 의미할 때 그것은 일반적으로 기술적(descriptive) 용어이다. 평등이 적합성을 의미할 때 그것은 설명적(ascriptive) 용어이다. 그 의미는 사용하는 사람이나 문맥에 따라 변화한다. 그러므로 평등한 대우라는 표현의 의미는 고정되어 있거나 결정적인 것이 아니고, 사람들이 그 말을 사용하는 도덕적 신념에 따라 다르다. Komisar와 Coombs의 이론에 따라 동일성과 적합성에 입각한 개념에 대한 구체적인 실례를 들면, 첫째, 동일성으로서의 평등(equality of sameness)이다. 학생들이 신장이나 능력이 같다고 말하거나 그들이 같은 숫자의 책을 읽었다고 말할 때 우리는 그 말을 기술적(descriptive)으로 사용하고 있다. 여기에서 평등은 동일한 것과 같다. 그 학생이 똑같은 신장과 능력을 가지고 똑같은 숫자의 책을 읽었다는 것을 의미하는 것이다. 그러나 이 원리는 평등을 소극적으로 설명할 뿐이며, 모든 평등의 근거를 적극적으로 제시하지는 못하고 있다. 둘째, 적합성으로서의 평등(equality of fittingness)이다. '교사는 양측 논쟁자들의 의견을 듣고 평등하게 대우한다',

'학교는 모든 학생들에게 균등한 기회를 제공한다' 등과 같은 진술은 평등이 동일(same)을 의미하는 진술과는 여러 가지로 다른 것이다. 위의 말은 어떤 실천이 관련된 문제에 적절하다거나 적합하다는 것을 나타낸다.

적합성의 모형에 의하면 평등은 다음과 같이 정의할 수 있다. ① 평등을 전제한 규정과 실천은 정당한 규칙에 따른 것이어야 한다. ② 그 규칙은 대상의 특징을 정확히 파악하여 그것의 적절성에 비추어 적용되어야 한다. 그래서 평등에 대한 개념 정의와 논의에 비추어 볼 때, 교육에 있어서의 평등이란 교육의 기회를 균등히 한다는 것으로 매우 복잡한 과정이다(Komisar & Coombs: 201~204).

교육의 기회균등과 관련된 제 고찰점은 첫째, 교육의 기회균등에 관한 정의는 시대적 배경에 따라 변하는 것이기 때문에 과거에는 무엇을 했고, 현재에는 무엇을 의미하며, 미래에는 어떻게 변해갈 것인가를 고찰해야 할 것이다. 둘째, 교육의 기회균등 여부를 경험적으로 측정하는 문제이다. 측정을 위한 규정과 모형이 교육의 기회균등에 대한 정의에 따라 구체적으로 제시되고, 이들 기준과 모형에 따라 경험적 자료가 분석되어야 할 것이다. 셋째, 교육의 기회균등과 정책과의 문제이다. 교육의 기회균등을 실현하는 것은 누구이며, 현재의 사회적 체제가 질서와는 어떠한 관계가 있으며, 어떠한 문제점이 있는가 하는 것이다.

현대 산업 사회에서의 기회균등이란 능력주의 사회의 신념을 반영하는 개념으로 모든 사람이 성별·인종·계급 및 거주 지역에 관계없이 사회에서 자신들이 원하는 바의 지위를 획득할 동등한 자격을 갖는 것을 의미한다. 이를 교육의 문제와 관련지어 보면 교육이 기회균등에 기여하는가의 여부에 대하여 Spring(1978)은 학교교육과 사회이동 간의 관계성 유무에 달려 있다고 보았다. 여기서 사회이동의 개념을 살펴보면 사회이동이란 하나의 사회적 지위에서부터 다른 사회적 지위로의 변화를 의미한다. 그리고 사회이동에는 개인 또는 집단의 사회적 지위의 변화가 일어나는 현상을 설명하기 위한 개념이다(이종각, 2004). 따라서 기회균등이란 능력주의 사회의 신념을 반영하는 개념으로 모든 사람이 성별, 인성, 계급 및 거주 지역에 관계없이 사회에서 한층 더 바라는 지위를 획득할 동등한 기회를 갖는 것을 의미한다.

제2절 교육평등관의 발전

김신일(1999: 259~270)의 교육평등관은 Husen의 3단계와 Coleman의 4단계의 공통점을 분석하여 교육평등관을 크게 기회의 평등과 내용의 평등으로 구분하고 있다. 그리고 기회의 평등을 허용적 평등과 보장적 평등으로, 내용의 평등을 교육조건의 평등과 교육결과의 평등으로 분류하고, 여기에 사회개혁 평등관을 덧붙이고자 한다. 이 평등관은 문제의 본질을 교육 체제 밖에서 찾기 때문에 다른 교육평등관과는 성격이 다르지만, 교육평등에 대한 하나의 관점임에는 틀림이 없다.

첫째, 교육 기회의 허용적 평등은 다음과 같다. 허용적 평등관은 모든 사람에게 동등한 기회를 주어야 한다는 관점이다. 주어진 기회를 누릴 수 있느냐의 여부는 개인의 역량과 형편에 달린 것이고, 법이나 제도상으로 특정 집단에게만 기회가 주어지고, 다른 집단에게 기회가 금지되는 일은 철폐되어야 한다는 것이다. 교육받을 기회가 모든 사람에게 고르게 허용되어야 한다는 것을 신념으로 보고 있다. 그렇다고 해서 모든 사람이 같은 수준의 교육을 받아야 한다고는 믿지 않는다. 왜냐하면 사람은 각기 다른 수준의 능력과 다른 종류의 재능을 타고난다고 믿기 때문이다. 다만 이제까지 신분, 성, 종교, 지역, 인종 등을 이유로 차별해 오던 것을 철폐함으로써 누구나 원하고 또 능력이 미치는 데까지 교육을 받을 수 있도록 허용하자는 것이다. 이처럼 교육 기회는 아무에게나 줄 것이 아니라 엄격한 기준에 의한 선발을 거쳐 주어져야 한다. 차별을 하지는 않지만 적어도 중등교육과 더욱이 대학교육은 능력 있는 인재들에게만 주어져야 한다는 관점이다.

둘째, 교육 기회의 보장적 평등이다. 먼저 이것이 대두된 배경은 교육받을 기회를 허용하는 것만으로는 완전한 교육평등의 실현이 불가능하다는 것이 밝혀지면서 경제적 능력이 없는 하류계층 자녀들은 교육을 포기할 수밖에 없었다. 따라서 취학을 보장해주는 대책이 필요하다는 데에 생각이 미쳤다. 예를 들면, 영국의 「1944년 교육법(the 1944 Education Act)」은 제2차 세계대전 이후 대표적인 보장적 평등정책이며, 중등교육을 보편화하는 한편 무상화하고, 하류계층의 자녀들에게는 의복, 점심, 학용품 등을 지급했다. 그리고 중등교육의 복선제가 지니고 있는 불평등 요소를 제거하여 단선제로 전환했다. 이러한 보장적 평등정책의 실시에 따른 결과, 일류 중등학교인 문법학교(Grammar School)의 노동자 자녀의 비율은 「1944년 교육법」을 실시한 후 10년이 지난 뒤까지 높아지기는커녕 오히려 낮아졌다. 결국 각국에서 중등교육의 무상화와 대학입학의 개방정책으로 취학자 수가 현저히 증가하였지만, 취학자의 사회계층 구조에는 변화가 나타나지 않았다(Husen, 1975: 34). 다시 말해 보장적 평등정책은 교육 기회의 확대는 가져왔지만 계층 간의 분배구조를 변화시키는 데까지는 미치지 못한 것이다. 이 현상은 쉽게 이해되지 않을 것이다. 예를 들면, 교육 기회가 확대되어 취학인구가 늘면 그만치 평등해질 것으로 기대하게 된다. 하지만 교육 기회가 확대되는 것과 분배구조가 평등해지는 것은 다른 문제이다. 그 이유는 교육 기회의 새로운 증가분이 각 계층에게 고르게 또는 하위계층에 집중적으로 분배되는 것이 아니라 상위계층부터 채워져 내려가기 때문이다.

셋째, 교육 조건의 평등이다. Coleman은 "교육 기회의 평등은 단지 취학의 평등만이 아니라 평등하게, 효과적인 학교에의 취학을 의미하는 것"이라고 주장했다. 예를 들어, 학교의 시설, 교사의 자질, 교육과정 등에 있어서 학교 간의 차이가 없어야 평등이라는 것이다. 콜만 보고서(Coleman Report; Equality of Educational Opportunity, 1966)는 학업성적을 결정하는 제반 교육 조건, 즉 학교 도서관, 교과서, 교육과정, 교수방법, 교사의 능력 등이 학교에 따라 어떻게 다르며, 이들 조건의 차이가 학생들의 실제 성적에 어떻게 반영되었는가를 분석했다. 그의 연구결과는 학교의 교육 조건의 차이는 학생들의 성적 차와 이렇다 할 관련이 없다는 결론이었다. 학교의 교육 조건들은 성적 차이에 별다른 영향을 주지 못하며, 그보다는 학생들의 가정배경과 친구집단이 훨씬 강한 영향을 준다는 것이다. 그리고 콜만 보고서는 그 후에 Jenks에 의해 다시 연구되었으나 결론은 마찬가지였다. 즉, 가정배경이 서로 다른 학생들의 성적 차를 없애는 데 있어서 학교는 이렇다 할 영향을 미치지 못한다는 것이었다.

학교에 들어올 때 이미 각자의 가정환경 차이가 영향을 주기 때문에 학교는 속수무책이라는 결론이었다. 즉, Coleman의 결론과 일치했다. 아울러 한국의 대표적인 사례는 「고교평준화 정책」이다. 이는 교육 조건의 평등관과 같으며, 고등학교 간의 학교 차를 없애고 말 그대로 평준화하자는 정책이다. 이 정책은 처음부터 입시제도의 일환으로 입안된 것이기 때문에 교육 조건의 평등화보다는 학생의 학교 간 균등배정에 근본 목적이 있었다. 평준화 정책의 근본 목적이 교육 조건의 평등화에 있다면, 상대적으로 교육 조건이 양호한 대도시보다는 농촌과 벽지의 학교에서부터 실시했어야 옳으나 실제 정책 시행은 거꾸로 이루어졌다.

넷째, 교육결과의 평등이다. 교육결과의 평등의 대두는 학업 성취의 평등을 위한 적극적 조치를 취해야 한다는 주장이 나타나면서, 교육을 받는 것은 단순히 학교에 다니는 데에 목적이 있지 않고, 배워야 할 것을 배우는 데에 목적이 있으므로 교육결과가 같지 않으면 결코 평등이 아니라는 생각으로 형성된 것이다. 그리고 교육결과 평등에 대한 논란의 대상은 능력이 낮은 학생에게는 교사가 더 많은 시간과 노력을 기울여야 한다는 것이다. 따라서 우수한 학생보다 열등한 학생에게 더 좋은 교육 조건을 제공하지 않으면 안 된다. 이것은 일종의 역차별이다. 이제까지는 약자가 차별을 당했는데 이번에는 거꾸로 강자가 차별을 당하게 된 것이다. 그러므로 결과의 평등은 쉽게 수용하기가 어려우며 심각한 논란의 대상이 될 수 있다. 이러한 문제에 대한 대표적인 논쟁으로 Rawls는 저서 「정의 이론(a theory of Justice, 1971)」을 통하여 큰 반향을 불러일으켰다. 그는 사람들은 각기 다른 잠재능력을 가지고 각기 다른 환경의 가정에서 출생한다. 어떤 사람은 명석한 두뇌를 가지고 태어나며, 다른 사람은 다소 모자라는 머리를 가지고 태어난다. 이와 마찬가지로 어떤 사람은 제 환경조건이 훌륭한 가정에서 태어나지만 다른 사람은 불우한 가정에서 태어난다. 누가 어떤 잠재능력을 가지고 어떤 가정에 태어나느냐는 순전히 우연의 결과로, 마치 "자연의 복권추첨(福券抽籤 natural lottery)"과 같은 것이다. 그러니까 잠재능력을 잘 타고났거나 좋은 가정에 태어난 사람은 "복권"을 잘못 뽑아 불리해진 사람에게 어느 정도의 적선(積善)을 하는 것이 도리에 맞는다고 Rawls는 주장했다. 그렇기 때문에 사회는 마땅히 그러한 방향으로 제반 제도를 수립해야 한다는 것이다. 이러한 사상은 흔히 "보상적 평등주의(redemptive egalitarianism)"라 부른다. 보상적 평등주의는 능력주의의 비판을 받는다. 사람은 타고난 능력에 따라 활용하고 그 업적에 상응하는 분배를 받는 것이 옳다는 것이다. Bell(1973)이 주장한 탈산업 사회(post-industrial society)에서는 합리주의와 과학기술의 능력이 가장 중요하므로 능력에 따르는 교육이 사회 유지의 근간이라는 것이 그 예이다.

결과의 평등을 위한 교육으로 저소득층의 취학 전 어린이들을 위한 보상교육(compensatory education)을 들 수 있다. 미국에서는 "Head Start Project", "Middle Start Project"를 비롯하여 수많은 이름의 교육사업이 벌어지고, 영국에서는 "EPA", 즉 교육우선지역(Educational Priority Area) 사업이 시행되고 있는데, 이들은 모두 하류층의 취학 전 어린이들에게 기초학습능력을 길러주어 이들이 학교교육에서 뒤떨어지지 않도록 예비적 조치를 취하는 것이다. 하류가정에서 태어난 어린이들은 가정환경이 좋지 않아 기초학습능력을 발전시키지 못한 것이 취학 후 그들의 성적을 낮게 하는 주요 요인이라는 연구들이 이러한 조기 교육의 필요성을 뒷받침해 주고 있다.

다섯째, 사회개혁에 의한 교육평등이다. 위에서 네 가지 관점들은 모두 교육평등화 측면에서 교육체제의 변화를 통하여 달성할 수 있다고 믿는 것들이다. 교육의 평등은 교육체제를 둘러싸고 있는 전체 사회와 밀접히 관련된 것이기는 하지만, 교육체계의 문제라 생각한다. 그렇지만 교육이란 그 자체의 독자적 실체가 없으며 다만 사회구조의 반영체 일뿐이기 때문에 교육의 평등은 교육체계의 문제가 아니라 사회구조의 문제라고 주장하는 학자들이 있다. 대표적인 학자들이 마르크스주의자들이다. 이들은 자본주의 사회의 교육문제는 그 사회가 지니고 있는 모순의 반영이기 때문에 그 문제는 사회 자체의 모순이 해소됨으로써 해결된다고 주장했다. 이와 같은 논리로, 교육 불평등은 사회 불평등의 반영에 불과하므로 사회가 평등해지기 전에는 교육도 평등해지지 않는다는 것이다. 교육의 평등화를 위한 조치는 그것이 비록 최선의 것이라 할지라도 사회에 현존하는 불평등 구조를 넘어설 수 없다고 주장한다(Bowles, 1977: 137~153). 그러므로 혁명 혹은 사회개혁을 통하여 교육을 조건 짓고 있는 사회 구조를 평등하게 만드는 것이 최선의 교육평등화 방안인 것이다.

특히 자본주의 경제구조를 그대로 놔두고는 교육의 불평등도 언제까지나 지속될 수밖에 없다고 강조한다. 혁명을 통한 사회개혁, 이것이 유일한 교육평등화의 길이라고 마르크스주의자들은 주장한다. 그렇지만 이러한 주장은 경제결정론에 기울어져 있어서 교육평등 문제를 지나치게 단순화하고, 교육의 평등문제를 교육체계의 밖으로 끌어냄으로써 교육으로부터 눈을 돌리게 만드는 잘못을 범하고 있다.

제3절 교육평등의 원리

교육평등이 무엇인가를 다양한 원리에 비추어 여러 가지로 논의해 볼 수 있다. 이 절에서는 공정한 경쟁의 원리, 최대 이익의 원리, 인간존중의 원리, 최대·최소의 원리 등을 중심으로 살펴보겠다(Strike, 1989).

1. 공정한 기회균등의 원리

공정한 경쟁의 원리를 들 수 있다. 자유주의에서 평등이란 '공정한 경쟁'을 의미한다. 이러한 평등의 관점에서 교육평등은 공정한 경쟁이 이루어질 수 있도록 교육의 기회를 모든 사람에게 균등하게 주는 것을 의미한다. 이것이 교육의 기회균등 원리라 할 수 있다. 교육의 기회균등 원리는 기능주의 이론에서 매우 중요하다. 요컨대 기능주의적 관점에서 중요한 교육의 기능이 선발인데, 선발이란 능력에 의해서 이루어지게 된다. 능력에 따라 선발되고, 사회적 지위와 보상이 분배되기 때문에 그 결과로 생기는 사회 불평등은 정당하다고 볼 수 있다. 예를 들어, 현범이와 현호 두 사람이 입사시험에 응시했는데, 현범이가 선발되고 현호가 탈락되었다고 가정해 보자. 만일 현범이가 선발된 이유가 백인, 남성, 기독교 신자, 명문대학 출신, 특정지역 출신 등 귀속적 요인 때문이었다면, 그 선발은 공정하지 못했다고 우리는 판단할 것이다. 그러나 현범이의 능력이 현호의 능력에 비해 높기 때문에 선발된 것이라면 그 선발은 공정하다고 할 것이다. 이렇게 우리는 능력주의의 잣대를 가지고 공정한 여부를 판단하게 된다. 여기서 우리가 한 가지 생각해볼 것은 현범이의 능력이 비록 현호보다 높기 때문에 선발되었고 공정한 선발이라 인정되지만, 현범이와 현호 간의 경쟁이 반드시 공정한 경쟁이었다고 말하기는 어렵다. 왜냐하면 현범이는 좋은 가정환경에서 자라면서 학교교육 등을 통해 자신의 능력을 충분히 계발할 수 있는 기회를 가졌고, 현호는 그렇지 못했을 경우에 "현범이와 현호의 경쟁이 공정했다"고 말할 수는 없기 때문이다.

공정한 선발과 경쟁이 이루어지려면 능력에 의한 선발과 아울러 능력을 계발할 수 있는 기회가 균등하게 주어졌어야 한다. 그러한 기회를 제공할 책임을 학교가 지게 된다. 여기서 교육의 기회균등 원리를 찾을 수 있다. 이러한 평등관에서는 공정한 경쟁이 이루어지기만 한다면 어떤 결과라도 허용된다. 경쟁이 공정하고 사람의 능력이 동일하다면 당연히 결과는 비슷할 것으로 기대되며, 만일 비슷한 결과가 나타나지 않는다면 사람들의 능력이 평등하지 않거나 제도가 불공정하다고 생각하는 것이 당연하다.

2. 최대 이익의 원리

최대 이익의 원리는 우리가 선택을 할 때, 최대 다수의 사람에게 최대의 행복 혹은 최대의 이익이 돌아가게끔 하는 결정이어야 한다는 것이다. 그러한 결정이 최선이면서 가장 정당한 것이다. 최대 이익의 원리에 따르면 우리들 행위가 도덕적인가, 아닌가에 대한 판단은 그 결과에 달려 있다. 최선의 행위란 최선의 결과가 따르는 행위임을 의미하는 것이다. 그러나 이 원리는 무엇을 이익 혹은 행복으로 볼 수 있느냐에 대해서는 직접적으로 말해주고 있는 바가 없다. 그것은 차후의 문제이다. 예를 들면, 행복을 만드는 것이 좋은 것이라면 최대 이익의 원리는 우리의 결정과 행위가 최대 다수의 사람에게 최대의 행복을 가져오는 방향으로 이루어져야 한다는 것이다. 이 원리는 '공리주의'라고 일컬어지기도 한다.

결국 최대 이익의 원리는 단지 우리가 행복이 무엇인지를 안다면 최선의 결정은 행복이라는 결과를 극대화하는 결정이라는 점을 의미한다.

3. 인간 존중의 원리

인간 존중의 원리는 우리가 도덕적 행위자인 인간들의 동등한 가치를 존중하는 방식으로 행동할 것을 요구한다. 이 원리의 핵심은 성경에 나오는 황금률(네가 대접받고 싶은 대로 남을 대접하라)에 잘 나타나 있다. 인간존중의 원리는 다음 세 가지의 부수적인 생각을 포함하고 있다. ① 다른 사람을 수단이 아닌 목적으로 대할 것을 요구한다. 이는 우리 자신의 목적을 성취시키기 위한 수단으로 다른 사람을 대해서는 안 된다는 것을 의미한다. ② 인간을 수단이 아닌 목적으로 취급한다는 것이 무엇을 의미하는가를 고찰하려고 할 때, 우리는 인간이 자유롭고 이성적인 도덕적 행위자란 사실을 가장 중요하게 여겨야 한다. 이는 무엇보다도 다른 사람의 선택의 자유를 존중해야 한다는 것을 의미하며, 더 나아가 우리는 다른 사람이 책임 있는 결정을 내릴 수 있도록 도와주는데 최우선 순위를 두어야 한다는 것을 의미한다. 따라서 인간은 자유로운 도덕적 행위자로서 스스로 책임 있게 행위를 할 수 있도록 도와주는 정보와 교육을 접할 기회가 중요하다. ③ 비록 인간들이 각각 다르긴 하지만 도덕적 행위자로서의 인간은 동등한 가치를 지닌다. 모든 사람은 타고난 능력에 상관없이 동등한 기회를 가질 권리가 있는 것이다. 예를 들어, 민주주의 선거에서 모든 사람은 각각 하나의 투표권이 있고, 각자의 투표권은 다른 모든 투표권과 동일한 가치를 지닌다. 또한 인간으로서 모든 사람은 동등한 가치를 지니기 때문에, 누구도 자신의 행복이 다른 사람의 행복 이상으로 중요한 것처럼 행동할 자격은 없다.

4. 최대·최소의 원리

최대·최소의 원리는 ① 모든 이익이 평등하게 분배되도록 요구하지는 않지만 불평등, 즉 평등한 분배로부터의 일탈은 결과적으로 모든 사람에게 이득이 될 경우에만 인정되어야 함을 요구한다. ② 이 원리는 사회적으로 가장 불리한 입장에 있는 사람들의 필요에 특히 관심을 가질 것을 요구한다. 즉, 사회 정의의 시금석은 사회 전체의 평균 복지에 있는 것이 아니라, 가장 불리한 입장에 있는 사람들의 복지에 있는 셈이다. ③ 이 원리는 모든 인간을 평등하게 존중할 것을 요구한다. 결국 모든 사람이 평등하게 살아야 한다는 것이 아니라 어떤 사람이 다른 사람의 희생으로 잘 살게 되는 것을 금지하고 있을 뿐이다.

제4절 사회평등과 교육

교육에서의 평등의 문제는 중요한 관심사라 할 수 있다. 왜냐하면 그만큼 평등의 이념이 민주주의 교육의 기본이념으로서 자유의 가치와 인간에의 가치와 함께 중심적인 이념적 가치로서 당위적·보편적 이념으로 존중되어 왔음에도 불구하고, 실제적으로는 불평등한 교육현상이 심화되고 있는 실정이다. 4절에서는 구조 기능주의 평등관과 갈등 이론의 평등관을 고찰하기로 한다(최정웅 외, 2004: 52~59; 김천기, 2008).

1. 구조 기능주의 평등관

구조 기능주의는 사회진화론을 긍정하여 적자생존의 법칙에 기초한 사회체제를 정당화하고 현대 산업사회를 합리적 사회라고 규정한다. 따라서 생물학적 사회유기체론을 존중하며 인간은 생물적 존재이면서 동시에 사회적 존재라고 한다. 자연적 불평등과 사회적 불평등은 인과적인 관계가 성립되며, 인간의 본성은 시대나 역사와 관계없이 동일하며 보편적이고, 인간의 욕구·관심·능력은 생득적이면서 획득적이기 때문에 우열의 차이, 능력의 차이는 당연하며, 이러한 차이에 의해 차별적 보상을 받는 것도 당연하다. 만약 절대적 평등의 사회라면 아무도 열심히 일하지 않을 것이며, 오랜 시간의 숙련과 높은 지적 능력을 요구하고, 전문 직업에는 인적 자원의 부족 현상이 일어나서 사회 발전과 진보는 불가능할 것이며 사회는 정체되고 말 것이다.

사회 불평등체제는 사람들로 하여금 열심히 하는 동기를 부여하며 사회가 필요로 하는 역할과 기능을 자발적으로 담당하게 하기 위해 사회가 무의식적으로 발달시킨 제도적 장치라 할 수 있다. 사회 전체의 요구와 필요에 의해 발달한 것이고 개인들이 사회에 필요한 일을 하도록 하는 유인체제라 할 수 있다. 철학자 Hume에 의하면 천부적 불평등은 불가피하다. 모든 사람의 사회적 조건을 균등하게 하자마자 각자의 노력과 능력의 상이한 정도가 평등을 파괴할 것이므로, 불평등의 도입은 사회적 효용과 공익의 목적에 의해 허용되어야 한다는 것이다.

기능주의 사회학자 Parsons는 사회 불평등을 필연적으로 보았다. 사회체제는 사회통합을 유지하기 위하여 어떤 욕구와 합의에 근거한 규범을 갖는다. 따라서 사회는 강제나 억압, 갈등의 관계가 아니라 합의와 질서를 기본으로 하는 사회적 관계가 형성된다. 사회적 지위, 권력과 부가 갖는 사회적 기능의 중요성이 서로 다르고, 사회구성원들에게 기능적으로 중요한 사회적 지위를 획득하고자 하는 동기를 불어넣기 위해서는 차등적 보상체계가 요구된다. 지위와 역할에 따른 차등적 보상체계와 분배체계가 제도화될 때 사회 불평등이 나타난다. 따라서 사회 불평등은 사회의 존속과 발전, 질서 유지, 사회통합을 위해 필요한 기능적 현상이다. 어떤 사람은 사회의 상층부에 위치하는데, 그들은 사회에 높은 기능적 가치를 부여하기 때문이며, 어떤 사람은 하층부에 위치한다. 그것은 사회를 움직이는데 기능적 기여도가 낮고 사회 발전과 유지를 위한 업적 정도나 성취 면에서 공헌도가 낮기 때문이다. 그런 면에서 사회 불평등은 사회구조적 모순이다. 제도적 결함에 원인이 있는 것이 아니라 개인적인 결함에 문제가 있다. 성취동기가 약하거나 능력이 부족하거나 업적과 성취 면에서 남보다 열등하기 때문에 사회적 보상 역시 낮고, 그래서 가난하고 고통받고 피지배를 받는 것이다. 그러므로 가난한 사람은 바보(The poor are dumb)라는 빈곤문화론을 지지한다는 것이 구조 기능주의의 관점이라 할 수 있다.

2. 갈등 이론의 평등관

갈등 이론은 구조기능론에 대한 대안적 이론이자 사회비판 이론으로서 자본주의 사회와 산업사회에 대하여 그리고 자유민주주의 정치체제에 대해 비판적이다. 구조기능론이 1960년대 이전까지의 주류 이론으로 크게 발전한 산업자본주의 사회와 자유민주주의 정치경제체제를 정당화하고 합리화하는 이론인데 반하여, 갈등 이론은 1960년대 이후 프랑스 학생혁명과 선진국의 학생운동에 의해 촉발된 신좌파적인 급진적 이론으로 인간의 생물학적 결정론을 거부하며, 인간은 환경에 의해 지배를 받는 수동적·기계적 존재가 아니라 사회를 창조하고 능동적으로 인간의 잠재력을 발전시키는 주체적 존재임을 존중한다. 사회 불평등은 자연적 현상이 아니라 사회 구조적 모순의 산물이요 반영이며, 자본주의 경제체제의 필연적 결과이다.

사회 불평등은 개인적 문제가 아니라 집단적이고 전체적인 사회문제이다. 개인적 결함이나 무능, 도덕성 결여의 인과적 결과가 아니라 사회조직·경제조직·정치체제가 개인 간의 불평등을 강요한다. 사회적 실체는 조화·질서·합의·평형에 의해 발전하는 것이 아니라 강압·변동·혁명에 의해 발전한다. 그래서 사회는 가진 자(Haves)와 가지지 못한 자(Have nots), 지배계급과 피지배계급 간의 끊임없는 갈등과 대립, 투쟁의 관계에서 발전해 온 역사라고 한다. 이처럼 갈등론자인 Marx, Engels, Weber, Dahrendorf는 변증법적이고 유물론적 역사분석 방법으로 사회 불평등 구조를 파악한다. 사회 불평등은 모순적인 자본주의의 계급구조에 근본적으로 내재해 있기 때문에 개량주의나 점진적 개혁만으로는 불평등이 극복된 평등사회 실현이 불가능하기 때문에 체제 변혁이 불가피하고 혁명은 역사적 필연이라고 비마르크스주의자인 Weber나 Dahrendorf를 제외한 마르크스주의자들은 주장한다. 정통 마르크스주의자들이 불평등의 원인과 계급 갈등의 이유를 생산관계와 생산양식의 모순과 분배구조에 있다고 하는 경제 결정론적인데 비하여, Weber는 사회 불평등의 원인은 다요인적이며, 특히 정치적·경제적·사회적 삼차원의 불평등 원인이라고 주장한다. 정치적인 권력과 사회적 명예 또는 위신과 경제적 부 또는 재산에의 원인이기 때문에 마르크스주의의 주장처럼 경제일원으로서만이 불평등 구조를 설명하기에는 불충분하다는 것이다. 그래서 계급개념을 좀 더 포괄적인 계층개념, 즉 현대사회의 적합성 개념으로 발전시켜 정치적인 정당과 사회적 지위집단과 경제적 이익집단을 불평등 구조의 주요 단위로 설정하고, 마르크시즘의 생산관계 개념보다 생활 기회 요인이 정치적·사회적·경제적 자원의 분배를 결정하는 중요한 요인으로 작용함으로써 계급갈등이 유발되고 불평등이 발전하게 된다고 보았다.

구조 기능론이 불평등을 정당화하고 자본주의 사회를 합리적 사회라고 존중하는 데 반하여 갈등론은 사회의 평등이념을, 절대적 가치로서의 평등이 실현되지 못한 사회는 사회적 모순과 착취, 억압이 지배되는 허위허식과 기만이 가득 찬 사회라고 간주한다. 그리고 산업자본주의 사회는 체제적 모순의 근본 원인을 태생적으로 안고 있기 때문에, 사회정치적 혁명에 의해서만이 평등사회 이념과 정의사회 이념은 실천될 수 있다고 한다.

제5절 교육과 사회적 불평등

학교제도가 발달하면서 사람들은 학교가 평등사회의 구현에 큰 구실을 할 것으로 믿고 있다. 하지만 현실은 반드시 그렇지 않다. 관점에 따라서는 학교교육의 보급으로 사회의 불평등이 줄어든 것 같기도 하고, 그렇지 않은 것 같기도 하다.

Glennerster(1979)는 교육이 사회적 불평등에 대처하는 역할을 사람마다 다르게 보고 있음을 지적하고, 이를 다섯 개의 관점에서 정리하고 있다. ① 구시대의 관점으로 각 신분계층마다 다른 교육을 실시함으로써 계층질서를 유지한다는 것이다. 그러므로 교육은 불평등을 해소시키는 것이 아니라 존속시키는 역할을 수행하는 셈이다. ② 능력주의적(meritocratic) 관점으로 학교는 사람들의 능력을 선별하여 각자에 알맞은 수준의 교육을 시켜 유능한 자는 높은 사회적 지위에 배치하고, 무능한 자는 낮은 지위에 배치하는 역할을 담당한다는 것이다. 교육이 능력주의 사회의 핵심장치로서 기능한다는 관점이다. ③ 평등주의적 관점으로 모든 사람에게 교육기회를 평등하게 제공함으로써 사회의 기존 계층구조를 변화시킨다는 것이다. 즉, 불우계층을 교육을 통하여 상승이동시켜 모두가 평등한 사회가 되도록 만든다는 것이다. ④ 마르크스주의적 관점으로 교육은 자본주의 사회의 지배집단에 봉사하므로 혁명에 의한 사회변혁이 이루어지지 않고는 사회의 평등화는 불가능하다는 것이다. 자본주의 사회의 교육은 사회 불평등을 재생산(reproduction)할 뿐이라는 주장이다. ⑤ 현실적 평등주의(realistic egalitarian) 관점으로 교육은 여러 사회제도 가운데 하나로써 고유한 가치를 지니고 있으므로 모든 사람에게 평등한 교육기회를 주어야 하지만, 평등교육이 반드시 평등사회를 가져오는 것은 아니라는 주장이다.

상기의 다섯 가지 관점에서 첫째 관점을 제외한 나머지 네 가지 관점은 교육과 사회적 불평등에 관한 연구에서 흔히 접하게 된다. 따라서 5절에서는 능력주의와 평등주의 관점을 평등화론으로, 마르크스 관점은 불평등재생산론으로, 현실적 평등주의 관점은 무효과론으로 간주하면서 살펴보기로 한다.

1. 평등화론

학교가 사회평등화를 실현할 수 있는 장치라는 생각은 오래된 것이다. 프랑스혁명 이래로 진보주의자(progressive) 또는 자유주의자(liberals)들은 학교야말로 모든 사람의 삶의 기회를 평등하게 만드는 가장 중요한 기관이라고 믿었다. 1960년대와 70년대에 미국과 유럽에서 벌어졌던 불우계층의 어린이들을 위한 대대적 보상교육(compensatory education) 프로그램도 이러한 신념의 바탕 위에 출발한 것이다. 19세기 미국의 초등의무교육운동의 선구자인 Horace Mann(1769~1859)은 학교교육을 '위대한 평등장치'(the great equalizer)라고 주장했다.

학교가 사회평등 장치라는 생각은 두 가지로 나눌 수 있다. ① 평등주의 관점으로 불평등 구조를 해소하거나 축소한다는 측면이다. ② 능력주의 관점으로 사회적 지위를 능력본위로 결정한다는 것이다. 학교교육이 사회 불평등을 줄일 수 있다고 주장하는 초기의 연구 가운데 Havighurst(1961)는 미국, 브라질, 영국, 호주의 자료를 분석한 뒤에 교육은 사회적 상승이동(social upward mobility)을 촉진함으로써 사회평등화에 이바지한다는 결론을 내렸다. 그는 사회이동을 개인이동(individual mobility)과 집단이동(group mobility)으로 구분하고 상승이동을 가능하게 만드는 요인을 각각 세 가지를 들고 있다.

첫째, 개인 상승이동 요인으로는 ① 중간계급과 기능 인력의 구성비를 높이는 방향으로 노동력구조를 변화시켜 생산성을 향상시키는 과학기술의 발달, ② 상류계급의 자녀출산력(fertility) 감소를 통한 계급재생산의 약화, ③ 개인의 재능과 노력 등이다.

둘째, 집단 상승이동 요인으로 ① 생산성을 높이는 과학기술의 발달, ② 증가된 사회적 소득의 분배, ③ 소득증가집단에 의한 상급지위 상징(가구, 자녀교육, 의복 등)의 구매 등을 들고 있다.

Havighurst는 과학기술의 발전으로 직업구조의 하층이 줄어들고 중간과 상층이 커지는 방향으로 변하는 한편, 교육이 사람들의 직업능력을 향상시키기 때문에 사회는 점차 평등해진다고 주장하였다. 산업화가 진행됨에 따라 직업구조는 종전의 하위직종이 감축되고, 중위 내지 상위직종이 비대해지는 추세를 보이고 있다. 직업을 중심으로 한 계층구조는 한국도 하층의 구성비가 현저히 줄어들고 중간층과 상층이 커지고 있다. 결국 교육은 한 사회 내의 계층 상승이동을 촉진하므로, 교육의 보편화는 평등사회에 이르는 촉진제가 된다는 것이다.

직업 결정에 교육이 실제로 작용하는지의 연구는 Blau와 Duncan(1967)의 「미국의 직업구조」(The American Occupational Structure)에서 본격적으로 검증했는데, 지위획득의 결정변수를 사회적 배경요인으로서 아버지의 교육과 직업을 그리고 본인의 교육과 첫 번째 직업 등 네 가지로 구분하였다. 이 네 가지의 변인을 개인의 직업지위에 대해 중다회귀분석을 하고 그것을 근거로 경로분석을 한 결과, 개인이 받은 교육과 초기 경험은 그의 직업적 성공에 큰 영향을 미치며 이러한 영향력은 배경요인보다 더 강하다는 결론을 내렸다.

2. 불평등재생산론

불평등재생산 이론은 교육이 사회평등에 이바지하기는커녕 오히려 장애가 된다고 주장한다. 교육은 기존의 불평등한 사회계층 구조에 어떤 변화를 가져오는 것이 아니라 오히려 재생산하며, 때로는 불평등을 더욱 조장한다는 것이다. 학교교육의 기회가 모든 사람에게 평등하게 분배되는 것이 아니라, 상급 교육은 상층의 자녀에게 주어지고 그들이 다시 상층의 계층을 차지하므로 교육은 사회 불평등을 재생산한다는 것이다.

Bowles(1971: 137)는 교육이 사회 불평등을 재생산하고 합리화해 온 사실을 다음과 같이 설명하고 있다. ① 미국의 학교는 평등의 추구를 위하여 발견한 것이 아니고, 훈련받은 기술 인력을 자본주의 기업가들에게 공급하고 정치적 일정을 위한 사회통제의 장치로 필요하였기 때문에 발전한 것이다, ② 기술을 갖춘 교육받은 인력의 경제적 중요성이 높아짐에 따라, 기존 계급구조를 다음 세대에 그대로 재생하기 위하여 학교제도의 불평등이 점점 더 중요하게 되었다. ③ 미국의 학교제도는 지난 반세기 동안 줄어들지 않고 있는 계급 불평등에 오염되고 있다. ④ 학교위원회나 기타 교육정책 결정기구에 대한 통제가 불평등하기는 하지만, 이것만으로는 교육제도의 불평등을 충분히 설명하지 못한다. 교육 불평등의 원천은 학교제도 안에 있지 않고 학교 밖의 계급구조, 나아가 그러한 계급구조를 발생시킨 자본주의 경제체제에 있다는 것이다.

교육이 지배층의 이익에 봉사한다는 사실을 제시한 Carnoy(1972)는 교육수익률 분석을 통해서 교육수익률이 학교 발달 초기에는 낮았다가 취학률이 높아짐에 따라 상승하지만, 취학이 보편화되고 상급학교가 발달하기 시작하면서 다시 낮아진다는 사실을 발견하였다. 예를 들면, 초등교육의 수익률이 높을 때에는 초등교육의 기회가 제한되어 경쟁이 치열하고 하류층이 다니기가 어려워 중상류계층이 주로 다니게 된다. 그런데 초등교육이 보편화되는 단계에 이르면 수익률이 낮아져서 경제적 가치는 없지만, 졸업장이라도 따려고 하류층도 다니게 된다는 것이다. 이때는 바로 한 단계 위의 중등교육의 수익률이 높아지지만, 기회가 제한되고 경쟁이 심하기 때문에 하류층은 다니기가 어렵다는 것이다. 그러나 중등학교도 보편화 단계에 이르면 수익률이 낮아지는데 하류층은 최소한의 교육수준을 유지하기 위하여 다시 다니게 된다. 이와 동일한 과정이 다시 상급학교에서 반복된다. 그래서 결과적으로 교육은 가진 자에게 봉사하고 하류계층에게는 도움을 주지 못한다는 주장이다.

교육이 사회평등화에 아무런 이바지도 하지 못하고 기존의 소득 불평등 구조를 재생산하기만 한다고 주장하는 학자로는 Wright와 Perrone(1977)을 들 수 있다. 이들은 교육수준이 소득에 미치는 영향을 직업집단별, 성별, 인종별로 비교·분석함으로써 교육과 계층구조와의 관계를 밝히려 하였다. 개인의 소득에 대한 계급, 직업, 지위, 교육수준, 경력의 영향력을 중다회귀분석한 결과, 소득과 교육의 관계가 가장 높은 것이 고용주 계급, 관리자 계급, 노동자 계급 순이었다. 즉, 상층계급일수록 학력이 소득액에 영향을 주는 반면, 하층계급에서는 미미하다는 것이다. 관리자 계급에서 교육의 영향력이 남성에 비해 여성이 낮으며, 노동자 계급에서는 인종 간이나 남녀 간의 교육 차이가 소득에 큰 영향을 주지는 못하지만, 흑인여성이 다른 집단보다는 약간 강하게 영향을 받는다고 한다.

불평등재생산론자들은 지나치게 소득의 차이만을 가지고 이야기하기 때문에 다른 요인들이 독립변인으로 다루어지지 않으며, 교육의 기능에 대하여 너무 과장하는 경향이 있다. 교육이 모든 것을 결정하는 것은 아니며, 교육이 소득 결정에 별다른 영향을 주지 못한다는 연구결과들도 많이 있기 때문에 불평등재생산론이 반드시 옳다고 단정하기는 어렵다.

3. 무효과론

무효과론은 현실적 평등주의 관점으로서 학교교육 무관계론이라고도 한다. 이 이론은 교육이 사회의 평등 또는 불평등과는 관계가 없다고 보는 관점이다. 계층이동은 평등화 방향이든 불평등 방향이든 교육이 아닌 다른 영향을 받고, 교육은 사회평등화보다는 다른 가치를 추구한다는 것이다. 무효과론자들은 교육이 사회평등화에 확실하게 이바지하지 못한다는 소신이 뚜렷하다.

교육이 사회평등화에 기여하는 사실을 확인하기 어렵다는 연구는 많이 있다.

첫째, Berg(1971)은 교육수준이 개인의 직업 생산성(on-the-job productivity)에 영향을 준다는 근거를 찾을 수 없다고 주장하였다.

둘째, Campbell(1983)은 논문 「지위획득연구: 시작의 끝인가 아니면 끝의 시작인가?(Status Attainment Research: End of the Beginning or the End)」에서 그는 지위획득연구는 몇 가지 주요 변수의 측정을 개량할 필요도 있지만, 그보다도 더욱 중요하게 요구되는 사항은 교육을 단순히 학교 재학 연수로만 따지는 방식에서 벗어나 학교 내에서 이루어지는 교육선발의 정확한 과정을 알아낼 수 있어야 한다고 역설하고 있다.

셋째, Chiswick와 Mincer(1972)는 1950년부터 1970년대 초반까지 미국의 소득분배 상황과 교육분배 상황을 비교·분석한 후 양자 간에는 아무런 관계가 없음을 확인하였다.

넷째, Thurow(1972)는 비슷한 시기의 미국의 소득분배와 교육분배 상황을 분석한 뒤에 같은 결론을 얻었다. 그는 소득분배 구조의 개선을 학교교육에 기대하는 것은 부질없는 일이라고 강조하면서, "경제적, 사회적 문제의 치유를 위한 사회정책을 교육에 의존하는 것은 도로(徒勞)일 뿐이며, 가장 비효과적인 방법"이라고 결론지었다.

다섯째, Jencks(1972)는 가정배경, 지적 능력, 교육수준, 직업지위를 모두 동원하여도 개인 간의 소득 차이를 제대로 설명할 수 없다고 하며, 학교는 평등화에 관한 한 상관이 없다고 주장하였다.

여섯째, Anderson(1961)도 일찍이 미국, 영국, 스웨덴 등 3국 자료를 세밀하게 분석하여 교육수준과 사회이동수준 관계가 세 나라 모두 매우 낮다는 것을 발견하였다.

일곱째, Boudon(1977)은 교육기회의 분배가 평등하게 이루어지고 교육의 차이가 지위상승에 결정적인 영향을 주는 가설적인 능력주의 상황을 설정하고, 이러한 상황 하에서 사회평등화가 얼마나 실현될 수 있는가를 모의분석(simulation)하였다. 그 결과는 역시 교육은 사회평등화와 무관하다는 것이었다.

학교는 기본적으로 인간의 지적·인격적 성숙을 목적으로 하는 조직이지 소득분배나 사회적 지위분배 등을 위한 사회평등화 장치는 아니다. 물론 상호관련성이 전혀 없는 것은 아니지만 그렇다고 해서 사회평등화가 기본 기능은 아닌 것이다. 그러므로 학교교육이 사회의 평등 또는 불평등에 아무런 효과를 발휘하지 못한다고 해서 쓸모없는 기관이 아니라, 교육기관으로서의 기본적인 기능을 제대로 수행하고 있는지의 여부를 밝히는 것이 더 중요한 교육사회학적 연구과제인 것이다(장재천, 2018).

제6절 엘리트주의 교육과 평등주의 교육

교육결과의 평등 관점에서 하류계층 출신 학생의 교육결과를 중상류층 출신 학생의 교육결과와 비슷하게 끌어올리는 것이 교육의 평등에 부합된다면, 하류계층 출신의 학생들에게 교육자원의 투입을 차등적으로 더 많이 해야 한다. 하지만 이에 대한 반대도 만만치 않다. 국가의 발전을 위해서는 성적이 우수한 학생들을 위한 교육에 집중적 투자가 필요하지 않는가? 여기서 교육의 수월성은 우수아를 위한 교육, 소위 '엘리트 교육'으로 좁게 규정된다. 교육평등을 주장하다 보면 우수아 교육은 도외시되지 않는가? 소수의 우수집단에게 투자하는 것이 투자의 효과성 측면에서 훨씬 낫지 않은가? 이것이 소위 엘리트 교육을 내세우는 사람들의 주장이다. 6절에서는 엘리트주의 교육과 평등주의 교육을 고찰하기로 한다(김천기, 2008; 김병욱, 2007; 이종각, 2004).

1. 엘리트주의 교육

엘리트란 고도의 이지적 능력과 지도력을 겸비한 소수의 사람들로 대중(masses)과 대립되는 말이다. 따라서 엘리트라는 말 속에는 수월성이 이미 내포되어 있다. 엘리트는 그들의 역할과 업적이 일반인들과는 다르고, 그에 따라 특권과 특전을 받는 사람들이다(이돈희, 2004).

일반적으로 엘리트주의는 지적으로 우수한 사람들이 더 좋은 대우를 받아야 한다는 차등주의를 배경으로 하고 있다. 지적 탁월함에 따라 사회적 특권이나 명예 및 수입이 보장된다는 것을 정당화한다. 엘리트 개념에는 지적 탁월함과 지도력이 기본적으로 내재되어 있기 때문에 열등집단에 대한 우등집단의 지배를 정당화한다. 그리하여 엘리트주의는 귀족주의적 계급사회를 정당화하는 논리로 기능하는데, Platon이 '이상국가론'에서 피력했던 것이 그 대표적인 예이다.

첫째, 엘리트주의 교육의 특성을 소개하면 다음과 같다(이석재, 1990). ① 지능 발달은 문화유산의 학습 정도에 따라 다르다. ② 엘리트 계급 자녀들은 문화유산의 학습에 더 유리한 위치에 있으므로 지능이 더 높고 이에 따라 더욱 우수한 인재가 된다. ③ 대중 자녀는 학습 기회가 거의 없어 지능이 낮아지므로 엘리트 계급과 같이 교육할 수 없다. ④ 엘리트와 범인은 서로 다른 형태의 교육을 받아야 한다고 보며 복선형 학제를 환영한다. ⑤ 교육 기회는 불평등할 수밖에 없으며, 그 차이는 능력에 따라 제공된 것이므로 바람직하다.

둘째, 엘리트주의 교육의 목표는 다음과 같다(김병욱, 2008). ① 엘리트들은 소수이기 때문에 그들의 교육은 선발적이어야 하며, 그에 따라 더 많은 보상을 받아야 한다. 여기에는 업적주의적 관점에 붙박여 있다. ② 능력이 중요한 현대사회에서는 능력, 실력, 업적에 기초한 자유경쟁을 피할 수 없다. 자유경쟁에 의할 때 더 유능하고 적합한 인재를 선발 및 배치할 가능성이 높다고 믿는다. ③ 엘리트주의가 표면적으로 추구하는 것은 후원적 사회이동 또는 귀속적 사회이동이 아니라 성취적 사회이동이다. 노력에 의해 더 많은 재능을 갖춘 자가 더 높은 지위를 획득할 수 있다. ④ 기업의 생산성이나 이윤을 극대화하는 데 가장 중요한 것은 우수한 인력이다. 따라서 그렇게 극대화된 이윤의 일부는 그들에게 되돌려 주어야 한다. ⑤ 세계화 또는 글로벌화하는 국제사회에서는 소수 인재가 중요하다. 무한경쟁의 시대에 이런 인재를 많이 보유한 국가일수록 발전 가능성이 더 높다.

셋째, 엘리트주의 교육을 위한 제도적 장치는 다음과 같다. ① 엘리트주의 교육은 선발적 교육제도를 지향한다. 입학시험과 같은 경쟁을 통해 상급학교 진학이 이루어지도록 함으로써 점차 제한된 영재나 우수아들만을 선발하는 제도를 취한다. ② 수준 높은 지적 능력은 물론이고 기본 능력을 철저히 육성하는 제도를 도입한다. ③ 조기 교육제도를 중시한다. 능력 있는 학생들을 조기에 선별해 개개인의 지적 수준에 맞는 교육을 실시하고자 한다. ④ 능력별 동질 집단 편성이나 월반제를 통한 학습의 효율화를 극대화하고 학습 속도를 빠르게 한다. ⑤ 경쟁과 선택적 지원체제를 병행하려고 한다.

넷째, 엘리트주의 교육의 장점은 다음과 같다. ① 학습효과를 극대화할 수 있다. ② 우수 인력 육성이 용이하다. ③ 학생이나 학부모의 학교 선택권을 부여할 수 있다. 개성과 자유에 따른 학습이 가능하다. ④ 평등만 추구하면 지적 수월성을 지니지 못하지만 지적 수월성을 이룩하면 평등 수준도 향상된다고 본다. ⑤ 현재와 같은 세계 경제 속에서 국가경쟁력을 제고할 수 있다. ⑥ 노력, 능력, 업적, 실적에 상응한 보상을 받으므로 자발적 성취동기를 육성할 수 있다. 적극적 의미의 자아계발이나 자아실현이 가능하다. ⑦ 고학력자의 3D 직종 기피현상을 막을 수 있다. 선발된 사람은 좋은 직업을 갖고 그렇지 못한 사람은 힘든 직업을 갖는 일이 정당화된다.

다섯째, 엘리트주의 교육은 다음과 같은 문제점을 지니고 있다. ① '우수아', '승리자', '1등'만을 중시하거나 그들만을 기억하는 사회가 되어 인간의 존엄성이 훼손될 우려가 있다. '이류 학생'으로 분류된 학생들은 '나는 열등한 사람'이라는 부정적 자아개념을 지닐 우려가 있으며, 인간 접촉, 상호 존중, 인정감이 취약해진다. ② Pestalozzi가 강조한 머리(이해), 가슴(심정), 팔(기능) 등이 조화롭게 발달한 '전인'적 발달이 어렵다. ③ 환경이 열악하여 자신의 능력을 미처 드러내지 못했다가 늦공부가 터지는 아이들이나 늦게 능력이 꽃피는 아이들의 잠재력이 묻혀 버릴 우려가 있다. ④ 사회계층 간 격차인 사회적 불평등이 고착되거나 영속화될 우려가 있다. ⑤ 기회의 평등만 강조되고 결과적 평등은 보장되지 않는다. 능력만을 강조하는 교육은 '교육의 이름'으로 경제적 빈곤층과 사회적 약자의 차별을 합법화할 가능성이 높다.

2. 평등주의 교육

평등주의는 기회, 조건, 과정, 결과 등에서 공정하고 공평하며 균등한 상태를 추구하는 이념이다. 교육 기회, 조건, 과정, 결과의 분배가 한쪽에 치우치지 않고 모든 이에게, 그러면서도 같은 조건을 갖춘 사람에게 균등하고 합당한 비율로 몫이 돌아가도록 하려는 관점이다. 여기에서는 평등주의 교육, 교육목표, 제도적 장치, 장점, 문제점 등을 소개하기로 한다.

첫째, 평등주의 교육을 소개하면 다음과 같다. ① 평등주의 교육은 교육의 기회를 평등하게 하는 것이다. 곧 출발선상의 모든 아동이 동일한 교육을 받게 하는 일이다. ② 타고난 영재나 엘리트란 없다고 본다. 따라서 출신 가정의 영향력을 최소화하고 각자의 능력이 인정받을 수 있는 제도를 마련해야 한다. ③ 개인의 능력이 계발될 수 있는 환경을 동일화해야 한다. 특히 학습동기 육성이나 격려 등과 같은 심리적 환경을 풍성히 해야 한다. ④ 대중을 대상으로 하거나 그들을 위해 실시되는 공통적 보편교육에 초점을 둔다. 따라서 평등주의 교육은 인간 개개인을 존중하고 최대 다수의 최대 이익을 얻는 데 교육이 중요한 기능을 한다고 보는 견해이다.

둘째, 평등주의 교육의 목표를 소개하면 다음과 같다. ① 교육의 기회, 조건, 내용, 결과 등이 평등해야 한다. 특히 성, 가정 배경, 지역, 종교, 인종 등과 무관하게 교육의 기회, 조건, 내용, 결과(분배)가 균등하게 제공되어야 한다. 그리하여 개인의 능력, 실력, 업적, 실적이 앞과 같은 요인에 의해 영향을 받지 않아야 한다. ② 지역 간 불균형을 줄이고 대중을 위한 보편 교육을 지향한다. 또 소수를 위한 교육이나 그 효율성만을 따지기보다는 국민 모두를 위한 교육이 되어야 한다. ③ 상급학교 진학을 위한 입시를 최소화해야 한다. 입시는 과열 경쟁을 낳고 과열 경쟁은 과도한 사교육비를 필요로 하므로 입시를 최소화해야 한다.

셋째, 평등주의 교육을 위한 제도적 장치를 소개하면 다음과 같다. ① 선발에 의한 집단 편성보다는 동일 교육 대상을 함께 교육시켜야 한다. 이질집단 편성도 무난하다고 본다. ② 모든 이에게 동일한 과정을 부과한다. ③

선발이 아니라 비슷한 조건을 지닌 학교로 알맞게 배정한다. 따라서 학군을 지정하고 그에 따라 배정한다. ④ 교육적 선발이 이루어지더라도 조기 선발이 아닌 만기 선발이어야 한다.

넷째, 평등주의 교육의 장점은 다음과 같다. ① 학교교육을 정상화할 수 있다. 상급학교 입시에 따라 하급학교교육이 파행적으로 운영되던 문제를 어느 정도 개선할 수 있다. ② 입시를 위한 주입식 교육보다는 전인 교육이나 인성교육을 추구할 수 있으며, 창의력 위주의 교육과 협동학습을 추구할 수 있다. ③ 입시에서 탈락한 학생들의 열등감이나 부정적 자아개념을 최소화할 수 있다. ④ 누적되는 재수생 문제와 학생 인구의 대도시 집중현상을 줄일 수 있고, 지역 간에 교육의 균형발전을 이룰 수 있다. ⑤ 선발적 엘리트주의 교육이 가져오는 입시경쟁과 그에 따른 과열과외나 사교육비 부담 등으로 인한 상대적 박탈감을 최소화할 수 있다. ⑥ 유리한 위치를 점한 사람들의 후원적 이동현상을 줄일 수 있다.

다섯째, 평등주의 교육의 문제점은 다음과 같다. ① 차이와 차별을 구분하지 못한다. 차이는 성이나 피부색처럼 생득적·자연적인 것이고, 차별은 인위적·제도적인 것이다. 나이, 성, 지능 등은 인간 모두가 공통적으로 지니는 속성이지만 그 양이나 강도에서 차이가 나는 경우가 있다. 따라서 사회에 존재하는 불합리한 차별을 시정한다면서 생득적·자연적 차이까지도 차별로 간주하는 오류는 범하지 말아야 한다. ② 학생들의 학력이 낮아져 탁월한 인재를 육성하지 못하여 국제사회에서 국가경쟁력이 약화될 우려가 있다. 또 남보다 잘하려는 욕심이 줄어들어 노력을 하지 않거나 성취 수준이 낮아질 수 있다. ③ 개인 간 능력차를 고려하지 않음으로써 획일적 '붕어빵 구워 내기식 교육'이 될 우려가 있다. ④ 일제 배정에 따라 개인과 학교 간의 차이를 인정하려 하지 않는다. 학교 선택기회를 제한함으로써 다양한 과정에서 다양한 인간을 키워낼 수 없다. ⑤ 평등을 추구한다지만 지역 간, 학교 간, 학생 간 격차와 그에 따른 위화감이 여전히 존재하는 것이 현실이다. 특히 사교육비 부담은 여전히 높다.

3. 엘리트주의 교육관과 평등주의 교육관의 비교

엘리트주의 교육과 평등주의 교육의 내용 외에도 선발의 준거, 능력에 관한 관점, 선발 시기, 교육 형태, 학제, 해당 국가 등의 준거에 비추어 비교해보면 표 11-1과 같다.

표 11-1 엘리트주의와 평등주의 교육관의 비교

구분	엘리트주의 교육관	평등주의 교육관
선발의 강조점	• 개인의 능력	교육받을 권리
능력에 관한 관점	• 선천적, 유전적 요인이 중요 • 희소자원의 분배에서 관습이나 인연 등 임의적 기득권에 의한 분배를 배제	• 환경적 요인이 중요 • 분배는 추첨에 의해 이루어짐
선발 시기	• 조기 선발	• 만기 선발
교육 형태	• 분리 교육	• 통합 교육
학 제	• 복선형	• 단선형
대표적인 나라	• 영국, 브라질, 이탈리아	• 미국, 스웨덴, 캐나다, 한국

자료: 이종각(2004). 새로운 교육사회학 총론. 서울: 동문사, p. 338.

제7절 교육평등화의 과제

교육의 기회균등이 단순히 교육의 접근 기회의 평등문제에만 급급하다면 별문제가 없을 것이다. 그러나 교육의 질적 제고라는 과제와 연계하여 볼 때 교육의 기회균등 문제는 아직도 풀어야 할 과제가 많은 것이다. 이러한 과제는 교육평등화와 연관지어 생각할 수 있다. 교육평등화는 비단 교육기회의 균등뿐만 아니라 교육의 과정과 교육의 결과와 관련해서 해결해야 할 과제인 것이다.

이러한 문제점에 비추어 교육의 질적 제고를 위한 교육평등화의 과제를 다음의 몇 가지로 그 방향을 탐색하고자 한다(김병성, 2006).

첫째, 교육평등화의 통념에 대한 사고의 전환 방향이다. 이것은 단순한 산술적 계산에 의한 동일 분배의 의미를 지양하는 데 그 관점이 있다. 개인이 타고난 각자의 소질에 따라 능력을 충분히 발휘하도록 교육이 이끌어 간다면 사람마다 타고난 소질, 능력 차에 따라 교육의 불평등, 격차도 커진다는 것은 자연적이다. 이는 교육이 개인의 능력주의에 의하여 그 과정과 결과를 이끄는 것에 불과하다. 그러나 만약에 교육의 사회적 평형자(equalizer)로서 성격이 강조되고 교육성과의 균등화를 중요 기능으로 한다면 '수재(秀才)'와 '범재(凡才)' 또 '가진 자'와 '가지지 못한 자' 사이의 심한 격차는 지양되어야 할 것이다. 따라서 교육의 역할을 통해서 인간의 평등을 강조하고 가진 자, 능력자의 특권을 가능한 한 줄이고 가지지 못한 자의 능력을 키워주려는 의도적인 노력이 투입되어야 한다. 즉, 교육평등화를 위하여 약한 자를 불공평하게 더 도와주는 교육적 전략이나 정책적 뒷받침이 요청되는 것이다.

둘째, 상기에서 제시된 교육평등관에 따라 적극적 차등 원칙(positive discrimination)을 적용하여 교육효과 혹은 교육결과의 평등화를 이룩하는 방향이다. 모든 사람에게 교육기회를 균등하게 제공하는 것이 우선적 명제임과 동시에 그 효과가 결과의 균등까지 연결되어야 하기 때문이다. 고등학교 평준화 정책이 시행된 이후 아무리 시설, 교원의 순환근무, 동일한 교육과정의 제공 등을 통해 외형적으로, 제도적으로 교육기회 균등을 위한 최선의 통제를 한다고 해도 교육성과에서의 불평등은 여전히 지속되고 있다. 이것은 출발점에서의 불평등을 보상해 줌으로써 주어진 기회를 누구나가 균등하게 활용하여 결과의 균등까지 연결하도록 함을 뜻한다. 불리한 대상자에게 보상적인 차원에서 더 많은 지원을 차등적으로 투입해 줌으로써 결과적으로 종착점에서의 균등을 지향하게 하는 것이 과제이다.

셋째, 학부모나 사회 일반이 학교교육에 거는 기대 수준에서 상대적 결손의식이 교육평등화를 저해하고 있으므로 이에 대한 사고의 전환이 필요하다. 현안의 교육 불평등 문제는 학부모나 사회 일반의 학교교육에 대한 인식, 평가의 격차에서 파생되는 것도 심각한 문제로 제기된다. 도시, 농촌 간, 학교 소재지, 학교 간에 대한 사회인의 기대, 평가의 문제이다. 서울의 경우 강남과 강북의 지역 간 차이, 중심지역과 주변지역, 중산계층의 부모와 서민계층의 부모 등 학교 위치, 생활수준 등에 따른 상대적 평가나 빈곤 의식이 교육평등화에 영향을 주게 된다. 그동안 중학교 무시험 진학, 고교 평준화 시책을 비롯하여 교육개혁 구상과 실천에 따라 시설환경, 교육내용과 방법의 개선, 교사의 질 개선 등에 대한 대책수립과 계속적인 추진시책에도 불구하고 지역 간, 학교 간, 계열 간 우열이 구분되고 결과적으로 교육 격차가 실제적 또는 의식적으로 파생되고 있다. 이는 우리 사회인의 의식 속에 잠재해 있는 상대적 결핍의식의 문제이다. 즉, 상대적으로 자기 자녀가 다니는 학교가 타 학교보다, 학군이 타 학군보다 못하거나, 빈곤지역에 있다는 의식 때문에 상대적으로 교사의 질까지 낮추어 평가 혹은 지각하는 경우나 시설 및 환경 여건에서의 빈약성을 예견함으로써 결과적으로 학생의 성적이 타 지역, 타 학교에 비하여 뒤진다는 의식이 만연되고 있다. 따라서 학교 수준이나 교육효과에 대한 학부모의 기대, 지각, 평가는 학생을 통하여 직·간접으로 교사에게 전달되며 학부모-학생-교사의 상호 인과적으로 연결되어 교사의 수업지도 및 그 실천과정은 물론 학생이 교사에게 거는 기대에 차이를 유발하게 되고, 결국은 학생의 학업성취에 자기 충족적 예언으로 연결된다는 것은 사회심리학적 이론이나 연구결과에서 나타나고 있다(김병성, 2006). 예를 들어, 교육평등화를 위하여 학부모의 교직에 대한 인식의 전환과 교사의 전문성, 더 나아가 교육권을 신뢰하는 노력이 절실히 필요하다.

넷째, 교육행정 당국이 교육현실에 대한 인식과 제도적 개선책, 보완책에 대한 적극적 실천에 대한 과제이다. 1969년 중학교 무시험 진학을 비롯하여 중등학교 평준화 정책은 교육 기회 균등의 제도적, 형식적 수준에서 공헌한 바가 크다. 평준화 정책은 교육 관리상의 이점도 있고, 행정적으로 많은 사회적 부조리를 제거한 공이 있고, 학생의 신체적, 정신적 부담을 덜어준 것도 사실이지만, 자연적인 학생 격차를 인위적으로 형식상의 획일화를 꾀함으로 많은 교육상의 부작용을 낳고 있다. 학력의 저하, 애교심의 결여, 사회적 의무감의 약화, 개인적 포부와 야망의 상실 등 그에 따른 폐단은 헤아릴 수 있다. 평준화가 실시된지 30년이 지난 지금까지 이에 대한 논의는 지속되고 있고 부분적 보완책도 시행되었지만, 전체적으로 볼 때 하향평준화라는 평가는 물론이고 학생 성적 격차는 지역 간, 학교 간 더 심화되었음이 일반적으로 지적되고 있다. 또 학교 및 학급상황에서도 교사의 학습지도의 곤란성, 우열 학생의 위화감, 학급편성의 문제 등 수많은 문제가 수반되고 있는 실정이다. 따라서 외견상 학교 간 격차는 감소했다고 하지만, 반대로 학교 내 우열 학생집단의 성적 격차는 더 심화되고 있는 실정이다.

결국 교육에 있어서 기회균등 혹은 평등화의 문제란 개인 능력에 따라 평등하게 교육받을 권리를 우선해야 한다. 이는 능력에 따라 평등하게 교육받아야 하느냐, 아니면 평등을 위한 획일주의냐 하는 대립적 교육관의 문제이다. 그러나 그동안 교육 정책적 시행착오를 통하여 어느 정도 단안을 내릴 단계에 이른 것이다. 최근 평준화 지역 학교가 학생을 선발하는 추세가 늘고 학교 내 우열반 편성이 감소하는 추세가 이를 뒷받침해 준다. 과연 한국 교육의 평등화가 어떻게 이해되고 개선되어야 할 것인가는 우리 모두 재고해야 할 문제이다.

연습 및 탐구문제

1. 한국 교육은 엘리트주의 교육을 지향해야 할 것인가, 평등주의 교육을 지향해야 할 것인가? 그 이유는 무엇인가?

2. 평등을 실현하기 위한 학교교육의 방안에 대하여 논하시오.

3. 교육평등관의 발전과정을 기술하시오.

4. 교육평등의 원리를 기술하시오.

5. 교육이 사회적 불평등에 대처하는 측면에서 평등화론, 불평등재생산론, 무효과론으로 구분해서 기술하시오.

6. 교육의 질적 제고를 위한 교육평등화의 과제를 기술하시오.

Reference 참고문헌

강상철 외(1999). **교육사회**. 서울: 동문사.

강유정·김영훈·최성열(2018). **교육사회학**. 서울: 동문사.

강창동(2009). **교육사회학의 이해**. 서울: 학지사.

권이종 외(1999). **신교육사회학탐구 -학교교육과 사회교육의 새로운 이해-**. 파주시, 경기도: 교육과학사.

김경근(2004). **한국의 사회변동과 교육**. 서울: 문음사.

김병성(2006). **교육과 사회 -거시·미시 교육사회학적 관점-**. 서울: 학지사.

김병성(2018). **교육사회학 3판 -학교사회-문화분석**. 서울: 학지사.

김병희·김경식·김형구·박형진·윤주국·이현철(2009). **교육사회학**. 고양시, 경기도: 공동체.

김신일 외(2005). **학습사회의 교육학**. 서울: 학지사.

김신일(1999). **교육사회학**. 파주시, 경기도: 교육과학사.

김억환(1994). **신교육사회학 입문**. 서울: 박영사.

김영화(1993). **한국의 불평등교육**. 파주시, 경기도: 교육과학사.

김정래(1997). **교육의 원리와 평등교육**. 서울: 서울대학교교육연구소.

김준기(1998). **교육사회학**. 서울: 재동문화사.

김천기(2008). **교육의 사회학적 이해**. 서울: 학지사.

김철훈(2006). **한국 학교 문화와 입시드라마**. 서울: 문음사.

류윤석(2003). **교육사회학**. 파주시, 경기도: 교문사.

석태종(1997). **교육사회학**. 파주시, 경기도: 교육과학사.

손준종(2001). **교육사회학**. 서울: 문음사.

송병순 외(2001). **현대사회와 교육**. 서울: 문음사.

송병순 외(2002). **교육사회학**. 서울: 문음사.

이건만(1999 a). **교육과 사회사상**. 서울: 학지사.

이건만(1999 b). **교육사회학의 이론과 실제**. 서울: 문음사.

이돈희(2004). **교육정의론**. 파주시, 경기도: 교육과학사.

이석재(1990). **현대교육사회학**. 서울: 교육출판사.

이석재(1995). **교육사회학**. 파주시, 경기도: 정민사.

이영덕 외(1991). 중·고등학생의 생활과 진로에 대한 종단적 연구. 서울: 서울대학교교육연구소.

이인원·권성민·장세리·한진주(2017). **교육사회학**. 파주시, 경기도: 양성원.

이종각(2015). **개정증보판 새로운 교육사회학총론**. 서울: 동문사.

이해성(1998). **역사적 교육사회학의 쟁점과 방법**. 서울: 문음사.

장재천(2018). **쉬운 교육사회학**. 서울: 동문사.

정석환(2017). **쉽게 풀어쓴 교육사회학**. 고양시, 경기도: 어가.

정우현(1994). **교육사회학 연구**. 서울: 교육과학사.

최정웅 외(2004). **교육사회학 -이론적 기초-**. 파주시, 경기도: 양서원.

Anderson, A.(1961). "A Skeptical Note on Education and Mobility", *American Journal of Sociology*, Vol. 66, No. 1, 164~179.

Berg, I.(1971). *Education and Jobs: The Great Training Robbery*. New York: Praeger.

Blau, M., & Duncan, D.(1967). *The American Occupational Structure*. John Wiley.

Boudon, R.(1977). *Education and Social Mobility: A Structural Model*. in J. Karabel and A. H. Halsey(eds).

Bourdieu, P.(1977). "Cultural Reproduction and Social Reproduction." in J. Karabel and A. H. Halsey(ed.), Power and Ideology in Education, 78-79.

Bowles, S.(1971). "Unequal Education and the Reproduction of the Social Division of Labour", *Review of Radical Political Economy*, Vol. 3, 137~153.

Brookover, W. B. et al.(1977). *Self-concept of Ability and School Achievement III, Educational Publication Services*. College of Education. East Lasnsing: Michigan State University.

Campbell, R.(1983). "Status Attainment Research: End of the Beginning or Beginning of the End?", *Sociology of Education*, Vol. 56, No. 1, January, 47~62.

Carnoy, M.(1972). "*The Political Economy of Education*", Thomas Labelled(ed), Education and Development, University of California, Los Angeles.

Chiswick, B., & Mincer, J.(1972). "Time Series Changes in Personal Income Inequality in the U.S.", *Journal of Political Economy*, Vol. 80, No. 3, Part II, 34~66.

Cicourel, A., & Kitsuse, J.(1977). "*The School as a Mechanism of Social Differentiation*." in J. Karabel and A. H. Halsey.

Coleman, J. S. ed.(1965). *Education and Political Development*. Princeton University Press.

Coleman, J. S.(1968). "The Concept of Equality of Educational Opportunity." *Harvard Educational Review*, Vol. 38, No. 1, Winter, 37~77.

Coleman, J. S., & Almond G. ed.(1960). *The Politics of Developing Areas*. Princeton University Press.

Gardner, John W.(1962). *Excellence: Can We be Equal and Excellent Too?*, New York: Harper & Row, Publishers, Inc.

Glennerster, H.(1979). "*Education and Inequality", David Rubinstein*(ed.), Education and Equality. Penguin, 44~56.

Havighurst, R.(1961). "Education and Social Mobility in Four Societies", Halsey, Floud and Anderson(ed.), *Education, Economy, and Society*, Free Press, 105~120.

Husen, T.(1976). Social Influences on Educational Attainment: Research Perspectives on Educational Equality. *Center for Educational Research and Innovation, OECD.*

Jencks, C.(1972). *Inequality*. New York: Basic Books, Inc.

Jensen, A. T.(1969). "How much We can Boost I. Q and Scholastic Achievement?" H. E. R., 39.

Karabel.(1977). "Community Colleges and Social Stratification." in J. Karabel and A. H. Halsey.

Komisar, P., & Coombs, J. R.(1964). *"The Concept of Equation." Studies in Philosophy and Education*, Ⅲ, 3(Fall).

Nash, P.(1958). *The Pursuit of Excellence*. Garden City. N.Y.: Double day.

Niebuhr, R.(1944). *The Children of Light and the Children of Darkness*. New York: Scribner's.

Persell, C. H.(1977). *"Education and Inequality: The Roots and Results of Stratification in America's Schools*." New York: The Free Press.

Prowden Report.(1967). *Children and their Primary Schools: A Report of the Central Advisory Council for Educational*(England). London: Her Majesty's Stationery Office.

Rawls, J.(1971). *A Theory of Justice*. Cambridge. Mass.: Harvard University Press.

Rist, R. C.(1977). "On Understanding the Process of Schooling: The Contributions of Labeling Theory." in J. Karabel and A. H. Halsey.

Rosenthal, R., & Jacobson, L.(1968). *Pygmalion in the Classroom*. New York: Holt, Reinhart and Winston.

Spring, J.(1978). *American Education*. New York: Longman.

Strike, K.(1989). *Liberal Justice and the Marxist critique of education: A Study of Conflicting Research Program*. New York: Routledge.

Thurow, L.(1972). Education and Economic Equality, *The Public Interest*, Vol. 28, Summer, 66~81.

Tyler, W.(1977). *The Sociology of Educational Inequality*. London: Metheun.

Wright, E., & Perrone, L.(1977). Marxist Class Categories and Income Inequality, *American Sociological Review*, Vol. 42, No. 1. Fegruary, 32~55.

CHAPTER 12

현대사회교육의 다양화

학습목표

1. 다문화 이론을 동화주의, 융합주의, 다문화주의, 문화생태주의로 구분하여 설명할 수 있다.
2. 다문화 교육의 개념과 목표, 영역, 내용을 설명할 수 있다.
3. 한국 다문화 사회와 교육의 과제를 설명할 수 있다.
4. 대안 교육의 등장배경을 설명할 수 있다.
5. 대안학교의 유형을 제시할 수 있다.
6. 우리나라 대안학교의 역할과 과제를 제시할 수 있다.
7. 홈스쿨링의 의미와 등장 배경을 설명할 수 있다.
8. 한국의 홈스쿨링 현황을 파악할 수 있다.
9. 평생 교육의 개념 및 특성을 제시할 수 있다.
10. 평생 교육의 등장 배경과 필요성을 설명할 수 있다.
11. 평생교육법의 주요 내용을 설명할 수 있다.

Keyword

동화주의, 융합주의, 다문화주의, 문화생태주의, 다문화교수, 소수자 적응교육, 소수자 정체성 교육, 소수자공동체 교육, 소수자 이해교육, 대안교육, 대안학교, 홈스쿨링, 평생교육, 평생교육법, 평생교육사, 학점은행제, 문하생 학력인정제도, 학습휴가제, 학습계좌제, 독학학위제

12장에서는 현대사회에서 나타나는 다양한 교육의 형태-다문화 교육, 대안 교육, 홈스쿨링, 평생교육-에 대해서 고찰하기로 한다.

제1절 다문화 교육

우리나라에 들어와 있는 외국인 수는 2018년 5월말 기준으로 2,246,137명에 이르며, 이미 우리나라가 자랑하는 단일민족 단일문화의 개념은 이미 깨어졌다. 우리나라 다문화 사회의 과정은 1988년 서울올림픽 이후 국민소득 수준이 증가함에 따라 내국인들이 3D 업종 종사를 회피함으로써 정부에서

외국인 근로자들을 받아들였으며, 그 수가 점차 증가하게 되었다(주동범, 2016).

2009년 이주민의 비율이 국민 대비 2%를 넘은 상태이며, 2020년에 5% 수준의 이민국가가 된다는 전망을 고려하지 않더라도 한국에서의 이주민의 비율은 지속적으로 늘어날 것이다. 우리나라에 거주하는 외국인의 수가 증가함은 한국사회의 잠재된 미래를 가늠하는 바로미터가 된다. 세계화에 수반되는 인적 교류의 접촉의 증가는 충돌과 갈등의 가능성을 내포하지만, 동시에 한국사회의 역동적이고 창조적인 변화를 위한 가능성으로 작용할 수 있기 때문이다(구정화 외, 2015).

다문화는 multiculture를 의미하며, 결혼이민자, 외국인 가족(외국인 근로자, 중국동포, 유학생, 새터민 등)을 모두 포함하는 다양한 문화적 환경이 공존하고 있는 형태를 다문화 사회라 정의한다. 최근 법무부의 정책 자료에 의하면, 다문화 사회란 "언어, 종교, 관습, 가치관, 국적, 인종, 민족 등 다양한 문화적 배경을 지닌 이민자 등이 사회구성원으로 참여하여 이루어진 사회"를 뜻하는 것으로 규정하고 있다(장지표, 2008).

1절에서는 다문화 이론, 다문화 교육의 개념과 목표, 다문화 교육의 영역과 내용, 다문화 교육의 필요성, 한국 다문화 사회와 교육의 과제 등에 대해서 기술하고자 한다.

1. 다문화 이론

다문화 교육은 관점의 차이에 따라서 교육 방향을 달리하는 특성을 보인다. 여기서는 다문화 교육의 바탕이 되는 동화주의와 융합주의, 다문화주의, 문화생태주의에 대해서 고찰하기로 한다(서종남, 2009; Banks, 2008; 최현, 2007).

첫째, 동화주의이다. 이는 한 사회나 국가에 존재하는 소수집단이 그들만의 민족성을 포기하고 주류 사회로 적응하도록 만드는 관점이다. 이러한 관점은 다양한 인종과 문화 등을 하나로 흡수하여 주류 집단의 문화로 편입시킨다는 점에서 용광로 이론(theory of melting pot)이라고도 불린다. 이는 미국이라는 사회를 하나의 거대한 용광로로 보고 수많은 이민자들을 철광석에 비유하여 그들이 미국 사회에 정착하는 과정에서 주류인 WASP(White Anglo-Saxon Protestant) 문화에 용해되어 미국인이라는 새로운 인종으로 바뀐다는 것이다. 즉, 동화 교육을 의미한다. 동화주의 관점을 강조하는 사회에서는 지배집단이 모든 사회, 정치, 경제제도를 주도하기 때문에 소수집단은 이러한 특권층에 이르기 위해서는 자연스럽게 자신들의 개별적 민족성을 포기하고 주류문화에 동화될 수밖에 없었다. 그러나 실제로 그런 노력으로 소수집단이 주류집단에 포함되기 어려웠으며, 오히려 자신의 문화와 주류문화와 사이에서 혼란을 겪고 소외되는 희생자로 전락했다고 분석했다(Banks, 2008). 또한 우리나라 정부의 초기 다문화 정책은 동화주의적 관점이 강했다.

둘째, 융합주의이다. 이는 같은 사회 및 국가에 사는 사람들이 자신의 생물학적 또는 문화적 차이점을 유지한 채 새로운 사회에서 새로운 통일된 문화를 형성한다는 관점이다. 다양한 문화적 사람들이 모여서 주류도 비주류도 아닌 전혀 다른 문화를 구성한다는 것이다. 융합주의를 모자이크 이론(theory of mosaic)이라고도 한다. 1970년대 캐나다에서 제시된 것으로 다양한 조각과 여러 색상의 조각들이 모이면 새로운 거대한 그림이 된다는 점에서 융합주의 관점을 내포한다(최헌, 2007). 하지만 이후 모자이크 이론은 비난을 받게 되는 데 다양한 조각과 여러 색상의 조각들인 이민자들이 모여 하나의 아름다운 모자이크가 완성되지만, 그것 역시 그 바탕이 되는 밑그림은 서구문화를 근본으로 한다는 데 문제가 있다는 이유에서이다.

셋째, 다문화주의는 샐러드 볼 이론(theory of salad bowl)이라고도 한다. 이는 모자이크 개념과 유사한 것으로, 모자이크 이론이 캐나다적인 것에 비해 다문화주의는 미국에서 만들어진 것이다. 동화주의적 멜팅 팟(melting pot)과는 달리 이민자들이 모국의 문화와 언어를 유지하면서도 새로운 정주국인 미국인의 일환으로 살아갈 수 있도록 하자는 것이다. 이 이론은 20세기 후반 세계화 시대로 진입하면서 제기된 다문화 교육 이론으로 국가나 민족의 경계를 허물어 이민자들의 정체성을 지니게 하려는 것이다. 샐러드는 재료를 자체 그대로 먹지 않는다. 미국 드레싱과 함께 먹으면 미국식 샐러드가 되고, 이탈리아 드레싱을 사용하면 이탈리아식 샐러드가 된다. 따라서 이 샐러드는 각각의 정체성을 살리기보다는 어우러지는 경향이 더 강하다. 따라서 각각의 정체성을 인정하고 서로를 배려하며 사는 사회를 대변하기에는 한계가 있다.

넷째, 문화생태주의는 문화생태 이론(theory of eco-culture)이라고도 한다. 이는 인간의 존엄성을 전제하며 모든 자연적 환경과 있는 그대로 더불어 살아가는 공생관계를 지향하는 다문화적 관점이다(서종남, 2009). 문화생태란 특정 지역 내의 모든 자원이 통합적으로 제어되는 복합체계를 말하는데, 식물과 동물, 인간, 물리적 환경 등의 모든 요소들을 서로 얽힌 관계를 전제한 개념이다. 즉, 문화생태주의는 서로 다른 문화적 배경을 가진 인간 사회 역시 이를 둘러싼 모든 환경을 적절히 조절하여 균형을 유지하는 관점으로, 거시적 관점에서 다문화 교육을 바라보는 입장으로 분류할 수 있다.

2. 다문화 교육의 개념과 목표

다문화 교육은 간단한 문제가 아닌 것 같고, 복합적인 현상이기 때문에 그 범위를 어디까지 할 것인가에 대한 논의가 우선되어야 할 것이다.

첫째, Davidman(1994)은 다문화 교육의 정의는 다소 중복되는 부분이 있지만, 최소한 네 가지 범주로 나눌 수 있다고 했다. ① 문화적 다원주의이다. 다문화 교육은 다른 문화 유형에 대한 이해를 통해 모든 문화를 가진 개인을 존중하는 것이다. ② 교육평등이다. 다문화 교육은 문화적·민족적 집단들을 위한 교육평등을 증대시키려는 것이다. ③ 인종차별주의와 성차별주의 등을 없애는 것이다. ④ 다문화 교육을 사회재건주의와 글로벌 교육 등과 같이 교육에 대한 다른 철학적 운동 또는 접근과 통합하는 것이다.

둘째, Banks(2008)는 다문화 교육이란 다양한 사회계층, 인종 및 민족집단과 성 집단의 학생들이 평등한 교육기회를 경험하도록 하기 위하여 교육과정과 교육제도를 개혁하는 것이라 하였다.

셋째, Bennett(2011)은 다문화 교육이란 학교와 학급에서의 평등교육, 교육과정의 변화, 다문화적 능력제고, 사회정의를 포함하는 교수-학습에 대한 종합적인 접근방법이라는 것이다. ① 평등교육(equity pedagogy)이다. 이는 교사들이 긍정적인 학급풍토를 형성하고, 학생들의 성취도를 높이기 위해 문화에 맞는 교수법을 사용하며, 교수-학습에 대해 접근할 때 빈곤이나 부의 상황뿐만 아니라 문화적 양식과 문화에 기초한 아동의 사회화를 생각하도록 하는 것이다. ② 교육과정 개혁(curriculum reform)이다. 교사들이 미국에서 앵글로계 유럽인들의 전통적인 교육과정을 탐구하여 제고하도록 하는 것이다. ③ 다문화적 능력(multicultural competence)이다. 교사들이 자신들과는 인종적·문화적으로 다른 학생들, 가족들 및 다른 교사들과 잘 상호작용하고 편안하게 지내도록 하는 것이다. ④ 사회정의(social justice)이다. 교사들이 불평등한 사회구조, 즉 인종, 문회, 계급, 성에 대한 이미지 그리고 지역적·지구적으로 더 큰 사회적 평등을 가져오도록 하기 위한 사회적 행위에 관심을 갖도록 하는 것이다.

상기에서 다문화교수(teaching)의 개념적 틀을 제시하면 그림 12-1과 같다(Bennett, 2011).

그림 12-1과 같이 다문화 교육의 개념을 정의하는 데 포함된 핵심적인 구성요소를 보면, 평등교육, 교육과정의 개혁, 사회정의, 다문화적 능력 등으로 볼 수 있다. 따라서 다문화 교육이란 사람들의 다양한 민족, 문화, 사회계급 등에 관계없이 동등한 교육기회를 제공함으로써 다문화적 역량을 강화하여 궁극적으로는 사회구성원들의 생활의 질을 높일 수 있도록 하는 것으로 볼 수 있다.

다문화 교육의 목표는 다양한 학자들에 의해 제기되고 있는데, 일반적으로 여섯 가지로 고찰할 수 있다(Banks, 2006).

첫째, 다문화 교육은 자기 이해의 심화를 추구한다. 사회를 자신의 문화적 관점에서만 파악하는 사람들은 편협한 상태에 놓여 있으며, 인간의 총체적 경험을 이해하지 못하므로 자신의 문화도 충분히 인식할 수 없다. 이해

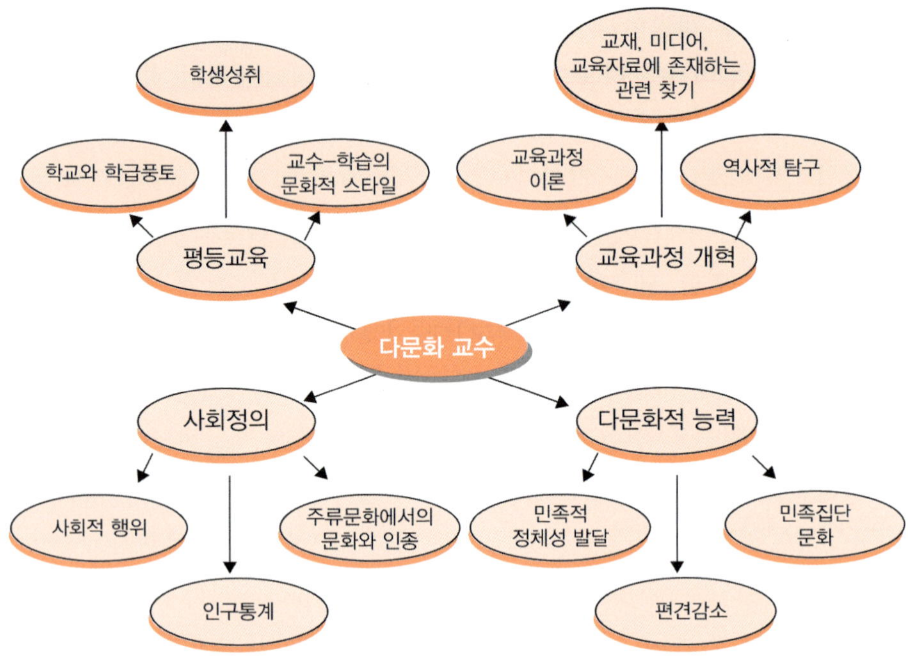

그림 12-1 **다문화 교수(teaching)의 개념적 틀**

와 지식을 통해 존경이 나올 수 있다고 가정하는 다문화 교육은 개인들로 하여금 다른 문화의 관점을 통해 자신의 문화를 바라보게 함으로써 자기 이해를 증진시키고자 하는 것을 목표로 한다.

둘째, 다문화 교육은 주류 교육과정에 대안을 제시하는 것을 목표로 한다. 미국의 경우 학교교육과정에서는 권력과 영향력을 소유하고 있는 주류 백인집단의 역사와 문화에 초점을 맞추어 왔다. 백인 중심의 교육과정은 주류 학생과 유색 인종 학생 모두에게 해로운 영향을 맞추어 왔다. 우선 주류 학생들에게는 자신들의 문화에 대해서만 가르침으로써 소수 민족문화의 풍부함에 대해 가르치지 않는다. 아울러 소수민족 학생들은 교육과정이나 학교문화가 이질적이어서 사회에서 성공하기 위해 필요한 기능들을 습득하는 데 장애를 겪고 있다.

셋째, 다문화 교육은 모든 학생들이 다문화 사회에서 요구되는 지식과 기능, 태도를 습득하는 것을 목표로 한다. 미국의 사례를 들면, 주류 백인 학생들은 흑인 영어의 독특함과 풍부함을 배울 필요가 있고, 흑인 학생들은 자기 가족과 공동체로부터 소외감과 이질감을 느끼지 않으면서 주류 사회에서 성공할 수 있도록 표준 영어를 구사할 수 있어야 한다.

넷째, 다문화 교육은 다문화 가정 자녀들이 인종적·신체적·문화적 특성 때문에 겪는 고통과 차별을 감소시키는 것을 목표로 한다. 소수계 학생들은 학교와 주류 사회에 동화되어 성공하기 위해 의도적으로 자신들의 민족적 유산과 정체감 그리고 가족마저 부인하는 경우가 있다. 민족적 정체감은 자아정체감을 구성하는 중요한 부분인데, 민족적 문화와 정체감을 거부하는 것은 소수민족집단의 사회화과정에 악영향을 미친다.

다섯째, 다문화 교육의 목표는 학생들이 글로벌적인 테크놀로지 세계에서 알아 가는데 필요한 읽기, 쓰기, 수리적 능력을 습득하도록 돕는 것이다. 다문화 교육가들은 다문화 교육의 내용이 학생들로 하여금 지구촌시대에 살아가는데 필요한 기본적 기능을 습득하도록 해준다고 가정한다. 다문화적 자료와 정보는 학생들에게 의미 있고 학습 의욕을 고취시킬 뿐만 아니라 이를 통해 습득한 기능은 성인으로서 직업을 구하고 살아가는데 실질적인 도움을 준다.

여섯째, 다문화 교육은 학생들이 자신의 공동체에서 제 구실을 하는데 필요한 지식, 태도, 기능을 다양한 집단의 학생들이 습득하도록 도와주는 것이다.

상기에서 다문화 교육의 목표를 고찰한 바와 같이, 다문화 교육은 자신의 문화를 바탕으로 다른 문화의 가치를 존중함 다문화 사회에서 성공적으로 적응할 수 있도록 하는 것이 목표이다. 이런 목표를 성취하기 위해서는 타인의 문화를 이해할 수 있는 능력과 문화적인 다양성을 받아들일 수 있는 마음의 자세가 전제조건이다. 또한 다문화 사회에서 서로의 역할을 수행할 수 있도록 공동체 의식의 함양과 사회적인 배려가 필요하다(김경식 외, 2017).

3. 다문화 교육의 영역과 내용

다문화 교육의 영역(dimension)을 제시하면 다음과 같다(Banks, 2002).

첫째, 내용 통합(content integration)이다. 이 영역은 교육과정 및 교과서를 구성하거나 교육자료를 선정할 때 다양한 문화 및 집단과 관련된 사례와 내용을 추출하여 활용하는 것과 관련된 영역이다. 다문화 교육에서는 사회의 다양한 집단과 구성원의 역사, 문화, 가치와 관련된 내용을 교육과정에 반영한다. 특히 교육과정의 내용 선정이나 교과서의 내용 통합방식에 관심을 기울이고, 교사는 다양한 문화 콘텐츠를 사용하여 문화적 다양성을 통합적으로 활용하여 제시하기도 한다.

둘째, 지식 구성과정(knowledge construction process)이다. 다문화 교육에서는 지식이 중립적이지 않으면서 한 사회 내의 권력관계를 반영하여 구성되는 것이라 본다. 학교에서는 학생들이 지식이 구성되는 과정, 지식 생산자들의 목적과 관점을 확인하는 방법, 스스로 현실을 해석하는 방법들을 가르쳐야 한다고 본다. 그리고 지식 구성과정에 대한 비판적 접근을 통해 학생들은 지식의 다양성을 이해할 수 있을 뿐만 아니라, 하나의 사회현상에 대해 다양한 시각이 존재할 수 있다는 점을 이해하는 데 도움을 준다(박윤경, 2007). 결국 지식의 형성과정에 개인이나 집단의 인종·민족·성별 및 사회계층 등의 요인이 어떤 영향을 미치는지를 학생들이 이해하는 것을 돕기 위한 것이다.

셋째, 편견감소(prejudice reduction)이다. 이 영역은 교수법과 자료를 활용하여 학생들이 다른 문화집단에 대해 긍정적이고 우호적인 태도와 가치를 발달시키도록 돕는 것과 관련된 영역이다. 편견 형성에 대한 연구결과에 의하면, 2~3세 정도의 어린 아이부터 피부색의 차이를 인식할 뿐만 아니라 외모, 성, 인종, 나이 등 여러 영역에 대한 편견을 형성한다. 소수집단에 대한 편견을 감소시키고 집단 간의 긍정적인 태도 형성을 돕기 위해 다문화 교육에서는 편견을 감소 전략으로 활용해 왔다. 교사의 입장에서는 학생들의 인종과 민족에 대한 편견을 줄이는 긍정적인 방법을 모색해야 한다.

넷째, 공평한 교수법(equity pedagogy)이다. 다양한 학생들의 배움에 적합한 교수법을 사용하여 다양한 인종이나 민족 및 사회계층을 가진 학생들의 평등한 학업성취를 위한 교수법을 개발한다.

다섯째, 학교문화 개선(empowering school culture and social structure)이다. 이 영역은 다양한 배경을 지닌 학생들이 학교에서 교육적 평등과 문화적 능력을 경험할 수 있도록 학교의 문화와 조직을 재구조화하는 과정과 관련이 있다. 학교가 다문화적 공간으로 변화하기 위해서는 ① 교직원의 태도, 인식, 신념 및 행동, ② 공식적인 교육과정 및 교과내용, ③ 학교가 선호하는 교수-학습방법, ④ 학교 언어, ⑤ 교수-학습 자료, ⑥ 평가 절차, ⑦ 학교문화와 잠재적 교육과정, ⑧ 상담 프로그램 등에 대한 점검과 개선이 필요하다. 그러므로 다양한 민족·인종·문화적 그룹의 학생들이 학교에서 균등하게 역량을 발휘할 수 있는 학교문화를 창출해야 한다.

한편 다문화 교육내용은 다음과 같다(양영자, 2008).

첫째, 소수자 적응 교육이다. 이는 기존의 주류 사회가 새로운 이주자를 받아들이는 첫 단계에서 사회통합을 위해 가장 보편적으로 행해지는 교육으로 동화주의자(assimilationist)의 관점에 기초하여 주류 사회로의 동화에 초점을 맞추는 것으로 지배적인 교육 유형이다. 소수자 적응 교육은 기초 학습능력과 한국 문화 정체성 함양, 한글능력 향상과 한국문화 이해의 심화 등이 교육의 주된 내용이다.

둘째, 소수자 정체성 교육이다. 이는 소수자의 정체성 함양에 초점을 맞추어 이들이 자존감을 회복하고 자신이 속한 문화집단에 자부심을 가지도록 하는 데 관심을 기울인다. 그들만의 고유한 특성을 지닌 것으로 인정하면서 교육하는 것을 말한다.

셋째, 소수자 공동체 교육이다. 이는 두 가지 측면에서 요구된다. ① 소수자들의 정서적 지지를 위한 정서적 지원망 확보에 도움을 줄 수 있다는 것이고, ② 소수 인종 문화 집단 간 혹은 소수집단 내에 갈등이 생길 때 요구되는 교육으로서, 집단 간 이해를 도모하여 긴장과 갈등을 경감시키고 이들의 집단 간 사고의 지평을 확장시켜 주는 데 초점을 두는 교육이다.

넷째, 다수자 대상의 소수자 이해 교육이다. 다수자를 대상으로 소수자에 대한 차별과 편견의식을 제거하는 데 초점을 맞추는 것이다. 소수자에 대한 편견 제거와 차별 철폐를 이루려면 다수의 인식 변화를 꾀할 수 있어야 하며, 국가 교육과정을 통해 이루어지기에 가장 적합한 교육내용이다.

상기의 다문화 교육의 내용을 토대로 한국 다문화 교육의 유형, 관점 그리고 Banks의 모델과 비교하면 표 12-1과 같다.

표 12-1 한국 다문화 교육의 개념화 모델

구분	한국 다문화 교육 유형	관점	Banks의 다문화 교육과정 개력 모델
단기	소수자 적응 교육	동화주의자	주류 중심 모델
	소수자 정체성 교육	다문화주의자	문화 참가적 모델
	소수자 공동체 교육		다문화 모델
중기	다수자 대상의 소수자 이해 교육		
장기	모두를 위한 교육		
	다문화 교육과 국제이해 교육의 연대	문화다원주의자	전지구적 모델

자료: 김경식 외(2017). 교육사회학. 파주시, 경기도: 교육과학사, p. 353.

4. 다문화 교육의 필요성

다문화 교육은 문화적 다원성을 인정하며, 사회경제적 지위나 인종 혹은 민족 등과 같은 요인에 관계없이 교육의 수월성과 평등성을 조화롭게 추구하자는 교육이다. 그래서 다문화 교육에서는 소수자를 위한 적응 교육, 소수자 정체성 교육, 소수자 공동체를 위한 교육, 다수자 대상의 소수자의 이해 증진 교육을 주된 교육내용으로 삼는다(양영자, 2008).

초기 다문화 교육에 대한 논의에서는 소수집단이 자신의 전통을 포기하고 주류 사회나 문화에 흡수되거나 혼합되기를 기대하는 데 초점을 두었다. 하지만 오늘날 다문화 교육은 공존하는 문화집단이 평등한 사회적 조건 속에서 조화롭게 공존할 것을 요구할 때, 소수민족집단이 순응하는 한 자신의 문화적 방식을 유지할 수 있도록 할 뿐 아니라, 인종주의와 불의를 지적하고 적극 대응하도록 하는 데 보다 초점을 둔다(장미혜, 2002).

다문화 교육이 필요한 실제적인 이유에 대해서 제시하면 다음과 같다(김병성, 2018; 이정선 외, 2010; 김선미, 2009; Christine, 2007).

첫째, 결혼이주여성, 외국인 근로자 등의 유입 급증으로 인종적·언어적·문화적 배경의 다양화를 들 수 있다.

둘째, 인종적·민족적·다양성의 증가로 인하여 다문화 가정이 봉착하고 있는 문제 증가를 들 수 있다.

셋째, 상호 연계된 사회의 존재이다. 글로벌화된 현대사회에서는 생활의 전 영역에 걸쳐서 전 지구적인 협력이 요구되고 있다. 앞으로는 전 지구적으로 상호 연계된 문제들이 일상생활에서 더욱 빈번하게 부각될 것이다. 상호 연계된 세계 질서에 대하여 미리 준비하고 학습하는 자세가 요구된다.

넷째, 평등과 민주주의의 가치를 실현한다. 인간의 기본권, 사회정의, 대안적 삶에 대한 존중, 만인에 대한 동등한 가치를 부여하기 위해서 인종, 성, 계층 등의 차별로부터 보호받을 수 있는 방법을 교육할 필요가 있다.

다섯째, 다문화 가정 학생의 특성을 고려한 맞춤형 교육 지원이 필요하다.

여섯째, 다문화에 대한 이해 및 사회적 인식 제고, 즉 단일민족, 순혈주의의 극복을 들 수 있다.

일곱째, 평등과 민주주의적 가치이다. 다문화 교육에서는 불평등한 사회가 가지고 있는 문제들을 직접 다룬다. 그리하여 인종차별을 하지 않는 민주적 가치를 지닌 사람으로 변화시키기 위하여 생각과 행동을 교육할 필요가 있다.

여덟째, 우리나라 인구 구성의 급격한 질적 변화가 예고되고 있다. 우리나라도 고령화 사회로의 진입이 빠른 국가 중 하나이며, 동시에 현재 OECD 국가 중 최저 수준의 출산율을 나타내고 있다. 또한 경제활동에 종사하는 인구는 줄어들고, 부양인구는 많아지는 현상이 나타나고 있다. 국내에는 외국인 경제활동인구의 유입과 함께 농촌 총각의 국제결혼 등으로 다문화 가정이 증가하고, 이러한 이유로 다문화 교육의 필요성이 더욱 강조되고 있다.

5. 한국 다문화 사회와 교육의 과제

2018년 5월말 현재 우리나라에 결혼이민자(156,766명), 외국인 근로자(274,500명), 외국인 유학생(145,800명), 난민(2,379명), 불법체류자(312,346명) 등 체류 외국인 총 2,246,137명으로 나타나고 있다. 이제 우리나라는 확실히 다문화 사회로 진입되었다. 한국의 다문화 사회가 급속히 진행되면서 그에 따른 문제점도 많이 나타났다. 그동안 한국사회는 단일민족 혈통을 기반으로 한 폐쇄적 문화를 유지해 왔었다. 외국인을 위시한 다문화적 경험이 없었기 때문에 이들을 배려할 수 있는 다양한 정책적 지원이 부족한 것도 사실이었다. 아직도 다문화 가정에 대한 이해 부족과 지원체제의 미비로, 다문화 학생들은 문화적 이질감을 느끼고 한국사회에 동화되지 못하고 있는 실정이다. 다문화 교육이 관련기관과 단체들의 더욱 적극적인 관심과 실천이 요구된다(주동범, 2016: 150~151).

한국 다문화 사회의 교육적 과제는 다음과 같다(김병성, 2018; 주동범, 2016; 안병환, 2012; 강창동, 2008; 김선미, 2008).

첫째, 다문화 사회에 대비하기 위하여 교육의 사회 통합적 기능이 강조되어야 한다. 다양한 문화적 차이는 사회갈등을 유발하고 사회통합을 저해할 수 있다. 다문화 교육을 통해 다문화의 이질적 차이를 극복하고, 상호 배려와 인식의 통합이 이루어져야 한다.

둘째, 다문화 학생의 교육 기회균등에 대한 심층적 고려가 있어야 한다. 한국의 다문화 교육은 인종, 종교, 지역의 차이에 따른 제도적 차별이 비교적 많이 나아지고 있는 편이다. 이 점에서 보면 한국의 다문화 교육은 허용적 평등관을 수용하고 있다. 하지만 경제적 차이로 인한 교육기회의 보장안의 보장적 평등관, 학교시설, 교과과정, 교사의 질 등을 고려한 조건의 평등관 그리고 균등한 학업성취 수준을 고려한 교육결과의 평등관에 상당한 문제가 나타날 수밖에 없다. 따라서 다문화 학생을 위한 교육에 대한 심층적 배려가 필요하다.

셋째, 다문화 교육을 통해 사회문화적 이질성을 극복해야 한다. 다문화 교육은 단일민족에 의한 동화교육이 아니므로, 소수문화에 대한 차이를 인정하는 사회적 존중과 배려가 필요하다. 그리고 다문화 학생뿐만 아니라 국내의 학생들에게 문화적·인종적 편견을 해소할 수 있는 반편견 교육을 실시하여 사회문화적인 이질적 차이를 극복해야 한다.

넷째, 다문화 교육의 내용에 대한 문제이다. 다문화 교육은 다양한 문화의 공존과 차이 인정, 상호 존중의 태도, 나와 다른 것에 대한 관용의 자세 등에 대한 가치와 태도 교육이 필수적으로 이루어져야 한다.

다섯째, 우리나라의 다문화 교육은 인종적·민족적 다름에서 오는 문화적 차이만을 떼어 놓고 실시하는 경향이 있다. 다문화적 차이와 유사점의 이해는 민족적인 차이에 바탕을 둔 집단에만 적용하는 것이 아니라 성별, 종교, 직업, 서로 다른 관심과 능력의 차이 등에 바탕을 둔 문화적 차이를 통해서도 이루어져야 한다.

여섯째, 다문화 교육은 다문화적인 태도, 정의적 특성을 위한 교육 자체만을 목적으로 교육 프로그램을 운영하거나 언어, 문화 교육 등을 통해서 다문화 교육을 실행할 수 있지만, 무엇보다도 다문화 교육이 모든 교과목에 접목되어 이루어져야 한다.

일곱째, 다문화 교육의 대상에 관한 문제이다. 현재의 다문화 교육은 다문화 가정 자녀와 외국인을 중심으로 실시되고 있으며, 학부모, 다수자 학생, 일반인을 위한 다문화 교육으로 대상들을 구분하여 각각의 대상들에게 적합한 다문화 교육을 보조적으로 실시하는 것이 일반적이다.

여덟째, 교사교육에 대한 논의가 필요하다. 대학에서 교직을 준비하는 학생들에게 다문화 관련 내용을 가르쳐야 할 필요가 있다. 또한 현직 교사연수 프로그램에서도 다문화 관련 내용들이 강화되어야 할 것이다.

제2절 대안 교육

'대안'이라는 개념은 사전적 의미로 어떤 문제에 대한 새로운 해결책이란 의미를 담고 있는데, 기본적으로 대안 교육은 공교육제도가 시행되면서 낳은 각종 교육적·사회적 폐단에 대한 문제 제기를 기초로 한다. 즉, 대안 교육 또는 대안학교는 본질적으로 기존의 교육체제와 교육방식 그리고 기존의 학교에 대한 문제 제기에서 출발하고 있는 것이다. 이처럼 공교육체제에 비교되는 다양한 비주류형 교육형태의 등장은 교육 선진국으로 인정받는 미국이나 독일, 영국 등의 나라에서 더욱 활성화되고 있는 추세이다.

2절에서는 대안 교육의 등장, 대안 교육과 대안학교의 의미, 대안 교육의 유형, 대안학교의 현황, 우리나라 대안학교의 역할과 과제 등에 대해서 기술하고자 한다.

1. 대안 교육의 등장

1) 대안 교육의 등장 배경

대안 교육은 근본적으로 교육의 한계에 부딪힌 인류가 이를 극복하기 위해서 시도한 교육운동이다. 대안 교육의 등장 배경을 제시하면 다음과 같다(김경식 외, 2017; 이인원 외, 2017; 이병환, 2016).

첫째, 공교육의 한계이다. 공교육 위기의 문제가 첨예하게 대두되면서 상대적으로 대안 교육에 대한 관심이 증대된 것은 대안 교육을 통하여 공교육에서 대두되고 있는 문제의 일부를 해소할 수 있는 기대가 반영되었다고 볼 수 있다. 이는 학교 붕괴로 대변되는 공교육 위기의 문제가 사회적 파장을 불러일으키고 있던 1990년대 후반에 가서야 정부에서 특성화고등학교의 형태로 공교육의 일부로 인정하였던 것에서도 알 수 있다. 오늘날 학교 부재론, 학교 무용론으로 대표되는 비판의 목소리는 '생명이 없는 교실에서의 수업', '사제 간의 존경과 사랑이 사라진 학교', '더 이상 학생들에게 꿈을 심어 주지 못하는 교육현실' 등 다양한 모습으로 교육의 한계성을 표출시키고 있다. 이미 1970년대에 Freire가 제기했고, 이와 비슷하게 Illich가 학교 이데올로기에 관한 명제와 함께 공적인 교육제도의 허구를 폭로하면서 '학교교육에 대한 대안(alternatives to schooling)'을 문제로서 제기한 것은 오늘날 학교교육이 봉착한 위기 상황에 대한 하나의 단호한 문제 제기임에 분명하다. 최근 나날이 고조되고 있는 청소년 문제의 원인이 학교교육에도 있는 만큼 사랑과 인간적인 결속이 어우러지고 환경을 생각하며, 더불어 사는 공동체적 인간을 육성하려는 대안학교에 대한 관심이 높아지는 것은 당연한 결과라고 하겠다.

둘째, 사회사적 요구이다. 제도교육의 모순 속에서 등장한 대안 교육의 이념은 1980년대부터 싹트기 시작했다. 학교교육이 지배 세력의 재생산 도구라는 인식이 팽배하던 시대에 대안 교육을 모색하는 이론이 많이 수입되고 제창되었다. Silberman의 「교실의 위기」, Remier의 「학교는 죽었다」, Bowles와 Gintis의 「자본주의 미국의 학교교육」, Carnoy의 「교육과 문화적 식민주의」, Freire의 「의식화론」, Apple의 「교육과 이데올로기」, Harris의 「교사와 계급」 등은 한국의 제도권 교육의 모순을 갈파할 수 있는 이론적인 틀을 제공하였던 비판서로 소개되었다(심성보, 1996). 이 저서들은 경쟁 중심의 비인간적 학교 분위기와 학교교육의 경제적, 문화적 불평등으로 인하여 하층계급 아동의 교육적 소외, 학교교육의 외세 종속성과 식민화에 대한 비판, 그것을 극복하는 비판의식과 저항 의식을 고양하는 비판적 입문서들이었다.

이러한 비판서들이 대부분 사회주의적 성향을 가지고 있어 현실 자본주의 모순을 비판하는 데는 도움을 주었지만, 그것이 실천적 대안이 되기에는 관념적 급진성을 보였다. 1980년대 후반부터 가속화된 사회주의권의 현실적 몰락은 자본주의 교육 모순의 반작용으로 동경의 대상이 되었던 사회주의 유토피아에 대한 동경을 사라지게 하였다. 그래서 자본주의 교육 자체의 장점을 부분적으로 수용하면서 새로운 대안적 전략을 세우지 않으면 안 되게 되었다.

셋째, 물질적 풍요와 편리함을 추구하는 가치체계가 전(全)지구적 생태 위기를 초래하면서 이러한 가치를 교육하는 학교가 정당성을 잃어가고 있다. 이성에 근거한 자연과학의 업적은 물질적으로 유익을 주었지만, 그 이면에는 생태계 파괴를 초래했다. 근대적 합리성을 추구하는 학교체계는 진보와 발전을 강조했지만, 자연과 동물과의 공동체적 관계를 무시하고 인간중심의 이기적인 태도를 기르는데 일조했다고 지적받고 있다.

다섯째, 근대정신의 최종 산물인 개인주의가 일으킨 문제이다. 무한할 것이라는 자원을 두고 벌인 경쟁은 빈부격차와 소외의 문제를 불러일으켰고 무한한 자원이 고갈되고 있다는 사실을 직시하게 만들었다. 이에 사람들은 경쟁에서 공유로, 개인에서 공동체 중심의 공생적 가치에 주목하게 되었다. 이는 경쟁을 통해 순서대로 자원을 차지하도록 만든 학교체제의 구조적 붕괴를 의미한다. 학교교육은 공생과 협력, 상생을 위한 장이 되어야 한다는 것이 미래 사회의 방향임을 고려할 때 현재 교육체제는 변화가 필요함을 시사해 준다.

2) 우리나라 대안 교육의 역사

우리나라 대안 교육은 학생들의 학교생활, 적응, 진로 등의 문제가 두드러지는 1990년에는 차츰 제도권 이외의 새로운 교육에 눈을 뜨기 시작했다. 이는 1980년대 말부터 교원노조운동의 일환으로 진보적 교육운동과 맥을 같이 한다. 1980년대는 입시지옥과 청소년 범죄, 폭력이 판치는 비인간적 학교에 대한 반발을 계기로 대안학교운동이 본격화되었다. 이러한 노력은 1995년 대전에서 이들 간의 연대모임인 '새로운 학교를 만드는 사람들의 모임'이 형성되면서 점차 현실화되기 시작했다.

대안학교가 정부 정책에 처음 등장한 것은 교육부가 1996년 12월 10일 발표한 '학교 중도 탈락자 예방 종합 대책'이었다. 이 대책은 학교 모델을 다양화하며, 학교 운영체제를 혁신하여 부적응 현상을 최소화한다는 내용을 핵심으로, 부적응 학생을 위한 대안학교를 설립했다. 학교를 중도에 탈락하는 학생들이 해마다 늘어나고 이들이 범죄에 연루되는 것을 최소화하기 위한 것이었다. 학교를 중도에서 그만두는 학생들의 숫자가 1997년에는 8만 명을 넘어섰다. 이에 교육부는 1997년 3월 30일 '대안학교 설립 및 운영 지원 계획'을 확정·발표했다(곽성기 외, 2017). 한국 최초의 대안학교는 1997년 경남 산청 지리산 자락에 설립된 간디 청소년학교이다. 1998년에는 대안학교 6개가 특성화고등학교가 되면서 교육부에 대안학교가 법제화되었다. 그리고 우리나라 대안학교의 특이한 점은 도시형 대안학교가 탄생한 것이다. 즉, 1999년 '서울시청소년직업체험센터'이다. 이는 '하자센터'로 알려져 있다. 이 센터는 학교 밖에 있는 청소년들에게 진로 찾기를 돕는 학습공간이었다. 그리고 이 센터를 찾는 청소년들이 증가하면서 2001년에는 '하자작업장학교'가 설립되었다(교육부, 2007).

전일제 초등 대안학교가 등장한 것은 2001년이다. 초등 대안학교는 중고등 대안학교에 비해 입시의 중압감이나 폭력에 자유로웠을 뿐만 아니라 초등교육이 의무교육이었기 때문에 늦게 생겨난 것으로 이해할 수 있다. 2001년에 설립된 산어린이집학교와 광명의 볍씨학교는 우리나라 최초의 전일제 초등 대안학교라고 할 수 있다. 초등 대안학교가 설립되면서 많은 학부모들은 의무취학을 유예하거나 장기결석자로 행정 처리되어 검정고시를 보는 편을 선택한다. 이런 불편을 감수하면서도 초등 대안학교 이용이 늘어나는 것은 대안 교육을 통해 공교육의 공적 의무조차도 국가가 아닌 국민에게 주도권이 있다는 것을 보여주는 것이라 할 수 있다. 그리고 2001년에는 시도교육청에서 운영하는 위탁형 대안학교가 생겨나게 된다. 위탁형 대안학교는 학교에 부적응하여 중도 탈락할 가능성이 많은 학생들에게 정규 학교가 아닌 위탁 교육기관에서 학습해도 출석을 인정해주는 제도이다(강대중, 2002).

상기에서 고찰한 바와 같이, 대안 교육운동과 실천은 마침내 2005년 초중등교육법 내에 대안학교 조항이 신설되는 데 영향을 주었다. 교육부는 2003년에 '대안교육 확대, 내실화 방안'을 발표해 대안학교 시설 기준 완화, 시설 임대, 교육과정과 교원임용 특례 등을 제공하며, 학력인정 대안학교 설립을 장려했다. 이에 2005년 3월 대안학교법이 국회에서 통과되기 이르렀다. 또한 이와 관련하여 학교 밖 청소년 지원에 관한 법률(2015)과 시행령(2017 일부개정), 시행규칙(2015)을 제정하여 대안학교 내 학생을 보고하고 지원하는 법을 마련했다(이인원 외, 2017).

최근 우리나라의 대안 교육은 외국의 대안 교육 철학과 대안학교와 활발히 교류하고 있다. 예를 들면, 독일 발도르프 교육이나 일본 키노쿠니 어린이마을, 프랑스 프레네 학교, 일본 도쿄 슈레 등과 같은 공동체 및 생태 중심의 대안 교육이 우리나라 현장에 소개되어 접목되는 실정이다. 이러한 분위기는 대안 교육에 대한 과거와 현재의 인식의 변화를 보여준다. 초창기 대안 교육은 학교에 부적응하는 청소년을 위한 학교라는 생각이 강했다. 하지만 지금은 대다수의 사람들이 공교육에 대한 실망과 한계를 느끼고 있어 대안 교육은 학부모와 학생이 선택하는 교육 유형의 한 종류로 인식이 바뀌고 있다(곽성기 외, 2017).

2. 대안 교육과 대안학교의 의미

1) 대안 교육과 대안학교의 개념

첫째, 대안 교육이란 기존의 교육을 다른 유형의 교육으로 대체 혹은 대신한다는 뜻으로 이해될 수 있다. 교육부(1998)는 대안 교육은 "① 어느 시대나 사회에서 기존의 교육을 불만족스러워하면서 새로운 교육을 추구하려는 교육적 노력, ② 특정한 시대나 사회의 문제의식을 반영하는 교육으로 20세기 말 근대 공교육의 문제들에 주목하여 그것을 극복하기 위해 대두된 일련의 노력"으로 보았다. 황긍섭(2001)은 대안 교육을 "어떤 시대적 상황을 지배하고 있는 주류적인 패러다임의 틀 속에서 기존 교육의 한계를 해결하기 위하여 새로움을 추구하는 교육이나 그러한 패러다임의 틀에 얽매이지 않으면서 '패러다임의 전환'으로서 교육의 본질을 찾거나 대안적인 가치에 입각하여 새로움을 추구하는 교육"이라고 정의하였다. 김경식 외(2017)는 대안 교육을 "기존의 제도권 학교교육이 무책임하고 비합리적이고 때로는 부적합하다는 한계에 대한 비판과 불만에서 출발하여 나름대로의 교육적 신념과 이상을 실천하고 운영하는 교육운동을 포괄한다고 하며, 국가 주도 교육의 경직성 타계 및 공교육 정상화를 목표로 교육다운 교육을 추구하는 유형의 교육 형태"라고 정의하였다.

상기에서 제 학자들의 견해를 종합하면, 대안 교육이란 기존 교육제도에 문제를 제기하고 그에 대한 반성과 반발로 인해 생겨난 새로운 방식의 교육을 의미하고, 경쟁적이고 비인간적인 기존의 학교교육에서 탈피하여 개인적인 가치와 사회적인 가치가 존중되는 '공동체적 사회를 실현하는 것을 목적으로 하는 새로운 교육실천 운동으로 볼 수 있다. 궁극적으로 대안 교육은 교육의 본질적인 목적 외에 이웃, 지역사회, 자연과의 상호작용과 협동을 중시하는 공동체적 인간을 양성하는 데 있다.

둘째, 대안학교는 개념 정의를 내리기에는 매우 혼란스럽다. 즉, 대안학교, 대안적 학교, 새로운 학교, 열린 학교, 작은 학교, 실험학교 등 유사한 용어가 혼재되어 편의에 따라서 사용되고 있다는 점에서 쉽게 이해할 수 있다. 우리나라 초중등교육법에서는 대안학교를 "학업을 중단하거나 개인적 특성에 맞는 교육을 받고자 하는 학생을 대상으로 현장실습 등 체험 위주의 교육, 인정 위주의 교육 또는 개인이 소질 적성 개발 위주의 교육 등 다양한 교육을 실시하는 학교"(제60조 제30항)로 정의했다. 이선숙(2001)은 대안학교에 대해 "공교육체제가 구축된 이후 꾸준히 제기되어 온 획일적이고 지식위주의 편중된 교육에 대한 대안으로 학교가 가지고 있는 대안적 목적을 분명히 하고, 학교의 교육목적을 효율적으로 학생들에게 전달할 수 있는 대안적인 사고를 가진 교사가 대안적인 교육내용을 통해 학생들의 경험과 자유를 바탕으로 그들의 다양한 욕구를 최대한 수용하는 대안적 방법으로 운영하는 작은 규모의 학교"라고 정의하고 있다. 정민승 외(2012)는 "우리나라에서 대안 교육은 교육이념, 교육목표, 교육내용, 교육방법, 교육과정, 학교시설 및 생활지도 방식에서 기존의 공교육, 즉 학교교육과 다른 지향을 가진 새로운 교육을 말한다. 하지만 여기에서 대안 교육은 기존의 학교교육과 단순히 '다르거나 새로운' 교육이 아니라, 기존의 학교교육이 학생을 대하는 관점, 학생들이 배우고 알아야 할 것에 대한 관점, 학생들이 살아가고 있는 사회와 세계에 대한 관점과는 근본적으로 그 지향하는 바가 다른 교육"이라고 했다. 결국 대안학교란 대안적 교육활동을 위한 가치관이나 철학을 기반으로 학습자들의 개인적 특성변인을 적극적으로 고려하면서 유연한 커리큘럼과 교육적 방법을 최대한 활용하는 학교라고 할 수 있다.

2) 대안 교육의 이념

대안 교육의 실천 양상이 다양함에도 불구하고 대안 교육의 이념을 제시하면 다음과 같다(이종태, 2000).

첫째, 아동을 자율적이고 독립된 존재로 본다. 대안 교육의 큰 특징은 학생 중심이라는 것이다. 이는 Rousseau가 「에밀(Emile)」에서 아동을 독립된 인격체로 보는 것과 유사하다. 기존의 교육체제에서 학생은 교사중심으로 편성된 학교에 적응해야 한다. 교사가 결정하고 제시한 지식과 가치를 수동적으로 받아들이고 평가받는 방식이다. 하지만 대안 교육에서 아이들은 주체적이고 자율적인 존재이다. 이는 민주적인 삶의 방식을 온 몸으로 체험하는 것으로 민주 사회의 시민을 형성하는 데 바람직할 것이다.

둘째, 개별성과 공동체성을 동시에 추구한다. 학생의 개별적 특성을 존중하는 것과 집단 공동의 가치를 함께 공유하는 것은 상반된 것처럼 보인다. 대안 교육은 정해진 교육체계에서 벗어나 학생의 선택과 자유를 중시하기 때문에 개인에게는 맞춤 교육, 그들의 흥미와 요구를 최우선으로 하는 개별 교육으로 인식되기 쉽다. 하지만 대안 교육은 공동체 중심으로 학교를 운영하고 수업을 진행한다. 대안 교육은 사람들 사이의 협력과 존중 그리고 평등을 강조한다. 그들은 서로 다른 생각을 가진 사람을 이해하기 위해 노력하며, 갈등이 생기더라도 타협을 통해 실질적으로 분쟁을 해결하는 경험을 하게 된다.

셋째, 학생이 학습내용과 방법을 자발적으로 정한다. 대안 교육에서 학생들은 스스로 무엇이 알고 싶은지 진단해야 하며, 알고 싶은 것에 어떻게 접근할지 스스로 판단한다. 교사는 주도적이 아니라 안내자적인 역할만을 한다. 때로는 효과적인 교육방법이 있더라도 학생이 시행착오를 겪으며 능동적으로 발견하도록 한다. 이러한 방식들은 학생들에 대한 절대적 신뢰가 바탕이 되어야 가능한 것이다.

넷째, 생명존중과 생태주의를 기반으로 한다. 대안 교육은 인간과 자연을 적대적 관계로 보지 않고 공존적 관계로 회복되는 교육이념을 따른다. 생명존중과 생태주의는 자연을 파괴와 착취의 대상이 아니라 유지하고 순환시키는 대상으로 본다. 이는 환경오염이나 생태계 위기 극복 강조를 넘어서서 생명에 대해 존중하는 가치를 가지고 자연과 공존하는 방법을 통해 인간 사이의 평화적 관계를 맺는 방법에도 관심을 갖도록 한다. 많은 대안학교들이 시골에 위치하면서 불편함을 감수하고 노동을 중요하게 여기는 것은 이러한 이념에 근거한다.

다섯째, 대안 교육은 노동 혹은 노작을 중시한다. 기존 교육시스템에서는 학업시간과 휴식시간이 엄격하게 구분되어 있는 것과 달리, 대안학교에서는 일과 놀이가 구분되지 않는다. 놀이형태로 이루어지는 일이 더욱 효과적이며 생산성이 높다는 것에 착안한 것이다. 많은 대안학교는 일상생활에 필요한 물을 자체 노동으로 조달하며, 그러한 활동 자체를 교육적으로 삼는다. 즉, 교실에 부족한 의자를 만들기 위해 재료를 탐색하고 재단하고 균형을 잡아 조립해 보는 활동을 하면서 수학, 과학적 원리와 예술적 감각을 익히게 되는 것이다. 따라서 생활 그 자체가 놀이가 되기도 하며 때로 협동을 요구하는 일이 되기도 한다.

여섯째, 대안교육은 작은 규모의 학교를 지향한다. 작은 규모의 학교는 작은 집단의 동질성을 바탕으로 개별 학교가 추구하는 이념을 실현하는 것이 용이하다. 이에 반해 공교육은 많은 학생의 개별적 요구를 모두 수용할 수 없기 때문에 다양성을 억압하여 거대한 집단을 유지한다. 이러한 측면에서 대안 교육이 작은 규모를 지향하는 것은 학생 한 명 한 명의 개별적 특성을 고려할 수 있다는 장점을 지니는 것이다.

일곱째, 대안 교육은 지역사회와 긴밀한 관계를 맺는다. 대안학교들은 교육이 삶의 과정이 유리되지 않고 학생의 폭넓은 교육을 지원하기 위해 지역사회의 다양한 인프라와 시설을 활용한다. 학교는 지역사회와 사회적 책임, 문화로부터 영향을 주고받고 문화를 만들어내는 생산적 공간이라는 것이다. 그러므로 대안교육은 지역사회의 다양한 인사들과 시설을 풍부한 학습자원으로 활용하면서 교육의 범위를 확장시키는 방식을 취한다.

3. 대안학교의 유형

1) 대안학교의 유형

대안학교의 수만큼이나 많은 대안학교의 교육형태나 교육내용, 가치로 인해서 대안학교의 유형을 명확하게 구분하기가 어렵다. 이종태(2000)의 대안학교 유형을 소개하면 다음과 같다.

첫째, 자유학교형 대안학교이다. 기존 학교교육에 내재된 통제와 억압, 성인중심 교육을 비판하고 학생들의 긍정적 본성과 무한한 가능성을 바탕으로 교육을 실시하는 유형이다. 예를 들면, 영국의 '서머힐'과 독일의 '자유대안학교', 일본의 '키노쿠니 어린이 마을' 같은 학교를 들 수 있다. 학교를 아이들에게 맞추어 모든 운영과 결정에 학생을 참여시켜 '자유'를 최우선으로 하는 학교이다.

둘째, 생태학교형 대안학교이다. 이 유형은 지식과 의식주에 관련된 기본 활동 전체를 교육내용으로 삼고 마을 전체가 교사가 되어 도제식 교육을 실시하는 유형이다. 이러한 유형은 생태적 관계와 노작, 지역사회와의 연결을 추구한다. 예를 들면, 영국 하트랜드의 '작은 학교(small school)'는 마을의 다양한 생산자들이 교사로 봉사하면서 자연스럽게 아이들에게 전문기술을 알려주며, 그 과정에서 생활과 학습의 연관성을 깨닫게 된다. 또한 생태주의적 학교로는 우리나라의 간디 청소년학교, 푸른꿈고등학교, 실상사 작은 학교, 변산 공동체 등의 교육이념이나 방식이 이러한 유형에 속한다고 할 수 있다.

셋째, 재적응학교형 대안학교이다. 이 유형은 일반학교에 부적응학생을 대상으로 설립된 대안학교이다. 이 학교는 기존 학교의 문제점을 극복할 수 있는 프로그램이나 인간관계를 제공하고, 최대한 학생의 개성과 자율을 허용하는 방식으로 운영되고 있다. 예를 들면, 성지고, 화랑고, 운경고, 양업고, 동명고, 두레자연고등학교가 이 유형에 속한다.

넷째, 고유 이념 추구형 대안학교이다. 다른 유형에 비해 독특한 교육이념과 방식으로 대안 교육을 실천하는 유형이다. 예를 들면, 슈타이너의 사상을 기반으로 한 발도르프 학교는 인지학이라는 철학을 토대로 유치원에서 중등교육까지 일관된 교육과정을 실시하며, 한 명의 교사가 오랫동안 담임을 맡는 방식, epoch 수업방식(한 과목이나 주제를 몇 주 혹은 몇 달에 걸쳐 집중적으로 학습한 뒤 다른 것으로 넘어가는 방식) 등을 추구한다. 예를 들면, 기독교 신앙을 기초로 한 풀무농업고등학교가 이 유형에 속한다.

2) 국내 대안학교의 유형과 현황

국내 대안학교 유형을 대안 교육 특성화학교, 각종 학교로서 대안학교, 위탁형 대안학교, 미(비)인가 대안학교로 구분해서 고찰하기로 한다(김경식 외, 2017).

첫째, 대안학교 특성화 학교는 1998년 2월 24일 공포된 초중등교육법 시행령에 의거하여 특성화학교 및 자율학교로 당시 비(미)인가 대안학교들 중 영산성지고, 양업고, 한빛고, 경주화랑고, 원경고, 간디학교 등 6개교를 대안형 특성화고등학교로 전환한 것을 시작으로 하여 2017년 현재 중학교 13개교, 고등학교 25개가 운영되고 있다(이인원 외, 2017; 김희수 외, 2015).

2000년 이후 교육당국의 대안교육에 대한 관심은 더욱 높아져서 대안학교에 대한 각종 정책연구가 빈번해졌으며, 대안 교육 법제화가 논의되기 시작했다. 2006년도에는 대안 교육 특성화학교로 지정되지 못한 미인가 대안

교육기관도 정식 학력으로 인정해주는 안을 통과시켰으며, 그 후속 조치로 2007년도에는 대안학교의 설립·운영에 관한 규정(대통령령 제20116호: 2007. 6. 28. 공포)이 제정되어 대안학교의 학력 인정과 대안학교 설립에 대한 가이드라인을 구체적으로 제시했다. 또한 공립 대안학교는 2002년도에 설립된 경기대명고등학교를 시초로, 2010년도에는 경남의 태봉고등학교가, 2012년도에는 인천의 해밀고등학교, 전남의 한울고등학교가, 2015년에는 강원의 현천고등학교가 개교하였다(김경식 외, 2017).

대안교육 특성화고등학교 현황을 제시하면 표 12-2와 같다.

표 12-2 대안교육 특성화고등학교 현황(2018년 4월 기준)

시도	학교명	지정연도	설립별	법인	학생정원	소재지
부산	지구촌고	2002년	사립	복음	90	연제구
대구	달구벌고	2003년	사립	덕성	120	동구
인천	산마을고	2000년	사립	산마을 학원	60	강화군
광주	동명고	1999년	사립	동명	180	광산구
경기	두레자연고	1999년	사립	수곡두레	120	화성시
	경기대명고	2002년	공립	·	120	수원시
	이우고	2003년	사립	이우	240	성남시
	한겨레고	2006년	사립	전인	120	안성시
강원	전인고	2005년	사립	전인	100	춘천시
	팔렵고	2006년	사립	이화	60	홍천군
	현천고	2014년	공립	·	135	횡성군
충북	양업고	1998년	사립	청주카톨릭	120	청원군
충남	한마음고	2003년	사립	한마음교육 문화재단	120	천안시
	공동체비전고	2003년	사립	선천	120	서천군
전북	세인고	1999년	사립	DIA세인	180	완주군
	푸른꿈고	1999년	사립	푸른꿈	120	무주군
	지평선고	2009년	사립	원진	120	김제시
전남	영산성고	1998년	사립	영산성지	120	영광군
	한빛고	1998년	사립	거이	225	담양군
	한울고	2012년	공립	·	180	곡성군

시도	학교명	지정연도	설립별	법인	학생정원	소재지
경북	경주화랑고	1998년	사립	삼동	120	경주시
경남	간디학교	1998년	사립	녹색	120	산청군
	원경고	1998년	사립	원명	120	합천군
	지리산고	2004년	사립	학림	60	산청군
	태봉고	2010년	공립	·	135	마산시
계	25개교				2.915명	

자료: http://www.easylaw.go.kr/CSP/CnpClsMain.laf?popMenu=ov&csmSeq=745&ccfNo=3&cciNo=4&cnpClsNo=2&menuType=cnpcls

대안교육 특성화중학교는 2000년에 송학중학교가 개교한 이래 2015년에는 경남상주중학교가 설립되었으며, 2017년 현재 전국에서 13개교가 운영되고 있다.

표 12-3 대안교육 특성화중학교 현황(2018년 4월 기준)

시도	학교명	지정연도	설립별	법인	학생정원	소재지
경기	헌산중학교	2003년	사립	전인	120	용인시
	두레자연중학교	2003년	사립	수곡두레	60	화성시
	이우중학교	2003년	사립	이우	180	성남시
	한겨레중학교	2006년	사립	전인	60	안성시
	중앙기독중학교	2006년	사립	중앙학원	252	수원시
강원	팔렬중학교	2010년	사립	이화	60	홍천군
전북	지평선중학교	2003년	사립	원진	120	김제시
	전북동화중학교	2009년	공립	·	120	정읍시
전남	성지송학중학교	2002년	사립	영산성지	80	영광군
	용정중학교	2003년	사립	보성	112	보성군
	청람중학교	2013년	공립	·	80	강진군
광주	평동중학교	2014년	공립	·	52	광주광역시
경남	상주중학교	2015년	사립	상주	90	남해군
계	13개교				1,386명	

자료: http://www.easylaw.go.kr/CSP/CnpClsMain.laf?popMenu=ov&csmSeq=745&ccfNo=3&cciNo=4&cnpClsNo=2&menuType=cnpcls

둘째, 각종학교로서 대안학교는 초등학교·중학교·고등학교의 과정을 통합하여 운영할 수 있고, 대안학교의 설립기준, 교육과정, 수업연한, 학력 인정, 기타 설립·운영에 필요한 사항은 대안학교의 설립·운영에 관한 규정(2007년 6월 28일 제정)에 의한다. 각종학교로서 대안학교 현황은 표 12-4와 같다.

표 12-4 각종학교로서 대안학교 현황(2017년 1월 기준)

시도	학교명(과정)	설립 구분	설립 연도	소재지
서울	서울실용음악학교(고)	사립	'09	신당동
	여명학교(고)	사립	'10	남산동
	지구촌학교(초)	사립	'12	오류동
	서울다솜학교(고)	공립	'12	흥인동
인천	인천청담학교(고)	사립	'11	동춘동
	인천해밀학교(중·고 통합)	공립	'12	구월동
	인천한누리학교(초·중·고 통합)	공립	'13	논현동
광주	월광기독학교(초)	사립	'14	화정동
대전	그라시아스음악학교(고)	사립	'12	도마동
경기	새나래학교(중·고 통합)	사립	'11	용인시
	화요일아침예술학교(고)	사립	'11	연천군
	쉐마기독학교(초·중·고 통합)	사립	'11	
경기	TLBU 글로벌학교(초·중통합)	사립	'08	고양시
	경기새울학교(중)	공립	'13	이천시
	광성드림학교(초·중 통합)	사립	'14	고양시
	하늘꿈중학교(중·고 통합)	사립	'16	성남시
충북	글로벌선진학교(중·고 통합)	사립	'11	음성군
	한국폴리텍다솜학교(고)	사립	'12	제천시
충남	여해학교(중)	공립	'13	아산시
경북	한동글로벌학교(초·중고통합)	사립	'11	포항시
	글로벌선진학교문경캠퍼스(중·고 통합)	사립	'13	문경시
	산자연학교(중)	사립	'14	영천시
	나무와학교(중)	사립	'14	영천시
경남	꿈키움학교(중)	공립	'14	진주시
	어울림학교(중)	사립	'14	하동군

자료: 김경식 외(2017). 교육사회학. 파주시, 경기도: 교육과학사, p. 327.

표 12-4와 같이 2008년 TLBU 글로벌학교(초·중·고통합)와 서울 실용음악학교가 개교한 이래 2014년에 광주 월광기독학교(초), 경기도 광성드림학교(초·중 통합), 경북의 산자연학교(중), 나무와학교(중), 꿈키움학교(중), 어울림학교(중)가 설립되었으며, 2016년에는 경기도의 하늘꿈중학교(중·고 통합)가 설립되었으며, 2017년 현재 전국에 총 25개교가 운영 중이다.

셋째, 위탁형 대안학교는 학업중단 위기 학생의 중도탈락 예방을 위하여 일반학교와 다른 교육과정을 운영하는 기관에서 위탁 교육을 시행하는 학교 유형이다. 위탁대상자는 초·중·고등학교 재학생 중 학교생활을 하기 어려운 학생 및 학업을 중단하고자 하는 학생 또는 퇴학 처분의 징계를 받은 학생이다. 교육과정은 2/3 정도를 인성, 소질 및 적성, 진로 교육 등 대안교과로 편성 및 운영하고 보통교과는 최소화하여 운영한다(이인원 외, 2017). 위탁형 대안학교 현황은 표 12-5와 같다.

표 12-5 위탁형 대안학교

구분	학교명	급별	도농 구분	소재지	설립연도	기숙/ 통학	학교시설 형태
1	꿈타래학교	고	도시	서울	2003	통학	공공기관
2	성지대안고등학교	고	도시	서울	2001	통학	자가소유
3	한림실업고등학교	고	도시	서울	2001	통학	자가소유
4	정화미용고등학교	고	도시	서울	2006	통학	자가소유
5	난나학교	중	도시	서울	2004	통학	공공기관
6	리우다학교	중	도시	서울	2004	통학	관악구에서 위탁
7	동부나우리학교	중고	도시	서울	2004	기숙	공공기관
8	사람사랑나눔학교(영등포)	중고	도시	서울	2004	통학	공공기관
9	서울 IT직업학교	고	도시	서울	2004	기숙	자가소유
10	링컨학교	고	도시	서울	2005	통학	무상임대
11	서대문도시속작은학교 이음	고	도시	서울	2005	통학	공공기관
12	이란아학교	중	도시	서울	2006	통학	공공기관

구분	학교명	급별	도농 구분	소재지	설립연도	기숙/통학	학교시설 형태
13	세포학교	중	도시	서울	2006	통학	자가소유
14	나란타학교	중	도시	서울	2006	통학	공공기관
15	울산청소년 탈학교 배움터	중고	도시	울산	2004	통학	임대
16	나섬학교	고	도시	경북	2005	복합	자가소유
17	신영중고등학교	중고	농촌	경남	2004	기숙	자가소유
18	성사효마을학교	중고	농촌	경남	2004	기숙	자가소유
19	범숙학교	중	도농	경남	2004	기숙	자가소유
20	부산자유학교	고	도시	부산	2004	통학	자가소유
21	양정중학교	중	도시	부산	2004	통학	무상임대
22	경남미용고등학교	중	도시	부산	2004	통학	무상임대
23	청소년자유학교	중고	도시	경북	2004	통학	임대
24	팔렬중학교	중	농촌	강원	2004	복합	자가소유

자료: 이인원 외(2017). 교육사회학. 파주시, 경기도: 양성원, p. 338.

넷째, 미(비)인가 대안학교는 다양한 대안 교육과정 운영 등 자율적인 교육과정을 운영하며, 졸업과 동시에 학력이 인정되지는 않기 때문에 검정고시를 통하여 학력을 인정받을 수 있다. 이 유형에는 전원형 대안학교와 도시형 대안학교로 구분하여 고찰하기로 한다(이인원 외, 2017). ① 전원형 대안학교이다. 이는 1990년대 후반부터 학업중단 청소년이 사회적 이슈로 대두되기 시작하면서 시민사회 영역에서는 일반학교를 나왔지만, 배움을 지속할 수 있도록 대안학교를 설립하였다. 1997년 간디 청소년학교가 시초라고 할 수 있으며, 이후 비인가 대안학교의 설립이 확산되기 시작했다. 전원형 대안학교는 획일화된 정형화된 교육의 제약에서 벗어나 자유롭고 창의적 프로젝트 중심의 교육과정을 운영한다. 전원형 대안학교의 공통 교육목표는 학습과 삶을 일치시키는 것이다. 자활, 자존, 공생능력을 기르며, 다양한 물적 및 인적 자원을 활용한다. 학교 밖에서의 다양한 경험을 쌓을 수 있는 기회를 마련하고, 의식주를 위한 노작 교육 및 실제적인 진로와 연계된 직업체험, 인턴십 프로젝트를 진행한다. 이에 반해 ② 도시형 대안학교는 전원형 대안학교를 선택할 만한 여유나 여건이 되지 않는 탈학교 학생들을 위한 대안학교 유형이다. 도시형 대안학교는 민간 영역의 대안교육운동에 대한 지속적 노력과 공공 영역에서의 대안교육과 학교 밖 청소년에 대한 정책적 지원, 이에 대한 사회적 인식의 향상 등이 종합적으로 적용하여 성장하게 되었다. 각 학교들은 다양한 학교 밖 성장 프로그램을 개발해 왔고, 가정의 문제를 안고 있는 청소년들에게는 돌봄 공간이 되기도 한다. 서울의 도시형 대안학교는 2000년대 초반 용산 도시 속 작은 학교를 비롯하여 비기숙형 비인가 대안학교들이 본격적으로 설립되기 시작했다.

4. 우리나라 대안학교의 역할과 과제

대안학교는 근본적으로 새로운 인간관에 기초하여 기존 제도 자체에 대한 근본적인 성찰에서 비롯되었다. 또한 대안 교육운동은 학교교육에 대한 단순한 비판에 머물지 않고 학교교육에 대한 적극적인 대안을 가지고 나아가고 있다. 향후 한국의 대안 교육운동의 질적인 발전을 위하여 다음과 같은 역할과 과제를 제시하면 다음과 같다(이인원 외, 2016; 고병헌, 1997).

첫째, 교사들의 현실 인식 부족과 미래에 대한 공유된 전망 주재의 극복이다. 예를 들면, 과연 '공동체적인 삶', '가치로운 삶'의 내용이 어떠해야 하는가, 또 그러한 삶을 사는 방식은 어떠해야 하는가에 대해 교사들 사이에 공감대가 형성되어 있는가 하는 문제이다.

둘째, 대안학교를 위한 교육과정을 개발하는 것이다. 대안학교의 교육과정에는 환경 교육, 평화 교육, 인권 교육, 공존 교육처럼 공동체 사회를 건설하는 데 필요한 가치관, 자세, 태도 등을 형성하는 교육내용을 포함해야 한다.

셋째, 대안 교육의 가치와 이념이 녹아 있는 대안 교육 방식의 개발이 시급하다. 이제 대안 교육운동은 '여흥 같은 교육', '다채로운 학교생활', '친절한 학교', '자연에서 하는 교육' 등의 인상을 뛰어 넘어 제도 교육에 대해서 제기했던 근본적인 물음, 즉 '교육은 무엇이어야 하며 그러한 교육이념을 실현하기 위해 무엇을 어떻게 가르쳐야 하는가?'하는 질문을 본격적으로 시도해야 할 것이다.

넷째, 교사 교육을 위한 프로그램 개발 또는 시급하다. 대안 교육의 이념을 충분히 실현하려면 무엇보다도 교사들부터 개인적 차원에서 지역적·국가적·세계적·생태적 차원에 이르기까지 균형 잡힌 식견을 갖추고, 그에 걸맞은 가치관과 삶의 태도를 견지할 수 있는 교사를 양성해야 한다.

다섯째, 대안 교육의 실천이 좀 더 다양해질 필요가 있다. 교육이념에서부터 교육방식, 교사모집방법, 학교운영, 학교건물이나 건축양식에 이르기까지 질적으로 분명한 차이를 보이는 다양한 교육실천들이 모색되어야 대안 교육운동이 건강하게 발전할 수 있을 것이다.

여섯째, '새로운' 교육적 가능성 제시이다. 획일적이고 평가중심의 기존 학교교육은 계속적으로 실험하고 시도하는 대안 교육의 '새로움'에 도전을 받게 되는 것이다. 또한 대안 교육은 교육체제에 대한 다채롭고 풍부한 상상력을 자극하는 기폭제로 작용할 수 있다. 즉, 대안 교육의 시도 그 자체가 기존 교육에 활력소를 자극하고, 또 다른 교육으로의 방향 전환을 고취시킨다는 점에서 의미가 있다. 그리고 대안 교육 초기의 이념을 유지하면서 변화하는 사회구조와 학생들의 요구를 반영하는 더욱 다양한 방식의 교육이 대안학교에서 실험되어야 한다.

일곱째, 기존 학교교육의 변화를 촉진한다. 대안 교육이 확산되면 기존 학교체제에도 상당한 영향을 미치게 된다. 틀에 매이지 않아 자유롭게 실천되는 학교는 공교육 내의 학교구성원들에게 현재의 문제를 해결하는 돌파구가 되거나 단서를 제시해줄 수 있다. 즉, 대안 교육 존재 자체가 학교교육이 한 형태로 머무르지 않도록 하는 압력으로 작용하는 것이다. 이때 실험학교로 다양한 시도를 하고 그에 대한 성과를 일궈낸 대안학교의 모습은 공교육체제의 학교에게 좋은 귀감이 될 수 있다. 간디 청소년학교의 설립이 당시에는 무모해보였지만, 얼마 지나지 않아 대안학교를 학력이 인정되는 특성화 학교로 지정한 사례는 이를 잘 보여준다.

여덟째, 고질적인 사회문제 해결의 비전 제시이다. 대안 교육이 지향하는 기본 방향은 교육으로 사회까지 변화시킬 수 있다는 기대감을 갖게 한다. 많은 대안 교육의 이념이 공동체주의, 생태주의, 생명존중 등을 중시하고 있다. 이는 기존 사회에서 개인의 이익을 위해 경쟁과 산발, 기계적 합리성, 물질만능주의를 중시했던 기존의 교육과는 차별화된다. 대인 교육은 개발보다는 지속가능한 생태주의적 사회, 평화로운 세계를 지향하는 교육이다. 그러므로 대안 교육의 확산은 교육적 이념 전환을 통해서 새로운 가치관을 가진 세대를 양산하고 나아가 사회문제를 해결하게 되는 장기적인 효과까지 기대할 수 있다.

제3절 홈스쿨링

20세기 후반에 진입하면서 학교교육의 위기와 붕괴로 더 이상 학교를 믿지 못하는 부모들은 제도권 밖의 교육의 길을 찾기 시작하였다. 미국에서 출발한 홈스쿨링 운동은 전 세계적으로 퍼져 나가면서 많은 관심을 불러일으켰다.

3절에서는 홈스쿨링의 의미와 등장배경, 홈스쿨링의 현황, 홈스쿨링의 교육 유형, 홈스쿨링의 가능성과 한계성, 홈스쿨링에 대한 시사점에 대해서 고찰하기로 한다.

1. 홈스쿨링의 의미와 등장배경

1) 홈스쿨링의 개념

홈스쿨링(homeschooling)이란 자녀를 학교에 보내지 않고 학부모가 직접 교육자가 되어 자기 자녀의 교육에 대해 기본적인 책임감을 갖는 교육적 대안이다. 홈스쿨링은 일정한 연령이 되면 누구나 학교에 입학해서 나라와 교육기관이 정해 놓은 교육과정에 따른 교육을 수혜받는 것에서 벗어나 각자의 특성에 맞는 맞춤식 교육을 자유롭게 해 나가고자 한다(이병환·김영순, 2008). 그러나 미국의 홈스쿨러(homeschooler)들이 오랫동안 겪은 시련과 갈등은 홈스쿨링을 학력으로 인정받기 위한 것이었다. 그 결과 지금은 대안적 학교교육 형태인 차터스쿨(charter school)이나 공립학교교육처럼 전국표준시험에서 일정한 학업성취도를 인정받게 되면 학력을 취득할 수 있는 또 하나의 학교생활로서 홈스쿨링을 사람들에게 인식시키는 데 성공했다(오한명, 2007).

홈스쿨링의 개념을 좀 더 구체적으로 파악하기 위해서 홈스쿨러들이 공통적으로 갖고 있는 관점을 제시하면 다음과 같다. ① 사람들은 배움의 준비를 갖추고 태어난다. ② 배움은 매일 일어나는 일이기 때문에 배움과 삶은 분리될 수 없는 활동이다. ③ 배움은 시간과 장소에 의해서 제한되지 않는다. ④ 배움은 너무 아름답고 강렬한 것이기 때문에, 인습적이고 재래적인 학교에서만 다룰 수 있는 것만은 아니다. ⑤ 아동들은 성인들과 마찬가지로 가족과 지역사회의 사랑과 지원을 필요로 한다. ⑥ 사람들은 다양한 연령층의 사람들과 상호작용함으로써 사회적 경험과 기술을 체득한다. 홈스쿨링은 보다 쉽고 자연스럽게 그러한 상호작용 기회를 제공한다(김민환·권동택, 2000). 이러한 관점에서 보면 기존의 학교생활이 지니는 일반적 이미지가 연령에 따른 학년과 교과과정의 분류, 교사 중심의 교수활동, 출석 수업의 위주라고 한다면, 홈스쿨링은 교육상황의 다양성, 연령과 무관한 교육과정, 비형식적인 교육, 아동의 자기주도적 학습활동 그리고 시간의 자유와 공간 활용을 주요 특징을 한다.

2) 홈스쿨링의 등장배경

서구에서 1960년대 말과 1970년대 초기의 학교교육에 대한 비판적 움직임은 홈스쿨링에 대한 급속한 성장 배경이 되었다. 이때의 학교교육에 대한 비판은 지금까지 종교적인 이유에서 부분적으로 홈스쿨링을 하던 부모 위주에서 벗어나 교육 그 자체의 효과성에 의문을 제기하는 일반 부모까지도 급속도로 확산되었다.

홈스쿨링의 등장배경을 제시하면 다음과 같다.

첫째, Holt처럼 탈학교를 주장하는 선구자들이 홈스쿨링 운동을 주도한 1960년대로 보고 있다. 1970년대 교육개혁가인 Holt가 기존 학교교육에 대한 문제점을 비판하면서 학교개혁 운동이 가속화되었고(최정제, 2008), 오히려 학교 밖의 배움이 훨씬 가치 있다고 주장하면서 시작되었다.

둘째, 1970~1980년대는 복음주의 기독교인들이 주도하였다. 그들은 공립학교가 부모들의 가치관이나 신앙관과는 다른 가치관을 어린이들에게 가르치는 것에 불만을 품고 홈스쿨링을 실시하게 되었다. 특히 1979년 미국 유타 주 John Singer가 종교적 이유로 자녀들을 가정에서 교육하겠다고 주장하다가 경찰에 의해 살해된 사건이 계기가 되었다. 이 사건을 계기로 자녀를 교육시켜야 한다는 '의무교육'과 자녀를 반드시 학교에 보내야 한다는 '의무취학'에 대한 구분이 생기면서, 미국에서 일정한 형식과 절차에 따라서 실시되는 가정에서의 교육도 의무교육으로 인정하게 되었다(김재웅, 1999).

셋째, 1990년대 이후로 이전의 종교적·정치적 이유와는 달리 교육의 질 저화와 유해한 교육환경이라는 교육적 이유로 다양한 제3의 그룹이 홈스쿨링을 주도하고 있다. 이 관점은 공립학교에 대한 문제 및 불만족스러운 점 때문에 홈스쿨링을 선택한 것이다. 교육의 질 저화와 미국 학교 내에서 일어나는 총기사건으로 인해 학교는 더 이상 안전한 장소가 아니라고 여겼기 때문에 많은 사람들이 홈스쿨링에 참여하게 되었다(유명복, 2009).

이에 반해 한국의 홈스쿨링 운동은 1990년대 중반에 들어 홈스쿨링의 개념이 소개되고, 일부 학부모들이 성공하는 아이로 키우기 위해서가 아니라 이웃과 삶을 나누는 아이로 키우는 교육적인 이유로 홈스쿨링을 실시하기 시작했다(김진숙, 2004). 1999년 1월 대안 교육 격월간지 『민들레』 창간호에 실린 '가정학교 이야기'를 본 사람들이 '가정학교모임'을 만들어 수도권을 중심으로 홈스쿨링을 하는 20여 가정의 부모들이 꾸준히 모임을 가져왔으나, 홈스쿨링 실시 이유나 개인적 어려움 등으로 연합모임이 잘 이루어지지 않았다(권근숙, 2002). 그리고 기독교인들이 연합하여 기독교 홈스쿨링 운동을 조직적으로 전개한 것은 2000년 11월 18일 서울여자대학교에서 개최된 제1회 기독교 대안 교육과 홈스쿨링 운동 세미나가 계기가 되어서 기독교대안교육협의회가 창립되었다. 이 협의회 산하의 기독교 대안학교위원회와 홈스쿨위원회가 각각 기독교 대안학교연맹과 기독교 홈스쿨연맹으로 발전되었다(김선요, 2005). 기독교 대안교육협의회는 여러 차례를 걸쳐 대안학교와 홈스쿨링 관련 세미나, 포럼, 워크숍을 개최하고 교육자료를 발간하고 지속적으로 기독교 홈스쿨링 운동을 지원하고 있다.

2. 홈스쿨링의 현황

1) 미국의 홈스쿨링

미국에서는 1970년대 학교개혁의 지지부진함에 환멸을 느낀 교육가 Holt가 대중적으로 홈스쿨링을 주장하면서 홈스쿨링 운동이 일어나기 시작하였다. 1980년대 이후 홈스쿨링은 하나의 교육운동이자 사회운동으로 빠르게 확산되기 시작했다. 미국에서 초기의 홈스쿨링은 종교적인 이유가 많았다. 그러나 최근 매년 10%가 넘게 증가하는 홈스쿨링 인구는 단지 종교적인 동기만을 갖고 있지 않다. 오히려 교육적인 목적이나 총기사고 등의 위험에서 자녀를 보호하려는 이유가 더 크다. 미국에서 학부모가 홈스쿨링을 하는 이유는 매우 다양하지만 크게 세 가지로 볼 수 있다(이병환·김영순, 2008). ① 지리적인 문제와 같은 현실적 차원이다. 지리적으로 격리된 현실적인 이유로 홈스쿨링을 하는 가정은 그리 많지 않으며, 도서 벽지나 알래스카 등 일부 지역에 편중되어 있다. ② 종교적 신념과 같은 이데올로기 차원이다. 개척기 이후 종교적 이유로 학교에 보내는 대신에 부모가 자녀를 가르치게 된 전통을 말한다. ③ 순수 교육적 차원이다. 학생들의 지적 성취도를 높이려는 한다든가, 주류문화에 대한 반문화적 신념과 생활양식을 강조하는 교육환경을 만들어 주려는 경우도 있다. 1990년대에 들어서 홈스쿨링은 대중에게도 일반적인 용어가 되고 있다. 그리고 1993년에는 마침내 유치원부터 대학까지 모든 과정을 홈스쿨링으로 교육시킬 수 있는 법안이 통과되었으며, 현재 미국은 모든 주에서 홈스쿨링을 합법화하고 있다. 이러한 홈스쿨링의 합법화는 미국 홈스쿨링 인구의 증가를 더욱 촉진시켜, 1985년 홈스쿨링을 통해 교육받는 아동의 숫자가 약 5만 명 정도인 것으로 조사되었으며, 2000년에는 150만 명에서 200만 명 정도로 미국 전체 취학연령 학생의 3~4%에 해당되는 것으로 조사되었다. 이는 매년 10% 이상의 꾸준한 성장률로 2006년에는 적어도 약 200만 명에 달하는 것으로 추정하였다(오한명, 2008).

또한 미국에서는 홈스쿨링 실시자와 학교 간에 협력관계도 잘 이루어지고 있어, 홈스쿨러들에게 학교시설을 개방하고 음악, 미술, 체육 등의 수업 참여도 허용하고 있다. 그리고 학교의 프로그램에 홈스쿨러들의 참여 정도에 비례하여 재정을 지원받을 수 있다(곽성기 외, 2017).

2) 영국의 홈스쿨링

영국의 홈스쿨링은 1977년 학부모 단체를 조직하고 단체명을 교육법의 조항으로부터 가져온 '다른 방식의 교육(Education Otherwise)'이라고 정하며, 4개 가정이 모여 시작하여 현재는 4만 가정이 등록되어 전국 규모로 홈스쿨링의 활동을 지원하는 봉사단체로 성장하였다(김선요, 2005). 이 학부모 단체는 세 가지 목적을 천명하고 있다. ① 학교체제 밖의 학습을 격려한다. ② 부모가 자기 아이들의 교육에 대한 일차적인 책임을 가지고 있으며, 이들을 학교 밖에서 교육시킴으로써 그 책임을 실행할 권리를 가진다는 것을 재확인한다. ③ 아이들이 교육에 대한 자신의 바람이나 느낌이 완전하게 고려되는 교육을 받을 수 있다는 근본적인 권리를 확증한다(권근숙, 2002).

최근에는 홈스쿨링에 대한 긍정적인 연구결과가 발표되면서 학부모의 관심이 증폭되고 있다. 이는 런던대학교의 Allen Thomas 교수가 「가정에서 교육하기(Education at Home)」라는 저서를 통하여 "집에서 공부하는 아이가 더욱 창조적이고 사회성이 뛰어나다"고 주장함으로써 홈스쿨링의 사회적 적응력을 염려하는 사람들의 통념을 바꾸어 놓았기 때문이다(진대원, 2001).

영국의 몇몇 교육청에서는 이미 홈스쿨링 워크숍을 개최하고, 홈스쿨링 단체들로 구성된 홈스쿨링 상담서비스망도 개설되었다(현병호, 2000). 아울러 'Education Otherwise'라는 네트워크를 통하여 홈스쿨링의 방법을 조언하고, 상담해주고 홈스쿨링 모임을 지역별로 연계하여 아이들이 다양한 연령층에 아이들과 함께 뛰어놀면서 공부할 수 있도록 해주고, 부모들에게는 휴식과 궁금한 지식과 정보를 교환하고 제공해 주는 시간을 마련해 주고 있다.

3) 일본의 홈스쿨링

일본은 그동안 초·중학교 9년 완전의무교육이 이루어졌다. 그러나 1970년대 학교폭력, 학교붕괴, 등교거부 등에 문제점이 나타나기 시작했고, 1980년대에는 집단 따돌림 현상인 '이지메'가 학교마다 심각한 문제점으로 부각되기 시작했다. 초등학교와 중학교에서는 '등교거부' 현상이 일어나기 시작하면서 학교교육을 벗어난 대안 교육에 대한 목소리가 커지기 시작했다(장화경, 2001). 이에 만들어진 것이 프리스쿨(free school)이다. 부등교(不登校)자나 학교 부적응자를 주요 대상으로 하는 프리스쿨은 1980년대에 부등교 관련 학부모, 시민의 모임 등에서부터 비롯되며, 1990년대에 들어와 다양한 형태의 프리스쿨로 발전하게 되었다(김홍규, 2002). 이 프리스쿨의 대표적인 사례가 '도쿄 슈레'이다. 슈레(shure)라는 말은 그리스어로 '정신을 자유롭게 쓰는 곳'이란 뜻이다. 도쿄 슈레의 중요한 활동 중에 홈스쿨링 운동을 전개함으로써 학교 밖의 새로운 교육의 길을 개척해왔다. 도쿄 슈레에서 배우는 학생들은 1992년 일본 문부성에서 '홈스쿨링'으로 간주, 학교출석으로 인정하기 시작했다. 이후 미국과 영국의 홈스쿨링을 소개하는 심포지엄을 개최하고, 1994년 11월부터는 일본에서도 '홈 슈레'(home shure)라는 이름으로 진정한 의미의 홈스쿨링이 본격화되었다(진대원, 2001). 그리고 1990년대 초에서 확산되기 시작한 홈스쿨링 가정이 이제는 1만여 가정이 넘어선 것으로 추정하고 있지만, 일본에서도 홈스쿨링은 법적인 허용이 이루어지지 않고 있어 정확한 통계를 알 수는 없다(김선요, 2005).

4) 한국의 홈스쿨링

우리나라 홈스쿨링의 시작은 1980년대 후반 종교단체에서 교리상의 이유로 신도에게 귀농 및 공동생활을 실시하며 학생들을 학교에 보내지 않은 것에서 시작됐다. 그 후 본격적으로 홈스쿨링이 소개된 것은 1999년 1월 대안 교육을 주장하는 잡지 『민들레』가 창간되고 이를 구심체로 하여 학교교육체제를 대신할 새로운 교육환경을 만들고자 하는 이들이 모이면서부터이다. 우리나라 홈스쿨링 단체로는 『민들레』 창간호를 보고 시작된 '가정학교 모임', 시골로 이주하여 친자식을 비롯하여 입양한 자녀와 사정상 맡아 기르기로 한 자녀까지 모두 13명의 자녀를 집에서 교육시키는 가정공동체 '작은 누리', 학부모 재교육기관인 '배움의 숲', 대안 교육을 모색하는 젊은이의 '탈학교 실천연대' 등이 있다(이병환·김영순, 2008).

우리나라에서는 아직도 홈스쿨링이 제도권 대안교육기관으로서 인정을 받지 못하고 있다. 우리보다 앞서 홈스쿨링을 실시한 서구의 경우, 홈스쿨링이 정착단계에 들어서면서 공교육과 공존해 가고 있는데 비해 우리나라에서는 홈스쿨링이 시작단계에 머물고 있어 여러 가지로 어려움이 있다. 현행법상으로 홈스쿨링이 불법인 국내에서는 수백 여 가정에서 하는 것으로 추정되고 있는데, 현행법상 의무교육과정인 초등학교와 중학교에 아이를 보내지 않을 경우 부모가 100만 원의 과태료를 물게 된다. 미국에서는 본인과 부모의 의사에 따라 학교와 홈스쿨링을 오갈 수 있지만, 우리나라에서는 초등학교를 자퇴시키는 것이 원칙적으로 불가능하다. 법적인 문제 외에도 홈스쿨링을 뒷받침할 만한 환경이 조성이 되어 있지 않은 것도 문제이다. 홈스쿨링을 하는 부모는 가정과 직장에서의 책임을 완수하는 것 이외에 일상적 상황에서 자녀를 교육시켜야 하는 주요한 업무에 힘을 쏟아야 한다.

이러한 홈스쿨링은 부모의 인적 자원 및 경제적 지원과 매우 밀접한 관계를 맺고 있다. 이로 인해 부모의 재정 상태가 빈약한 경우에는 홈스쿨링을 하기 어려우며, 대부분 전업주부인 어머니에 의해 실시되므로 그들의 신체적·심리적 노동 부담이 매우 크다. 또한 홈스쿨링을 할 경우 우려되는 점은 교육과정의 운영에 따라 체계적인 지식 습득의 어려움과 함께 또래와 어울릴 기회가 적어 학생들의 대인관계나 사회성 형성에 문제가 있을 것이라는 점이다(진대원, 2001).

제4절 평생교육

교육은 원래 인간에게 삶이 있는 한 어떤 형태로든 계속되어 온 터이다. 그러나 현대사회는 사회변동, 지식기술의 증가, 생활양식의 변화 등으로 말미암아 형식적인 학교교육만으로는 삶의 질을 향상시키기가 어렵게 되었다. 교육이란 일정한 시기 및 장소, 형식 또는 비형식적으로 평생 동안 이루어지는 것이다. 현대사회는 변동 사회이기 때문에 일정 시기에 걸쳐 실시되는 형식적인 학교교육만으로는 사회에 나와서 인간답게 살 수 없으며, 정보사회이기 때문에 사람들이 필요로 하는 정보와 지식과 기술을 습득하기 위해서는 학교교육이 끝난 후에도 평생을 두고 공부를 하지 않으면 안 되는 것이다.

오늘날 세계적으로 평생교육의 파고가 힘차게 일어나고 있다. 이것은 전통적으로 강조해 온 학교 본래의 교육적 기능이나 역할을 무시하거나 부정하기보다는 현대사회가 필요로 하는 교육에 대한 시대적 요청이며, 교육개혁의 한 양상이다. 어떤 측면에서 평생교육의 출현은 기존 교육체제에 대한 도전이고, 새로운 교육관 형성이며, 더 나아가 기존 교육체제에 대한 코페르니쿠스적인 혁명이라고 하기도 한다.

평생교육은 1960년대 이후 거론되기 시작하여 오늘날에 와서는 전 세계적으로 교육혁신의 한 과제로서 인식되고 있으며, 우리나라에서도 그 중요성이 인정되어 1981년에는 헌법(제29조 제5항)에 삽입되었다. 아직 평생교육의 개념에 대한 일관된 견해는 찾지 못하고 평이하고 친근하게 받아들여지고 있다. 또한 그 개념정립에서부터 그 체제 확립을 위한 내용적·방법적·제도적으로 많은 과제를 남겨두고 있는 실정이다.

4절에서는 평생교육의 개념 및 특성, 평생교육의 발전과정, 평생교육의 필요성, 평생교육의 체제, 평생교육의 패러다임, 평생교육으로서의 학교교육과 사회교육, 평생교육의 발전방향 등에 대해서 고찰하기로 한다(한숭희, 2009; 권인탁, 2009; 윤명희 외, 2009; 기영화, 2004; 이상오, 2005; 조화태 외, 2003; 최은수, 2003).

1. 평생교육의 개념 및 특성

1) 평생교육의 개념

평생교육이라는 용어는 1965년 UNESCO의 성인교육추진국제위원회에서 Lengrand(1970: 27)이 평생교육(lifelong education)이라는 연구보고서를 제출하면서부터 등장했다. Lengrand의 보고서는 인구 증가, 지식의 증가와 과학기술의 발달, 정보의 폭발적인 증대와 같이 급변하는 사회에서 인간이 능동적으로 대처하기 위해서는 계속적인 교육을 필요로 한다는 것이다. 또한 평생교육의 개념은 학자들의 관점과 강조점의 차이, 사용되는 국가의 상이한 사회적 배경에 따라 다양하게 논의되고 있다. 여기서 평생교육의 개념 확립에 많은 업적을 쌓은 몇몇 학자들의 견해를 제시하면 다음과 같다.

첫째, Lengrand(1970: 11~50)은 평생교육을 기능적으로 파악하여 다음과 같이 정의하고 있다. 평생교육은 '모든 국민들에게 평생을 통하여 각 개인이 가진 다방면에 걸친 소질을 계속적으로 계발하고, 또 사회의 발전에 충분히 참여할 수 있도록 하는 교육을 말한다'고 했으며, 아울러 평생교육이 필요한 요인을 다음과 같이 제시하고 있다. ① 인간의 이상, 습관, 개념의 가속적 변화, ② 인구의 증가와 평균수명의 연장으로 인한 교육의 양과 질의 변화, ③ 과학기술의 진보와 산업 및 직업구조의 변화, ④ 정치의 변동, ⑤ 매스미디어의 발달과 정보처리 능력의 필요성 증대, ⑥ 여가의 증대와 활용, ⑦ 생활양식과 인간관계의 위기, ⑧ 현대인의 정신과 육체의 불균형, ⑨ 이데올로기 위기에 있어서의 아이덴티티 혼란에 따른 인간 존엄과 자유를 지키는 책임 등이 있다.

둘째, 평생교육의 개념을 분명히 하기 위해 Dave(1973: 13~28)가 이 방면의 세계 각국 전문가들의 견해를 요약한 평생교육 개념의 특성을 살펴보기로 한다.

(1) 평생교육 개념의 세 가지 구성 요소인 생(life), 평생(lifelong), 교육(education)이라는 용어는 그 하나하나가 평생교육의 핵심적인 내용을 결정하는 기본 단어이다. 따라서 이 단어들이 가지는 현대적 함의에 대하여 새로운 해석이 요청되고 있다.

(2) 교육은 학교교육으로 끝나는 것이 아니라 일생 동안 지속되는 과정으로 파악되어야 한다. 평생교육은 개인의 전 생애를 커버하는 것이어야 한다.

(3) 평생교육은 이른바 성인교육(또는 사회교육)에 국한된 것이 아니라 유아교육, 초등교육, 중등교육 및 고등교육 등 모든 수준의 교육을 포괄하고 통합하는 체제이다. 즉, 평생교육은 교육을 하나의 전체로서 파악하지 않으면 안 된다.

(4) 평생교육은 형식적·계획적인 형태뿐만 아니라 비형식적·우발적인 학습까지도 모두 포용한 폭넓은 개념으로 파악되어야 한다.

(5) 가정교육은 평생교육에서 특히 중요시되는 부분이다. 왜냐하면 가정이야말로 평생학습과정을 시작하고 지속하는데 있어서 가장 민감하고 결정적인 역할을 담당하는 곳이기 때문이다.

(6) 평생교육 체제에 있어서는 지역사회가 중요한 역할을 하게 된다. 지역사회의 역할은 아동들이 처음으로 사회적 관계를 경험하게 되는 순간부터 그 후 성장하여 직업적·사회적 생활을 영위해 나갈 성인기까

지 모든 영역에서 계속하여 교육적 기능을 담당하기 때문이다.

(7) 평생교육 체제에 있어서는 학교 또는 교육기관의 역할은 그것대로 중요하지만, 그것은 오직 전 생애적인 교육과정의 일부분으로서의 중요성을 가질 뿐이다. 즉, 이제는 학교가 교육을 독점하는 기관이 되어서는 안 되는 것이다.

(8) 평생교육은 교육의 수직적·종적 연결, 즉 성장단계별 교육과정의 상호 연속성과 연계성을 최대한 반영하지 않으면 안 된다.

(9) 평생교육은 생의 각 단계별 교육의 수평적·심층적인 통합을 도모하려는 것이다. 인격의 균형 잡힌 발전을 추구하기 위하여 지적·정서적·신체적 성장을 돕는 종합 프로그램을 마련해야 한다.

(10) 평생교육은 교육의 엘리트화를 지양하고, 그 보편화를 사명으로 삼는다. 평생교육은 본질적으로 교육의 민주화를 도모한다.

(11) 평생교육은 학습내용, 학습도구와 기술 그리고 학습시간의 융통성과 다양성을 최대한 보장하는 것을 그 특색으로 한다.

(12) 평생교육은 새로운 학습자료와 새로운 학습매체를 활용함으로써 그때그때의 사회적 요구와 새로운 것에 대하여 능동적으로 민첩하게 적응할 수 있는 역동적인 교육과정이다.

(13) 평생교육은 학습자가 원하는 형태의 교육과 학습방법을 재량에 따라 선택할 수 있게 하는 교육체제이다. 그러므로 평생교육은 정규의 학교교육과정뿐만 아니라 야간과정, 텔레비전 통신과정을 포함한 컴퓨터 학습, VTR 학습, 개별화 학습 등의 여러 학습기법 등을 활용하게 된다.

(14) 평생교육의 내용은 크게 두 가지 요소, 일반·교양교육과 전문 직업교육의 두 부분으로 구성된다. 이 두 영역은 따로 독립적으로 존재하는 것이 아니라 서로 연결되고 또 상보적인 역할을 한다는 데에 그 특색이 있다.

(15) 평생교육은 개인이나 사회의 적응적 기능과 개혁적 기능을 함께 기대한다. 급변하는 현대사회에 적응할 수 있는 기능과 전 생애에 걸

친 문화적·직업적인 성장을 위한 혁신적 기능을 신장시키도록 노력하여야 한다.

(16) 평생교육은 기존 교육제도의 결함을 보완하는 교정적 기능을 수행한다. 평생교육은 교육과 실생활의 유리, 획일적이고 권위주의적인 교육과정으로 인한 학습 의욕의 저하, 가정, 학교, 사회의 유기적 연계의 실패 등을 교정하는 일을 담당하여야 한다.

(17) 평생교육이 지향하는 궁극적 목적은 삶의 질을 향상시키는 데 있다. 삶의 질 향상이란 제반 여건들을 개선하여 인간들의 개인적·사회적 善을 실현함을 의미한다.

(18) 평생교육을 실현하기 위해서는 기회, 동기, 교육력(educability)의 세 가지 전제 조건을 충족시켜야 한다.

(19) 평생교육은 모든 형태의 교육을 망라하여 구성된 조직 원리이다.

(20) 평생교육 체제는 교육목표의 전체적 통합, 가정·학교·지역사회의 모든 교육, 교육행정, 학습전략, 학습방법, 평가절차 등을 망라한 하나의 교육제도로서 구현되어야 한다.

셋째, Spaulding(1974)은 하나의 평생교육 개념모형을 개발하여 그림 12-2와 같이 제시하고 있다.

평생교육의 개념모형에 의하면 위로 올라 갈수록 교육목적, 교육과정, 교육방법이 탄력적이고 비형식적이며, 아래로 내려갈수록 비탄력적이고 형식적이라는 것을 알 수 있다. Spaulding은 평생교육이란 다양한 수준의 교육을 하나의 우산 아래 병렬적으로 통합하려는 것임을 강조하고 있다.

넷째, 평생교육이 지향해야 할 이념이나 방향은 어떠해야 할 것인가의 문제가 중요한데, 이에 대한 Faure 보고서(Learning To Be)의 대안은 다음과 같다(1972).

(1) 평생교육은 학습 사회의 초석이 되어야 한다.

(2) 교육은 때와 장소에 구애됨이 없이 교수활동을 재분배함으로써 생활 경험을 쌓아 나가야 한다.

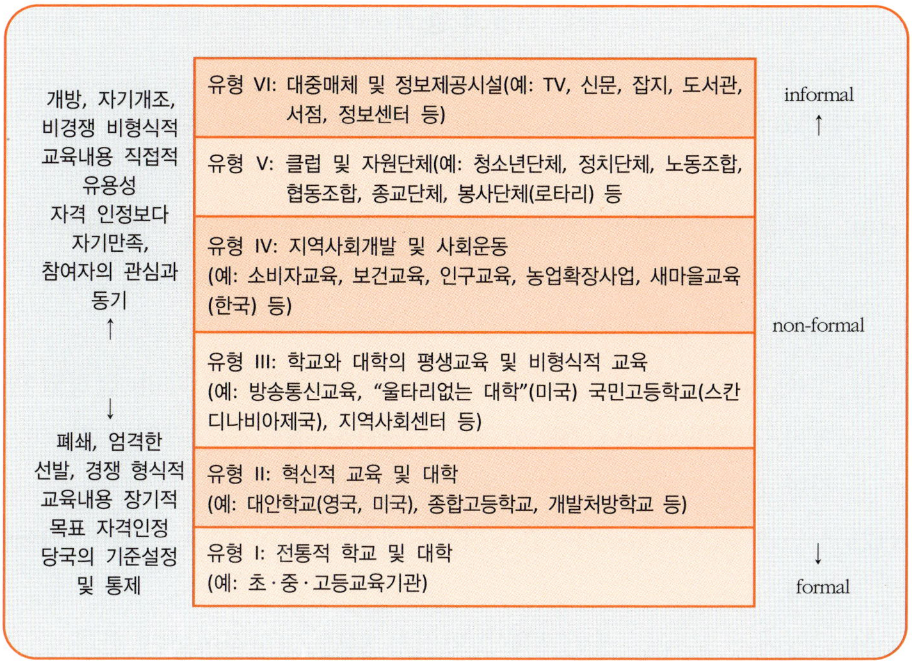

그림 12-2 **평생교육의 개념모형**

(3) 교육은 다양한 방법에 의하여 시행되고 습득되어야 한다. 중요한 것은 개인이 밟은 과정이 아니라 습득하고 학습한 것이 무엇이냐에 있는 것이다.

(4) 모든 교육제도는 학습자로 하여금 제도 내에서 종적·횡적으로 이동할 수 있고, 자유롭게 선택할 수 있는 범위를 넓혀주어야 한다.

(5) 취학 전 아동 교육은 모든 교육정책이나 문화정책에 있어서 기본적 선행 조건이어야 한다.

(6) 모든 아동들이 기초 교육을 가능한 한 전일제로 받을 수 있도록 보장해야 한다.

(7) 일반 교육(general education)의 개념을 확장하여 거기에 사회경제적·기술적 및 실용적 지식을 포함시켜야 한다.

(8) 직업과 실생활을 준비시키는 교육활동은 다양한 직업에 적응할 수 있도록 준비시킬 뿐만 아니라 항상 변하는 생산방법과 근로조건에 보조

를 맞출 수 있도록 계속 그들의 능력을 발전시키는 데에 목적을 두어야 한다.

(9) 평생교육이란 넓게 보아 기업체나 산업체 및 농업기관들이 광범위한 교육적 기능을 수행할 수 있다는 것을 의미한다.

(10) 고등교육이 확장될 때에는 증가하는 개인적 욕구와 지역사회의 욕구를 충족시킬 수 있는 여러 기관들을 폭넓게 개발하지 않으면 안 된다.

(11) 교육 기회와 취업은 개인의 지식, 능력 및 적성에 따라 결정되어야 하며, 직업현장이나 개인학습에서 습득된 경험과 상관없이 학교에서 정한 지식 등급에 따라 결정되어서는 안 된다.

(12) 성인교육(adult education)은 교육의 과정에 있어서 그 정점이 되어야 한다.

(13) 문맹퇴치 교육은 성인교육에 있어서 다만 일시적이어야 한다.

(14) 새로운 교육풍조는 개인으로 하여금 자기 자신의 문화적 진보의 주인이며, 창조자가 되게 해야 한다.

(15) 생산과 커뮤니케이션의 신기술을 가속화하고 증대시키는 것은 모든 교육혁신에 있어서 기본이 되어야 한다.

(16) 교육공학을 광범하게 효율적으로 이용하려면 교육 체제 자체에 충분한 변화가 있을 때에만 가능하다.

(17) 교직이 현대 교육 체제에 잘 적응할 수 있는 구조를 가지지 못할 때에는 미래에 있어서도 그 역할을 충족시킬 수 없을 것이다.

(18) 오늘날 교사의 기본과업의 하나는 모든 직업에 내재하고 있는 정신자세와 자격을 바꾸는 일이다. 이를 위하여 교사는 먼저 교직의 기준과 기존 여건을 재고하여 변화시켜야 한다. 오늘날 교직은 단순히 수업하는 것보다는 학생을 격려하고 자극하는 일을 더 중요시한다.

(19) 교육은 전체 사회구성원들이 교육에 참여할 정도까지 계속적으로 발전되어야 한다.

(20) 과거와는 달리 교수활동은 학습자에게 적절하지 않으면 안 된다. 따

라서 학생들은 이미 확정된 교수 규칙에 따라야 할 필요는 없다.

(21) 사람들은 수동적으로 교육받게 하는 체제나 또는 학습자들 간의 활발한 참여를 불러일으키지 못하는 교육개혁은 아무리 잘해도 부분적 성공밖에 거둘 수 없다.

다섯째, 유네스코한국위원회(1973)는 평생교육이란 급격히 변화하는 사회에 있어서 개인과 집단으로 하여금 계속적인 자기 갱신과 사회적 적응을 추구하기 위한 것이며, 학교의 사회화와 사회의 교육화를 이룩하려는 일종의 새로운 교육의 노력을 지칭한다고 했다.

여섯째, 최운실·이희수(1987)는 평생교육은 교육개념의 광역성과 통합성, 교육시기의 계속성과 항상성, 교육대상의 평등성과 전체성, 교육접근 방식의 다양성과 상대성 그리고 교육체제의 개방성과 탈정형성을 개념적 특성으로 하는 기존 교육이념과 체제에 대한 새로운 교육의 패러다임이다. 따라서 평생교육은 교육의 양태상으로는 형식, 비형식, 무형식 교육 그리고 교육 영역상으로는 가정교육, 사회교육, 학교교육을 포괄하는 총체적 이념이며, 궁극적으로는 학습자의 자율적 학습수행과 교육적 선택의 자유를 통한 학습권이 보장되는 학습사회를 지향하는 교육개념이라고 제시했다.

일곱째, 장진호(1985)는 평생교육은 개인이 전 생애를 통하여 능동적으로 계속적 학습의 기회를 포착함으로써 인간성의 조화적 발달을 꾀하고, 변화하는 현대적 생활에 슬기롭게 대처하고 창조적으로 개척해 갈 수 있는 지식과 기능을 익히며, 다른 사람과 더불어 공동체의 복지를 증진시켜 나가는 인간화 교육으로 정의했다.

여덟째, 김종서(1983)는 평생교육은 인간의 삶의 질 향상이라는 이념 추구를 위하여 태교로부터 시작하여 유아교육, 아동교육, 청년교육, 성인 전기 교육, 성인 후기 교육, 노인교육을 수직적으로 통합한 교육을 총칭하여 말하며, 그것은 개인 잠재능력의 최대한의 신장과 사회 발전에 참여하는 능력의 개발을 목적으로 한다고 정의하고 있다.

마지막으로 森隆夫(1970: 288)는 평생교육의 개념적 구조는 생(life), 평생

(lifelong), 통합(integrated), 교육(education) 등 네 요소로 이루어져 있다고 했다. 여기서 ① 생(life)이란 인간이 성장과정에서 자연적 접촉 및 사회·문화적 환경 속에서 신체적인 발육과 성장 그리고 지적·정서적·도덕적 성장을 이루게 된다. 이것이 인간의 생의 과정, 성장의 과정이며, 이것은 평생교육의 이론적 근거가 된다. ② 평생(lifelong)은 유아기, 아동기, 청년기, 성인기, 노인기로 연결되는 전 생애를 통한 영속 교육이 이루어진다는 의미를 갖고 있다. ③ 통합(integrated)은 수직적 통합과 수평적 통합이 있다. 먼저 수직적 통합은 유아기에서 노년기에 이르는 생의 발달단계에 따라 이루어지는 각 형태의 교육, 즉 시간계열에 따른 교육체계의 통합을 말하며, 수평적 통합은 학습자 사이에 이루어지는 상호학습 면에서 고려될 수 있고, 또 각급 학교교육, 직장 교육, 사회교육 등의 교육내용의 통합 등 여러 면에서 고찰될 수 있다. ④ 교육은 형식적인 학교뿐만 아니라 사회교육, 계속 교육 등 비형식적 교육을 포함하는 전 생애에 걸쳐 이루어지는 교육을 의미한다고 했다.

상기에서 제 학자들의 견해를 정리하면, 평생교육이란 급속히 변화하는 사회에 있어서 개인과 집단으로 하여금 계속적인 자기 자신과 문화적 적응을 추구하기 위한 것이며, 학교의 사회화와 사회의 교육화를 이룩하려는 일종의 새로운 교육적 노력으로 간주할 수 있다.

2) 평생교육의 특성

평생이라는 개념은 생의 전체과정과 生의 전체 영역을 모두 포함하는 포괄적인 개념이다. 그리고 교육이라는 개념도 그 목적, 대상, 방법, 시기 등 매우 다양하고 복잡한 측면을 가지고 있는 개념이다. 그렇기 때문에 평생교육을 언급하거나 설명하는 사람에 따라서 그 뜻하는 바가 다를 때가 많다. 사람들은 평생교육을 그 기능 면에서, 현존하는 교육제도나 형태와의 관련 속에서 또는 평생교육의 대상 영역이나 범위 및 선행 조건의 여러 측면에 따라서 각각 다르게 인식하고 있다. 황종건(1980)은 여러 학자들의 견해를 종합하여 평생교육의 특성을 다음과 같이 제시하고 있다.

첫째, 평생교육은 '교육은 생활이다'라는 명제를 전제로 한다. 교육은 미래생활의 준비가 아니라 현재의 생활의 과정이라는 것이다. 그러므로 교육은 학습자의 生의 필요와 요구를 충족시키는 방향으로 구성되어야 한다.

둘째, 교육은 학교교육만을 의미하는 것이 아니다. 교육은 학교교육이라는 폐쇄적인 고정관념을 불식하고 인간의 성장을 다루는 모든 교육을 하나의 통합적인 체제 속에서 재편성하자는 것이 평생교육의 전략이다.

셋째, 평생교육은 인간의 계속적인 학습이다. 원래 평생교육의 제창이 여기서 출발했다. 지식의 급증과 급격한 환경의 변화는 학교교육만으로 충분하지 못하기 때문에 학교과정 이후의 계속 교육이 불가피하다는 주장이 평생교육 개념발달의 기초가 되는 것이다.

넷째, 평생교육은 연령의 제한을 받지 않는다. 일정한 연령의 선발된 청소년들만이 받던 교육을 영아기에서 노년기에 이르는 전체 인구에서 개방하자는 것이다. 학교 전 교육의 확대는 물론 근로 청소년, 근로자를 위한 순환 교육(recurrent education), 은퇴 후 노인들의 적응에 필요한 교육 등 모든 연령층에서 평생교육의 기회가 주어져야 한다.

다섯째, 평생교육은 장소의 제한을 받지 않는다. 평생교육 체제 속에서의 교육의 장소는 학교는 물론 가정과 지역사회의 여러 기관, 즉 도서관, 교회, 회관, 공원 등 시설에서 계획될 수 있다는 것이다. 그러나 이것은 어디까지나 교육적인 계획에 의해서 상호 조정되어야 한다.

여섯째, 평생교육은 인생의 모든 국면을 모두 다룬다. 인생은 다양한 여러 측면을 가지고 있다. 이 모든 것이 교육의 내용 또는 교육의 소재로서 다루어져야 한다. 교과서를 위주로 하는 과거의 학교에서는 실생활과 관계없는 일부의 지식을 다루었으나, 평생교육에서는 현재의 삶의 모든 부분이 생생하게 다루어져야 한다.

일곱째, 평생교육은 자기주도 학습(self-directed learning)을 강조한다. 과거의 교육은 강제에 의해서 주는 대로 받아들이는 형태의 것이었으나, 평생교육에 있어서는 학습자의 자기주도 학습을 강조한다. 학교나 성인교실에서와 같은 비교적 조직적인 교육 형태 안에서도 지도가 따르는 자기학습이 강조된다. 왜냐하면 교육의 주체는 학습자이기 때문이다.

여덟째, 평생교육은 모든 교육기관(가정·학교·사회·자원단체·산업체·교회 등)의 통합 또는 상호 협조를 필요로 한다. 학교, 산업체, 자원단체 등에서 계획하는 모든 교육은 상호간의 조정과 협조를 필요로 한다.

마지막으로 평생교육은 개인의 生이 質을 필요로 사회 발전에 이바지한다. 교육은 생활자체이며, 모든 삶은 욕망과 꿈을 가지고 각자의 生의 質을 향상시키기를 갈망한다. 그러므로 개인의 生은 어디까지나 사회와 직결되어 있으므로 교육은 역시 지역사회 발전에 이바지해야 한다.

따라서 평생교육이란 교육이 가지고 있는 본래의 성격과 기능을 종합적이고, 심층적으로 재정립하려는 시도임을 알 수 있다. 다시 말하면, 미래의 학교교육은 전통적인 학교교육 체제에서 탈피하여 평생교육 체제의 테두리 안에서 모든 것이 계획되고 운영되는 방향으로 개혁되어야 한다는 것이다(유네스코한국위원회·한국평생교육기구 공편, 1983).

2. 평생교육의 발전과정

1950년대 후반기에 접어들면서 급격한 과학기술의 발달과 복잡한 경제, 사회, 문화구조의 변화와 이에 따른 여러 가지 문제는 기존 교육체제상에 커다란 개혁을 불가피하게 만들었다. 그리하여 1960년대 들어서면서 유네스코를 중심으로 하는 세계 각국의 전문가들이 이와 같은 문제 해결을 위한 새로운 방향 설정을 시도하였다. 특히 1960년에 유네스코가 개최한 제2차 세계성인교육회의 주제는 급변하는 세계에서의 성인교육의 과제였다. 이 회의에서 중요한 결론 중의 하나는 성인교육이 전체 국가 교육계획 속의 통합적 부분으로 다루어져야 한다는 것이다. 이러한 동안에 평생교육의 강조와 평생교육의 구상이 세계 교육 전문가들 사이에 논의되기 시작했다.

그 후 평생교육 개념이 세계의 교육전문가들에 의해 많은 관심을 끌게 되었으며, 1968년 제82차 유네스코 집행위원회는 1970년의 세계 교육의 해를 기념하는 12개 과제 중의 하나로 평생교육 문제를 강조하게 되었고,

1970년에는 Lengrand의 평생교육개론이 유네스코를 통해서 출판되어 평생교육개념 보급에 크게 이바지하였다. 1972년에 일본 동경에서 열린 제3차 세계성인교육회의에서 성인교육은 평생교육 안에서 불가결의 요소로 인정되어야 한다고 전제하고, 이를 기초로 각국 정부의 사회교육 관계법의 제도와 예산 조치를 건의하였다. 그 후 여러 나라에서는 평생교육의 원리에 입각하여 관계법규를 제정하기에 이르렀다.

우리나라의 경우는 1973년 8월 유네스코 한국위원회가 평생교육 발전세미나를 개최하여 평생교육의 방향과 전략을 협의한 바 있다. 이것이 우리나라에서 'lifelong education'을 평생교육이라는 말로 부르게 된 공식적인 계기가 되었다. 그 후 계속하여 평생교육에 관한 회의와 연구가 이루어졌으며, 1980년에는 마침내 대한민국 헌법 제29조(1987년 10월 29일 대한민국 헌법이 개정되면서 헌법 제29조가 헌법 제31조로 바뀌게 되었다)에 평생교육에 대한 사항이 삽입되었다. 결국 대한민국 헌법 제31조 5항에 국가는 평생교육을 진흥하여야 한다는 조항을 둠으로써 평생교육의 진흥을 국가의 임무로 규정하기에 이르렀다(김병성, 1999; 강상철 외, 1999).

3. 평생교육의 등장 배경과 필요성

1) 평생교육의 등장 배경

평생교육에 대한 논의가 세계적으로 대두되기 시작한 것은 1960년 유네스코의 건의에 의해서였다. 이러한 발단은 1965년 12월 파리에서 개최된 유네스코의 성인교육추진국제위원회 회의를 통해서 당시 프랑스의 성인교육학자이며 유네스코 성인교육부장이었던 Paul Lengrand의 제창에서 비롯되었다. 그는 프랑스어로 된 '영속(永續) 교육(L'education permanent)'이라는 제목의 기조논문을 발표하였다. 회의 직후 이 논문 'Lifelong Education'이라는 영문 제목으로 번역되어 전 세계 유네스코 회원국에 발송되었으며, 이것은 평생교육에 대한 국제적 관심이 일어나게 된 계기가 되었다. 평생교육이 우리에게 다가온 이유는 빠르게 변화하는 시대적 상황이 학교에서 배운 교육만으로는 일평생을 살아가기 어렵게 된 시대적 배경 때문이다. 즉, 컴퓨터의 등장과 통신 분야의 빠른 성장과 발달이 지속적으로 학습하지 않으면 시대적 상황에 적응하며 살아갈 수 없기 때문이다(허은주 외, 2010).

2) 평생교육의 필요성

평생교육의 대두 배경은 ① 급격한 사회 변화에 따라 학교교육으로는 생활에 필요한 지식과 기술을 습득하기가 어려워졌다. 또 직업의 구조가 변화되고 사회적 이동이 촉진됨에 따라 직업 및 사회생활에 적응하기 위하여 끊임없이 재교육이 요청되고 있다. 형식교육이 끝난 뒤에도 지속적으로 학습하고 학교 이외의 장소에서도 교육이 이루어지는 평생교육이 필요하게 되었다. ② 교육의 혜택을 충분히 받지 못하는 집단들에게 사회적 상승이동의 기회를 주고, 사회적으로는 사회 정의가 실현되기 위하여 평생교육이 필요한 것이다.

평생교육의 필요성에 대해서 우리나라의 경우 김승환(1981)은 ① 해방 후 30여 년간 우리나라 학교교육은 양적, 외형적으로는 놀라운 성장을 이룩했지만 교육의 질은 저하되고 교육환경이 비인간화됨으로써 한국교육은 도덕적 감화력을 거의 발휘하지 못하고 있다는 점을 든다. ② 국민의 의식 상승에 따라 종래의 획일주의적, 독선주의적, 엘리트주의적 교육체계는 더 이상 설득력을 가지지 못하게 되었다. ③ 국가교육재정의 위기로 평생교육 체계의 조직 모델을 갈망하게 된 것으로 볼 수 있다. ④ 교육공학의 획기적 발전으로 국민 전체의 교육력을 향상시키고 학습효과를 극대화할 수 있는 길은 평생학습체계라고 보고 있다. 그리고 오늘날 평생교육이라는 말이 급속도로 파급된 상기에서 열거한 것들 외에 다음과 같은 이유가 있다. 사회변동의 급속화, 과학기술의 발달, 여가의 증대, 평균 수명의 연장, 매스미디어의 발달, 학교교육의 한계성 등이다.

4. 평생교육의 이념

우리나라는 평생교육의 이념을 법으로 규정하고 있다. 평생교육법 제1장 총칙 제4조에서는 평생교육의 이념을 다음과 같이 규정하고 있다. ① 모든 국민은 평생교육의 기회를 균등하게 보장받는다. ② 평생교육은 학습자의 자유로운 참여와 자발적인 학습을 기초로 이루어져야 한다. ③ 평생교육은 정치적, 개인적 편견의 선전을 위한 방편으로 이용되어서는 아니 된다. ④ 일정한 평생교육과정을 이수한 자에게는 그에 상응한 사회적 대우를 부여하여야 한다.

송병순 외(2000)는 평생교육의 이념으로 전체성, 통합성, 융통성, 민주성을 들고 있으며, 평생교육의 사회적 이념으로 학습사회 건설, 교육적 인간상으로 창조적 문화인으로 집약할 수 있다고 하였다. ① 전체성이다. 평생교육은 개인적·사회적 차원에서 인간의 삶의 질을 향상시킨다는 목적에서 학교교육뿐만 아니라 학교 밖에서 이루지는 모든 교육에 정통성을 부여해야 한다는 전체성의 성격을 갖는다. ② 통합성이다. 다양한 교육활동을 유기적으로 유지시키고 학교교육과 사회교육을 통합한다는 것을 의미한다. ③ 융통성이다. 교육의 형태, 내용, 방법 등을 다양화하고 융통성을 부여함으로써 개인의 요구 및 사회의 필요에 부응하는 동시에 어떤 형편에 있는 학습자라도 교육받을 수 있게 해야 한다. ④ 민주성이다. 국가 전체의 평생에 걸친 교육의 균등화 및 확대에 힘써 원하는 종류와 양질의 교육을 받을 수 있게 해야 한다.

5. 평생교육의 체제

평생교육이 기준으로 삼아야 할 교육원리는 우리가 살고 있는 자연과 생활모습의 관계를 스스로 배우며 전인적인 성장을 하도록 도와주는 것이다. 이런 평생교육의 최종적인 목적은 인격을 지닌 인성교육을 의미하며, 이것은 기존의 한정된 지식 교육체제로는 이룰 수가 없다. 그러므로 평생교육은 학교교육의 지식 위주의 교육을 과감하게 탈피할 수 있는 교육목적과 내용을 준비하기 위해서는 기존의 다양한 체제를 통합하는 과정이 필요하다. 현재 우리 교육계의 관심 가운데 하나는 현재의 학교교육 중심체제에서 새로운 종합적인 평생교육시스템을 구축하는 것이다. 급격한 사회의 변화에 발맞추기 위해서 현재와 같은 제도로는 불가능하다는 것을 모두가 인식하고 있다. 평생교육체제는 학습자 중심의 교육체제로서 구축되어야 하고, 학습자를 위한 교육계획이 실현되는 체제로서 구조화되어야 한다. 단순한 정책적·행정적인 수준의 교육계획, 교양교육, 인력양성을 위한 과학기술 교육 등을 지양하고 신체와 정신이 조화를 이룬 인간 교육에 중점을 둔 체제화를 지향해야 한다. 평생교육은 개인의 가치 있는 삶이라는 목적을 달성하기 위하여 하위체제로서의 다양한 교육계획을 결합시키는 교육 체제로서 수립되는 것이 이상적이다. 그러므로 평생교육체제는 '하위 교육 체제인 여러 부분·요소들이 평생교육이라는 공통의 목표를 달성하기 위하여 상호관련·결합된 통합체'라고 정의할 수 있다(김도수, 2001). 이것은 수평적 차원과 수직적 차원의 여러 하위의 교육체제로서의 부분과 요소들이 결합된 통합적 교육체제를 말한다.

전통적으로 학교교육 중심의 교육체제에 의존하고 있는 국가의 경우, 학습은 주로 형식적 학교교육, 즉 초·중·고등교육시스템을 중심으로 이루어지며, 학습결과에 대한 인증도 이들 학교에서 독점적으로 이루어진다. 이 체제 안에서 이루어지는 학습은 주로 교육과정이 포괄하고 있는 지식내용을 습득하고 그것을 반복적으로 체득하는 방식으로 이루어진다. 또한 학습자가 학습의 전달체계를 선택할 수 있는 폭이 매우 제한적이며, 그 선택의 폭은 정확하게 해당 사회가 제공하는 교육기관의 형태에 따라 제한된다. 즉, 모든 것이 학교라고 하는 교육 공급자의 형태에 따라 주도되고 있는 것이다. 그러나 보다 유연하고 다양한 평생교육체제를 교육양식의 주요한 특성으로 채택하고 있는 국가에서의 학습은 학교뿐만 아니라 직장, 지역사회 등 삶의 전 영역에 걸쳐서 이루어진다. 학습의 특성도 주어진 지식의 반복학습의 차원을 넘어서 학습자 스스로가 지식을 창조하고 적용하는 것을 가능하게 하는 실천학습에 주안점을 두고 있다. 이 과정에서 지식의 내용보다는 그 지식을 소재로 하여 학습자가 만들어내는 학습능력이 보다 중시된다. 학습에 대한 통제도 국가에 의해 중앙집권적으로 이루어지기보다는 학습자의 자율적 선택이 보다 중시된다. 즉, 학습자의 자기주도적 학습이 가능해지는 것이다.

이런 평생교육체제의 성공을 위해서는 우선 사회 속에 존재하는 수많은 교육제도와 학교교육제도와의 긴밀한 연계관계를 분석해야 한다. 따라서 그 연결 관계는 유년교육단계 → 국민기초 교육단계 → 중등교육단계 → 계속고등교육단계로 구분할 수 있다. 그리고 각 단계에 해당되는 학교교육체계와 평생교육체제를 대응시킬 수 있으며 활동과정과 형태에 대해서도 구조화할 수 있다.

그림 12-3은 우리나라의 현재 교육제도와 평생교육제도를 비교하면서 평생교육 체제의 전체적인 기초를 나타낼 수 있는 시사점을 제공한다(최은수, 2003).

따라서 평생교육체제는 올바른 인간 형성을 위한 통합적 교육체제로 보아야 한다. 현재 우리나라 사회 구조에서 교육체제는 사교육, 공교육, 기업체 교육, 각종 사회·문화단체 교육 등으로 분화되어 있다. 평생교육체제는 이들 하위체제들이 개인의 학습권을 보장하는 공통의 목표를 달성하기 위하여 상호 결합될 때 성립되는 교육체제라고 할 수 있다. 따라서 국민의 교육권을 일생 동안 보장하는데 있어 유아·아동·청년·성인·노인이라고 하는 각 발달단계의 교육계획을 하나의 체제로서 통합하는 교육체제가 필요하다(김도수, 2001: 328).

그러므로 평생교육체제의 기본적 방향은 학습자 중심의 교육체제로 나아가야 한다. 이런 방향의 가장 현실적인 방법은 현재의 학교교육시설과 사회 여러 제도들을 연계하는 것이다. 학생들의 전인적인 발달을 위해서 이루어지는 교육은 한 영역에서의 노력이 아니라 학생을 둘러싸고 있는 여러 분야들의 총합적인 노력이다. 따라서 학교교육과 지역사회의 여러 문화 공간, 박물관, 전시관, 예술회관, 지역문화센터, 청소년수련원 등과 연계할 수 있

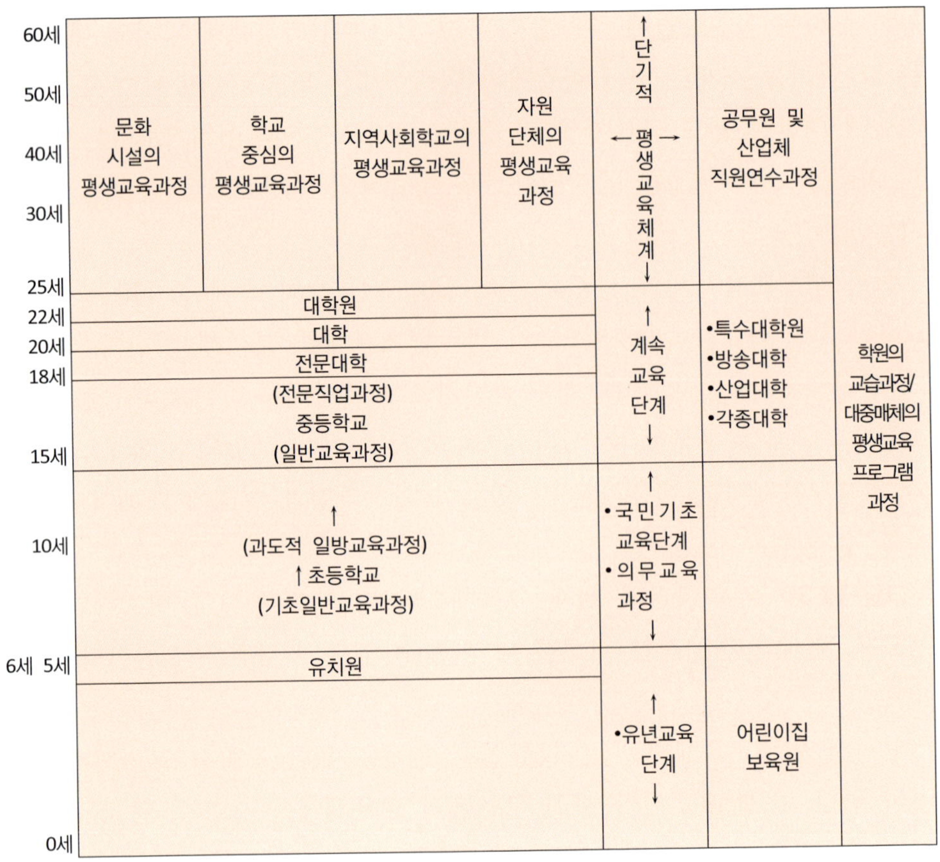

그림 12-3 **우리나라 평생교육제도 조직모형**

는 다양한 평생교육방법과 체제가 필요하다.

6. 평생교육제도와 시설의 형태

여기에서는 평생교육의 제도적 측면, 평생교육법의 주요 내용, 평생교육 시설의 형태와 유형 등에 대해서 고찰하기로 한다.

1) 평생교육의 제도적 측면

현행 교육에 관한 기본법은 교육기본법, 초·중등교육법, 고등교육법 및 평생교육법으로 구성되어 있다. 평생교육의 제도적인 장치로는 평생교육법, 평생교육사제도, 평생교육진흥원을 들 수 있다. 평생교육법은 헌법 제31조 제4항에서 평생교육의 진흥을 국가의 의무로 규정한 것에 근거하고 있다.

(1) 평생교육법의 제정

평생교육법의 모체인 사회교육법이 1982년 12월 31일 공포된 이후 3차에 걸쳐 부분적인 개정을 거듭하면서 사회교육을 지원해 왔으나, 급변하는 사회변화에 법과 제도가 따라가지 못하게 되자, 1999년 8월 31일에 평생교육법이 공포되었고, 이듬해인 2000년 3월 1일부터 시행되었으며, 동법 시행령은 2000년 3월 13일부터 시행되었다. 평생교육법은 지식기반 사회의 도래에 따라 국민의 학습권과 학습에 대한 선택권 및 평생교육의 기회균등을 보장하기 위하여 평생교육에 필요한 수단 및 제도를 다양화·체계화함으로써 누구나, 언제, 어디서나 원하는 교육을 받을 수 있는 열린 교육 사회·평생 학습사회의 건설을 지향하고 있다.

또한 모법인 평생교육법 이외의 평생교육관계 법령들을 고찰하면, 대체적으로 학위취득과 관련된 법령, 일반 사회교육 진흥에 관한 법령, 직업교육 관련 법령 등으로 나누어 볼 수 있다. 학위취득과 관련된 법령으로서는 독학에 의한 학위취득에 관한 법률과 학점인정 등에 관한 법률, 그리고 방송통신대학설치령 등이 있으며, 직업교육에 관한 법령으로는 직업교육훈련촉진법, 자격기본법, 한국직업능력개발원법 등이 있다. 아울러 일반 사회교육 진흥에 관한 법령으로서는 학원의 설립·운영 및 과외학습에 관한 법률, 청소년기본법, 도서관법, 체육시설의 설치·이용에 관한 법률, 스카우트활동 육성에 관한 법률 등이 있다.

2) 평생교육법의 주요 내용

평생교육법은 당초 총5장 32조로 구성되어 있었으나, 2007. 12. 14. 자로 대폭 개정되어 총8장 24장로 구성되어 있으며, 총칙, 평생교육진흥기본계획

등, 평생교육진흥원 등, 평생교육사, 평생교육기관, 문자해득교육, 평생학습 결과의 관리·인정, 보칙으로 구성되어 있다. 이 법은 이전의 사회교육법과는 달리 학습휴가제, 학습계좌제, 평생교육진흥원, 평생학습관 등 평생교육이 자리 잡을 수 있도록 독특한 내용들을 규정하고 있다.

첫째, 학습휴가제이다. 평생교육법에는 직장인들의 계속 교육 및 재교육 등을 통한 자아실현과 안정적인 교육기회 확대를 위해 각 직장의 실정에 따라 유급 또는 무급으로 학습휴가를 실시하거나 학습비를 지원할 수 있도록 규정되어 있다. 학습휴가제는 평생교육이 실질적으로 실천될 수 있도록 하기 위한 제도적·재정적 지원이라고 할 수 있다.

둘째, 평생교육전담기관의 설치이다. 이 법에는 평생교육의 종합적인 지원을 담당할 평생교육진흥원과 시·도별로 평생교육진흥원을 설치·운영토록 규정하고 있다(2008. 2. 개정시행). 시·도교육감은 관할구역 안의 주민을 대상으로 평생교육 프로그램 운영과 평생교육 기회를 제공하기 위하여 평생학습관을 설치 또는 지정 및 운영하여야 한다(법 제21조).

셋째, 평생교육사이다. 이 법에는 평생교육사의 등급, 직무범위, 이수과정, 자격요건, 연수 및 자격증의 교부절차, 양성방법 등을 규정하고 있다. 평생교육사는 이전의 사회교육전문요원에 상응하는 것으로 평생교육 프로그램을 개발하고, 실시하는 역할을 수행하는 인력으로서, 평생교육사의 등급은 1급·2급·3급의 3등급으로 구분되어 있다. 평생교육단체 및 평생교육시설에 평생교육사를 일정한 기준에 따라 배치하도록 규정하고 있다(법 제2조).

넷째, 사내대학과 원격대학이다. 사회교육이 주로 비형식적 교육이 중심이었다면 평생교육법은 비형식적 교육을 가능하면 형식교육과 동등하게 인식될 수 있도록 제도적 장치를 포함하고 있다. 이와 관련된 대표적인 것으로는 사내대학과 원격대학이 있다. 사내대학은 직장에서 실시되고 있는 연수를 대학과 같은 형태로 운영하고, 그에 상응하는 자격도 부여할 수 있도록 한 것이다. 그리고 성인교육에 적합한 사이버 공간을 활용한 원격교육이 활성화될 수 있도록 원격대학의 설치 기준, 학점제 등 운영방법에 관한 필요한 사항이 규정되어 있다.

다섯째, 문하생 학력인정제도이다. 이 제도는 우리 민족 전래의 전통문화 예술 등에 있어 인간문화재로 지정된 명인 등으로부터 일정한 교육을 받은 자에게 상응하는 학점 또는 학력을 인정하는 것이다. 평생교육법 제41조 제2항 제4호에서 규정한 「문화재보호법에 의하여 인정된 중요무형문화재 또는 그 문하생으로서 일정한 전수 교육을 받은 자」는 학점인정 등에 관한 법률이 정하는 바에 따라 그에 상응하는 학점 또는 학력을 인정할 수 있다고 규정되어 있다.

여섯째, 학점은행제이다. 이는 학점인정 등에 관한 법률에 따라 학교 안팎에서 이루어지는 다양한 학습과 자격을 학점으로 인정하여 전문대학 또는 대학교와 동등한 학위를 수여하는 제도이다. 학점은행제 학위는 고등교육법에 의한 대학교 또는 전문대학 학위와 동등하며, 교육부장관이 수여하는 방식과 대학(교)의 장이 수여하는 방식이 있다. 학사 학위는 140학점 이상, 전문학사 학위는 80학점 이상(3년제는 120학점 이상)을 인정받아야 한다.

일곱째, 학습계좌제이다. 이는 모든 평생교육 참여자들의 학습기록을 누적 기록하는 일종의 종합생활기록부이다. 학습계좌제는 개인의 학습 경험을 종합적으로 관리하여 국민 개개인의 생애설계 및 능력개발을 지원하고 평생교육을 효율적으로 실시하기 위한 것이다. 평생학습자는 자신의 일차적인 학교 졸업 이후, 평생교육을 위한 학습계좌제에 등록하여 고유의 평생학습계좌번호를 부여받게 된다. 이후 개인학습자는 평생 동안 참여하거나 경험한 모든 종류의 교육적 경험을 체계적이고 조직적이며, 상호 호환적인 평생학습경력으로 인정받게 된다. 국가적으로 보면 총체적인 인적 자원관리 총괄 기제로서의 의미를 지닌다.

여덟째, 전문인력정보은행제이다. 이는 유능한 전문인력자원의 인적 정보를 수집하여 DB로 구축하고, 풀(pool)제로 운영하여 평생교육단체 및 시설 등에 제공하고자 하는 제도로 평생교육 활성화와 유능한 인적 자원의 활용을 극대화하려는 것이다.

아홉째, 독학학위제이다. 독학에 의한 학위 취득제(독학학위제)란 독학에 의한 학위취득에 관한 법률에 따라 스스로 학습한 정도가 학사학위 취득의 수준에 도달하였는지를 시험으로 측정하여, 합격한 사람에게 학사학위를 수여하는 제도이다. 현재 전공분야에는 국어국문학, 영어영문학, 경영학, 법학, 행정학, 유아교육학, 가정학, 컴퓨터과학, 간호학이 있다.

3) 평생교육시설의 형태

(1) 평생교육시설의 형태

평생교육시설의 분류는 여러 가지 기준에 의해 가능하다. 유아, 청소년, 성인, 노인, 여성 등 교육대상별로 구분하기도 하고, 교육 장소에 따라 가정교육, 사회교육, 학교교육, 직장교육으로 구분된다. 교육내용별로는 일반교양교육과 전문직업 교육으로 구분하며, 운영주체별로도 구분할 수 있다. 가장 적합한 것은 현행 평생교육법에서 분류한 여덟 가지로 형태를 기술해 볼 수 있다. 평생교육시설 분류는 표 12-6과 같다.

표 12-6 평생교육시설 분류

평생교육시설 구분	유형	설치 요건
학교부설 평생교육시설	각종학교/대학/전문대 부설 평생(사회)교육원 등	관할청에 보고
학교 형태의 평생교육시설	각종 학교, 기술전문학교, 방송통신고 등	교육감에 등록
사내대학 형태의 평생교육시설	사내대학	교육부장관 인가
원격교육 형태의 평생교육시설	원격대학	교육부장관 인가
	원격교육	교육부장관 인가
사업장부설 평생교육시설	산업체, 백화점(문화센터) 등	교육감에 신고
시민사회단체 부설 평생교육시설	법인, 주무관청 등록 또는 회원 30인 이상 시민단체	교육감에 신고
언론기관 부설 평생교육시설	신문방송 등의 언론기관	교육감에 신고
지식·인력개발사업 관련 평생교육시설	산업교육기관, 학교실습기관	교육감에 신고

자료: 차경수 외(2010). 교육사회학의 이해. 파주시, 경기도: 양서원, p. 344.

7. 평생교육의 과제

이제 평생교육의 법적 기반은 확고해졌다고 할 수 있다. 그리고 평생교육이 평생학습체제 속에서 누구나, 언제, 어디서나 원하는 학습을 받을 수 있는 교육체제를 구축해 나가기 위해서는 향후 해결해야 할 많은 과제가 산적해 있다. 이러한 과제들을 제시하면 다음과 같다(김병성, 2018; 안병환, 2012; 송병순 외, 2000; 양용칠, 1999).

첫째, 평생교육 사회에 적합한 학교교육과정의 개혁이다. 학교교육은 평생 학습사회를 대비한 적응능력과 기초 지식 및 태도함양에 초점을 두어야 한다. 특히 자기주도적 학습능력과 학습자 중심적 사고를 강화함으로써 자발적으로 활동하고 시대변화에 적응할 수 있는 힘을 길러주어야 할 것이다.

둘째, 평생교육의 기회균등의 문제이다. 최근 다양한 평생교육 관련 기관들이 생겨나고 있지만, 실제로 여기에 참여할 수 없는 사람도 있다. 다시 말하면, 상당수의 평생교육 프로그램이 경제적 뒷받침 없이는 참여하기 어려운 것도 사실이다. 따라서 자칫하면 또 하나의 교육 불평등기관이라는 비판을 받을 수도 있다.

셋째, 우리 사회도 다문화 사회를 맞고 있다. 따라서 다문화 사회에 대비한 다양한 평생교육 프로그램의 개발이 필요한 것이다.

넷째, 평생학습과 형식적 교육제도와의 상호보완적인 관계에 대한 기본적 합의가 이루어져야 한다. 그러기 위해서는 국민의 생애발달단계에 따른 교육에 대한 개인적·사회적 요구가 수렴되어야 하고, 평생교육기관의 질 관리 및 교육성과에 대한 정통성 부여와 관련된 기본 원칙을 확립해야 한다.

다섯째, 평생교육은 사회구성원들의 다양한 교육적 요구를 충족시켜주기 위하여 다양하고 질 높은 교육 프로그램의 제공과 더불어 대도시에 편중되어 있는 평생교육시설을 전국적으로 확산 및 운영해야 한다.

여섯째, 평생교육 프로그램의 효율적인 운영을 위하여 다양한 대중매체를 적극적으로 활용해야 한다. 위성교육방송, 인터넷을 통한 원격교육 및 화상교육, 주문형 비디오교육 등의 적절한 활용을 통해 수요자들에게 다양하고 양질의 프로그램을 제공해 주어야 한다.

일곱째, 인터넷을 통한 최신의 정보제공과 새로운 아이디어의 축적을 위하여 학교, 산업체, 평생교육기관, 지역사회 간을 연계해 줄 수 있는 정보 인프라망을 설정하기 위해 중앙과 지역 간의 유기적인 상호작용을 위해 대단위 네트워크를 구축할 필요가 있다.

여덟째, 평생교육에 대하여 국가나 지방자치단체가 보다 많은 재정적 지원을 해야 한다. 이와 더불어 사회복지 차원에서 평생교육기관 설치 및 운영에도 재정 지원을 할 필요가 있다.

아홉째, 교육기본법에서 제안된 평생교육권을 실행하기 위하여 기업, 직장 내에서 평생학습권을 보장하는 제도를 정착시켜야 할 것이다. 직장에서 일정 기간 휴가가 보장하는 제도를 정착시켜야 할 것이다. 직장에서 일정기간 휴가가 보장되어 있듯이 직종이나 직급에 따라 교육과 훈련을 위한 재정 지원이 보장되어야 하며, 교육과 훈련의 결과가 업무 향상과 연결될 수 있는 인정제도의 고안이 필요하다.

연습 및 탐구문제

1. 다문화 교육 목표 실현과 관련하여 학교문화 개선의 중요성에 대해 기술하시오.

2. 다문화 가정 자녀들의 교육적 불평등은 어떤 방식으로 나타나는지 설명하시오.

3. 한국 다문화 사회의 교육적 과제를 기술하시오.

4. 대안학교의 유형을 제시하시오.

5. 우리나라 대안학교의 역할과 과제를 제시하시오.

6. 홈스쿨링의 의미와 등장배경을 기술하시오.

7. 미국, 영국, 일본, 한국의 홈스쿨링의 현황을 제시하시오.

8. 평생교육의 개념 및 특성을 기술하시오.

9. 평생교육의 등장 배경과 필요성을 제시하시오.

10. 평생교육시설의 형태를 약술하시오.

Reference 참고문헌

곽성기 · 윤영아 · 이은영 · 강태훈 · 김대명(2017). **알기 쉬운 교육사회학**. 서울: 학이당.

교육부(2007). 대안교육백서: 대안교육 10년을 돌아보며. 1997~2007.

교육부 평생학습정책과(2000). 평생교육법령 해설자료.

교육인적자원부 · 한국교육개발원(2001). 평생교육백서.

교육인적자원부 · 한국교육개발원(2001). 학점은행제 운영편람.

구정화 · 박윤경 · 설규주(2015). **다문화교육의 이해와 실천**. 서울: 동문사.

권근숙(2002). 우리나라 홈스쿨링의 현황과 실천사례 연구. 경상대학교 대학원 석사학위논문.

권인탁(2009). **평생교육경영론**. 서울: 학지사.

강대중(2002). **대안학교는 학교가 아니다**. 서울: 박영출판사.

강유정 · 김영훈 · 최성열(2018). **교육사회학**. 서울: 동문사.

강창동(2008). **교육사회학의 이해**. 서울: 학지사.

기영화(2004). **평생교육방법론**. 서울: 학지사.

김경식 · 박형진 · 서봉언 · 이병환 · 이현철(2017), **교육사회학 4판**. 파주시, 경기도: 교육과학사.

김민환 · 권동택(2000). 미국 홈스쿨링의 성장과 특징에 관한 연구. 비교교육연구, 10, 257~280.

김병성(2018). **교육사회학 3판 -학교사회-문화분석**. 서울: 학지사.

김병성(1999). **교육과 사회 -거시 · 미시 교육사회학적 관점-**. 서울: 학지사.

김병희 · 김경식 · 김형구 · 박형진 · 윤주국 · 이현철(2009). **교육사회학**. 고양시, 경기도: 공동체.

김상무 · 김수동 · 김세곤(2018). **미래사회와 교육**. 서울: 동문사.

김선미 외(2009). **다문화 교육의 이해**. 서울: 한국문화사.

김선요(2005). 홈스쿨링운동의 전개와 시사. 사회과학논총, 12, 101~151.

김신일(1999). **교육사회학**. 파주시, 경기도: 교육과학사.

김승환(1981). **평생교육입문**. 파주시, 경기도: 정민사.

김재웅(1999). 홈스쿨의 교육적 정치적 의미. 교육학연구 37, 255~274.

김종서(1983). 평생교육의 교육과정탐색. 유네스코 한국위원회 · 한국평생교육기구 공편. **평생교육의 기초와 체제**. 파주시, 경기도: 법문사.

김진숙(2004). 홈스쿨링 가정의 부모와 자녀의 홈스쿨링 실태와 인식. 성균관대학교 대학원 석사학위논문.

김천기(2008). **교육의 사회학적 이해**. 서울: 학지사.

김흥규(2002). 미래사회 청소년과 카운슬링의 방향. 한국카운슬러협회: 상담과 지도, 37.
김희수·홍성훈·최정선·이정미(2015). **교육사회학**. 서울: 동문사.
森陸夫(1970). 生涯教育. 東京: 帝國地方行政學會.
서종남(2009). 지역사회 통합을 위한 다문화 교육의 역할: 평생교육의 새로운 정책 패러다임.
성낙돈·안병환·가영희·노재화(2017). **교육사회학**. 서울: 동문사.
송병순 외(2000). **현대사회와 교육**. 서울: 문음사.
심성보(1996). **한국교육의 새로운 모색**. 서울: 내일을 여는 책.
안병환(2012). **교육사회학의 이해**. 고양시, 경기도: 공동체.
양영자(2008). 한국 다문화 교육의 개념 정립과 교육과정 개발 방향 탐색. 이화여자대학교 대학원 박사학위논문.
오한명(2007). 홈스쿨링의 교육적 정당성. 연세대학교 대학원 석사학위논문.
유네스코한국위원회(1973). 평생교육세미나보고서.
유네스코한국위원회·한국평생교육기구 공편(1983). **평생교육의 기초와 체제**. 서울: 법문사.
유명복(2009). 미국 홈스쿨링의 역사. 진리논단, 11, 99~112.
윤명희 외(2009). **평생교육 조사방법론**. 서울: 학지사.
이병환(2016). **새로운 교육사회학**. 서울: 태영출판사.
이병환·김영순(2008). 미국 홈스쿨링의 동향과 특성. 중등교육연구, 56, 25~50.
이상오(2005). **평생교육론**. 서울: 문음사.
이선숙(2001). 우리나라 대안학교의 성격과 발전방안에 관한 연구. 대구가톨릭대학교 대학원 박사학위논문.
이인원·권성민·장세리·한진주(2017). **교육사회학**. 파주시, 경기도: 양성원.
이정선·최영순·김정우·이경학·임철현·최만·유현석(2010). **초등학교 다문화 교육의 이해**. 서울: 동문사.
이종각(2015). **개정증보판 새로운 교육사회학총론**. 서울: 동문사.
이종태(2000). **대안교육과 대안학교**. 서울: 민들레.
장지표(2008). 다문화 사회통합 프로그램 이수제. 다문화 사회통합 프로그램 구축 방안 마련을 위한 공청회. 서울: 법무부 출입국 외국인정책본부.
정석환(2017). **쉽게 풀어쓴 교육사회학**. 고양시, 경기도: 어가.
장미혜(2002). 사회계급의 문화적 재생산. 한국사회학, 36(4).
장원동·최희숙(2008). **현대사회와 교육**. 서울: 동문사.
장재천(2018). **쉬운 교육사회학**. 서울: 동문사.
장진호(1979). **사회교육의 방향**. 서울: 정익사.
정민승·임진영·이지혜(2012). **생애발달과 교육**. 서울: 한국방송통신대학교출판부.

조화태 외(2003). **평생교육개론**. 서울: 한국방송통신대학교출판부.

주동범·김정희·정일환(2016). **교육사회학**. 서울: 동문사.

진대원(2001). 홈스쿨링의 현황과 문제점 보완방법. 전남대학교 대학원 석사학위논문.

차경수·최충옥·이미나·옹정근·남기석(2010). **교육사회학의 이해**. 파주시, 경기도: 양서원.

최운실·이희수(1987). 평생교육진흥방안. 한국교육개발원 연구보고, 47~86.

최은수(2003). 평생교육 체제와 제도. 천안외국어대학 평생교육원교재(미간행). 천안외국어대학.

최정제(2008). 유비쿼터스 시대의 미래교육 시스템과 홈스쿨링의 관계에 관한 연구. 교육공학연구, 24, 169~185.

최현(2007). 한국인의 다문화 시티즌십(multicultural citizenship): 다문화 의식을 중심으로. 사민사회와 NGO, 5(2), 147~173.

허은주·유형정·이수진·안영화·배석영(2010). **현대 교육사회학**. 파주시, 경기도: 양서원.

한숭희(2009). **학습사회를 위한 평생교육론**. 서울: 학지사.

황종건(1980). 사회교육진흥을 위한 과제. 「사회교육제도 비교연구」, 대구: 계명대학교 사회교육연구소.

황금섭(2001). 한국대안교육의 이념 모색. 경상대학교 대학원 박사학위논문.

Banks, J. A.(2002). *An Introduction to Multicultural Education*. Boston: Allyn & Bacon.

Banks, J. A.(2006). *Race, Culture and Education*. New York: Routledge.

Banks, J. A.(2008). *An Introduction to Multicultural Education*(4th ed.). Boston: Allyn & Bacon.

Bennett, C. I.(2011). *Comprehensive Multicultural Education*. Boston: Pearson.

Christine, I. B.(2007). *Comprehensive Multicultural Education-Theory and Practice*(6th ed.), Pearson: Allyn and Bacon.

Dave, Ravindra H.(1973). *Lifelong Education and School Curriculum*. Hamburg: Unesco Institute for Education.

Davidman, L.(1994). *Teaching with a Multicultural Perspective*. New York: Longman Publishing Group.

Faure, Edgar.(1972). *Learning To Be*. Paris: Unesco.

Lengrand, P.(1970). *An Introduction to Lifelong Education*. Paris: UNESCO.

저자소개

■ 신재흡 교수

전)
한국유아교육·보육행정학회 부회장
한국교육정치학회 감사
한국교원교육학회 감사 및 홍보기금위원장
한국교육행정학회 윤리위원장
한국교육재정경제학회 감사

현)
한국유아교육보육복지학회 부회장
한국교원교육학회 중등교육위원장
한국교육행정학회 규정관리위원장
한국교육정치학회 학술위원
한성대학교 교양교직학부 교직과정 교수
한성대학교 교육대학원(유아교육전공) 교수

<저서 및 논문>
유아교사론(공저: 양서원, 2006)
영유아교육행정(동문사, 2013)
학생지도와 상담을 위한 생활지도의 이해(동문사, 2014)
21세기의 다양한 교육리더십(동문사, 2015)
보육교사론(동문사, 2016)
학교폭력 예방과 학생의 이해(동문사, 2017)
사례중심의 아동권리와 복지(동문사, 2018)
사례중심의 유아교사론(동문사, 2019)
평생학습국가 건설과 유아교육·보육시스템의 기능 강화 방안에 대한 연구(공저, 한국유아교육·보육행정연구 9(2), 2005)
유아교사가 지각한 임파워먼트와 조직헌신성과의 관계연구(공저, 한국유아교육·보육행정연구 14(4), 2010)
교사가 지각한 유아교육기관 원장의 변화 지향적 지도성과 교사의 직무성과 간의 관계 연구(공저, 한국유아교육·보육행정연구 14(3), 2010)
유아교육기관 원장의 변화 지향적 리더십과 교사집단의 직무만족과의 관계(소통과 인문학, 제18집, 2014)
유아교육기관 원장의 분산적 리더십과 조직문화와의 관계(소통과 인문학, 제19집, 2014)

교육과 사회
-교육의 사회학적 이해-

초판 1쇄 인쇄 / 2020년 5월 25일
초판 1쇄 발행 / 2020년 5월 29일

•

저 자 / 신 재 흡
발행인 / 이 중 수
발행처 / 동 문 사

•

서울특별시 서대문구 홍제원 1길 12
(홍제동 137-8)
Tel: 02)736-3718(대), 736-3710, 3720
Fax: 02)736-3719
등록번호: 1974.04.27 제9-17호
가격: 23,000원

•

ISBN: 979-11-6328-198-6(93370)
E-mail: dong736@naver.com
www.dongmunsa.com